América Latina tras bambalinas

Teorías conspirativas, usos y abusos

Leonardo Senkman y Luis Roniger

LATIN AMERICA
LASA RESEARCH COMMONS

Publicado por
Latin American Research Commons
www.larcommons.net
larc@lasaweb.org

Diseño de tapa: Milagros Bouroncle
Diagramación de versión impresa: Lara Melamet
Diagramación de versión digital: Siliconchips Services Ltd.
Corrección: Martín Vittón

ISBN (Físico): 978-1-7340289-4-2
ISBN (PDF): 978-1-7340289-5-9
ISBN (EPUB): 978-1-7340289-6-6
ISBN (Mobi): 978-1-7340289-7-3

DOI: https://10.25154/book2

El texto completo de este libro ha recibido evaluación por pares de doble ciego para asegurar altos estándares académicos. Para ver nuestra política de evaluación, ingrese a www.larcommons.net/site/alt-research-integrity

Para leer la versión libre en acceso abierto de este libro digital, visite https://10.25154/book2 o escanee el código QR con su dispositivo móvil.

A la memoria de Lito, tu sospecha del mundo adrede...
A Shuli y Milly, amorosamente agradecidos.

Contenido

Agradecimientos

Este libro fue posible gracias al apoyo y la ayuda de instituciones, colegas y amigos. Reconocemos con gratitud el generoso apoyo financiero y logístico del Centro de Global Affairs de la Wake Forest University, que patrocinó la visita de investigación de Leonardo Senkman, y el apoyo del Instituto Truman de Investigación para el Avance de la Paz, de la Universidad Hebrea de Jerusalén. El rico repositorio bibliográfico y documental de la Biblioteca del Congreso en Washington DC, la Biblioteca Nacional de Buenos Aires y la Biblioteca Bloomfield de la Universidad Hebrea han sido imprescindibles para la conclusión de la investigación. El análisis sobre las teorías conspirativas sobre la Guerra del Chaco se basa en un artículo que hemos publicado en el *Journal of Politics in Latin America* (Hamburg, vol. 11, N.º 1, 2019); la sección sobre la narrativa sinárquica y el Plan Andinia en Argentina se basa en el trabajo publicado en el *Journal of Modern Jewish Studies* (Oxford, vol. 17, N.º 4, 2018). Todos los otros capítulos y secciones se publican aquí por primera vez. A través de todo el trabajo, nos hemos beneficiado con los fecundos comentarios recibidos de colegas en diversos encuentros académicos, entre ellos los congresos de la Latin American Studies Association, la Asociación Internacional de Americanistas, el Middle Atlantic Council of Latin American Studies, la Latin American Jewish Studies Association, y el Seminario del Departamento de Política y Relaciones Internacionales de Wake Forest University. En especial, agradecemos la asistencia de investigación de Alex Estrada, las sugerencias de María Matilde Ollier (Universidad Nacional San Martín), Angela Alonso (Universidade de São Paulo/Cebrap), Emilio Crenzel (Universidad Nacional de Buenos Aires) y Sergio Kiernan (Página/12), y las valiosas críticas de los lectores anónimos del manuscrito y los editores de LARC.

Introducción

*La persona clínicamente paranoica piensa que los demás están conjurados con-
tra él en lo personal, mientras que el paranoico social piensa que los poderes
ocultos están persiguiendo a su clase, su nación o su religión. Yo sostendría que
este último es más peligroso, pues ve su calvario como algo compartido, quizá
con millones de personas más. Esto valida su paranoia y, para él, le explica
eventos tanto históricos como actuales.*

Eco 2014

¿Teorías conspirativas o intrigas reales? Esta disyuntiva no la aceptaría Jorge
Luis Borges, quien creía necesario inventar "un complot contra el complot"
a fin de develar la trama de la existencia, como lo recordaría Ricardo Piglia
años después (2018) al escribir sobre la teoría del complot. En nuestro libro,
nos movemos al filo de esa pregunta, prestando especial atención a las teorías.
Vale decir, intentamos indagar por qué en América Latina ciertas narrativas
conspirativas han impactado en forma profunda el modo de interpretar el
mundo. En particular, procuramos entender desde el campo de las ciencias
sociales, la historia social e historia de las ideas por qué, en determinadas
coyunturas históricas, muchos individuos tendieron a creer que los procesos
políticos, sociales o económicos estuvieron marcados por la acción de fuerzas
que conspiraban tras bambalinas, impactando el devenir histórico con planes
de dominación.

Explicitemos nuestro uso de los términos. Hemos adoptado el término *intrigas* para hacer referencia al ambiguo y amplio campo semántico de las conspiraciones. El espectro de fenómenos denotados por la acción de conspirar es
inmenso, tal como se desprende de los términos que abarca ese campo semántico: *complot, conjura, intriga, maquinación, confabulación, tramas siniestras*.
Según la definición de algunos juristas, la conspiración es un acto "que consiste
en la resolución de obrar concertada y decididamente (complot) entre dos o más

Cómo citar la introducción:
Roniger, L. y Senkman, L. 2019. *América tras bambalinas. Teorías conspirativas, usos y
abusos.* Pp. 1-11. Pittsburgh, Estados Unidos: Latin American Research Commons.
DOI: https://10.25154/book2. Licencia: CC BY-NC 4.0

personas para cometer el delito de traición" (Ramírez Gronda 2003), "estando referida la conspiración a los delitos de rebelión o sedición" (Ossorio 1974).

Mientras el término *conspiración* — o bien *intriga*, que empleamos para evitar confusión— connota maquinaciones políticas y conjuras que en efecto acontecen, emplearemos el concepto de *teorías conspirativas* o *conspiracionismo* para referirnos a aquellas construcciones que alertan sobre la existencia de fuerzas diabólicas y conjuradas que medran en forma clandestina y a menudo siniestra en la política, la sociedad y la economía. Tales teorías proponen narrativas y modos de acción basados en ciertos datos verosímiles de la realidad sociopolítica y económica. Sin embargo, quienes creen en ellas interpretan esa información en clave de una supuesta voluntad de dominación de enemigos internos o externos. Sustentando tal lógica interpretativa, fuerzas y movimientos políticos pueden llegar a fabricar mitos movilizadores antagónicos para desbaratar la voluntad de dominación de quienes se sospecha que conjuran. Glosando el epígrafe citado de Umberto Eco, la lógica conspirativa pretende explicar eventos tanto históricos como actuales en clave del resultado de un choque de voluntades entre fuerzas opuestas, con las supuestamente benévolas enfrentando a las supuestamente malévolas.

A lo largo de la historia de la humanidad han acontecido innumerables intrigas, conspiraciones, complots, conjuraciones y golpes de Estado cuyo desarrollo y desenlace dependió muchas veces del carácter secreto con el que fueron tramados. No es correcto afirmar que las teorías conspirativas sobre confabulaciones e intrigas son de naturaleza irracional. Por el contrario, su lógica no es menos coherente que el discurso científico, aunque difiere de este en su metodología de verificación o descarte y en su rol movilizador.

En efecto, las teorías conspirativas ofrecen explicaciones consistentes y logran convencer a muchos, mientras al mismo tiempo combaten los principios de la Ilustración. Tales teorías cortejan los sustratos irracionales y emocionales que reniegan de la tradición política y cultural del legado de la Revolución Francesa. En especial, odian los principios del liberalismo republicano. La ambigüedad de tal posicionamiento ha sido uno de los factores persistentes de tensión en el sistema político latinoamericano. Históricamente, el destiempo y el desfasaje entre la recepción de las ideas e instituciones de la modernidad en América Latina han añadido potencialidad a quienes, desde liderazgos personalistas —caudillos, gamonales, coroneles y caciques— u otras posiciones hicieron uso y abuso de narrativas y discursos conspiracionistas para desafiar a las instituciones, o bien para sustentarse en el poder.

Desde los albores de la independencia, las elites latinoamericanas no pudieron ignorar su posicionamiento en la periferia y la semiperiferia del sistema global, en el cual se vieron sujetas al impacto de fuerzas geopolíticas y económicas, a merced de intereses financieros internacionales o poderes hegemónicos. Además, la historia de América Latina registra diversas coyunturas y escenarios en los cuales se atentó contra gobiernos democráticamente establecidos. En algunos casos, se trató de conatos fallidos, pero otras conspiraciones, intrigas y conjuras resultaron exitosas. Numerosos líderes políticos, jefes de Estado y activistas sociales fueron encarcelados, asesinados o forzados a partir al exilio. No asombra, por tanto, que los actores políticos en América Central y del Sur hayan desarrollado un "sexto sentido" para detectar y prevenir intrigas a fin de desbaratar cualquier amago conspirativo. En algunos casos, se llegó a fantasear una variopinta gama de coartadas conspirativas contra presuntos enemigos internos y externos.

Tales derroteros podrían quizás dar cuenta parcialmente de por qué la región latinoamericana ha presenciado una proliferación de interpretaciones conspirativas, explicando la recurrencia y la intensidad de tal fenómeno en la cultura política. Se debe tener presente, empero, que el pensamiento conspirativo no es singular de América Latina, sino que —bajo determinadas condiciones— puede surgir y proliferar en cualquier sociedad. Por ejemplo, en las sociedades europeas se demonizó por siglos la otredad de las diferencias identitarias sobre la base de sospechas sobre una *causalidad diabólica*, el concepto acuñado por Léon Poliakov en su ensayo sobre las persecuciones (1980). De manera similar, el renombrado historiador Richard Hofstadter (1963) afirmó identificar un "estilo político paranoico" en los Estados Unidos de Norteamérica, donde —según él— la sospecha de que funestos enemigos internos y externos al acecho resurge una y otra vez, desde la caza de brujas de Salem hasta tiempos recientes.

Al enfocar nuestro análisis en América Latina, no intentamos por tanto aducir que las teorías conspirativas son privativas de nuestra región. Pero, en cambio, afirmamos su amplia presencia, aunque sin atribuirles tal recurrente presencia a factores atávicos. Por el contrario, buscamos identificar los escenarios sociopolíticos y los factores contextuales propicios a su génesis y cristalización. Emprendemos nuestra tarea en un encuadre a la vez teórico y empírico, y destacamos la articulación de escenarios locales y nacionales con los contextos transnacionales y globales. En tal encuadre analítico, examinamos las representaciones de los imaginarios conspirativos en América Latina. Desde el siglo XIX al conjuro de presuntas amenazas de movilización social, quienes formularon teorías conspirativas denunciaron a enemigos tramando de manera encubierta cómo impulsar planes para voltear gobiernos legítimos, o apoderarse de recursos económicos y financieros.

Nuestra perspectiva analítica diferencia entre la existencia de conspiraciones efectivas y la elaboración discursiva —a menudo fantaseada— que definimos con el término de teoría conspirativa. Esta supone una lógica interpretativa que magnifica la índole del anticipado peligro al denunciarlo como formando parte de un plan integral de parte de fuerzas abominables, que presuntamente estarían conspirando contra las estructuras de poder y medrando el bienestar de la sociedad. En la teoría conspirativa están implicados hechos reales, así como tramas arbitrariamente fragmentarias y pistas falsas. Incorpora datos fragmentarios y rechaza poner en duda su veracidad, aduciendo que la duda es precisamente prueba de la verdad de la denuncia, ya que al dudar se intenta evitar el desenmascaramiento y mantener el complot oculto.

Las teorías conspirativas han sido usadas tanto por fuerzas conservadoras de derecha reacias al cambio como por fuerzas de izquierda en la búsqueda de transformaciones revolucionarias. De igual modo, se han servido de esas teorías tanto aquellos que detentaron el poder para deslegitimar a fuerzas opositoras como también aquellos impugnadores de elites al procurar convencer a la opinión pública sobre las aciagas maquinaciones de aquellas elites.

Consideramos que la teoría conspirativa proyecta no solamente una lógica interpretativa de la realidad sino también una teoría del poder que pondera el mundo como objeto de siniestras maquinaciones. Se trata de una visión de la realidad en la cual se confrontan dos voluntades en una lucha titánica en la que una sola voluntad puede primar. Quienes así piensan, imaginan la realidad a través de una lógica voluntarista omnipotente, y se lanzan a menudo a desenmascarar y castigar a quienes, según ellos, amenazan el bienestar de la sociedad, la integridad de la nación o los destinos de la humanidad. Cuando se adopta una visión de ese carácter, nos movemos en el ámbito de *las mentalidades, las narrativas y las teorías conspirativas*. Haciendo uso de categorías analíticas y encuadres teóricos de la sociología política y la historia de las ideas, además de contextualizar tales teorías conspirativas, en este libro nos proponemos deconstruir sus mitemas y elementos constitutivos para comprender por qué algunas de esas teorías han tenido gran repercusión popular, mientras otras han sido secundarias.

En las ciencias sociales, las humanidades y aun en la teoría literaria, existen variadas aproximaciones conceptuales al fenómeno de las conspiraciones y de las teorías conspirativas. En su libro *Filosofía de la conspiración*, Horacio González sugiere una suerte de tipología de conspiraciones para caracterizar el campo semántico:

> En la conspiración, el conjunto de esos movimientos —que quizás son sus máscaras adecuadas— obtienen una dignidad histórica. Si la conspiración se revierte hacia escenas domésticas, suele amparar la *intriga*; si se resuelve hacia estilos sacerdotales, puede atraer el nombre de la *conjura*; si lo hace hacia motivos estatales puede invocarse la *maquinación* y si hacia asuntos bélicos, quizás es la palabra *complot* la que deba escucharse. En todo caso, la conspiración se llama así cuando permanece fuera de la consecución de objetivos precisos e inmediatos. Habiendo inmediatez y afanes de urgencia, conjura, maquinación o intriga parecen términos adecuados (González 2004, 19-20).

Desde la sociología clásica, Georg Simmel analizó la fascinación que ejerce participar de un secreto, así como la gemela fascinación de la traición sobre la psiquis humana. Mientras el círculo secreto se basa a menudo en los contactos interpersonales, presuponiendo cohesión interna y la separación del mundo externo, la traición se inscribe en la precariedad de estar compitiendo por el poder; en virtud de ello, se adscribe una imagen conspirativa a toda asociación secreta. Simmel concluye indicando que "la sociedad secreta es considerada enemiga de los poderes centrales y en forma inversa, todo grupo que es rechazado políticamente es [puede ser] tildado de ser una sociedad secreta" (Wolff 1950, 376, nuestra traducción).

Existen distintos análisis históricos, políticos y sociológicos que han examinado distintas intrigas latinoamericanas, contextualizando sus orígenes, desarrollo y desenlaces. Mencionemos, entre otros, el trabajo de Enrique Santos Molano, que cubre conspiraciones colombianas entre 1714 y 1867 (Santos Molano 2011), o el valioso estudio de Luis Fernando Beraza, que analiza las grandes conspiraciones de la historia argentina, desde la primera mitad del siglo XIX pasando por las rebeliones radicales de 1890-1905, las conspiraciones de 1930-1943, hasta llegar a las conspiraciones antiperonistas de 1943-1976 (Beraza 2009).

Es menester distinguir, empero, la existencia de intrigas —algunas exitosas, otras fracasadas— del fenómeno paralelo de las teorías conspirativas, a veces ligado, pero inherentemente diferente, que nos ocupa en este libro. Bien caracteriza la episteme de teorías conspirativas el historiador Ernesto Bohoslavsky, siguiendo a Geoffrey Cubitt (1993, 1-2), como "la propensión a considerar que la política está dominada por maquinaciones malintencionadas y secretas de un grupo con intereses y valores enfrentados a los del grueso de la sociedad". Ello implica que el mito conspirativo denota que el verdadero significado de las cosas se esconde detrás de las apariencias, y que lo relevante de la política, en realidad, ocurre tras bambalinas. En la lógica del complot no hay lugar para el azar y los resultados involuntarios, sino que los hechos son presentados siempre como la consecuencia buscada de una intención secreta (Bohoslavsky 2009, 17).

Quienes así piensan e imaginan la realidad intentan desenmascarar, poner al descubierto y castigar a aquellos que tras bambalinas traman afectar la integridad de una nación, de una sociedad o bien de la humanidad toda. Dada la percepción de vivir una amenaza existencial, la lucha contra el peligro velado y puesto al descubierto reviste un valor simbólico sustancial, que a menudo transforma su confrontación en una cruzada moral. Citemos nuevamente a Horacio González:

> El pensar conspirativo parte de una doctrina de las mutaciones, por la cual lo que ha de saberse es un develamiento que, en el propio acto de darse como descubrimiento, siempre lucha contra lo que hace aflorar: *el Mal*. Acto de aflorar y acto de luchar se fusionan en un único gesto político. [...] las *mentalidades de la conspiración* postulan que el poder necesariamente hace invisibles, "inconfesables", sus verdaderos propósitos. Las instituciones legítimas son eternas, pero frente a ellas se levanta la conspiración de los poderes ciegos que no pueden detener su impulso de dominación absoluta (González 2004, 297).

Desde la psicología individual y de masas, existe hoy una amplia literatura que intenta explicar la tendencia de muchos individuos normativos a conferir credibilidad a teorías conspirativas cuyo asidero con la realidad fáctica es, a lo sumo, tenue o parcial. En gran medida, como lo analiza por ejemplo el psicólogo Rob Brotherton en base a estudios empíricos, la sospecha conspirativa no debería sorprendernos al entender nuestro funcionamiento cerebral que intenta encontrar orden en el caos (Brotherton 2015).

Sin embargo, ello no allana el interrogante de por qué distintas sociedades atribuyen designios siniestros a sujetos y grupos diferentes, y por qué en distintos períodos muda la identidad de quienes supuestamente maniobran clandestinamente, y de quienes se esfuerzan en desenmascararlas. Tal es el foco de nuestra indagación. Para responder a ese interrogante, hemos analizado los contextos institucionales, políticos, socioeconómicos y culturales que proveyeron funcionalidad a quienes desearon explicar en clave conspirativa la ineficacia e impotencia de las instituciones republicanas para proteger a las sociedades latinoamericanas, promover el bienestar y asegurar una perspectiva de vida solvente. Un interrogante crucial de nuestro análisis ha sido por qué, en determinados períodos y países, ha variado la funcionalidad política de las intrigas y de las lógicas conspirativas.

Hemos identificado cuatro escenarios propicios para el desarrollo de tales lógicas conspirativas. Uno ha sido el escenario bélico, que conllevó el riesgo de derrotas y pérdidas en vidas humanas y territorio. Las guerras generan sensibilidad colectiva y acumulan cargas emocionales. Son un caldo de cultivo de sospechas sobre la existencia de conjuras, quintas columnas y enemigos solapados, algunas de las cuales derivan fácilmente en interpretaciones conspirativas. En tal escenario, hemos analizado aquellos conflictos bélicos que abonaron el terreno de lógicas conspirativas, como por ejemplo la guerra de 1898 en Cuba, la Guerra del Chaco y la Guerra Fría.

Un segundo escenario propicio al surgimiento de interpretaciones conspirativas ha sido la polarización política, típica de algunas experiencias populistas y de cambio revolucionario. Al desechar las explicaciones estructurales y privilegiar otras categorías de oposición binaria (como el "Ser Nacional" *versus* los "anti-Patria"), ciertos movimientos y líderes populistas han alimentado teorías conspiracionistas. En tal marco, hemos analizado los casos de Getúlio Vargas durante el Estado Novo brasileño, el tercer peronismo argentino, el escenario de la política mexicana a fines de la era del PRI y la polarización política en Venezuela tras la Revolución Bolivariana. Justamente por la capacidad movilizadora de amplios sectores sociales en un marco de polarización y antagonismo político, esas experiencias también han sido campo fértil para la recepción y difusión de discursos conspiracionistas. Igualmente, han existido situaciones en las que sectores subalternos han sido foco de interpretaciones conspirativas, como en el caso del "maximalismo judeo-marxista" en el Cono Sur en la segunda década del siglo XX o la masacre de 1937 en la República Dominicana, justificada por una fabulada "penetración haitiana".

Un tercer escenario remite al surgimiento de teorías conspirativas en el marco del posicionamiento geopolítico que ha afectado a América Latina en distintos períodos de su historia. Especialmente en la era de la Guerra Fría y la era postsoviética, el realineamiento internacional y las confrontaciones ideológicas generaron virulentas polémicas entre políticos, intelectuales, estudiantes, sindicalistas y militares frente a sospechas de intrigas internas y externas en torno a proyectos hegemónicos. Similarmente, se generaron miradas y fabulaciones conspirativas a la sombra del campo de batalla entre el terrorismo globalizado y las respuestas violentas de la contrainsurgencia en los distintos países. Ya sea en espacios territoriales definidos por conflictos entre Estados, como en la frontera colombiano-venezolana, o en el caso de los atentados terroristas que se perpetraron en la Argentina a principios de la década de 1990 y que analizamos en el libro, este escenario ha cobrado creciente relieve global y afectó a América Latina.

Un cuarto escenario favorable al surgimiento y persistencia de teorías conspirativas es aquel en el cual la ciudadanía desconfía profundamente de las instituciones republicanas, además de ser escéptica de la clase política y de las fuerzas de seguridad y la justicia. En tal escenario, existe una base empírica de falta de confianza institucional que fomenta lógicas interpretativas en términos de confrontación con enemigos internos y externos, así como la creencia en la maquinación de fuerzas subterráneas. Por ejemplo, hemos analizado distintos episodios de la historia argentina durante el último cuarto de siglo como un caso tal vez extremo de pensamiento conspirativo en un contexto de polarización política, falta de cohesión social y desconfianza en las instituciones republicanas. No casualmente esa desconfianza ocupa un lugar central entre los factores que han amenazado la vitalidad del sistema democrático en la mayoría de los países latinoamericanos durante las últimas décadas.[1]

En América Latina ha sido frecuente intentar descubrir y atribuir tramas conspirativas a grupos secretos de "espías" y "traidores" operando en las tinieblas, motivados por su voluntad de dominar, invocando la integridad moral y el "bienestar de la nación". Como bien perfiló el periodista Luis Bruschtein en su nota divulgativa enfocada en personajes conspirativos:

> La conspiración trata de explicar fenómenos sociales o ideológicos por la vía de la acción detectivesca. Infiltrados, espías y traidores suelen ser los personajes favoritos para depositar la bronca por un fracaso político, sin necesidad de cuestionar los conceptos que lo provocaron. También son personajes ideales para desprestigiar procesos políticos opuestos y estas explicaciones suelen ser divulgadas con igual entusiasmo por los servicios de seguridad. Y al periodismo le encanta descubrir una trama de espionaje y traiciones. También suele ser la explicación más fácil de procesos complejos que muchas veces no se conocen (Bruschtein 2003).

---

[1] Según un estudio de Latinobarómetro (2016), el rango de confianza en que se mueven las instituciones de la democracia en América Latina (los partidos, el congreso y el poder judicial) desde fines de la década de 1990 no superaba el 40%.

La estructura del libro permite conceptualizar la lógica del pensamiento conspirativo, así como el estudio de sonados casos de teorías conspirativas en la historia latinoamericana. En la introducción y el capítulo 1 indagamos las razones por las cuales la lógica conspirativa asume certeza argumentativa y presume basarse en una verdad oculta que se logró desenmascarar. Además, ofrecemos una interpretación sociopolítica de quienes demandan confrontar los planes de quienes intrigaban, procurando minar la fortaleza material y moral de la nación, o aun de la humanidad entera. A tal fin, nuestro análisis revisa e integra distintas teorías clásicas y contemporáneas, desde la sociología, la ciencia política, la historia de las ideas y la psicología social.

El capítulo 2 profundiza el análisis de cómo en los últimos siglos surgieron distintas teorías conspirativas con el expreso designio de conjurar las amenazas percibidas a raíz de las transformaciones socioeconómicas y políticas. Los procesos acelerados de cambio de la modernidad, el quiebre de la hegemonía política en la sociedad tradicional y el pánico moral ante las insurrecciones populares abonaron el caldo de cultivo para generar teorías conspirativas durante las revoluciones liberales, especialmente a partir de la Revolución Francesa. El asalto a la razón iluminista y el rechazo del ideario insurreccional fueron simultánea y concomitantemente útiles para producir tramas de complots y confabulaciones que no se rendían ante simples evidencias de verosimilitud. Aun en pleno siglo XX, y comienzos del XXI, diversos sectores validaron teorías del falso positivo, vale decir afirmaron conspiraciones falsas. Más aún, cuando se reveló que las supuestas intrigas y conspiraciones carecían de fundamento, sus mentores rechazaron aceptar que la teoría era fallida, y prefirieron seguir manteniéndola al admitir como validados tan solo aquellos datos que corroboraran su hipótesis conspirativa.

En el capítulo 3 damos cuenta de ciertas vertientes conspirativas en la historia y el ensayo historiográfico latinoamericano a partir de la temprana independencia. En efecto, la modernidad en América Latina no fue una excepción a la necesidad de conjurar los cambios acelerados mediante teorías del complot e intrigas. Algunas teorías fueron adoptadas a fin de difamar la protesta social de sectores populares, movimientos políticos, insurrecciones sindicales y fermentos revolucionarios. Indagamos, entonces, en la relación entre el análisis historiográfico y los usos políticos de interpretaciones conspirativas en el desarrollo histórico de los Estados y naciones latinoamericanos. En forma particular, inquirimos cuáles fueron algunas de las interpretaciones y los beneficiarios políticos de dichas teorías conspirativas. Asimismo, analizamos cómo tales perspectivas interpretativas han afectado hasta épocas recientes el ensayo historiográfico y en particular, el análisis socio-histórico y político de acontecimientos clave en el devenir de las naciones latinoamericanas. Los casos seleccionados incluyen: la supuesta conspiración de los jesuitas justificando su expulsión y destierro de España e Hispanoamérica; el rol de las logias masónicas durante la emancipación hispanoamericana; y ciertos mitos conspirativos en torno a la secularización de la sociedad civil en el Estado-nación latinoamericano, con especial atención a los casos de Colombia y Uruguay.

El capítulo 4 se centra en la sospecha de los enemigos internos, el uso y abuso de tales figuras en la elaboración de teorías conspirativas. Desde el siglo XIX, y especialmente en el trascurso del siglo XX, la mayor parte de las elites latinoamericanas intentaron modernizar sus naciones, modelarlas según una determinada visión de progreso, aunque al mismo tiempo temieron la destrucción de las estructuras jerárquicas y los privilegios que gozaban. Se produjo así una ambigua dicotomía entre el empuje modernizante y el deseo de conservar las estructuras de poder frente a los cambios. El resultado fue la emergencia de un modelo de modernización excluyente, sesgado, a menudo intolerante, sustentando mecanismos represivos, que con frecuencia —en su intento de fraguar una nación homogénea en base a "ideas fuera de lugar" (para usar el término acuñado por Roberto Schwarz)— estigmatizó a minorías autóctonas, grupos raciales subalternos e inmigrantes. La problemática de este capítulo nos remite así al análisis de cómo se estructuraron, interpretaron y manejaron las mentalidades colectivas en el contexto de estructuras de poder posicionándose y calibrando las presiones de cambio. En especial, abordamos el uso y abuso de la presunción de enemigos internos que supuestamente estarían buscando socavar la integridad de la sociedad, sospecha ampliamente presente en la visión de numerosas miradas conspirativas.

El carácter distintivo de la construcción de una narrativa de intencionalidad conspirativa tramada en el seno de la sociedad se conecta, de tal modo, con el expreso designio de defender la integridad colectiva. El capítulo analiza cinco estudios de caso, tres de los cuales —Argentina en 1919, Chile durante 1918-1920 y Brasil en los años 1920-1930— demuestran cómo se generaron miradas conspirativas en situaciones de acelerada modernización, transformaciones sociales y estructurales y miedo al cambio revolucionario. En aquellas circunstancias, elites en el poder intentaron impedir mediante teorías conspirativas las presiones sociales y políticas y la amenaza que percibieron a su estilo de vida y a su dominación, alegando estar defendiendo a la nación frente a los enemigos internos. El cuarto caso, la República Dominicana bajo el gobierno de Rafael Trujillo, constituye un contrapunto, ya que la retórica del enemigo interno fue usada en 1937 para justificar una masacre masiva de miles de ciudadanos dominicanos de etnicidad haitiana después de haberla perpetrado. Según sus artífices, lo que en realidad fue un genocidio ejecutado según concepciones racistas y sancionado desde la cúspide del poder estatal, habría sido solo producto de la ira y el clamor popular que optó por defenderse de la amenaza interna de los "haitianos". Al quinto caso lo focalizamos en narrativas conectadas entre sí mediante la existencia fantasmagórica de la sinarquía, vale decir una secreta internacional que supuestamente estaría complotando hasta lograr su designio de dominación. Tal narrativa, usada por Juan Domingo Perón para interpretar su derrocamiento en clave de geopolítica mundial, fue apropiada maniqueamente en el conflictivo entorno de Argentina durante los turbulentos años 1960-1970 hacia derivas conspiracionistas; así, la superchería de la sinarquía consiguió alimentar por décadas tanto tramas antisemitas como denuncias a un imaginario Plan Andinia urdido por supuestos enemigos internos y externos —desde mapuches aliados a británicos hasta mochileros israelíes— que según los denunciantes estarían planeando tomar la Patagonia.

En la investigación histórica de la geopolítica latinoamericana y las relaciones internacionales del continente tuvieron mucho impacto las intervenciones de potencias hegemónicas, especialmente Gran Bretaña y Estados Unidos. El capítulo 5 enfoca tal análisis en la interfaz entre conjuras imperialistas e interpretaciones conspiracionistas en clave de dominación imperial. El capítulo comienza analizando ciertas narrativas sobre la Guerra del Chaco entre Bolivia y Paraguay (1932-1935), interpretadas por muchos como la Guerra de la Standard Oil. A continuación, nos retraemos a la Guerra del Pacífico (1879-1883), cuyas interpretaciones conspiracionistas han sido más marginales frente a narrativas paralelas proyectadas en la literatura académica y en la memoria popular. Elucidamos tal diferencia tanto desde la perspectiva historiográfica como a partir de las demandas irresueltas de los países vencidos por Chile. Pasamos luego a analizar las relaciones entre Cuba y Estados Unidos, intentando diferenciar entre conspiraciones reales y miradas conspiracionistas, durante distintas fases de intervención y tutelaje imperialista, enfocadas en tramas conspirativas del siglo XIX. Realizamos un análisis similar para el siglo XX en los subsiguientes capítulos 6 y 7.

El capítulo 6 analiza cómo la polarización política estimula el desarrollo de miradas conspirativas. En tal dirección, abarca el estudio de tramas conspirativas de distinto tenor, unidas por el común denominador de la polarización política. Abordamos el mito de un IV Reich concomitante con la emergencia del peronismo en la Argentina en 1945-1946, elaborado con el designio de quitar legitimidad y desacreditar al primer justicialismo. Además, analizamos el caso del chavismo y su confrontación con la oposición, a quienes acusó de complicidad con la CIA, el gobierno estadounidense y las fuerzas colombianas, denunciando un complot contra la Revolución Bolivariana. Asimismo, examinamos las narrativas conspiracionistas lanzadas para interpretar el magnicidio en 1994 de una figura política como Luis Donaldo Colosio en México. Finalmente, revisamos la sospecha de conjura golpista detrás del proceso político que culminó con la prematura destitución en 2016 de la presidenta Dilma Rousseff en Brasil.

El capítulo 7 enfoca las lógicas conspiracionistas que proliferaron durante la Guerra Fría, una era marcada por la bipolaridad en las relaciones internacionales, y su persistencia en décadas recientes. Así, analizamos la teoría de la dependencia, que en ciertas variantes, a partir de su popularización durante las etapas finales de la Guerra Fría, impactó en el imaginario de muchos cientistas sociales hacia tesis maniqueas y conspiracionistas, reduciendo la complejidad de la geopolítica regional. Luego indagamos en las distintas lecturas acerca del golpe de Pinochet contra el proceso de cambio revolucionario en democracia de la Unidad Popular. Además, examinamos una serie de conjuras y narrativas conspiracionistas que caracterizaron las relaciones entre Cuba y Estados Unidos durante la Guerra Fría y la era postsoviética.

El capítulo 8 aborda un cuarto de siglo en la Argentina, un caso probablemente extremo de país que ha generado narrativas conspirativas de un modo recurrente. Los casos emblemáticos analizados son: las tramas conspirativas en torno a la investigación judicial y policial durante la década de 1990 del atentado contra la sede de la AMIA; la explosión del arsenal de Río Tercero; la sospechosa muerte del fiscal Alberto Nisman en enero de 2015; y el hundimiento del submarino *ARA San Juan* en 2017. Nuestro análisis elabora la intersección de tramas conspirativas con la sospecha de corrupción durante cambiantes contextos geopolíticos. Según nuestra opinión, la extrema polarización política de la Argentina moderna habría instalado miradas conspirativas en el centro de la agenda pública en su historia reciente. El libro se cierra con breves conclusiones y miradas prospectivas.

Pasemos, pues, a indagar primeramente en forma sistemática la lógica del pensamiento conspirativo, para luego abordar, sobre la base de tal perspectiva analítica, algunas divulgadas teorías conspirativas de la historia lejana y reciente en el continente latinoamericano.

CAPÍTULO I

Lógicas del pensamiento conspirativo: aproximaciones teóricas

Quienes piensan lógicas conspirativas suponen la existencia de una causalidad histórica unívoca, operada por fuerzas sociales siniestras y poderes subterráneos cuyos motivos son nefastos. Con tal visión de mundo, sugieren una visión crítica que otros no cuestionan y aceptan con candidez. Ante todo, los conspiracionistas consideran que mientras los ingenuos confían en las instituciones existentes, enemigos internos y los externos traman en forma encubierta proyectos de dominación o destrucción. En estas circunstancias, quienes creen reconocer conjuras e intrigas, asumen el supremo deber de poner en alerta a los ingenuos, desenmascarando la trama conspirativa a fin de salvar la integridad de la nación, su espíritu colectivo, o aún a la humanidad en su totalidad.

La visión conspirativa propone aproximarse a la realidad política e histórica desconfiando de las apariencias y afirma una teoría sobre los poderes paralelos. De ello deriva una serie de premisas, a saber:

1. existen fuerzas del mal que actúan clandestinamente; estas fuerzas acechan, seducen, penetran y controlan el pensamiento de las masas, socavando la integridad social, psíquica o biológica de la sociedad, mientras ocultan sus planes de dominación o destrucción;

2. nada sucede al azar en el devenir histórico; la historia tiene un sentido, y ese sentido no está dado por fuerzas estructurales sino por una confrontación de voluntades o designios individuales, y la pregunta central es cuál voluntad/designio habrá de primar;

3. las instituciones son inefectivas porque no toman conciencia del peligro. Por tanto, resultan ineficaces para enfrentarlo; es más, diversos sectores sociales colaboran, ingenua o maliciosamente, con aquellos que procuran afectar la trama social y moral de la sociedad;

Cómo citar este capítulo:
Roniger, L. y Senkman, L. 2019. *América tras bambalinas. Teorías conspirativas, usos y abusos.* Pp. 13-26. Pittsburgh, Estados Unidos: Latin American Research Commons. DOI: https://10.25154/book2. Licencia: CC BY-NC 4.0

4. el corolario es que fuerzas alternativas deben movilizarse para confrontar a los poderes ocultos, derrotar su avieso plan de dominio y defender, así, la identidad nacional o incluso el bien de la humanidad;

5. la confrontación no es una mera competencia por el poder, aunque se centre en la política, ya que su lucha se libra en términos de valores morales, en algunos casos adquiriendo un simbolismo casi apocalíptico.

Se trata, pues, de una lógica que denota una visión de mundo y genera un modo explicativo y narrativo conspirativo, que intenta transformarse en un mito movilizador. Aunque crea —en términos de Max Weber— una racionalidad funcional-instrumental orientada al logro de objetivos (*Zweckrationalität*), el conspiracionismo se conjuga con una racionalidad valorativa (*Vertrationalität*), vale decir, una racionalidad substantiva que profesa la defensa de prioridades valorativas (Weber 1974). En el caso de las mentalidades conspirativas, su racionalidad lleva a posicionarse frente al universo y adoptar líneas de acción concebidas en términos morales dicotómicos, mediante una confrontación de posibles consecuencias imponentes.

Dado que las tramas imaginadas por quienes ostentan una visión conspirativa del mundo exageran y distorsionan a menudo la realidad, hubo autores que destacaron su similitud con estados psicológicos delirantes o paranoicos. Analizando la cultura política norteamericana, el historiador Richard Hofstadter identificaba en ella corrientes de pensamiento paranoico, usando el término en forma metafórica para caracterizar a un fenómeno de naturaleza colectiva:

> Los escritos paranoicos comienzan con algunas apreciaciones defendibles [...] y con una cuidadosa acumulación de datos, o al menos datos aparentes, y ordenan esos datos hasta presentarlos como una "prueba" irrefutable de la conspiración que se intenta establecer [...] Si no es totalmente racional, al menos la mentalidad paranoica es racionalista: cree estar ante un enemigo infaliblemente racional y completamente malévolo, e intenta igualar tal capacidad plena con la suya propia, sin dejar nada sin explicar y hasta abarcar toda la realidad en una teoría comprehensiva y consistente. [...] Lo que distingue, pues, el estilo paranoico no es la ausencia de ciertos datos discretos verificables (aunque la pasión extravagante de los paranoicos suele llevarlos a inventar la "realidad") sino más bien el salto de la imaginación en cómo articulan críticamente aquellos datos (Hofstadter 1963, 36-37, nuestra traducción).

El experto en Derecho Penal Jorge Contreras Ríos ha destacado tanto el carácter amenazador como la funcionalidad política de las teorías conspirativas:

> Giran alrededor de amenazas desconocidas, que alteran la normalidad, con datos reales y casi siempre insuficientes. Son algo que no le gusta a la sociedad, el que les avisen de un peligro, del que desconocen su

naturaleza, para lo que no estamos preparados ni biológica ni psicológicamente. Siempre muestran un villano. Buscan acentuar una sensación de desamparo. Denotan […] una falta de control de lo que ocurre alrededor. Siempre, casi siempre, tienen un principal *beneficiario político* (Contreras Ríos 2015).

Las teorías conspirativas encuentran un terreno fecundo para su desarrollo bajo ciertas condiciones. Ante todo, cuando se crea un profundo sentimiento de crisis alimentado por problemas socioeconómicos, inestabilidad política, sentido de fractura cultural y debilidad institucional. Frente a la ansiedad generada, quienes comparten la mirada conspirativa contraponen la certeza de que, una vez que las fuerzas del mal sean desenmascaradas y se revelen sus malévolos designios, será posible desafiar y vencer al enemigo, ya fuere un enemigo interno o bien externo, o una confabulación que incluya a ambos.

Cuando existe desconfianza de las instituciones, de las autoridades, de los medios y aun de la ciencia, ello suma funcionalidad a quienes buscan explicar en términos conspirativos la ineficacia e inoperancia de los marcos institucionales para proteger a la sociedad.

No por acaso en el continente americano se recibió con entusiasmo y fueron difundidos ampliamente textos que expresaban y propagaban la visión de que, por diferentes motivos e intereses, las apariencias engañan y ocultan realidades más profundas, incluyendo la existencia de sociedades secretas. En las décadas de 1960 y 1970, fue paradigmática la recepción en América Latina de la obra de Louis Pauwels y Jacques Bergier. Sus libros y ensayos traducidos del francés fueron impresos en decenas de miles de copias y leídos con sumo interés durante la Guerra Fría, en coincidencia con la fascinación del *boom* y la curiosidad popular por reconocer la existencia de historias alternativas, civilizaciones ultraplanetarias y sociedades secretas, pero que las instituciones preferirían ignorar y ocultar. Pauwels y Bergier abrían el prólogo de *La rebelión de los brujos* con la siguiente afirmación antinómica:

Nuestra civilización, como toda civilización, es un complot. Numerosas divinidades minúsculas, cuyo poder sólo proviene de nuestro consentimiento en no discutirlas, desvían nuestra mirada del rostro fantástico de la realidad. El complot tiende a ocultarnos que hay otro mundo en el mundo en que vivimos, y otro hombre es el hombre que somos. Habría que romper el pacto, hacerse bárbaro. Y, ante todo, ser realista. Es decir, partir del principio de que la realidad es desconocida. Si empleásemos libremente los conocimientos de que disponemos; si estableciésemos entre éstos relaciones inesperadas; si acogiésemos los hechos sin prejuicios antiguos o modernos; si nos comportásemos, en fin, entre los productos del saber con una mentalidad nueva, ignorante de los hábitos establecidos y afanosa de comprender, veríamos a cada instante surgir lo fantástico al mismo tiempo que la realidad (prólogo, Pauwels y Bergier, 1972).

Similarmente, el breve y tenebroso "Informe sobre ciegos" incluido en *Sobre héroes y tumbas* (1961), la segunda novela del argentino Ernesto Sabato, invitaba a ser leído incluso como una alegoría de la existencia de redes subterráneas que disfrazaban sus intenciones conspirativas, mientras manipulaban y engañaban a los ingenuos. *Sobre héroes y tumbas* llegó a ser considerada popularmente "la mejor novela argentina del siglo XX y una de las obras cumbres de habla hispana" (véase http://bit.ly/2YvTQin). Esta valoración en Wikipedia se basa en una opinión ampliamente difundida. Recordemos: el ficticio autor del "Informe" estaba consternado obsesivamente por la existencia de una organización de ciegos que, como otras logias y sectas secretas, supuestamente maniobraban clandestinamente en las tinieblas con el designio de controlar y dominar a la sociedad:

> esas logias y sectas que están invisiblemente difundidas entre los hombres y que, sin que uno lo sepa y ni siquiera llegue a sospecharlo, nos vigilan permanentemente, nos persiguen, deciden nuestro destino, nuestro fracaso y hasta nuestra muerte. Cosa que en grado sumo pasa con la secta de los ciegos, que, para mayor desgracia de los inadvertidos tienen a su servicio hombres y mujeres normales: en parte engañados por la Organización; en parte, como consecuencia de una propaganda sensiblera y demagógica; y, en fin, en buena medida, por temor a los castigos físicos y metafísicos que se murmura reciben los que se atreven a indagar en sus secretos (Sabato 1998 [c. 1961], 3).

El supuesto relator del "Informe" destacaba la conexión entre el carácter subterráneo de dicha organización y el propósito moralmente nefasto que animaba a sus miembros:

> esos usurpadores, especie de chantajistas morales que, cosa natural, abundan en los subterráneos, por esa condición que los emparenta con los animales de sangre fría y piel resbaladiza que habitan en cuevas, cavernas, sótanos, viejos pasadizos, caños de desagües, alcantarillas, pozos ciegos, grietas profundas, minas abandonadas con silenciosas filtraciones de agua; y algunos, los más poderosos, en enormes cuevas subterráneas, a veces a centenares de metros de profundidad, como se puede deducir de informes equívocos y reticentes de espeleólogos y buscadores de tesoros; lo suficiente claros, sin embargo, para quienes conocen las amenazas que pesan sobre los que intentan violar el gran secreto (Sabato 1998 [c. 1961], 3-4).

Quien había pergeñado el Informe afirmaba ser consciente del peligro, pero no podía sino reconocer "la realidad" en lugar de ignorarla crédulamente en aras de evitar caer víctima de quienes intentaban mantener a la sociedad en su ignorancia. Así, afirmaba que no pudo sino "despertarme de mi insensato sueño, para advertir que mi existencia anterior había terminado como una estúpida etapa preparatoria, y que ahora debía enfrentarme con la realidad" (Sabato 1998 [c. 1961], 2).

La existencia de realidades alternativas constituye un mitema de hondo anclaje en las sociedades occidentales, reflejado en las artes y letras, con un amplio atractivo en películas como *Sliding Doors* (1998, dirigida por Peter Howitt y protagonizada por Gwyneth Paltrow y John Hannah) y novelas como *The Plot against America* de Philip Roth (2004). Esta última transformaba en altamente plausible la elección de Charles Lindbergh en lugar de Franklin Delano Roosevelt, quien en realidad recibió la nominación de la candidatura del Partido Republicano a la presidencia de Estados Unidos en 1940.

En su novela, Roth describe la incertidumbre de tal desenlace alternativo sobre quienes, como él y su familia, se verían presionados y marginalizados bajo un presidente como Lindbergh que simpatizaba con Hitler y que, según la trama narrativa, habría de firmar un tratado con la Alemania nazi y con el Japón imperial, mientras desplazaba a los judíos hacia zonas rurales de Estados Unidos, "a fin de americanizarlos". Las críticas que expresa una personalidad radiofónica ante tales políticas presidenciales generarían violencia antisemita. Cuando Lindbergh desaparece viajando en su avión personal, los alemanes advierten acerca de la existencia de una megaconspiración judía para tomar el poder en Estados Unidos, y nuevos actos de violencia y medidas antijudías son adoptadas. Tales actos terminan solamente cuando la viuda de Lindbergh lanza un llamado a retomar una conducta cívica. Mientras tanto, Franklin Delano Roosevelt es reelecto, los japoneses atacan Pearl Harbor y Estados Unidos ingresa a la Segunda Guerra Mundial. Finalmente, una tía hace partícipe a su sobrino de una teoría conspirativa alternativa sobre la desaparición de Lindbergh. Según ella, los nazis habrían raptado al hijo del presidente, exigiendo por su rescate que Lindbergh llevara adelante la "solución final" contra los judíos en Estados Unidos; ante la renuncia de Lindbergh, los nazis habrían procedido a raptarlo y a difundir el mito de la conspiración judía, en un intento de volcar la opinión pública norteamericana contra los judíos. Mientras Roth admite que la teoría de su tía es un poco exagerada, agrega que no por ello es menos convincente que la paralela teoría conspirativa, la cual identificaba a los judíos como el centro de la conspiración mundial (Roth 2004).

En América Latina, a la credibilidad de realidades alternativas suele sumársele lo clandestino, la construcción de un complot, tema tan ampliamente registrado por ejemplo en la narrativa argentina con tramas de conjuras en algunas ficciones de Roberto Arlt, Jorge Luis Borges y Macedonio Fernández (Arlt 1968 [c. 1930], Piglia 2018).

Tal lógica de pensamiento se ha difundido entre amplios sectores. Quienes sustentan teorías conspirativas asumen a menudo que los expertos ocultan evidencias; que los medios propagan mentiras y noticias falsas; que las instituciones han sido minadas desde adentro; y que las autoridades han sido copadas o engañadas por quienes urden su plan malévolo. No sorprende, pues, que quienes promueven "verdades alternativas" puedan proclamar la imperiosa necesidad de luchar contra el enemigo oculto y retomar el control sobre el destino colectivo de la sociedad (sobre la ansiedad en la base de pensamientos conspirativos y su relación con la desconfianza en los expertos e instituciones, véase Giddens 1990, Beck 1992, Parish 2001).

A menudo colabora en tal escenario el debilitamiento del poder de convencimiento de las ideologías tradicionales, sin que disminuya por ello la búsqueda de una explicación macrohistórica y un mito movilizador amplio, sustentados en la indignación moral entre quienes están convencidos de la verosimilitud y autenticidad de la teoría conspirativa.

Las teorías conspirativas piensan la realidad en base al simplista esquema explicativo que articulan. Son grandiosas por naturaleza, a menudo apocalípticas. Sistematizan detalles inconexos y construyen un meta-análisis de la realidad que, aunque inverosímil al ser minuciosamente analizado, puede llegar a ser creíble y, una vez compartido por muchos, resulta casi imposible deconstruirlo para la verificación de sus elementos objetivos.

Sadik Jalal al-Azm define tal invulnerabilidad de la mentalidad conspirativa frente a la evidencia empírica en los siguientes términos:

> Quienes creen en una teoría conspirativa no pueden ser convencidos nunca de otra manera, no importa cuánta evidencia se acumule, porque tales teorías y explicaciones son impulsadas por las vueltas y contra vueltas de su propio impulso dialéctico —no importa cuán fantástico fuere— más que por cualquier cosa relacionada a la evidencia o hechos similares (Al-Azm 2011, 21 [nuestra traducción]).

Es más, la teoría conspirativa fagocita toda evidencia adversa, contraria, metamorfoseándola en argumentos que supuestamente confirman la validez de la teoría. Nuevamente, en palabras de Sadik al-Azm: "Todas las instancias contrarias, argumentos, piezas de evidencia, etcétera, se absorben inmediatamente en la propia teoría y se convierten en casos que confirman sus pretensiones" (Al-Azm 2011, 23 [nuestra traducción]).

En un libro sobre teorías conspirativas en Estados Unidos, Michael Barkun (2003) indica que las teorías conspirativas tienden a prevalecer en el contexto de lo que define como "saber estigmatizado". Tal concepto remite a argumentos cuya veracidad es proclamada por quienes los expresan a pesar de la condena o estigmatización que tales argumentos merecen de parte de aquellas instituciones encargadas de certificar la diferencia entre conocimientos veraces y falsos, vale decir, de parte de las universidades, centros de investigación y comunidades científicas.

En el amplio concepto de "saber estigmatizado", Barkun incluye las siguientes subcategorías:

· conocimientos *olvidados*, por ejemplo, el saber de la antigüedad que se ha perdido, no llegando a nuestros tiempos como consecuencia de un cataclismo u otras circunstancias;

- conocimientos *superados*, vale decir, aquellos que otrora eran considerados veraces pero que no resistieron a los nuevos avances y descubrimientos científicos;
- conocimientos *ignorados*: aquellos que persisten en grupos de bajo prestigio social y que no son considerados suficientemente serios por quienes dominan el saber;
- conocimientos *rechazados* explícitamente por su falsedad, como por ejemplo la existencia de secuestros de personas por seres extraterrestres que han invadido nuestro planeta sin que su presencia haya sido reconocida oficialmente;
- conocimientos *suprimidos*: aquellos que las instituciones científicas supuestamente reconocen como ciertos pero son negados por quienes temen las consecuencias de su revelación.

Según ese autor, dos características sobresalen en el saber estigmatizado: el destacado rol del subconocimiento suprimido y la base empírica en que se basan sus defensores. *Tal conocimiento tiende a fagocitar a todos los otros.* Porque cuando un conspiracionista percibe que su interpretación y el saber ortodoxo se contradicen, aducirá que las fuerzas institucionales han hecho todo lo posible por silenciar "la verdad" en aras de su mezquino beneficio, o bien por otro nefasto motivo. El sujeto conspiracionista sostiene que la verdad ha sido suprimida, ignorada, olvidada o marginalizada en virtud de una trama conspirativa. De acuerdo con Barkun,

[l]as teorías conspirativas funcionan tanto como parte del conocimiento suprimido como base de su estigmatización. En un sentido, las teorías conspirativas son un ejemplo de saberes suprimidos, ya que quienes creen en ellas están convencidos de que sólo ellos conocen la verdadera forma en que se maneja el poder y las decisiones son tomadas. Creen que quienes conspiran poseen el poder de mantener al resto de la población en la ignorancia. A otro nivel, las teorías conspirativas sostienen poder explicar por qué todas las formas del conocimiento estigmatizado han sido marginadas: supuestamente, quienes conspiran han usado su poder para ocultar la verdad. De ahí que quienes sostienen conspirativamente la distinción entre el (verdadero) saber oculto y la (falsa) ortodoxia confieren supuesta autenticidad a tramas tendientes a suprimir la verdad. Además, [atribuyen veracidad al conocimiento estigmatizado] por su supuesta base empírica. [...] En primer lugar, la mera estigmatización es tomada como evidencia de verdad, ya que, si no fuera por ello, ¿por qué otra razón se estigmatizaría una creencia si no fuere para ocultar la verdad? Al mismo tiempo [...] la literatura del saber estigmatizado imita entusiastamente el saber *mainstream* de las ciencias, apropiándose del aparato académico de elaboradas citas y referencias bibliográficas, [en especial] citándose recíprocamente con el resultado de que las mismas fuentes se repiten una y otra vez, lo cual produce un sentido de auto confirmación. Si se cita una fuente numerosas veces,

ello es prueba de verdad. [...] Las teorías conspirativas insisten en ser juzgadas con los cánones de prueba que son usados en el mundo que desechan y desconfían, el mundo académico e intelectual establecido (Barkun 2003, 27-29 [nuestra traducción]).

Ya el filósofo Karl Popper, en su libro *Conjeturas y refutaciones* (1963), indicaba cuán difícil es desestimar la veracidad de las teorías conspirativas. Ello, pues se basan en el supuesto de que la verdad ha sido suprimida maliciosamente. Popper destacaba que a menudo las personas no distinguen entre dos formas básicas de verificar la validez de toda información. Una, basada en el examen crítico de los errores en la información. La otra, basada en el origen de la información.

El asumir que la veracidad de la información depende de quién emite y enuncia la información, sus intereses y proyectos, lleva —indicaba Popper— a caer víctima del autoritarismo, ya sea en su vertiente liberal, fascista o comunista. Por el contrario, afirmaba el autor de *La sociedad abierta y sus enemigos* (1992, c. 1950), toda teoría debe ser verificada en base a observaciones y se debe partir del supuesto de que el conocimiento es la modificación de conocimientos previos, pero que, aunque importantes, ni la observación ni la razón deben ser reconocidas *a priori* como fuente de autoridad incontrastable; que todo conocimiento abre espacio para nuevas incógnitas y dudas; y que todo conocimiento es humano, por tanto no es infalible, no está libre de posibles errores y prejuicios. Finalmente, que todo conocimiento debe ser sometido a la crítica y conducir a conjeturas, y no llevar a asumir certezas explicativas (Popper 1992 [c. 1950], Popper 1963, 24-29). Exactamente lo opuesto de las teorías conspirativas, para las cuales Popper ofrece una muy precisa definición:

La teoría de la conspiración es una perspectiva según la cual todo lo que se produce en la sociedad —incluidas las cosas que por regla general disgustan a la gente, como la guerra, el paro, la miseria, la penuria— es resultado directo de los designios de ciertos individuos o grupos poderosos. Esta opinión se halla muy extendida, aunque supone una superstición muy primitiva [...] En su forma moderna, es un resultado típico de la laicización de las supersticiones religiosas (Popper 1992, 94 [nuestra traducción]).

El problema se agudiza a medida que se profundiza la notable apertura interpretativa y la incertidumbre de las sociedades modernas. Junto con el importante auge de la autonomía personal, la creciente diferenciación estructural y psicológica, la fragmentación social y la creciente variabilidad de opciones de vida, aumentan asimismo la incertidumbre, la indeterminación de estilos de vida y el relativismo del posmodernismo. Este en particular opera abriendo espacios que sustentan la legitimidad de toda interpretación, por descabellada que fuere y aun remota de la intención originaria de un texto. Desde tiempos de la antigua Grecia y Roma se creía en la existencia de criterios de racionalidad para identificar la lógica discursiva, por ejemplo, el principio de identidad (A=A), el principio de no contradicción (que es imposible que algo fuera A y No-A al mismo tiempo) y el principio de exclusión del medio lugar (A es verdadero o falso y *tertium non datur*).

La racionalidad del pensamiento occidental basada en tales principios ha sido desafiada de tiempo en tiempo, pero fue en el cénit de la modernidad y más aun con el advenimiento del posmodernismo que su predominio dio lugar a múltiples lecturas de la realidad, algunas de ellas lindando en lo irracional, lo quimérico y lo conspirativo. No por acaso el semiólogo y escritor Umberto Eco lidiaba con tales tendencias al afirmar: "Reconozco que un texto puede tener muchos sentidos, pero rechazo la afirmación que un texto puede tener cualquier sentido" (Eco 1990, 141; Eco 1991; y véase Villalba 2016).

Justamente en su segunda novela *El péndulo de Foucault* Eco nos lleva, en forma metafórica, frecuentemente lúdica y por momentos tenebrosa, a medir los peligros de aceptar visiones conspirativas de la realidad. Aunando géneros literarios, la trama desarrolla cómo, al intentar elaborar un "Plan" a partir de documentos intrigantes, tres amigos crean una parodia de la paranoia interpretativa de grupos diabólicos, con consecuencias irreparables. Habrán de encontrar su muerte a manos de grupos conspirativos que han persistido por siglos intentando un reencuentro y la recuperación de un perdido plan diabólico, que asumen que los tres amigos han descifrado y pretenden ocultar (Bondanella 1997).

En un libro póstumo de ensayos, Umberto Eco establece una diferenciación muy lúcida entre una conspiración o conjura y lo que el filósofo definió como el síndrome del complot que, según Popper, pocas veces logra ser consumado:

> Conspiraciones las ha habido siempre, algunas fracasaron sin que nadie se diera cuenta, otras tuvieron éxito, pero en general lo que las caracteriza es que siempre son limitadas en cuanto a finalidades y área de eficacia. En cambio, cuando citamos el síndrome del complot nos referimos a la idea de una conspiración universal (en ciertas teologías incluso de dimensiones cósmicas), por la que todos o casi todos los acontecimientos de la historia son obra de un poder único y misterioso que actúa en la sombra. Este es el síndrome del complot del que hablaba Popper… (Eco 2016).

El criminólogo Erich Goode y el sociólogo Nachman Ben-Yehuda han analizado desde una posición constructivista contextualizada las características de un fenómeno ligado al pensamiento conspirativo: el *pánico moral*. Pánico moral es un concepto acuñado por Stanley Cohen en 1972 y que se relaciona íntimamente con situaciones en las cuales florecen las teorías conspirativas (Goode y Ben-Yehuda 1996; Cohen 1972, 9). El fenómeno se caracteriza por la sensación, ampliamente difundida bajo ciertas circunstancias, de que quienes albergan intenciones diabólicas constituyen una amenaza a la sociedad y al orden moral y que, por tanto, debe hacerse "algo" en contra de esos elementos malévolos. En situación de pánico moral se identifica un peligro muy serio para los intereses y valores de una sociedad o de ciertos segmentos sociales, se predice un cataclismo a acontecer en caso de que no se reaccione a tiempo y se procede a enfrentar el peligro con decisión y acciones efectivas. Veamos en detalle qué indicadores operan en el desarrollo de tal fenómeno:

· la seria preocupación ante lo que se percibe como una amenaza palpable;
· el sentido ampliamente compartido de que la amenaza es lo suficientemente seria, y puede afectar a los principios sociales y morales como para propulsar una reacción asertiva en contra de tal amenaza;
· la imperiosa obligación de enfrentar nefastas amenazas.

Cuando el pánico moral se fundamenta en una teoría conspirativa, la lucha contra la amenaza se conceptualiza como *una lucha de principios, una confrontación moral de consecuencias cuasi-apocalípticas,* cuyo resultado será positivo o bien nefasto para el futuro de la sociedad o la humanidad.

La mentalidad conspirativa se basa, por tanto, en la confrontación entre dos universos antagónicos opuestos: un universo de fuerzas que operan escondidas tras las bambalinas, urdiendo un nefasto complot y ocultando su malévolo proyecto de la mirada pública; y otro universo, de fortaleza moral, que procura desenmascarar los secretos designios de su antagonista. Se promueve, así, una confrontación "de titanes". Vale decir, se pondera que los mecanismos ordinarios de vida en sociedad han fracasado y, en consecuencia, se ha abierto, o está por abrirse, un escenario apocalíptico que requerirá medidas de excepción.

En caso de que tal visión genere un estado de histeria colectiva, las teorías conspirativas pueden manifestarse a través de un movimiento social o en una legislación. Sin embargo, ello no ocurre en muchos casos, pues la teoría conspirativa no es igualmente convincente para unificar a sectores sociales divididos por clivajes de clase, etnicidad u otras variables. Así, existen teorías conspirativas que, en principio, pueden proyectarse por décadas y aun siglos, y que igualmente logran proyectarse de sociedad en sociedad.

Contextos diversos favorecen la difusión de visiones conspirativas. En algunos casos, dichas teorías se generan desde el seno de sectores sociales marginados que desafían a las elites y a las concepciones oficiales e institucionales. En otros casos, esas teorías son concebidas por elites y clases dominantes que se sienten amenazadas y que, para mantener su control, recurren a mitos conspirativos como mecanismo de movilización popular, o bien para desviar tensiones hacia un supuesto enemigo interno o externo. A continuación, indicaremos solamente algunas de las condiciones generales que favorecen el surgimiento y difusión de tales teorías conspirativas.

Esas teorías se basan en componentes reales, pero estos son extrapolados hasta alcanzar dimensiones fantásticas e ilusorias, que pierden toda relación con los hechos. Por ejemplo, en Estados Unidos, a mediados del siglo xx, la campaña de fluorización del agua fue rechazada por muchos que —con el argumento de estar protegiendo la salud pública— creyeron que las agencias federales intentaban introducir el socialismo. En forma más específica, quienes imaginaban estar frente a un plan conspirativo sostenían que el flúor agregado a las aguas permitiría bajar las reservas mentales de las personas, haciéndolas vulnerables a las prédicas socialistas. Vale decir, en el contexto de confrontación entre el mundo occidental y el bloque comunista durante la Guerra Fría, se sumaba la desconfianza de amplios sectores respecto de la integridad y capacidad de las instituciones. En un país que se preciaba de profesar un individualismo a ultranza, muchos norteamericanos estaban convencidos de que la campaña de fluorización tendría un resultado nefasto. Ya fuere porque las agencias federales ocultaban el objetivo real de sus acciones, o bien por su ineficiencia y penetración por conspiradores, los ciudadanos temían verse afectados en su vitalidad, salud mental y estilo de vida.

Es indudable, escribía Hofstadter, que los científicos podrían llegar en el futuro a cambiar su consenso respecto de las ventajas de introducir flúor a las aguas. Pero la teoría conspirativa iba más allá, llegando a sospechar un ardid de las elites que intentarían subyugar la resistencia del pueblo. Así, en esa visión conspirativa, el flúor no era sino un mecanismo diseñado para doblegar el libre albedrío de la población norteamericana. Según el historiador, se trataba de un ejemplo más entre muchas teorías conspirativas surgidas "desde abajo hacia arriba" en la sociedad. Ello formaba parte de lo que Hofstardter definió como un "estilo político paranoico" que resurgía intermitentemente en Estados Unidos, propio de una sociedad cuyo credo popular ha sido proclive a un individualismo extremo (Hofstadter 1963; véase también Hsu 1983).

Por otro lado, la teoría conspirativa puede surgir de los círculos de poder, procurando desviar tensiones y conflictos sociales hacia un enemigo interno o externo, para mantenerse en el poder y superar protestas sociales. Un ejemplo clásico lo constituyen los fraudulentos *Protocolos de los Sabios de Sion*, verdadero mito transformado en una teoría del complot. Tal como ha sido analizado en forma minuciosa por el historiador británico Norman Cohn en su libro *El mito de la conspiración judía mundial*, durante los años de decadencia del imperio zarista en Rusia en el siglo XIX, contrarrevolucionarios y autores con identidades fraguadas adaptaron un libelo demonológico de origen medieval contra los judíos para formular el mito de gobierno judío mundial, un plan conspirativo cuyas consecuencias serían catastróficas al haber sido adoptado por el nazismo:

> Según ese mito, existe un gobierno secreto judío que, mediante una red mundial de organismos y organizaciones camuflados, controla partidos políticos y gobiernos, la prensa y la opinión pública, los bancos y la marcha de la economía. Se dice que el gobierno secreto hace todo eso conforme a un plan secular y con el único objetivo de lograr que los judíos dominen el mundo entero, y también se dice que se está acercando peligrosamente al logro de ese objetivo (Cohn 1983, 19).

El libelo *Protocolos de los Sabios de Sion* fue precedido en 1797 por un escrito del abate Barruel, que aducía que la Revolución Francesa era culminación de una conspiración de una sociedad secreta, la Sociedad de los Templarios. Esta no habría sido exterminada como afirmaban los historiadores. Por el contrario, siguió existiendo en la clandestinidad, logrando controlar en el siglo XVIII a la masonería y a una academia literaria que socavó la moral y religión de los franceses hasta que finalmente logró derrocar a la monarquía. Según esa visión mítica, sus verdaderos líderes eran los iluminados bávaros[2] a quienes los francmasones y jacobinos supuestamente obedecían de manera ciega. Si no se frenaba su proyecto, los conjurados llegarían a dominar el mundo. Barruel entró en comunicación con otros individuos que, compartiendo el temor, consideraban que otros sectores urdían la conspiración contra la religión católica y la civilización occidental. Fue entonces cuando nació el mito de la conspiración judía mundial en la forma de una supuesta revelación de boca de los propios "Sabios de Sion" (Cohn 1983, 23-29).[3]

Los *Protocolos de los Sabios de Sion* circularon en distintas versiones por todo el mundo y se distribuyeron en millones de ejemplares durante las décadas de 1920 y 1930, siendo propagados por políticos y publicistas ultraconservadores que usaron deliberadamente el mito de la conspiración judía en su combate contra sectores progresistas. En 1881, el asesinato del zar Alejandro II en Rusia, la última monarquía absolutista de Europa y el "mayor baluarte de la oposición a las tendencias liberalizantes y democratizantes, relacionadas con la Revolución Francesa", abrió la estrategia de propagar desde arriba el mito, adoptando políticas antisemitas. Tales políticas xenófobas fueron concebidas como un mecanismo que permitiría encauzar el descontento popular hacia un supuesto enemigo estigmatizado, desviándolas de las estructuras opresivas del poder zarista:

La persecución se realizó en parte con medidas administrativas —por ejemplo, mediante la expulsión de los judíos de las zonas rurales, al mismo tiempo que se les impedía encontrar empleo en las ciudades— y en parte mediante pogromos con patrocinio oficial. Aquellos métodos tuvieron tanto éxito que hubo períodos en que los judíos rusos emigraron a un ritmo de 100.000 personas al año, en su mayor parte a los Estados Unidos de América (Cohn 1983, 53; véase también Michelis 2004).

---

[2] Los Iluminados Bávaros eran una sociedad fraternal de intelectuales dedicados al análisis racional de la política y de la sociedad. Fundada en 1776, contaba entre sus miembros a destacados filósofos y políticos. Su involucramiento en distintos movimientos destinados a cambiar las relaciones de poder en Bavaria hizo que se la viera con sospecha y tildara de criminal.

[3] Cohn destaca lo ridículo de la afirmación que la Revolución Francesa fue el producto de una conspiración iniciada en el siglo XIV. Los iluminados bávaros no fueron masones sino enemigos de la masonería y hacia 1786 ya se habían disuelto. Por otra parte, durante la revolución, casi todos los masones eran católicos y monárquicos, por lo cual en la época del Terror se los persiguió y centenares de ellos fueron sentenciados a muerte.

La idea fuerza del complot judío que se lee en los *Protocolos de los Sabios de Sion* fue utilizada para interpretar la Revolución Rusa en 1917 en clave de conspiración. Esa revolución, explicó Léon Poliakov, "fue entendida desde la propaganda zarista como el resultado de un compló judío. Era un intento de desprestigiar a los revolucionarios, que, desde el punto de vista de la historia, no se puede mantener, ni se mantiene, pero que hasta 1920 fue seriamente discutido. De hecho, esta idea fue recorriendo Europa, de país a país, hasta cuajar en el nazismo" (Poliakov 2015 [c. 1980], cap. 4).

Al ligarse a la ideología germánica y su visión populista *völkisch*, tales visiones conspirativas reforzaron teorías racistas promovidas intensamente dos generaciones más tarde por los nazis a fin de conquistar el poder pretendiendo desenmascarar al enemigo interno en los judíos como los supuestos responsables de los problemas del pueblo alemán bajo la República de Weimar. El ocultismo racista del Tercer Reich, que declaró la guerra a todo el pueblo judío y no solo a los judíos de Alemania, debe diferenciarse de aquellos cultos esotéricos y delirios místicos que Pauwels y Bergier en *El retorno de los brujos* (1968) atribuyeron a la cúpula nacional-socialista.

Frente a la teoría de la evolución, el psicoanálisis y el comunismo, en el período que va de mediados del siglo XIX a fines de la Primera Guerra Mundial, surgieron movimientos que confrontaron el pensamiento racionalista y materialista con visiones ocultistas orientales. Lectores occidentales fueron atraídos por narrativas sobre sociedades secretas y esotéricas, como la Orden de Thule, que utilizaba ritos *con sacrificios animales, orgías, sadismo y flagelaciones*. Según los autores, a través de contactos con quienes participaban en esas sociedades secretas y hacían suyas sus teorías paranoicas, Hitler se habría convencido de la necesidad de deshacerse de los enemigos internos, en especial de los judíos, a quienes acusaban de trabajar en secreto supuestamente para debilitar la fortaleza de la nación alemana (Pauwels y Bergier 1968). Las políticas represivas y la propaganda del régimen nazi lograron anestesiar la sensibilidad de gran parte de la ciudadanía alemana y europea ante la brutalidad extrema, los masivos crímenes de lesa humanidad y el genocidio sistemático de millones de seres inocentes. En tiempos de la República de Weimar el caldo de cultivo para la propagación de mitos conspirativos fueron la profunda crisis socioeconómica, la amenaza de las fuerzas revolucionarias y las concepciones racistas de la extrema derecha. Mediante su propaganda racista y nacionalista, los nazis magnificaron una teoría conspirativa creída masivamente y prepararon el terreno para la movilización popular masiva para la guerra de conquista mundial y el genocidio.

Ahora bien, el "falso negativo", es decir, esa tendencia a creer en una conspiración que no existe, al ser "desenmascarada" parece asumir visos de realidad, no ha sido privativa de los regímenes totalitarios. También en las democracias, tal como el filósofo Karl Popper analizó, el falso negativo es aceptado bajo ciertas condiciones. A menudo, intelectuales y activistas han hecho suyas creencias aceptadas por el pueblo, sin verificación alguna y prescindiendo de un examen crítico del conocimiento.

Toda teoría conspirativa articula una narrativa sobre el poder, referida a situaciones reales en las que existe una distribución desigual del poder y acceso diferencial a recursos, servicios y beneficios. En particular, suelen generarse miradas conspirativas en situaciones de cambio profundo en las estructuras socioeconómicas, políticas, demográficas o étnicas, que causan desasosiego, ansiedad y aun pánico entre quienes sufren sus efectos. La realidad política y socioeconómica no es interpretada en toda su complejidad, sino se la simplifica en términos de oposiciones maniqueas. En lugar de adoptar explicaciones estructurales —por ejemplo, tomando en consideración estructuras de clase o proyectos ideológicos hegemónicos— se lanzan teorías conspirativas con énfasis en el voluntarismo de los conjurados que urden su plan de desestabilización y dominio. Es importante destacar que la incompleta y anecdótica base fáctica de las teorías conspirativas conduce a conclusiones especulativas. En la base de las teorías conspirativas existe a menudo una combinación entre la amplia desconfianza popular junto con una sana voluntad de intentar obtener información fidedigna sobre procesos de cambio, incomprensibles para quienes sufren sus efectos (véase Fenster 1999, McCaffrey 2012).

No por acaso, la modernidad ha sido un motor fundamental en la génesis y difusión de teorías conspirativas orientadas a descubrir y extirpar los "demonios internos", vale decir las fuerzas malignas a las que se les atribuye haber causado cambios profundos en la textura social, económica y cultural. Pero la lógica del fabulador conspiracionista asimismo ha llegado hasta nuestra época global. Así, los ataques contra los valores éticos y epistémicos de la Ilustración también se reflejan en visiones conspirativas de ciertos pensadores de la tardía posmodernidad (Domenech 2004).

CAPÍTULO 2

Conspiraciones reales e imaginarias durante la modernidad

La noción de complot permite pensar la política del Estado, porque hay una política clandestina, ligada a lo que llamamos la inteligencia del Estado, los servicios secretos, las formas de control y de captura, cuyo objeto central es registrar los movimientos de la población y disimular y supervisar el efecto destructivo de los grandes desplazamientos económicos y los flujos de dinero. A la vez, el Estado anuncia desde su origen el fantasma de un enemigo poderoso e invisible. Siempre hay un complot y el complot es la amenaza frente a la cual se legitima el uso indiscriminado del poder. Estado y complot vienen juntos. Los mecanismos del poder y del contrapoder se anudan.

Piglia 2018

Las sociedades occidentales no son las únicas que han mostrado preocupación por extirpar a fuerzas malignas del seno de su sociedad, pero se han destacado en justificar tal preocupación mediante miradas conspirativas y medidas de emergencia. Esta tendencia al exorcismo social ha sido especialmente notoria en períodos durante los cuales la fe religiosa fue vivida en forma maniquea, como durante el medioevo y la temprana modernidad en regiones de Europa occidental. Pero la motivación de apelar al aniquilamiento, deportación o destierro no ha estado ausente en otras épocas y constelaciones históricas.

En las sociedades occidentales la demonización del "otro" y su exterminio, o bien su expulsión, cobró virulencia durante las guerras de religión. En un libro sobre los "demonios internos" de Europa, Norman Cohn analizó las raíces históricas de la caza de brujas en Occidente e identificó sus orígenes en la demonización de minorías religiosas. En un pasado remoto, en el marco del Imperio Romano, las pequeñas comunidades cristianas fueron objeto de fantasiosas acusaciones y consecuentemente objeto de persecución. En el seno del cristianismo medieval tales fantasías no desaparecieron, pero fueron adjudicadas tanto

Cómo citar este capítulo:
Roniger, L. y Senkman, L. 2019. *América tras bambalinas. Teorías conspirativas, usos y abusos.* Pp. 27-36. Pittsburgh, Estados Unidos: Latin American Research Commons. DOI: https://10.25154/book2. Licencia: CC BY-NC 4.0

a grupos heréticos como los waldenses o los devotos miembros cristianos de la Orden de los Templarios. En Francia, los templarios fueron objetos de la persecución sistemática del rey Felipe IV el Hermoso (1268-1314) para tomar posesión de sus bienes, de común acuerdo con la Inquisición. Muchos templarios fueron sujetos a terribles torturas para que confesaran fantaseados pecados y sufrieron distintas penas, incluidos la tortura, la hoguera y el destierro (Cohn 1975).

Norman Cohn destaca que resulta incomprensible la amplia aceptación de la persecución de minorías sustentada por quiméricos temores de corrupción y conspiración junto con el Diablo —asociación que también Joshua Trachtenberg destaca respecto de la victimización de los judíos en su libro *El diablo y los judíos* (1965)— incitados por la arquetípica propensión de ciertas sociedades a purificar el mundo. Tal "profilaxis" se lograba a través de la aniquilación, o bien el destierro, de un conjunto de seres humanos anatematizados como la encarnación del mal, por estar supuestamente conspirando. Aun así, cabe preguntarse por qué tales prejuicios y acciones no se dieron por igual en el ámbito de toda la Europa cristiana. Por ejemplo, cuando Felipe IV, aprovechando la débil resistencia de un inseguro papa Clemente V, intentó eliminar a la Orden de los Templarios en toda Europa, fracasó en convencer a otros monarcas. O por qué el fenómeno ya masivo de la caza de brujas se dio casi exclusivamente en Europa occidental y no en Europa oriental, o en el ámbito del cristianismo ortodoxo; y aun dentro de la Europa occidental: ¿por qué en los territorios de España, Italia, Polonia y los Países Bajos no se dio con la misma intensidad y frecuencia que tuvo lugar en Escocia, Francia, los Estados alemanes y la Confederación Suiza? (Cohn 1975, 251-255).

Por ejemplo, la pena de destierro —aunque generalizada en el ámbito de la modernidad— adquirió variadas formas. Debemos diferenciar, ante todo, diversas formas de deshacerse de los enemigos internos: algunas fueron colectivas como la expulsión de un grupo "indeseable"; otras, como las deportaciones, asumieron rasgos colectivos o individuales según las circunstancias. Finalmente surgió el exilio, configurado más como una pena individual, aunque fue también extendida a grupos disidentes, pero sin alcanzar a una comunidad política, étnica o religiosa en su totalidad (Roniger 2014a, 2014b).

¿Cómo comenzar a diferenciar entre los distintos tipos de destierro que emergieron históricamente? Indicios para ello encontramos en la obra del historiador Benjamin Kedar, quien sugiere distinguir entre expulsión colectiva por un lado y, por el otro, deportación, evicción en caso de una derrota militar, el rechazo a la entrada de minorías indeseables y, por último, el exilio político. Kedar intenta delimitar tales fenómenos, aunque reconoce que muchas veces sus nítidos contornos se borran y confunden en el devenir histórico concreto (Kedar 1996). En su análisis, el historiador establece que, con excepciones (v. g., la expulsión de los jesuitas de Japón en el siglo XVII), *el fenómeno de la expulsión colectiva ha sido típico de Europa occidental*, donde ha surgido en la Edad Media en el marco de los incipientes Estados, y proyectado en el tiempo y el espacio, bajo la asunción de una misión espiritual, como crear una comunidad homogénea de fieles en el territorio estatal, aunque sin descartar otras causas como el beneficio material. Ejemplos no faltan: la expulsión de los judíos de Francia en 1182; la expulsión de los lombardos de Francia en 1268; la expulsión de los judíos de España en marzo de 1492; la expulsión de los musulmanes de Castilla y Aragón en 1502; la expulsión de los judíos de los Estados papales en 1569; la expulsión de los moriscos (los musulmanes conversos) de España en 1609; la expulsión de los protestantes de Salzburgo en 1731; la de los jesuitas de España, Portugal y Francia y de los territorios americanos en la década de 1760; la expulsión de los mormones en Jackson County, Missouri, en 1833; la expulsión de los judíos de Europa por los nazis durante la Segunda Guerra Mundial, sumados a políticas sistemáticas de inanición y trabajos forzados en condiciones inhumanas y, por último, la "solución final" genocida en masa en los campos de exterminio. Mientras no se asesinase a los expulsados, la sanción del destierro no era tan extrema y fue preferible a su masacre, al arrebato de niños para su socialización por la sociedad expulsora, u otras atrocidades. Según Kedar, en 1609 los consejeros del rey aparentemente discutieron alternativas al decreto de expulsión de los moriscos, incluso también la idea eventualmente desechada de concentrarlos en barcos destinados al norte de África con la encubierta intención de hundirlos en el trayecto (Kedar 1996, 174). En Europa occidental, a partir del siglo XIV la expulsión colectiva fuera de los confines de los Estados fue justificada con argumentos legales. Kedar considera que esa región fue la cuna donde cristalizó tal medida en el medioevo.

Otra forma de destierro fue la deportación, cuyos orígenes se remontan a la época de Roma donde se enviaba a la víctima a un lugar remoto, por lo general una isla, dentro de los confines del imperio. Factible de ser impuesta tanto para individuos como para grupos enteros, es posible ofrecer ejemplos de deportación dentro de los confines de un imperio. Es así como el Imperio Otomano empleó ese mecanismo represivo en el sultanato mameluco de Egipto; también se lo usó en la China imperial, en el imperio español, en el portugués, además del imperio británico, el ruso y el francés. La deportación ha estado a menudo conectada con el confinamiento de convictos y elementos "indeseables" en los remotos confines de un imperio, con distintos objetivos.

Debemos preguntarnos cuál era la lógica específica de los imperios de expulsar a individuos del seno de la comunidad, vale decir, cuál habría sido la funcionalidad específica del amplio uso del destierro como castigo. Desde la perspectiva de los Estados que lo adoptaban, el destierro fue usado como un mecanismo de conquista, de colonización en territorios escasamente poblados y dominio territorial, de control humano y prevención de criminalidad, al tiempo que reforzaba la imagen de los soberanos como autoridades benevolentes y no sanguinarias. De tal forma, fue usado por la Rusia zarista, el imperio chino, los imperios ibéricos y el imperio británico.

La modernidad sumó severidad a la aplicación de políticas de control de seres humanos y recursos, al justificarlas con acciones legitimadoras de golpes preventivos contra enemigos internos quienes debían ser eliminados. Ante todo, pues, la modernidad generó expectativas de progreso y desarrollo que, al acelerarse el cambio social y político, a menudo violento y contradictorio, agudizó la desazón y frustración de quienes se vieron marginados durante el curso de aquellas transformaciones. En el otro extremo de la escala social, también las elites se sintieron amenazadas por una creciente masa de pobladores desahuciados propensos al robo y el crimen, marginados por los cambios rurales, la industrialización y la masa desempleada y hacinada. Esos cambios se tradujeron en la profundización de tendencias que pensaban la convulsionada realidad en términos confrontativos entre las fuerzas del bien y del mal.

En segundo lugar, las tradicionales cosmologías religiosas —que conferían seguridad y un sentimiento de certeza, aunque fueran desafiadas de tiempo en tiempo por ideas y corrientes heterodoxas— fueron reemplazadas por la racionalidad que abrió espacio para el voluntarismo como fundamento de la acción humana. Ante situaciones de crisis, incertidumbre y posibles cambios radicales en las estructuras políticas y socioeconómicas, diferentes sectores procuraron explicar su nueva situación en clave de teorías conspirativas.

Tras su fachada que lucía ilustración y vocación de progreso, la modernidad habría de mostrarse, una y otra vez, en sus aristas de barbarie en el seno mismo de las sociedades más modernas. En su ya clásico *Surveiller et Punir* (1975), Michel Foucault analizó el modo en que los gobernantes, así como los estratos más acomodados de la sociedad en vías de modernización y sus intelectuales, pretendían refinar los métodos de control y penalización, o al menos desplazarlos de la escena pública. La ejecución como espectáculo y el desgarramiento de las extremidades de los convictos a muerte con fines aleccionadores eran métodos que deberían ser abandonados. Pronto fueron reemplazados por la eficaz guillotina que la Revolución Francesa creó para masivas ejecuciones de disidentes y subversivos. Sin que desapareciera la neurosis de ver enemigos por doquier, ya fueren enemigos políticos como en Francia o enemigos de clase como en Inglaterra, los métodos habrían de cambiar durante la modernidad. Aunque criminólogos e historiadores hayan puesto en tela de juicio la supuesta forma tajante sin matices con que Foucault describió tal transformación (v. g. Spierenburg 1984; Miethe & Hong 2005), la dirección del cambio, sin embargo, no es cuestionada.

Preservar el orden público seguiría siendo fundamental, pero no ya a través de las antiguas ceremonias espectaculares del poder soberano sino en forma menos ostensible. Se pasaría a buscar legitimidad mediante argumentos sobre la posible rehabilitación del imputado, aunque ello llegaría a concretarse solo una vez que los expertos, y no solo los jueces, entrarían a "explicar" el crimen, más allá de buscar penalizar al reo. Tal ha sido el propósito declarado de la modernidad, pero en la práctica el panóptico propuesto por el utilitarista Jeremy Bentham en el siglo XVIII implicaría un control total y permanente sobre el convicto, expuesto sin cesar a la presunción —aunque no a la realidad— de estar constantemente bajo los ojos vigilantes de los guardianes de la prisión, o de cualquier otra institución cerrada totalmente. En efecto, como bien lo destacó Foucault, el panóptico sería el modelo de regimentación de la era moderna, aplicable tanto a la medicina como a la educación, a los internados de enfermos mentales como a las fábricas industriales (Foucault 1965; Wagner 1994).

Este modelo sería exportado y llevado a sus últimas consecuencias en el marco del colonialismo. Por ejemplo, un interesante estudio sobre los convictos de las Filipinas bajo el dominio norteamericano a principios del siglo XX revela que, ante el hacinamiento extremo de las prisiones, el gobierno colonial diseñó la idea de emplear a miles de convictos en trabajos públicos sin que pudieran ver a sus guardianes, quienes supuestamente vigilaban en los perímetros, ocultos entre las matas de marihuana y con órdenes de tirar a matar a cualquier convicto que osara huir. Ello permitió reducir al mínimo el número de oficiales penitenciarios, mientras que los convictos deberían cumplir cierta medida de trabajo diario, so pena de ser condenados a muerte (Salman 1995).

Pero justamente, al disminuir la brutalidad abierta, "escénica", de manera paradójica se crearon las condiciones ideales para que, de tiempo en tiempo, proliferasen conjeturas sobre presuntos enemigos internos. Estos podrían ser imaginados maquinando en secreto, vale decir, se dieron las condiciones ideales para que teorías conspirativas resurgieran con mayor fuerza. Así aparecieron nuevos enemigos internos que se sumaron a otros grupos humanos marginados de antigua data. De modo semejante, en tiempos de la Revolución Inglesa se acusó a los jesuitas y al papado como conspiradores; y tras la Revolución Francesa se pensó que los masones y filósofos racionalistas estaban conjurando junto con los aristócratas desplazados por la revolución. Asimismo, la sociedad norteamericana entró en pánico frente al Iluminismo bávaro en la Nueva Inglaterra durante la década de 1790, y nuevamente se temió el supuesto peligro de la masonería durante las décadas de 1820 y 1830. Distintos sectores preocupados por las políticas de Jefferson hasta llegaron a considerar que el presidente, los medios, los editores y los propietarios constituían parte de una red criminal secreta que supuestamente intentaba atentar contra la matriz de la emergente república. Quienes luchaban contra los masones los consideraban "un instrumento de Satanás […] tenebroso, infructuoso, egoísta, desmoralizante, blasfemador, asesino, antirrepublicano y anticristiano" (Bernard 1829, pp. iii-x, en Hofstadter 1963, 17). El mismo pensamiento paranoico, al decir de Hofstadter, se proyectó igualmente en los círculos protestantes respecto del catolicismo, cuya presencia supuestamente afectaba la integridad de la sociedad puritana y protestante. Aun a fines del siglo XIX muchos creyeron en la veracidad de una visión conspirativa que aducía que los católicos estaban detrás de la depresión económica y la crisis bancaria de 1893, obedeciendo la directiva del papa León XIII de destruir a los protestantes.

De manera similar, el historiador Léon Poliakov analizó la causalidad diabólica en las persecuciones incubadas durante las grandes revoluciones, desde el impacto de la Revolución Inglesa sobre los católicos papistas en la Inglaterra anglicana, pasando por el milenarismo inglés bajo Cromwell, hasta analizar las persecuciones operadas en el marco de la Revolución Francesa y aquellas generadas tras la Revolución de Octubre (Poliakov 1977). Luego de estudiar la idea del complot judío en su libro *La Europa suicida* (1870-1933), el historiador del antisemitismo creyó necesario extender el análisis al papel de la idea de complots interpretada como el origen y la causa de los cambios sociales y de las dificultades políticas y económicas. En *La causalidad diabólica: Ensayo sobre el origen de las persecuciones*, Poliakov (2015, c. 1980) explora entre otros temas en un capítulo lo que denomina "La demonología milenarista: judíos y jesuitas", y hace un recorrido desde la explosión de la "jesuitofobia" en la Francia del siglo XIX hasta su reencarnación en la tesis del complot judeo-jesuita durante el Tercer Reich (Poliakov 2015, 28-29).

En efecto, las grandes revoluciones de la modernidad pueden ser vistas como el punto culminante de tendencias contestatarias, heterodoxas, presentes en el seno de comunidades de feligreses y civilizaciones cuyos principios fueron cuestionados y reformulados en la era moderna. Mientras deponían soberanos e imponían restricciones al poder absoluto, las revoluciones incorporaron visiones utópicas que afectarían los principios de la vida política. En particular, fundamentaron la concepción de que toda sociedad podría remodelarse en base al progreso; que la acción política permitiría la reconstrucción social; que la ruptura de tradiciones y la aceleración de la historia podrían operarse aún por medios violentos; y que el proyecto de la modernidad, con su énfasis en el racionalismo y el progreso, los ideales de libertad, igualdad y fraternidad, y posteriormente de justicia social merecían ser difundidos universalmente, aun por medios violentos. No es por acaso que los elementos utópicos y jacobinos han estado presentes en las antinomias liberales y antiliberales desde la gestación de la modernidad (Eisenstadt 1997).

Y no casualmente la violencia jacobina, así como la radicalización insurreccional de sectores populares urbanos durante la Revolución Francesa, la más notoria de las revoluciones liberales modernas, fueron tomadas como "pruebas" fehacientes de la conspiración contra el antiguo régimen. La revolución de 1789 fue una ruptura violenta y tumultuosa, con participación de masas, contra el orden socioeconómico y jurídico anterior que no conocieron ni las revoluciones liberales en la Gran Bretaña del siglo XVII ni la Guerra de la Independencia norteamericana. Ello explicaría por qué en ambos países no surgió un pensamiento conspirativo antirrevolucionario semejante al célebre libro *Reflexiones sobre la Revolución Francesa* de Edmund Burke. Frans De Bruyn, por ejemplo, considera que Burke "se vuelca en utilizar simplificaciones peligrosas, utilizando la teoría de la conspiración para incriminar al 'contubernio literario' de los 'intrigantes filósofos' y unos obscuros 'intereses monetarios'", quienes supuestamente colaboraron en un gran complot para destruir a la cristiandad y poner a Francia de rodillas. Burke también juega con una retórica odiosa que asocia a los judíos y a los "promotores de judíos" con esos mismos intereses monetarios. Posteriores partidarios de derecha de teorías conspirativas harían uso efectivo de tal asociación. Burke no sólo estaba en el lado equivocado de la historia, estaba jugando con fuego (De Bruyn 2001).

Después de las revoluciones liberales, se generaron procesos de desazón, desencanto con la racionalidad y la idea de progreso puestos en marcha por corrientes contestatarias. Algunas de ellas fueron articuladas en torno a teorías conspirativas que, denunciando la distancia entre las promesas de la moderni- dad y su imperfecta implementación, atribuyeron el desfasaje a fuerzas subte- rráneas que tramaban contra la nación y la humanidad. Así, en Estados Uni- dos, una sociedad que se ha preciado de ser vanguardia de modernidad, se han recreado y expandido teorías alarmistas que supuestamente revelan la existen- cia de megatramas conspirativas. Por ejemplo, aunque los iluminados bávaros dejaron de existir hace más de doscientos años, se siguen publicando libros que alertan sobre su ininterrumpido medrar en la sociedad. Precisamente, desde la tenebrosidad es donde supuestamente aquellos conspirarían junto con otros factores internacionalistas como las Naciones Unidas, las familias reales de la Península Arábica, la masonería y una supuesta iglesia global, la One World Government Church, a las que otros suman también el Instituto Aspen, los Caballeros de Malta, el Opus Dei, el Club de Roma, el Foro Económico Mun- dial, entre otros (Robertson 1991; Coleman 1992; Marrs 1995; Lacy 2004).

En un análisis sobre la cultura de la confabulación en la sociedad contempo- ránea occidental, Michael Barkun destaca que dada la lógica del conspiracio- nismo según la cual todo puede estar en connivencia entre sí, surgen autores que destacan la expansión de la trama conspirativa, a tal punto que a menudo solamente quienes la denuncian quedan fuera de toda sospecha de no formar parte de ella. Barkun puntualiza, entre otros autores propagadores de la con- fabulación, al británico David Icke (2001), quien sostiene que la trama cons- pirativa incluye manipulación mental, y a un heterogéneo conglomerado que incluiría a fundaciones con exención impositiva, la elite militar, la industria armamentista, el narcotráfico, la religión y la política. Icke destaca reconocer como parte de la articulada red de quienes conspiran a los Bilderbergers, los Iluminados, el Vaticano y el cristianismo en general, el judaísmo, el islam, el capitalismo, el fascismo, el comunismo, el sionismo, entre otros. Dado que este tipo de autores sospechan que tal red conspirativa es tan extensa que pocos quedan fuera de ella (el autor y el lector que acepte ser convencido de su vera- cidad), su poder de manipulación es casi total. Ya sea desde visiones funda- mentalistas y milenaristas que atribuyen tales maquinaciones al anticristo, o creencias seculares en fuerzas extraterrestres, se han generado teorías sobre el Nuevo Orden Mundial, que atribuyen planes de cooptación y dominio de la incauta humanidad a través de organizaciones internacionales. Según Barkun, tal conspiracionismo se ha expandido en el mundo occidental desde el fin de la Guerra Fría, junto con el fin de la confrontación ideológica unido al descrédito y falta de confianza en las autoridades y las instituciones liberales, habiendo aumentado su caudal de captación en base al esoterismo, la pseudociencia y el revisionismo histórico (Barkun 2003, 68-69, 186-189).

Las redes conspirativas también convergen en los Estados y sociedades latinoamericanas. Las transformaciones políticas de inicios del siglo XIX no pueden ser comprendidas sin el impacto tanto del pensamiento de la Ilustración como del legado institucional e ideológico revolucionario de finales del siglo XVIII. Aun antes del determinante impacto del avance napoleónico en la Península Ibérica, la repercusión de las revoluciones contra el poder real en las colonias inglesas de Norteamérica, la Revolución Francesa y sus ideas libertarias e igualitarias, al igual que el levantamiento esclavo liderado por Toussaint Louverture que conduciría a la independencia de Haití en 1804, habrían de generar pánico y sospechas de tramas conspirativas en las Américas. La influencia de las ideas ilustradas y revolucionarias fue decisiva en el proceso de modernización y secularización de las sociedades tradicionales hispanoamericanas y luso-americanas, mientras sectores reaccionarios no dudaron de adoptar teorías conspirativas para neutralizar los cambios socio-institucionales que se operaban desde inicios del siglo XIX.

Similarmente, el impacto de la Revolución Rusa de 1918 se haría sentir en América Latina, ya fuere en Argentina durante la Semana Trágica de 1919 o en México, el primer país latinoamericano que protagonizó transformaciones revolucionarias profundas desde 1910 y en cuyo proceso de modernización no estuvieron ausentes peligrosas interpretaciones conspirativas. Un ejemplo fue la Cristiada o Guerra Cristera (1926-1929), dramática y sangrienta guerra de religión, en la que más de cincuenta mil campesinos guerrilleros y fieles católicos desafiaron al Estado revolucionario mexicano. Pero si los defensores de la religión católica amenazada por la revolución anticlerical —radicalizada aún más por el presidente Plutarco Elías Calles— inventaron un enemigo, "la francmasonería", pronto esta sería reemplazada por otro nuevo fantasma, el comunismo, algo que agitaron los enemigos políticos de la revolución. La "amenaza bolchevique" alimentará una nueva lógica conspirativa. Con el respaldo de clérigos y obispos, al fragor de las acusaciones de sufrir persecución revolucionaria los sectores ultramontanos católicos intentaron demostrar que los heréticos mexicanos habían copiado su política del modelo soviético.

Estudiantes universitarios, activistas de grupos secretos reservados mexicanos, como fueron Los Tecos (grupo fundado en 1934) y El Yunque (fundado en 1953), ensayaron una interpretación en clave de conjura comunista y donde también hacían jugar un rol oracular a los *Protocolos de los Sabios de Sion*, para así denunciar una conspiración judeo-masónica-comunista contra la civilización cristiana a escala mundial. En efecto, esos falsos *Protocolos*, después de haber sido legitimados por la autoridad de sacerdotes y de la jerarquía católica mexicana, cumplieron también el rol de "prueba" de la amenaza judeo-comunista en el país. Consecuentemente, los activistas de Tecos y El Yunque no dudaron de la verosimilitud del supuesto medrar bolchevique replicado en México, eximiéndose de cualquier otra prueba, más allá de la conspiración supuestamente revelada en los *Protocolos*. Muy significativamente, las tramas de conjura judeo-comunista, ensayadas primero en Argentina durante la Semana Trágica de 1919 y luego en el México revolucionario, tienen ciertos rasgos similares. A pesar de sus naturales diferencias de entorno, ambas conspiraciones fueron imaginadas como complots derivados de las mismas redes secretas milenarias que, supuestamente operando en las sombras, solo podrían ser derrotadas violentamente (Santiago Jiménez 2017).

Las transformaciones que acarreó la modernidad anidaron bolsones no solo de resistencia ideológica reaccionaria, sino que urdieron y sugirieron tramas conspirativas para conjurar la amenaza de las transformaciones modernas. La modernidad, madre de la secularización, también prohijó la idea de una causalidad diabólica tramando persecuciones contra grupos laicos y religiosos, dentro y fuera del cristianismo, así como un sentimiento de compulsiva necesidad de descubrir a tiempo a las fuerzas siniestras que estarían operando subterráneamente y que, por tanto, deberían ser neutralizadas. El asalto a la razón iluminista y el rechazo al ideario de las revoluciones liberales fueron simultánea y concomitantemente útiles también en las Américas para fabricar tramas irracionales de complots y confabulaciones que no se rendían a simples evidencias de verosimilitud.

Resumiendo, los enemigos de la modernidad periférica en América Latina pretendieron conjurar los cambios mediante teorías conspirativas sobre supuestos complots e intrigas, destinadas a controlar la protesta social de los sectores populares, los movimientos políticos, las insurrecciones sindicales y los fermentos revolucionarios. Además, los sectores tradicionalistas resistieron los procesos de secularización anticlerical mediante teorías conspiracionistas. A continuación, analizaremos algunas de esas vertientes conspirativas en la historia y el ensayo historiográfico a partir de la temprana independencia.

CAPÍTULO 3

Intrigas históricas y mitos conspirativos: análisis del ensayo historiográfico

Se debitamos à Maçonaria em geral todos aqueles casos particulares, ponha-mos-lhes a crédito, em contrapartida, os benefícios que dela temos recebido em iguais condições. Beijem-lhe os jesuítas as mãos, por lhes ter sido dado acolhi-mento e liberdade na Prússia, no século dezoito — quando expulsos de toda a parte, os repudiava o próprio Papa — pelo Maçom Frederico II. Agradeçamos-lhe a vitória de Waterloo, pois que Wellinton e Blucher eram ambos Maçons. Sejamos-lhe gratos por ter sido ela quem criou a base onde veio a assentar a futura vitória dos Aliados — a "Entente Cordiale", obra do Maçom Eduardo VII. Nem esqueçamos, finalmente, que devemos à Maçonaria a maior obra da literatura moderna — o "Fausto" do Maçom Goethe. Acabei de vez. Deixe o Sr. José Cabral a Maçonaria aos Maçons e aos que, embora o não sejam, viram, ainda que noutro Templo, a mesma Luz.

Pessoa 1935[4]

---

[4] Extracto del artículo que el poeta Fernando Pessoa publicó en el *Diário de Lisboa*, el 4 de febrero de 1935, en contra del proyecto de ley del diputado José Cabral, que prohibía las asociaciones secretas, entre ellas la masonería. "Si acusamos a la Francmasonería en general de todos estos casos particulares, pongámosle en el crédito, en la contrapartida, los beneficios que de ella hemos recibido en igualdad de condiciones. Agradezcan los je-suitas haber recibido cobijo en Prusia en el siglo XVIII por el masón Frederick II cuando habían sido expulsados de todas partes, repudiados por el mismo Papa. Den gracias a la victoria de Waterloo, ya que Wellington y Blücher eran masones. Sean agradecidos por haber sido ella la que creó la base donde llegó a convertirse en la futura victoria de los Aliados —la 'Entente Cordial', obra del masón Eduardo VII. Por último, tampoco debemos olvidar que fue obra del masón Goethe la mayor obra de la literatura moderna, el *Fausto*. Deje el Sr. José Cabral a la masonería, a los masones y a los que, aunque no lo son, ven en otro templo la misma Luz", http://bit.ly/2TwDOyT.

Cómo citar este capítulo:
Roniger, L. y Senkman, L. 2019. *América tras bambalinas. Teorías conspirativas, usos y abusos*. Pp. 37-52. Pittsburgh, Estados Unidos: Latin American Research Commons. DOI: https://10.25154/book2. Licencia: CC BY-NC 4.0

En este capítulo nos proponemos indagar sobre la relación entre el análisis historiográfico y los usos políticos de interpretaciones conspirativas del desarrollo histórico de los Estados latinoamericanos. En forma particular, indagamos sobre cuáles fueron algunas de las interpretaciones sesgadas que sustentaron teorías conspirativas y quiénes fueron sus beneficiarios políticos, comenzando con el caso de la expulsión de los jesuitas. Analizamos cómo tales interpretaciones han afectado hasta épocas recientes el ensayo historiográfico y el análisis socio-histórico y político de acontecimientos clave en el devenir de las naciones latinoamericanas.

Los casos seleccionados incluyen: la supuesta conspiración de los Jesuitas que justificó su expulsión y destierro de España e Hispanoamérica; el rol de las logias masónicas conspirativas durante la emancipación hispanoamericana; y algunos mitos conspirativos en torno a la secularización de la sociedad civil en el Estado-nación latinoamericano, con especial atención a los casos de Colombia y Uruguay.

1. La supuesta conspiración de los jesuitas justificando su destierro

En una línea que comenzó con el destierro de los ignacianos portugueses en 1759 y la supresión de la Compañía de Jesús en Francia en 1764, el rey Carlos III de España decretó en 1767 la expulsión de los jesuitas de España, Parma y Nápoles de todos los territorios del imperio español, incluyendo Hispanoamérica. Sobre la base de la acusación de haber instigado los motines populares de 1766, conocidos como el Motín de Esquilache, los jesuitas fueron desterrados de los territorios imperiales mientras el monarca español lograba que el papa Clemente XIV aboliera la orden en 1773.

Las tramas conspiracionistas acusaban a los jesuitas de haber servido a la curia romana en detrimento de las prerrogativas regias, de haber fomentado las doctrinas probabilistas y simpatizado con la teoría del regicidio, y de haber incentivado en España los motines y defendido el laxismo en sus colegios y universidades. La expulsión masiva respondía a una importante maniobra política. Con la excusa de descubrir a los culpables de los disturbios populares madrileños de marzo de 1766 que habían hecho huir al monarca de Madrid, en abril se creó la Pesquisa Secreta. Con efectividad y sigilo sin precedentes, en la madrugada del 2 de abril de 1767, Carlos III expulsó a todos los jesuitas que habitaban en sus dominios. Fueron deportados 2.641 jesuitas de España y 2.630 de las Indias (Rojas Mix 2001, 7; Sznajder y Roniger 2013, 71-74).

El fiscal del Consejo de Castilla Pedro Rodríguez de Campomanes —un declarado antijesuita— fue el encargado de investigar las causas del motín. El fiscal encontró evidencia de la participación de algunos jesuitas en la revuelta y la empleó para montar una teoría conspirativa contra toda la Compañía de Jesús. Campomanes elaboró el dictamen decisivo, en el que aparecían todas las acusaciones contra la compañía, que se convertirían con el tiempo en un acta formidable de acusación por cargos de conspiración contra el poder. Tal conspiración solo habría tenido una finalidad: mudar de gobierno en beneficio de los jesuitas. Incluso se afirmó el intento de tiranicidio, vale decir, que tramaban atentar contra la vida del Rey. Carlos III no desaprovechó la oportunidad y atacó con contundencia al grupo religioso que representaba la máxima oposición al regalismo de la monarquía borbónica. Dada la lealtad de los jesuitas hacia el papa, sus detractores calificaban a la orden de ser un Estado dentro del Estado.

Contradiciendo la tesis romántica de que la medida fue tomada para permitir el triunfo de la Ilustración sobre el fanatismo representado por los jesuitas, y también la teoría del historiador conservador Marcelino Menéndez y Pelayo de que se trató de una "conspiración de jansenistas, filósofos, parlamentos, universidades y profesores laicos contra la Compañía de Jesús", la Corona española ejecutó la orden con la intención de reafirmar su control estatal sobre la iglesia española (Mestre y Pérez García 2004, 521). Por supuesto, existen otras interpretaciones, igualmente sugerentes en el ámbito conspirativo. Algunos ponderan que el llamado "partido español" podría haber estado detrás de los motines populares, conspirando contra la monarquía. Según esa interpretación, desde la coronación de Carlos III en 1759, una parte de la nobleza española temía que el monarca acabara con sus privilegios, favoreciendo a una cohorte de ministros extranjeros que llegaron con él a España (Domínguez Ortiz 2005). En dominios americanos, la Corona reafirmó su autoridad sobre la Iglesia, recortando su poder y riqueza. Además de la expulsión de los jesuitas, desaparecieron los tribunales de jurisdicción eclesiástica y se logró revitalizar el cobro de los diezmos.

Mientras se atribuía a los jesuitas haber conjurado, después de su expulsión los miembros de la orden comenzaron a indagar sobre las razones de la medida adoptada y adjudicaron la culpa a las sectas de francmasones, jansenistas y filósofos que, confabulados, se habrían propuesto acabar con la religión cristiana y el orden político establecido, engañando a través de consejeros taimados al "incauto" monarca español. Según el jesuita catalán Francisco Gustà, la francmasonería había actuado secretamente tras las penumbras, difundiendo concepciones erróneas sobre la igualdad y hermandad de los seres humanos; el jansenismo había atentado contra la jerarquía eclesiástica y fomentado la interpretación de las Sagradas Escrituras; y los filósofos habían difundido la idea del contrato social en lugar de sustentar el vínculo entre los súbditos y el monarca. Según el jesuita francés Henri-Michel Sauvage, siete personajes se habrían reunido en 1621 en el monasterio de Bourg-Fontaine, en las afueras de París, para urdir un plan destinado a "echar por tierra la religión cristiana e introducir el deísmo, y se repartieron entre sí los medios de que se habían de valer para poner en práctica ese impío proyecto". Parte fundamental de ese plan secreto habría sido lograr que se expulsara a los jesuitas, defensores implacables de la fe. La Revolución Francesa y la invasión de Bonaparte serían vistos por los desterrados como prueba convincente de esa macabra conspiración contra la orden. Por su parte, un estudio de Enrique Giménez López revela que el jesuita salmantino Francisco J. Miranda, expulsado de San Miguel de Tucumán, escribía en Bolonia un manuscrito titulado "El fiscal fiscalizado" (1792), en el cual desarrollaba la teoría de la conspiración contra la Compañía de Jesús, gestada en su opinión en Francia por jansenistas, filósofos, libertinos y ateístas, y llevada a cabo sin éxito en la secuela de los disturbios contra el Tratado de Madrid de 1750 que contemplaba la transferencia a Portugal de siete reducciones en el Paraguay (Giménez López 2010, 251-280). Aunque la resistencia se generaba por intereses nativos y bajo el liderazgo de sus jefes naturales (Quarleri 2009, 113-128 y 322-348), se acusaba a los jesuitas de usurpar la autoridad real y aun se sospechaba que intentarían la entrega de California y la Tierra del Fuego a los ingleses (Farris 1995). El intento de deshacerse de la compañía no tuvo éxito entonces, pero los supuestos conspiradores habrían logrado su siniestro objetivo en 1767, como resultado de la sublevación de Madrid del 27 de marzo de 1766, de la que se culparía a los jesuitas, logrando su expulsión de los confines del reino. Por su capacidad intelectual y devoción al catolicismo, los jesuitas se consideraban a sí mismos "los mayores expertos en el conocimiento de las sinuosidades de la conspiración ateísta", y los mejor preparados para guiar al pueblo en el futuro combate con el anticristo (Giménez López 2010, 259).

La expulsión de los jesuitas se hizo sentir en las comunidades indígenas, con consecuencias de largo plazo, desde las misiones de Paraguay hasta las provincias de Sinaloa, Ostimuri y Sonora en la Nueva España. Los jesuitas habían conferido coherencia y unidad al sistema de misiones que, merced a una administración centralizada, presentaba sólida resistencia a los colonos que buscaban su desaparición. Sin atribuir relación de causa y efecto apelando a teorías conspirativas, fue indudable que la retirada forzada de los misioneros desarticuló la organización de los pueblos indígenas, los cuales fueron reducidos a comunidades aisladas y vulnerables al asedio y expansión de los colonos. Otra de sus secuelas fue el relajamiento de la disciplina misional que reglaba la vida interna de las comunidades y a pesar de que esta supresión satisfizo a muchos indígenas, la falta de dirección provocó la pérdida de los bienes comunales. Además, el ingreso de españoles mestizos y mulatos en las comunidades tendía a promover la aculturación de los indios y la aceptación de la propiedad privada, debilitando la solidaridad comunitaria y la identidad cultural. En ese resultante escenario, resultaría difícil que los indígenas pudieran conservar la tierra y el agua, transformadas en mercancías susceptibles de compraventa bajo un título de propiedad privada. Sergio Ortega Noriega indica, sin atribuir una lógica conspirativa, que lo previsible sería que desprovistos del apoyo y los controles de una comunidad, los indígenas habrían sido tentados por los colonos a vender su tierra o despojados por fraude o violencias. No fue mera coincidencia, pues, que durante este período (1767-1821) de ausencia de los jesuitas y su sustitución por los colonos, haya comenzado la destrucción de las comunidades indígenas, la pérdida de la propiedad de la tierra y del agua, y aun la pérdida de la cultura propia (Ortega Noriega 1999).

2. El rol de las logias masónicas en la emancipación hispanoamericana

Desde el inicio de la independencia, hubo quienes atribuyeron a las logias masónicas la erosión de la autoridad e instituciones coloniales. Según esa visión, los líderes de la independencia fueron masones, operando en forma conspirativa hasta lograr corroer la legitimidad del antiguo régimen y finalmente minar su existencia. Vale decir, habría existido un plan secreto para socavar el orden social y moral, a fin de que —al independizarse los territorios de la Corona— las bases legítimas del poder colonial fueran reemplazadas por las fuerzas revolucionarias del iluminismo, el liberalismo y la modernidad (véase una crítica a la historiografía de esa corriente en Ferrer Benimeli 2012).

La noticia sobre la participación masónica en la transición a la independencia perturbó a ciertos sectores católicos, ya que coincidió con la época en que comenzaba la lucha entre liberales y conservadores sobre proyectos de separación de Iglesia y Estado. Esa disputa adoptaba una forma análoga al debate europeo acerca del papel de la francmasonería durante la Revolución Francesa. En los hechos, la mayoría de los masones de Europa occidental habían sido católicos y monárquicos (aun el rey Luis XVI y sus hermanos fueron miembros de la masonería) y los masones fueron guillotinados por centenas y la organización del Grand Orient fue abolida durante el período del Terror.

Sin embargo, en el imaginario popular posterior, muchos atribuyeron la revolución a maniobras de la masonería, en el contexto de los cambios acelerados en las estructuras socioeconómicas y políticas impulsadas y articuladas por la modernidad. Asimismo, la facciosa realidad del siglo xix en la América Latina independiente creó las condiciones para que elites políticas católicas sostuvieran la tesis conspirativa sobre el persistente peligro masónico, con la cual buscaron frenar el avance del liberalismo. Por su parte, los liberales intentaban resaltar el rol de las logias masónicas en la independencia como un medio de ensalzar su contribución a las nacientes repúblicas y su ingreso en la modernidad.

Hoy podemos evaluar críticamente tanto el rol de la masonería como el proceso de instrumentalización de la memoria histórica para fines políticos, a través del trabajo de historiadores que en las últimas décadas se aproximaron a la historiografía en forma crítica, desmitificando así el rol de las logias secretas. Para el área del Río de la Plata destaca, entre otras, la obra del historiador chileno Felipe Santiago del Solar y de la historiadora argentino-francesa Pilar González Bernaldo, quienes deslindan a las sociedades secretas patrióticas de las asociaciones francmasónicas que empezaron a institucionalizarse a partir de 1850 (González Bernaldo 1990; Del Solar 2010).

En los inicios de su vida institucional, las sociedades masónicas no deseaban hacerse cargo del proceso revolucionario. Ello contradeciría su normativa de no injerencia en asuntos políticos o religiosos. Por otra parte, la cautela de un número importante de masones se basaba en el temor que, si aceptaban participar de una común genealogía con las logias de la independencia, los sectores radicalizados de la Iglesia Católica utilizarían aquel argumento como prueba irrefutable de designio conspirativo.

Tales actitudes cambiarían en el marco de las celebraciones del primer centenario de las independencias en América del Sur. Durante el primer cuarto del siglo XX se produjo un verdadero giro en el debate. Como lo mostró Pilar González Bernaldo, al momento de conmemorar el centenario la masonería procuró hacer confluir su historia con la historia de la nación, intentando de ese modo legitimarse como columna vertebral del republicanismo latinoamericano. Al valorar la Guerra de la Independencia como un evento histórico fundacional, la masonería reivindicó para sí la filiación de los protagonistas del proceso. De este modo las logias que durante el siglo XIX eran definidas como "sociedades secretas" fueron convertidas en "masónicas", y junto con ellas ingresaron los masones al mausoleo de los "padres de la patria" (González Bernaldo 1990, 1035-1054).

En una primera etapa, la gran mayoría de las investigaciones dedicadas específicamente a definir el papel de la francmasonería durante la independencia de América fueron realizadas por los mismos masones (Onsari 1951). Pero simultáneamente con el advenimiento de los movimientos nacionalistas, principalmente aquellos de ideología fascista y franquista en la década de 1930, de gran influencia entre los sectores ultraconservadores de la Iglesia Católica, surgió una corriente contestataria a aquella historiografía glorificadora surgida desde las grandes logias sudamericanas. Además de resucitar las teorías complotistas, en su prejuiciosa versión judeo-comunista, buscaron rescatar el carácter confesional católico de los próceres de la independencia, negando la participación de la masonería en la emancipación (Del Solar 2006, 229-240).

En síntesis, esa etapa de debate se caracterizó, por un lado, por la participación de investigadores provenientes en su mayoría de la naciente masonería sudamericana, quienes dieron vida al mito de la masonería emancipadora sin atenerse rigurosamente a los cánones académicos. Simétrica pero inversamente, su contraparte católica-conservadora intentó exorcizar a los padres de la patria de la herejía masónica bajo la influencia de un ferviente nacionalismo radical de derecha.

A partir de la segunda mitad del siglo XX se produjeron algunos avances en la investigación de carácter académico, pero, aún así, el eje argumental siguió anclado en la pregunta acerca de la participación masónica en las sociedades secretas durante la época emancipadora y en la subsiguiente era. Durante la década de 1980, se establecieron para el mundo de habla hispana los cánones conforme a los cuales se debían guiar las investigaciones históricas sobre la masonería, especialmente gracias al empuje del Centro de Estudios Históricos de la Masonería Española (CEHME), bajo la dirección de un importante historiador de la francmasonería, el jesuita José Antonio Ferrer Benimeli. Al mismo tiempo, se abrió un espacio de encuentro y discusión que incorporó, por primera vez, al mundo hispanoamericano. Ferrer Benimeli publicó dos importantes artículos referentes, "Simón Bolívar y la masonería" y "Cádiz y las llamadas

"Logias Lautaro o Caballeros Racionales", en los cuales criticó duramente a la historiografía que se había hecho cargo del mito de que las sociedades patrióticas habrían estado conectadas a la masonería, así como también a los mitos del liberalismo sobre las sociedades secretas, desafiados por los ultramontanos (Ferrer Benimelli 1980, vol. I; y 1988, 149-176). Consecuentemente, se abría un debate en torno a una confrontación político-ideológica sobre la fundación del Estado-nación en América Latina. Para los liberales, la francmasonería debería haber legitimado el proyecto de la Ilustración, la separación de Iglesia y Estado, la tolerancia y la igualdad. Para sus adversarios, la gesta de la emancipación se identificaba con los valores de la nación católica: religión y jerarquías naturales, valores que la Ilustración habría de desafiar, y en el marco de los cuales los masones serían demonizados (Del Solar 2006, 230). Este debate se conectaría, asimismo, con otra cuestión crucial para los Estados nacionales en América Latina: la secularización de la sociedad civil.

3. La secularización de la sociedad civil en el Estado-nación latinoamericano: algunos mitos conspirativos

El proceso de secularización de la sociedad civil en los estados-nación de América Latina, responsable de sancionar leyes de laicidad durante la segunda mitad del siglo xix, provocó fuertes reacciones por parte de la Iglesia. Es importante destacar que quienes se opusieron al proceso de secularización, adjudicándolo a un plan secreto urdido por los masones, lo hicieron usando teorías conspirativas de variable intensidad y virulencia. Tal variación estuvo signada por distintas constelaciones nacionales, dinámicas dispares de confrontación y coyunturas históricas específicas.

A pesar de los enfrentamientos anticlericales, la secularización de la generación modernizadora liberal de 1880 en Argentina, por ejemplo, no condujo a la separación de la Iglesia y el Estado, como ocurrió en Brasil en 1889, en México en 1917, en Uruguay en 1919 y en Chile en 1925. El Estado se limitó a laicizar algunas instituciones y funciones, en algunos casos a causa de la irreversible pluralización religiosa de la sociedad. La Iglesia Católica en Argentina siguió siendo una institución de derecho público como el Estado y las demás instituciones religiosas quedarán confinadas al plano del derecho privado junto con los clubes deportivos y las sociedades benéficas. Con ello se sancionaba la desigualdad jurídica de los cultos y se reconocía al catolicismo como cuasi oficial (Blancarte 2001, 843-855; Di Stefano 2011; Padilla 2015). El caso uruguayo fue muy diferente. La secularización en tanto proceso de enfrentamiento, separación y autonomización de esferas de acción e influencia de la Iglesia y el Estado condujo a la privatización de la esfera religiosa, fenómeno distintivo en el contexto latinoamericano.

Mientras en Europa los avances secularizadores fueron significativos durante la primera mitad del siglo xix, en las naciones hispanoamericanas tuvieron lugar durante la segunda mitad del siglo. Fue entonces que los procesos de secularización avanzaron y se afirmaron en la mayoría de las repúblicas nacionales consolidadas, en los cuales los Estados liberales expropiaron tierras eclesiásticas además de tierras de comunidades indígenas y terrenos municipales.

En efecto, tal como lo observa el historiador colombiano Luis Javier Ortiz Mesa, la confrontación política y cultural no fue uniforme en todas las repúblicas. Un factor importante para comprender la diversidad de situaciones fue el desigual poder, riqueza e influencia cultural de la Iglesia en cada país. En sociedades donde la Iglesia tuvo numerosos fieles, significativos recursos y un alto impacto en las mentalidades y sensibilidades populares, como fueron los casos de México y Colombia, la reacción liberal antieclesiástica fue más intensa. Por otro lado, dada la actitud de la población, la Iglesia poseyó en esas sociedades mejores condiciones para defenderse y contraatacar, lo que incidió en una mayor violencia en los conflictos y guerras civiles. Al mismo tiempo, en esos países se forjaron mitos conspirativos de inspiración eclesiástica denunciando el supuesto poder de la masonería, a la cual se la responsabilizaba por las reformas liberales. En contraposición, en los casos de Argentina, Uruguay, Venezuela y Paraguay, la Iglesia fue más débil, no provocó fuertes hostilidades contra el Estado secularizador y debió aceptar que sus privilegios disminuyeran paulatinamente. Por su parte, en Perú, Bolivia y Chile se habría producido un equilibrio de poderes y una relativa estabilidad en las relaciones entre la Iglesia y el Estado (Ortiz Mesa 2013, 5-25).

Analicemos un ejemplo de la primera constelación, Colombia, donde, al igual que en Venezuela y Ecuador, la Iglesia debió enfrentar situaciones conflictivas en torno al Patronato (1824-1853) y las reformas liberales de secularización y expropiación de sus bienes entre 1845 y 1870. La Iglesia en Colombia fue la más combatiente y difícil de someter, especialmente en las tierras altas de Cundinamarca, Boyacá y Pasto; la católica Antioquía luchó palmo a palmo contra el Estado liberal (Safford 1991; Deas 1991). A partir de 1886, a diferencia de otras repúblicas latinoamericanas, la Iglesia en Colombia volverá a ocupar un papel dominante dentro de la estructura constitucional de la nación. Veamos, empero, cuáles fueron algunas de las banderas de lucha y si acaso, las teorías conspirativas jugaron un rol en la recomposición de las posiciones de lucha de la Iglesia y su resistencia a los embates liberales.

Desde las luchas por la independencia, la masonería en Colombia había establecido prácticas asociativas en logias que contribuyeron a expandir una cultura inspirada en ideales de libertad, igualdad y democracia republicanas; y, además, había tenido una preponderante responsabilidad en resistir las tendencias centralistas de Simón Bolívar durante el período de la Gran Colombia (1819-1827). En efecto, desde la década de 1820, la militancia en una logia parecía coincidir con la necesidad de aglutinar a una de las facciones que se disputaban el control del proceso organizativo posterior a la independencia.

Los mitos que acusaban a la masonería de conjurar contra la Iglesia, y también contra las facciones de patriotas autoritarios de tendencia liberal, se alimentaron de la evidencia de que las nuevas élites políticas liberales se afiliaban a logias que, según sus contrincantes, pretendían intervenir en la vida pública y controlar los destinos de la nación. En 1828, Simón Bolívar había encarcelado y finalmente permitido salir al destierro al vicepresidente Francisco de Paula Santander, después de haberlo acusado de dirigir un complot contra su poder, supuestamente con el apoyo de un grupo de masones. En 1820, Santander fundó en Bogotá la Logia Libertad de Colombia. Conocido como El Hombre de las Leyes y el Organizador de la Victoria luego de las guerras de independencia, Santander era el vicepresidente de la Gran Colombia y odiaba la dictadura del presidente Bolívar. Luego de haber descubierto la conjura, Bolívar decretó la prohibición de la masonería y de todo tipo de sociedades secretas. En el decreto orgánico de la dictadura de Bolívar (27 agosto de 1828) estableció "la protección de la religión católica ya que es la religión de los colombianos".

En el otro extremo cronológico de la historia política colombiana del siglo XIX, durante la aprobación de la Constitución conservadora antifederalista de 1886, la masonería colombiana (más exactamente la masonería vinculada al liberalismo radical) fue de nuevo el blanco de persecuciones y marginalización legal de parte de los gobiernos conservadores, así como de los gobiernos liberales liderados por facciones partidarias. Entre esos dos extremos, la masonería colombiana fue perfeccionando tendencias, divisiones territoriales y matices ideológicos, hasta el punto de ser incuestionable que en ella operaba una corriente netamente anticlerical a partir de la fundación de la logia Estrella del Tequendama, en 1849, en Bogotá. Esa corriente entró en pugna con la masonería moderada en torno al Supremo Consejo de Cartagena. En la década de 1860 ya era posible encontrar tres tendencias en la organización de logias y dos de ellas se reunían bajo la égida de caudillos militares: las logias auspiciadas por el coronel y luego general Juan José Nieto, que fungió por algún tiempo como la máxima autoridad del Supremo Consejo de Cartagena; las logias agrupadas bajo el control del general y presidente Tomás Cipriano de Mosquera; y aquellas que reunieron exclusivamente al personal político del liberalismo radical. Las pugnas entre ellas tenían lugar en un contexto de incuestionables relaciones entre la masonería y otros actores políticos, algo en lo que Luis Ortiz Mesa demostró su notoriedad precisamente durante el reformismo radical en los decenios de 1860 y 1870 (Ortiz Mesa 2013).

Ahora bien: fue precisamente en esta etapa de reformismo liberal radical cuando se forjaron teorías conspirativas en ambos campos contendientes, tanto entre los liberales reformistas afiliados a logias masónicas como entre sus enemigos católicos ultraconservadores que sufrieron la pérdida del control de las instituciones políticas.

Siguiendo el análisis histórico de Ortiz Mesa (2013), a la república liberal en Colombia de mediados del siglo XIX la siguieron reformas anticlericales inspiradas en la Constitución de 1863 de carácter liberal, federal, secular e individualista, que culminaron en la Ley de Educación Laica de 1870. Fue durante esa época, de flujo y avance del liberalismo y de reflujo del poder de la Iglesia, cuando se nutrieron sendos mitos conspirativos de liberales y conservadores que apelaron a estereotipos religiosos para denigrarse mutuamente. En esos años se forjaba un imaginario político para identificar a aliados y estigmatizar a los enemigos, según su rechazo o adhesión a la religión católica. Los liberales fueron caracterizados despectivamente como "facciosos, subversivos y masones" y, por su parte, los conservadores eran vilipendiados con el apelativo de "serviles, godos y reaccionarios", pero, además, fueron llamados "jesuitas", identificándolos con la orden religiosa cuyo ingreso se permitió nuevamente en 1844, aunque habrían de ser expulsados por segunda vez en 1861. La caracterización religiosa de ser "antijesuita" o "projesuita" diferenciaba más las adhesiones políticas de los actores partidarios que la orientación ideológica de progresista o reaccionario.

La convergencia entre política y religión contribuyó a transformar a los partidos políticos en cuasisectas religiosas enemigas y, tal como lo explica Ortiz Mesa, ello perjudicó enormemente tanto a la causa de la Iglesia como a la causa de las libertades republicanas: "José María Samper, ferviente masón, para quien los jesuitas eran auxiliares políticos del Partido Conservador, contaba que la Logia de Bogotá añadió el juramento de 'guerra contra los jesuitas' a su programa político" (Ortiz Mesa cita a Samper 1881, 13). Muy significativamente, el estereotipado juego denigratorio de imágenes y contraimágenes alimentó teorías conspirativas. Fue así verbalizado en un lenguaje bélico que se escribía y escuchaba en pleno fragor del combate durante la época de reformas liberales cuando los laicos republicanos consiguieron un triunfo precario, triunfo que desaparecerá durante la época de la Regeneración del último cuarto del siglo XIX; a pesar de la Constitución centralista y autoritaria de 1863, la regeneración católica conservadora culminará en la trágica Guerra Civil de los Mil Días (1899-1902), que dejó un saldo de más de cien mil muertos (De La Pedraja Tomán 2006, 33-50). Años antes, la Iglesia había logrado la recristianización de la república a pesar de la división entre liberales y conservadores. Fue entonces cuando impuso un monismo religioso y autoritario en la nación católica, creó su propio orden cultural en la sociedad civil, controló la educación y clausuró la libertad de pensamiento, imponiendo el *syllabus errorum* por sobre los proyectos del débil Estado colombiano sostenido por un frágil consenso de elites.

El uruguayo es un caso inverso y particularmente incisivo, ya que su identidad colectiva se ha modelado en términos "civilistas", pero en su imaginario se ha aceptado ampliamente que el proceso fue resultado de la penetración masónica en la sociedad uruguaya; se llegó al extremo de atribuir a las logias masónicas un rol fundamental desde la formación de la nación hasta el presente. El expreso reconocimiento de pertenencia masónica de prominentes elites políticas, militares y sociales (incluyendo el presidente Tabaré Vázquez) colaboró para la difusión a nivel popular de dichas asociaciones y redes. Veamos, pues, cuáles han sido algunos de los recorridos de ese relacionamiento, quién los articuló y con qué fines políticos.

Hacia inicios del siglo xx Uruguay logró alcanzar un amplio acuerdo entre las fuerzas políticas y elaboró una visión nacional centrada en el reconocimiento de ciudadanía republicana y derechos ciudadanos. A partir de esa óptica, la llamada nación oriental (es decir, uruguaya) fue definida por las virtudes republicanas, el principio del orden político y los derechos garantizados por el Estado (Caetano 2011), sin anclajes primordiales (Halperin Donghi 2002; Roniger 2008). El Estado proyectó esas imágenes en términos aparentemente universales, aunque debemos reconocer que los criterios iniciales de ciudadanía fueron restrictivos y solo se abrieron subsecuentemente. Así, en un inicio la representación se vio limitada en base a criterios como la condición personal (no se concedían derechos electorales a los esclavos y dependientes), el género (las mujeres estaban excluidas), la edad (los menores de veintiún años no disfrutaban de derechos políticos) y la educación (los analfabetos fueron excluidos del proceso electoral después de 1840). Además, incluso si se abolió formalmente, el trabajo endeudado continuó en la segunda mitad del siglo xix (Verdesio 2001). Además, la ciudadanía uruguaya conllevaba un programa cultural que ignoraba las identidades de los indígenas, afrodescendientes o inmigrantes, esperando que esos sectores desaparecieran dentro del proceso homogeneizador del Estado-nación (Guigou 2010).

En ese marco, la separación entre el Estado y la Iglesia Católica fue particularmente audaz. Según lo analiza Néstor Da Costa, el proceso se movió hacia una secularización integral de las esferas institucionales, creando así un sistema de *laïcité* que siguió de cerca —aunque no replicó— la experiencia histórica francesa:

En 1861 se produce la llamada "secularización de los cementerios", esto es, los cementerios dejaron de estar regidos por la Iglesia Católica para pasar a manos del Estado. En 1863 se destierra al obispo de Montevideo debido a conflictos con el gobierno. Entre 1865 y 1878 tiene lugar lo que se ha dado en llamar "el conflicto intelectual", que consistió en fuertes niveles de enfrentamiento en los medios de comunicación, así como en la aparición y protagonismo de centros de pensamiento liberales y católicos. En 1877 se promulga la Ley de Educación, desconfesionalizando la misma. En 1879 se promulga la Ley del Registro Civil, por la cual este pasa de manos de la Iglesia Católica a manos del Estado. En 1885 se promulga la Ley de Conventos, en la que se declara sin existencia legal a todos los conventos […] En ese mismo año entra en vigor la Ley de Matrimonio Civil, estableciéndose la imposibilidad de casarse por Iglesia sin casarse previamente a nivel civil. […] En 1906 tiene lugar la remoción de los crucifijos de todos los hospitales públicos, y en 1907 se promulga la Ley de Divorcio. También en 1907 se suprime toda referencia a Dios y a los evangelios en el juramento de los parlamentarios. En 1917 se consagra una Reforma constitucional que establece la separación legal y real entre Iglesia y Estado; la fórmula establecida en el artículo 5 de esa Constitución [de 1918] no retomó las propuestas más radicales, sino que fue el fruto de la transacción de los grupos en pugna. En 1919 se produce lo que los historiadores han llamado la secularización de los días feriados [...] Finalmente, se llevó a cabo el cambio de nombres en la nomenclatura de las poblaciones, lo que implicó el cambio de nombre de más de treinta poblaciones con nombres de santos a nombres laicos (Da Costa 2009, 137-155, incisos 8, 10. Véase también Caetano y Geymonat 1997).

Si bien se inspiró en la experiencia francesa, Uruguay desarrolló una interpretación pluralista de laicidad. A diferencia del modelo radical francés, el artículo 5 de la Constitución uruguaya consagraba la separación de Iglesia y Estado, adoptando connotaciones pluralistas basadas en la libertad de conciencia y la libertad de religión, aunque desplazadas de la mayoría de los espacios públicos:

> Todos los cultos religiosos son libres en el Uruguay. El Estado no sostiene religión alguna. Reconoce a la Iglesia Católica el dominio de todos los templos que hayan sido, total o parcialmente, construidos con fondos del Erario Nacional, exceptuándose sólo las capillas destinadas al servicio de asilos, hospitales, cárceles u otros establecimientos públicos. Declara, asimismo, exentos de toda clase de impuestos a los templos consagrados actualmente al culto de las diversas religiones (Constitución 1918, sección I, capítulo III, artículo 5).

Es más, tal como lo destacaron Roberto Blancarte (2006) y Néstor Da Costa (2011), la interpretación uruguaya de la laicidad implicaba también un modo de vida colectiva legitimado en términos de soberanía popular y neutralidad estatal. Con el paso del tiempo, la visión de la nacionalidad uruguaya se encarnó así en una religión civil, en cuyo centro destacaban la ciudadanía y la responsabilidad e imparcialidad del Estado, casi sin fundamentos primordiales o confesionales, aunque no menos sacralizados por ello. El dirigente del Partido Nacional (Blanco), Wilson Ferreira Aldunate, lo destacó al dirigirse a la Cámara de Diputados del Ecuador en 1983, hablando desde el exilio, tras desterrarse debido a la dictadura cívico-militar:

> Es por eso que pasamos a ser un país muy auténtico, muy país, y no por la influencia de una raza común, en sentido genético, no por consecuencia de la geografía, sino porque constituimos una comunidad espiritual. Consiste en el culto de algunas cosas: igualdad ante la ley, carácter representativo de los órganos de gobierno, elección periódica de los gobernantes, supeditación de toda autoridad o centro de poder al gobierno civil, rígida observancia de un sistema de garantías de la libertad, de la libertad política y de la libertad individual [...] Entre nosotros, cuando se atenta contra la sobrevivencia de estos valores espirituales se está poniendo en riesgo la existencia misma del país, que es eso, y si no,

no es un país (Ferreira Aldunate 1984, 89, citado por Demasi, 1995, pp. 29 y 47-48, n.º 9).

Aun hoy se debate el papel desempeñado por individuos e instituciones en la Constitución de la nación oriental y existen controversias en curso sobre el uso de símbolos religiosos en el espacio público. Sin embargo, la opinión descrita por Ferreira Aldunate fue ampliamente aceptada en el siglo xx. Esa visión se "rutinizó" y "naturalizó" como parte del proceso de socialización y educación universal llevado a cabo por el Estado uruguayo, y apoyado por sus principales élites políticas y culturales. En palabras de Fernando Andacht,

> Extirpar la religión oficial, arrinconarla hasta reducirla a disidencia familiar, interna, y de poca visibilidad pública, no elimina la religiosidad, sólo una religión establecida. [...] sin saberlo [se] está fundando otra forma de religión, tan potente como la que combate sin tregua. La fe católica es efectivamente desplazada del imaginario social, pero el Estado y sus dones inagotables ocupan el lugar del misterio divino. Mesocracia es la ideología que surge cuando la colectividad recibe a cambio de la religión oficial extirpada la oficialización de todo ámbito social. Esta forma de organización del ánimo se convierte en la mayor religión uruguaya del siglo xx (Andacht 1992, 25).

Los uruguayos llegaron a refrendar la narrativa de una religión civil basada en valores públicos. Ella se refleja en la educación universal, el desarrollo, los beneficios sociales y las esferas públicas abiertas. Fundada en una visión compartida, forjada en la primera mitad del siglo xx, Uruguay fue elogiado como la "Suiza de las Américas", una nación satisfecha con su imagen del "Uruguay feliz". Según el modelo que cristalizó bajo José Batlle y Ordóñez (1904-1907, 1911-1915), el país se imaginó como una nación civilizada, más cercana a Europa que a otros países latinoamericanos, no sólo en la composición demográfica, sino también y principalmente en el desempeño institucional y en su imagen colectiva. Ya había en esa etapa indicios de distancia entre la realidad y la imagen, como es evidente en el carácter hiperbólico de las estructuras del Estado benefactor (Benedetti 1966) y, por el contrario, en el uso de la violencia para resolver conflictos (Kierszenbaum 2012, 35-48; Guigou 2010). Sin embargo, tales problemas fueron en su mayoría ignorados por décadas.

Ahora bien: frustrada por el irreversible proceso de laicización y la total separación de Iglesia y Estado, la institución católica intentó librar batalla en varios frentes (pastoral, educativo, periodístico, político, catequístico) para enfrentar aquello que denominaba la "de-cristianización" de la modernidad laica. Desde que el vicariato fue elevado a la categoría de diócesis en 1879, el primer obispo de Montevideo, presbítero Jacinto Vera, y sus sucesores debieron enfrentar críticas situaciones de anticlericalismo en Uruguay, para lo cual no dudaron en atribuir poderes fundacionales y conspirativos a las logias masónicas; estas fueron atacadas por haber presuntamente conjurado e impulsado el proceso de difusión del positivismo racionalista en sus variantes teísta, deísta y ateo-agnóstica. Así, entre 1880-1920, la orden de los jesuitas se enfrentó a los católicos masones que adherían al racionalismo positivista y apoyaban la laicidad (Sanson Corbo 2011).

Pero sorprende que esta interpretación conspirativa sobre un fenómeno sociocultural como la educación laicizada también fuera aceptada por investigadores del campo liberal en Uruguay. El éxito en la laicización llevó a algunos a atribuir poderes fundacionales y conspirativos a las logias masónicas, cuya conjura supuestamente habría impulsado el proceso. Un caso notorio es la interpretación conspirativa liberal y laica de Alfonso Fernández Cabrelli, director de *Hoy es Historia* en Montevideo:

> La reforma, laicización y difusión de la enseñanza fue una parte, no la menos importante, del *proyecto secularizador que la Masonería elaboró e impulsó en el siglo pasado* [nuestro énfasis]. Era su propósito universalizar los beneficios de la educación y perfeccionar sus métodos y contenidos, ajustándolos a su concepción tolerantista [*sic*] y modernizadora, de manera que: 1) la nueva enseñanza atendiese a hacer realidad uno de los postulados cual se hacía indispensable la exclusión de la enseñanza religiosa que la escuela tradicional imponía aún a los hijos de quienes profesaban otros principios; y 2), que estuviera a tono con las necesidades y los cambios sobrevenidos con los nuevos tiempos (Fernández Cabrelli 1990a, 110).

Fernández Cabrelli basa su interpretación, primeramente, en un libelo anónimo de 1879 que circulaba en Montevideo, y cuya procedencia era Bruselas. Su título genérico, *La masonería y el catolicismo*, formaría parte de una "folletería anónima" de donde el investigador lee argumentos de la "jerarquía de ultramontanos" destinados a combatir la nueva escuela y a los masones que la habrían inventado. El libelo antimasónico había sido difundido por el sacerdote Vera a finales del siglo XIX:

> [...] la Masonería, no por amor a las luces, sino para realizar sus planes de descatolizar las sociedades, ha puesto un especial cuidado, desde principios de este siglo, en la enseñanza de la juventud, aunque con el dinero de los católicos contribuyentes. A ella se debe la invención del sistema de enseñanza laica, esto es, sin religión e independiente de las doctrinas sublimes del Evangelio; y para mayor ignominia, ha declarado obligatoria para los católicos esa escuela anticatólica [...] La Masonería, hija del antro, enemiga del cristianismo, e institución de inmoralidad y corrupción por excelencia, se ha colocado en la cúspide de la sociedad y, desde allí, ha hablado de esta manera: "Escuchadme, pueblos de la tierra: en adelante, el código moral y religión para la formación de la

juventud y perfeccionamiento social, no será el Evangelio de Jesucristo; eso es fanatismo y superstición. Yo realizaré la redención de la humanidad con la moral independiente: Jesucristo es un impostor. Fuera, pues, de la escuela, Jesucristo y su Evangelio" (Fernández Cabrelli 1990a, 115).

Pero además, como supuesta prueba de la injerencia masónica en la reforma educativa laica, el investigador utiliza también una pastoral del arzobispo de Montevideo, el doctor Soler, fechada en 1901, donde execraba la enseñanza laica, universal y gratuita de la Institución Fraternal, a la cual confunde con una organización masónica para ejecutar su "diabólico proyecto descatolizador" (Fernández Cabrelli 1990a; véase también Fernández Cabrelli 1990b).

Autores como Daniel Pelúas de la Fuente (2012) y programas populares de difusión han atribuido muchos de los hitos históricos a la influencia masónica: desde la participación en la independencia, el fracaso del proyecto político de Artigas, hasta el proceso de laicización; ellos difundieron la visión popular de que los masones habrían controlado el devenir histórico uruguayo a través de sus redes de poder. En contraposición, según historiadores como Carlos Demasi, habría que diferenciar entre el proceso de separación de la religión de la esfera pública uruguaya, incluyendo la educación, de las actitudes antirreligiosas como las que propulsaría Batlle y Ordóñez en el siglo xx. En efecto, la reforma educativa de José Pedro Varela desplazó a la religión en favor del empirismo científico, pero sin que el mismo Lorenzo Latorre que la impuso descuidara al catolicismo, ya que en paralelo hizo gestiones para autorizar el arzobispado de Montevideo. En forma similar, mientras se discute la reforma constitucional de 1917, la separación de Iglesia y Estado no es demonizada ni siquiera por el Partido Nacional, en cuyas filas activan muchos católicos, y se arriba al consenso según el cual los templos católicos seguirían en posesión de la Iglesia, a contramano de la posición de los sectores antirreligiosos a ultranza, expresada por el diario *El Día*, fundado por Batlle y Ordóñez. Un intelectual de la talla de José Enrique Rodó calificaba a Batlle y Ordóñez de jacobino debido a su militancia contra la Iglesia, una caracterización que el renombrado político radical no habría de perdonarle. El mismo Batlle y Ordóñez había sido mucho antes fundador del Club Católico, algo que sus opositores le solían recordar, pero él no fue una excepción. Muchos masones eran católicos declarados y no veían en ello contradicción, así como en la actualidad la sociedad secular uruguaya no ve contradicción en su declarado laicismo ni en haber acudido a misa cuando en ocasión de la visita del papa a Uruguay, participando de la misa al aire libre; tampoco en ser masón y tener una esposa católica practicante, como es el caso del presidente Tabaré Vázquez.

Sin embargo, cuando se expulsó a un puñado de jesuitas en 1859, se esgrimieron argumentos sobre una supuesta "invasión de ultramontanos", a quienes se demonizó. En otros contextos, se magnificó la supuesta injerencia de los masones en las decisiones políticas. Vale decir, históricamente durante períodos de disputas, se ha tendido a exagerar tanto la injerencia de los masones así como la amenaza de los ultramontanos en una sociedad que, de hecho, tal como destacamos, pudo lograr fundamentar su identidad colectiva en el culto de la civilidad, habiendo operado una exitosa separación de Iglesia y Estado (Demasi 2017, 2019; Dotta 2017).

Esta breve reseña sobre la secularización uruguaya remite a la necesidad de revisión de conceptos planteados recientemente a escala continental en un simposio académico en 2012 sobre "Secularización y esfera pública en las Américas". Además de pensar la secularización como una reformulación del lugar de la religión en la sociedad, algunos investigadores, como el argentino Roberto Di Stefano, creen que el liberalismo condujo a la creación de ámbitos diferenciados para la religión, la política, la economía y la ciencia, en vez de eliminar a la religión católica de la vida pública. Por su parte, el costarricense Ricardo Martínez sostuvo que la asociación persistente entre masonería latinoamericana y el anticlericalismo nació de una falta de interrogación crítica sobre lo que significaba ser un masón; además, habría surgido de una serie de textos antimasónicos producidos por escritores católicos, especialmente durante el tardío siglo xix, cuando la Iglesia se sentía cada vez más amenazada por el liberalismo (ver ambas posiciones en Toner 2012-2013). El historiador John Lynch lo ha sintetizado correctamente al recordar que los gobiernos liberales latinoamericanos eran secularizadores, pero en su mayoría no atacaban al catolicismo o a la religión cristiana como tal:

En casi todos los países de Iberoamérica, con la sola excepción de Colombia a partir de 1880, los gobiernos siguieron una política de secularización encaminada a limitar la influencia de la Iglesia en todos los aspectos de la vida, aunque ningún régimen atacaba al catolicismo o al cristianismo como tal (Lynch 1991a, 167; véase también Lynch 1991b).

CAPÍTULO 4

Sospechas de enemigos internos y externos en teorías conspirativas

[Un mundo vigilado engloba] conceptos y doctrinas cuya función es la de prescribir el perfil de un enemigo, supuesto o real, interior o exterior, total o global: el criminal nato o salvaje moderno, la multitud, el insurrecto, el subversivo, el contestatario, el extranjero, el terrorista. Categorías, todas ellas, muy extensibles, que extraen su incontenible fuerza del borroso nimbo de su definición.

Mattelart 2009, 12

Desde el siglo xix, y especialmente en el trascurso del siglo xx, la mayor parte de las elites latinoamericanas intentaron moldear y modernizar sus naciones, adecuarlas a una determinada visión de progreso, aunque al mismo tiempo temieron y resistieron la destrucción de las estructuras jerárquicas y sus privilegios. Se produjo una suerte de ambivalencia entre el empuje modernizante y el deseo de mantener estabilidad frente a los cambios que atravesaron las distintas sociedades latinoamericanas. El resultado fue la cristalización de un modelo de modernización sesgado, excluyente y a menudo intolerante. Los sectores en el poder usaron medidas represivas, las cuales —en su proyecto de fraguar una nación basada en "ideas fuera de lugar", para usar el término acuñado por Roberto Schwarz (2000, 9-32)— demonizaron a las minorías autóctonas, los grupos raciales subalternos y los inmigrantes. La problemática de este capítulo nos remite así al análisis del modo en que se estructuran, se interpretan y reaccionan las mentalidades colectivas frente a presiones de cambio; en especial, el capítulo enfoca el uso y abuso de la presunción de un enemigo interno en el proceso de construcción de la ciudadanía, quien supuestamente estaría intentando socavar la integridad de la sociedad, sospecha que hegemoniza numerosas miradas conspirativas.

El carácter distintivo de la construcción de una narrativa de intencionalidad conspirativa tramada en el seno de la sociedad deriva de la declarada voluntad

Cómo citar este capítulo:
Roniger, L. y Senkman, L. 2019. *América tras bambalinas. Teorías conspirativas, usos y abusos.* Pp. 53-100. Pittsburgh, Estados Unidos: Latin American Research Commons. DOI: https://10.25154/book2. Licencia: CC BY-NC 4.0

de defender la integridad colectiva. Sin atribuirles ninguna esencia permanente, cuando sociedades construyen sus identidades colectivas ello les permite posicionarse en el tiempo y el espacio, frente a otros seres humanos e instituciones, afirmando similitudes y diferencias —o más bien un conjunto de similitudes y diferencias— que definen y "colorean" intuitivamente las imágenes proyectadas que podrían constituir el fundamento de la vida en sociedad.

A través del reconocimiento o la renuncia —más o menos latentes o explícitos— de la identidad, definimos semejanza y alteridad, posicionándonos como sujetos en el mundo, al definir a los "otros" en un proceso constante en el cual, de modo simultáneo, somos igualmente objeto de la definición de los otros, ya sean esos "otros" individuos, grupos o instituciones. Existe una pluralidad de criterios de distinción identitaria y modelos de construcción de identidades colectivas. En algunos pares de opuestos, como entre los griegos y su visión de los otros "bárbaros", los judíos y los gentiles; los árabes y los *arabu-ajem*; los japoneses y los *gaijin*; los chinos y los "no-chinos", para mencionar algunos casos, las fronteras del grupo son relativamente claras, al menos en teoría, pues en la práctica, aun en esos casos la diversidad interna de cada grupo es inmensa.

A menudo, la reflexión sobre el otro proyecta una visión jerarquizada, que al describir a los otros, de hecho, omite su diversidad interna al concebirlos como inferiores. Tal dinámica de silenciamiento del otro, al transformarlo en una antítesis caricaturesca, ha sido analizada para el caso de las sociedades musulmanas árabes por Edward Said en su conocido libro sobre el orientalismo; por su lado, Ian Buruma y Avishai Margalit, en su libro sobre el occidentalismo, han demostrado la existencia de una mirada igualmente jerarquizante hacia las sociedades occidentales por parte de otras (Said 2007, c. 1978; Buruma y Margalit 2005). Igualmente, Michel Foucault ha descrito magistralmente los mecanismos de construcción de la alteridad, el control y el sometimiento al interior de las sociedades occidentales (Foucault 2002/1975 y Derrida 1976). Sus contribuciones, así como la miríada de trabajos que siguieron su perspectiva, con justa razón critican el pensamiento dicotómico que a menudo subyace la creación de modos de vinculación con grupos subalternos internos y otras sociedades.

Si nos trasladamos a regiones como el sudeste asiático, a semejanza de América Latina la dinámica de demonización del otro se reprodujo en términos no menos complejos. Ante todo, en ambas regiones las identificaciones y definiciones de sí y de los otros se tornan menos tajantes. Las sociedades de América Latina y el sudeste asiático evidencian gran diversidad étnica y han estado en constante interacción con otras, abiertas a las influencias y a los impactos externos, generándose "miscegenación" e hibridismo cultural. No es de sorprender, pues, que no hayan desarrollado definiciones de identidad tajantes como en algunos de los casos arriba mencionados. En el sudeste asiático, por ejemplo, los habitantes se distinguían a sí mismos en términos geográficos mucho más amplios y menos preñados de significado jerárquico o moral, lo cual es evidente al comparar su sistema de categorización identitaria con aquella que, por ejemplo, elaboraron los griegos en su visión de mundo respecto de los pueblos "bárbaros". Los vietnamitas se veían como un pueblo del sur, en términos de su contraparte septentrional, la civilización china. De manera similar, otros pueblos del sudeste asiático, impregnados de cultura malaya, se autodefinían como los pueblos "por debajo de los vientos" —con relación a la India— frente a aquellos que venían "por sobre los vientos", una categoría tan amplia que llegó a incluir a chinos, japoneses y europeos (Reid 1988). Categorización sí, pero sin la connotación de superioridad e inferioridad moral y cultural, propia de sociedades que se pensaron a sí mismas en términos jerarquizantes como "grandes civilizaciones" (Patterson 1997).

De manera similar, en América Latina proliferó una construcción identitaria que predicaba la multiplicidad y las culturas híbridas, al decir de García Canclini (1995), y la multiplicidad de modelos civilizatorios, si usamos la categorización de Darcy Ribeiro (1969). Tal complejidad identitaria puede explicarse por múltiples factores: la diversidad demográfica de la población; el proceso constante de interacción entre distintos conglomerados humanos; la existencia de gradaciones identitarias junto con la falta de una matriz de constitución primordialista que distinguiera entre sí a la mayoría de los Estados; y sobre todo, la temprana y persistente globalización que creó conexiones y horizontes abiertos al mundo, y un horizonte de aspiraciones universales que desde entonces todos los estratos sociales han adoptado en mayor o menor medida. Todo ello, por lo general, predispone a minar —aunque no canceló la tentación de desarrollar— una visión dicotómica en la definición de las identidades colectivas, y creó en su lugar una matriz de modernidades múltiples integrando diversas tradiciones (Roniger 2002; Blasco y Krause Hansen 2006). Es singular que, a pesar o justamente por existir una compleja y variada articulación identitaria en la región, se generaron visiones estereotipadas del enemigo interno que, precisamente por ello, se tornaron objeto de sospecha y desconfianza, según el clásico modelo de las teorías conspirativas.

Es evidente que, al reconocer la pluralidad de identidades, no nos referimos solamente a la existencia de múltiples identidades supuestamente acuñadas con el mismo signo, sino además a múltiples identidades que reflejan distintos códigos identitarios y juegan paralelamente en diferentes ámbitos, como parte de complejas estrategias de transmisión, recreación, invención y recuperación de una presencia pública y un posicionamiento en el espacio social. Sin embargo, debemos tener presente que, en situaciones de incertidumbre y crisis, violencia, conflicto y guerras, se dan procesos que aglutinan identidades en estrategias de ataque y defensa. Es entonces cuando distintos actores políticos, sociales y culturales pueden dar rienda suelta a perspectivas en las cuales los rasgos individuales y situacionales se borran y asimilan, enfatizando atributos colectivos.

Bajo tales circunstancias de incertidumbre, crisis y conflicto, las identidades múltiples que todos poseemos pueden condensarse bajo una única identidad determinante y definitoria, que se torna en bandera estereotipada de movilización contra quienes se encuentran al "otro" lado en un conflicto. Frecuentemente sectores extremistas suelen tomar la ofensiva, llegando a definir la agenda pública y quienes sugieren mesura, son marginados y no son escuchados a fin de evitar un proceso de demonización del Otro. Es así como la cotidianidad y la experiencia que genera una multiplicidad de identidades en cada individuo, son exteriormente neutralizadas u obviadas cuando comunidades o Estados entran en la vía de la estigmatización del otro. En tal marco de incertidumbre y confusión, quienes sugieren alternativas políticas simples y antagónicas contra enemigos internos pueden apuntalar posiciones de poder, mientras otros sectores —incluso intelectuales— son capaces de llegar a adoptar tales posiciones maniqueas, especialmente cuando una situación de crisis se prolonga por tiempo indeterminado (Bowman 2001, 25-46; Roniger 2006b, 102-111). En el marco de profundos cambios y presiones durante procesos de modernización, se generaron narrativas excluyentes y manifestaciones de xenofobia contra inmigrantes ya incorporados, a quienes distintas fuerzas sociales y políticas transformaron en enemigos internos, bajo la presunción —a menudo motivada políticamente— que complotaban, a menudo en secreto, contra el orden socioeconómico y político legítimo.

A continuación, analizaremos cinco estudios de caso, tres de los cuales, en Argentina en 1919, Chile en 1918-1920 y en Brasil en las décadas de 1920 y 1930, todos ellos indican cómo fueron generados por miradas conspirativas en situaciones de acelerada modernización, transformaciones sociales y estructurales, y miedo al cambio revolucionario. En tales circunstancias, las elites intentaron frenar la amenaza a su estilo de vida, sosteniendo estar defendiendo a la nación de los enemigos internos y lanzaron teorías conspirativas confiando en que su implementación habría de frenar el peligro. El cuarto caso, la República Dominicana bajo el gobierno de Rafael Trujillo, constituye un contrapunto, ya que la retórica del enemigo interno fue usada para justificar una masacre masiva de miles de ciudadanos dominicanos de etnicidad haitiana en 1937. Según sus artífices, lo que fue en realidad un genocidio guiado por concepciones racistas y sancionado desde la cúspide del poder estatal, habría sido solo producto de la ira y el clamor popular que optó por defenderse de la amenaza interna de los "haitianos", que saboteaban la modernización acelerada de la periferia rural dominicana en la frontera con Haití. El quinto caso analiza la existencia de un mito, la sinarquía, una red secreta internacional que supuestamente estaría maniobrando a la sociedad hasta lograr dominarla. Tal narrativa, ensayada por Juan Domingo Perón en forma alegórica para interpretar su caída del poder en términos de geopolítica mundial, se difundió con ribetes conspirativos en la conflictiva sociedad argentina durante las décadas de 1960 y 1970. Hubo quien reprodujo el mito durante décadas tanto en tramas sinárquicas como en campañas que llamaban a desenmascarar a miembros de un fabulado Plan Andinia supuestamente diseñado por enemigos internos y externos —desde mapuches aliados a británicos o bien mochileros israelíes— a quienes se acusó de intentar conquistar la Patagonia.

1. La Semana Trágica en la Argentina: el mito conspirativo del maximalismo judeo-ruso

Un caso paradigmático de construcción de un enemigo interno inspirado en doctrinas foráneas fue aquel que se creó en torno a la presencia de obreros anarquistas en Argentina a principios del siglo xx. Ello desembocaría en la Semana Trágica de enero de 1919, cuyas víctimas fueron no solo activistas anarco-comunistas y "maximalistas", sino que afectó en forma especial a otros, especialmente a los inmigrantes y en particular a judíos de Rusia y Europa oriental. De aquella época deriva asimismo la atribución del apelativo "ruso" como epíteto sesgado para identificar a nivel popular a todos los judíos en Argentina.

La atribución de una trama conspirativa por parte de las fuerzas policiales y el Ejército al maximalismo anarquista, que supuestamente intentaría una insurrección armada, ha sido analizada críticamente en varios trabajos académicos. El argumento central fue que el "gran pánico" que despertó la Revolución Rusa de octubre de 1917 en las elites dominantes sobredimensionó la amenaza de la ofensiva de los anarco-comunistas de la FORA del V Congreso y su estrategia insurreccional durante la huelga general de enero de 1919. Algunos autores académicos sobreestimaron la combatividad y la radicalización de los anarco-comunistas en la movilización obrera, lo cual habría alimentado la teoría de la conspiración maximalista entre las clases dominantes y los círculos cercanos al gobierno (véase Godio 1972; Bilsky 1984).

Esa teoría conspirativa fue propagada por la alarmada prensa liberal y nacionalista que fomentaría una fantasmagoría según la cual los maximalistas anarco-comunistas rusos habrían ya logrado implantar un conglomerado de soviets en la Argentina (Bilsky 1984, 52). El fantasioso complot maximalista fue denunciado también desde el Congreso Nacional por legisladores conservadores. Por ejemplo, en la discusión en la Cámara Alta, el senador conservador Pedro Olachea y Alcorta afirmaba alarmado sobre la situación insurreccional:

> Es un estado francamente revolucionario. Se me dirá que eso es una manifestación de huelga, de una simple huelga, pero a mí no me parece; yo no lo considero aceptable. ¿Por qué? Una simple huelga no tiene necesidad de echar manos a medios de violencia y coacción. En el caso presente se ha visto manifiestamente un propósito definido de implementar en la Argentina las doctrinas maximalistas. Esto no es una manifestación antojadiza. Los mismos rusos maximalistas se declaraban triunfantes en la República Argentina. Se venía preparando la revolución desde hacía más de seis meses, y esta explosión de maximalismo no se improvisa, pues son manifestaciones extensas de un proceso que se ha venido elaborando lentamente y que obedece a numerosas causas [...][5]

---

[5] Véase la intervención del senador Pedro Olachea y Alcorta en Congreso de la Nación Argentina, *Diario de Sesiones de la Cámara de Senadores*, 1918, t. II, 38-41, 46-47.

De manera similar, el titular de la sección Orden Social de la Policía no expresaba dudas acerca de que el temible complot maximalista estaba ya en marcha. En su "Informe para la Memoria Policial" del año 1919 afirmaba que "el complot de grupos revolucionarios [que] ya habían esbozado sus planes y solo esperaban contar con algunos elementos que faltaban para llevarlos a la práctica", hasta que finalmente habrían logrado "la creación de una organización netamente revolucionaria". De ese informe surgiría que el complot lo formaban "25 organizaciones anarquistas del Interior, de la Capital y una de Montevideo", y había estado "compuesta por 5 seccionales y por grupos secretos". El informe detallaba: "1) la propaganda; 2) la acción destructiva y terrorífica; 3) agrupaciones secretas; 4) organización de grupos clandestinos en el Ejército y Marina; 5) organizar y orientar el levantamiento y si tuviera éxito, implantar el comunismo anárquico".[6]

Ahora bien: tanto el pogromo perpetrado en barrios judíos desde la noche del 10 de enero por fuerzas del orden y grupos civiles parapoliciales que se lanzaron a "la caza del ruso" a través de razias a sus domicilios, así como la detención en la vía pública de centenares de judíos —entre ellos Pedro Wald, dirigente judío del Bund, imputado de ser el supuesto presidente del sóviet maximalista en la Argentina—, ponen de manifiesto la naturaleza xenófoba de la conspiración, y además su inexcusable designio antisemita (Solonimsky 1971; Avni 1982). El ministro de Guerra y nuevo jefe de la Policía, general Elpidio González, denunciaba falsamente haber descubierto el plan de un supuesto sóviet maximalista, que se proponía derrocar al gobierno del presidente Hipólito Yrigoyen. González afirmaba que el complot estaba dirigido por el renombrado obrero y periodista socialista judío de nacionalidad ruso-polaca Pedro (Pinjes o Pinie) Wald, naturalizado argentino desde 1917.[7]

Edgardo Bilsky ha demostrado que, más allá del rol de la policía en los sucesos de enero, existió responsabilidad gubernamental al poner en marcha tal operación para hacer creer a la población que las protestas sindicales formaban parte de una conspiración internacional ruso-judía destinada a establecer el régimen soviético en la Argentina. La aceptada credibilidad de la conjura facilitó que durante tres días la comunidad judía sufriera el más terrible pogromo conocido hasta entonces de manos de las fuerzas de seguridad y de las patotas.

---

[6] Nota del titular de Orden Social, Enrique Dufey, al inspector general Francisco Laguarda, jefe de Investigaciones, que acompaña la Memoria de 1919, en Policía de la Capital Federal, *Memoria de Investigaciones*, año 1919, 50.

[7] Véase el testimonio de Wald, en su autoficción, *Pesadillas* (traducción de la edición ídish de 1929 por Simja Sneh), publicada por primera vez en castellano en *Crónicas judeo-argentinas*. Buenos Aires: Editorial Milá & AMIA, 1987. En 1998, la Editorial Ameghino utilizó la misma traducción para reeditarlo con el título *Pesadilla. Una novela de la Semana Trágica*, precedido por un prólogo de Pedro Orgambide. En 2019, una edición crítica fue publicada por Editorial Astier, con textos de Perla Sneh, Gabriel Lerman, Herman Schiller, Cristián Ferrer, Katherine Dreier y Alejandro Kaufman.

Además de los individuos asesinados, heridos y mutilados, y de la destrucción de propiedades, numerosos judíos procedentes de Europa oriental fueron detenidos y torturados, entre ellos Wald, Juan Zelestuk y Sergio Suslow, acusados respectivamente de ser el "dictador maximalista" del futuro sóviet argentino, su jefe de policía y su ministro de Guerra (Silva 2011, 218-219).

El presidente del Comité Capital de la Unión Cívica Radical, Pío Zaldúa, logró reunir unos dos mil activistas "para defender al gobierno", y se presume que varios de los patoteros que salieron a la "caza del ruso" provenían de aquel comité. Ello fue aun expresado por un delegado del Comité Capital, quien se vanaglorió de haber matado a numerosos rusos judíos. Por otra parte, ha sido probado —tal como recuerda el comisario Romariz en sus memorias— que el 11 de enero se autorizó la provisión de armas Colt a cuadros civiles convocados por el Comité Nacional de la UCR para hacer razias (Comisario Romariz 1952). Cientos de afiliados radicales y de la juventud radical renunciaron al partido por los sucesos deplorables cometidos por grupos que actuaban bajo la bandera partidaria (*El Diario*, 23 de enero de 1919; *La Vanguardia*, 24 de enero de 1919, citados por Fihman 1999). El 15 de enero, al concluir el pogromo, el Comité Nacional de la UCR intentó desligar responsabilidades, al repudiar la "acción violenta de elementos ajenos al país" (*La Prensa*, 18 de enero de 1919).

El diario *La Prensa* de los días 13 y 14 de enero de 1919 informaba que los jóvenes de la Liga Patriótica se habían reunido días antes en el Centro Naval, donde recibieron instrucción militar y una arenga del contralmirante O'Connor que terminó diciendo que "si los rusos y catalanes no se atreven a venir al centro, los atacaremos en sus propios barrios" (*La Vanguardia*, 12 de enero de 1919, 4).[8] No sorprende, por tanto, que en la noche del 10 de enero, conocida como la Noche de las Hogueras, se cometieran numerosos asaltos e incendios a comercios y viviendas en los barrios de Once y Villa Crespo, así como a locales sindicales y asociaciones judías.[9]

La detención de Pedro Wald, "en compañía de otros sujetos que integraban el sóviet", produjo la homologación "maximalismo y judío ruso". El comisario de la seccional policial séptima informaba al jefe de la División de Orden Social sobre su detención el 12 de enero 1919, por "desorden y portación de armas", acompañando la nómina de otros individuos de apellidos judíos rusos, a fin de denunciar su ideología, "los que han sido detenidos con motivo del

---

[8] El 15 de enero, los Defensores del Orden reclutados y adiestrados en el Centro Naval, tomaron el nombre de Guardia Cívica.
[9] Ver el testimonio sobre el pogromo en las memorias del escritor nacionalista Carulla 1964; el testimonio del periodista y maestro judío José Mendelshon en Solominsky 1971 y McGee Deutsch 1984, 2003. Según algunos autores, La Liga Patriótica, fundada después de sofocada la insurrección obrera de la Semana Trágica, no habría participado en el pogromo.

movimiento huelguístico [por] ser la mayoría de ellos anarquistas o maximalistas".[10] Pero a pesar de que eran "sindicados como pertenecientes al sóviet que se instauraría en Argentina", el comisario se abstuvo de llamarlos rusos-israelitas, ni tampoco usó el vituperio de "judíos rusos", tal como hacían otros guardias blancos e intelectuales nacionalistas católicos antisemitas.[11]

Tal cautela del comisario de la seccional donde estuvo detenido Pedro Wald, al abstenerse de asociar a los judíos con los maximalistas, se tensa con el desmitificador testimonio que escribió la viajera escritora norteamericana Katherine Dreier, testigo casual del drama sufrido por el presunto presidente judío del sóviet argentino: "Wald no era bolchevique sino un judío inocente sin tendencias radicales que escribía en el periódico judío *Die Presse* [...] Los judíos eran atacados porque se los tomaba por rusos y los rusos eran considerados bolcheviques. Muchas compañías ya habían cesanteado a todos sus empleados rusos y judíos" (Dreier 2016; ver además Mizraje 2018).

Tanto el general Luis Dellepiane, al mando de la II División de Ejército acantonada en Campo de Mayo y a quien el presidente Yrigoyen nombró comandante militar de Buenos Aires, así como el nuevo Jefe de Policía capitalina, ambos atribuían el maximalismo a "judíos rusos", a pesar de que no criminalizaban a toda la colectividad judía de Buenos Aires. El jefe de Policía de Buenos Aires, Elpidio González, diferenciaba entre judíos "pacíficos y honestos" de aquellos "agitadores anarquistas" y "comités maximalistas". De manera similar, sofocada la insurrección huelguística, Dellepiane respondió a una pregunta sobre la responsabilidad de los judíos en la Semana Trágica:

> No creo que la colectividad israelita tenga nada que hacer con los sucesos acaecidos, pero que sería muy oportuno como he tenido el gusto de manifestar verbalmente a algunos de los señores que me entrevistaron durante los momentos referidos, que la colectividad rechazara enérgicamente de su seno a aquellos aventureros que tratan de infiltrarse en ella medrando de una tolerancia bondadosa que redunda en grave perjuicio de la misma [...] (*Vida Nuestra*, año II, N.º 8, febrero de 1919: 160-70).

En respuesta a la "Exposición de algunos de los muchos atropellos contra Instituciones e individuos de la Colectividad", petición elevada por el Comité de la Colectividad Israelita al ministro del Interior el 22 de enero 1919 "para

---

[10] *La Nación*, 13 de enero de 1919, titulaba de modo sensacionalista "Descubrimiento de un plan maximalista en Montevideo - Proyecto de ejecución en ambas márgenes del Plata - Plan subversivo", haciéndose eco de un inventado plan insurreccional que se tramaría en la República de Uruguay.

[11] Archivo General de la Policía Federal Argentina, 1919, Seccional 7, Libro de Presos, C. N.º 264, p. 110. El presunto futuro ministro de Guerra se llamaba Iván Celestink, quien será deportado junto otros maximalistas. Véase el listado de judíos rusos a ser deportados en Rivanera Carlés 1986, 218.

que se identifique a los culpables entre los agentes del orden de las distintas comisarías seccionales y del Departamento Central de Policía", Elpidio González contraatacaba en su descargo ante un pedido de informes del subsecretario del Interior:

> Sin desconocer la importancia que como factor de progreso puede traer la colectividad, se puede afirmar que no todos sus componentes son de índole pacífica y honesta, pues desde hace tiempo aquella dependencia tiene conocimiento de la intensa agitación anarquista provocada y mantenida por numerosos sujetos de esa nacionalidad y de la propaganda que hasta la fecha, y a raíz de los acontecimientos sociales de Rusia, hacen los agitadores de esa colectividad por medio de conferencias y varios periódicos escritos en idioma ruso y hebreo, conociéndose, además, la ubicación de algunos comités maximalistas frecuentemente concurridos por rusos, israelitas y ortodoxos (González 1919).

La respuesta del jefe de Policía se desentendía completamente de los "arrestos innumerables de personas sospechosas de subversivas solamente por su origen ruso", y perpetrados "por la policía en la Capital y en muchas ciudades de provincia", hecho denunciado por el Comité de la Colectividad. Convencido "de la actitud sospechosa cuando no francamente hostil de los detenidos", y del prejuicio de que los "judíos rusos" eran maximalistas, el jefe de Policía reconocía en el mejor de los casos que hubiera habido "en la vía pública ataques contra ellos por personas ajenas a la policía"; en cambio, sostenía rotundamente "carecer de exactitud las informaciones suministradas de vejámenes que se dicen inferidos por personal de la repartición". Del informe al Ministerio del Interior elaborado con los partes diarios suministrados por las seccionales de comisarías donde se produjeron detenciones, González construía el perfil subversivo maximalista de los detenidos. Según el jefe policial, "una apreciable proporción pertenece a la colectividad ruso-israelita, algunos de cuyos componentes tomaron una activa participación en los luctuosos hechos". La tipificación de las transgresiones y actos delictivos remitían a un temible complot. Así, la mayoría habrían sido detenidos "cuando disparaban armas de fuego contra fuerzas de la policía y del Ejército", "cuando hacían propaganda maximalista", cuando "cometían daños a muebles e inmuebles", o cuando "demostraban regocijo incitando abiertamente por la revolución social" (González 1919).

Los partes diarios sobre la cantidad de presos judíos y su sobre-representación en el listado de "inmorales y peligrosos" que la Policía de la Capital elevó al Poder Ejecutivo para su deportación inequívocamente denunciaban a los judíos por su supuesta participación en los disturbios violentos de la semana de enero. La Policía atribuyó el carácter revolucionario de la huelga y dedujo la supuesta conexión con "la conspiración judía mundial". De un total de 139 prontuariados en el listado policial, el 46% eran judíos (Archivo de la Policía Federal Argentina, Sección 1, Libro de Presos N.º 4, pp. 44-46; Rivanera Carlés 1986, 266).

La diferenciación de fronteras —aunque imprecisas— entre los infiltrados maximalistas y el resto de la comunidad judía que establecía el general Delle-piane, o entre israelitas rusos pacíficos y honestos respecto de aquellos subver-sivos maximalistas, recalcado por el jefe policial, desaparecía completamente en el diario yrigoyenista *La Época*. Su editorial del 19 de enero extendía la res-ponsabilidad por los atropellos a toda la colectividad judía, aunque sin mencio-narla taxativamente y solo en forma implícita:

> Una minoría minúscula en las tinieblas prosperó y realizó los atropellos, a los que, con tacto y serenidad, puso coto el Poder Ejecutivo. Y decimos minúscula minoría porque se podría ver del resumen de los componen-tes de las poblaciones. Los verdaderos autores de los sucesos ocurridos solo representan el 1,18% de la población de la república y el 1,79% de la Capital (*La Época*, 19 de enero de 1919).

Por su parte, *El Pueblo*, diario católico integrista de barricada, reproducía todo el texto del cartel pegado en las calles de Buenos Aires firmado por el Comité Pro-Argentinidad, un manifiesto carente de eufemismos, acusando en bloque a los judíos rusos de haber sido los mentores del complot. Entre los car-gos y diatribas del cartel que había sido fijado días antes en las calles de Buenos Aires para responder a la denuncia del Comité de la Colectividad Israelita, el diario reproducía los siguientes:

> Los judíos rusos organizaron y llevaron a cabo la cruenta revolución de 1910 con el fin de hacer fracasar los festejos del centenario. Los judíos rusos son los que han organizado esta revolución que va costando tanta sangre y tantas vidas argentinas. Han sido allanadas innumerables casas de rusos judíos desde las que se tiroteaba cobardemente a nuestros conscriptos y se encontró que eran entonces cantones de anarquistas de judíos rusos y que eran verdaderos arsenales de armas y municiones y de folletos y manifiestos antipatrióticos y ácratas. Se han levantado trincheras en las calles, delante de las que se colocaba a mujeres y niños para balear arteramente a nuestros conscriptos, y los prisioneros toma-dos en estas trincheras son todos rusos judíos. Han tenido la audacia de asaltar casi todas las comisarías y los prisioneros tomados a los grupos asaltantes son también judíos rusos (*El Pueblo*, 19 de enero de 1919, 2).

Los diarios denunciaron la trama del complot ácrata y los destinatarios a ocu-par los cargos públicos en el momento del triunfo anarco-comunistas, indicando que todos los hilos de la conspiración eran manejados por los judíos rusos:

> Muchos de nuestros guardianes del orden y conscriptos apostados en las esquinas han sido aisladamente asesinados de una puñalada o un tiro por la espalda y siempre que ha sido capturado el cobarde y miserable

asesino, ha resultado un judío ruso […] Y el manifiesto canallesco de los 150.000 israelitas llora con lágrimas de cocodrilo sobre la hecatombe que presenciamos y con cinismo inaudito pretende hacer creer que los judíos son ajenos a ese crimen. Habrá entre unos mil que sean inocentes. Pero la responsabilidad de las desgracias que hoy día están sangrando al pueblo argentino y envileciendo a la nación corresponde total e íntegramente a los judíos que infectan el país […] Y que el gobierno, cumpliendo su deber, libre a la nación de ese contagio y de esa peste (*El Pueblo*, 19 de enero de 1919, 2).

Las amenazas proferidas por fuerzas parapoliciales y los patoteros de la ex Guardia Blanca que el jefe de Policía disolvió al incorporarlos al Comité de la Argentinidad y a la Liga Patriótica, ya habían sido ejecutadas días antes durante el pogromo porteño.

El diario *El Pueblo* publicó una semana después otro artículo, aunque con lenguaje menos agresivo pero igualmente en clave de conjura, titulado "La Revolución reciente", donde el presbítero Gustavo Franceschi, el eminente intelectual católico de derecha que dirigirá la revista *Criterio* desde 1928, explicaba:

El elemento que malamente se llama ruso en su casi totalidad no es de raza eslava sino hebrea, oriundo ya de Rusia, ya de Polonia, ya de Austria o del norte de Prusia como lo demuestran los apellidos de los detenidos y los muertos […] Tenía sin duda sus comités secretos que disponían de fuertes sumas de dinero. Una gran parte de las armas tomadas es nueva y de tipo uniforme: pistolas Browning y carabinas Winchester. Por otra parte, varios de los ataques llevados a comisarías llamaron la atención por la habilidad con que fueron realizadas. Había allí quien mandaba y quienes obedecían […] Todos los hebreos y los restantes grupos antisociales debían ser deportados, porque toda esa gente conspira contra la Constitución Nacional, contra las costumbres y tradiciones argentinas, contra la seguridad de los ciudadanos pacíficos. No debemos dejar llevar por la xenofobia, pero no podemos tampoco convertir nuestra tierra en una especie de cárcel sin rejas ni guardianes donde se agrupen y organicen todos los maleantes del mundo exterior (Franceschi 1919, 2).

En 1919 y en años posteriores, monseñor De Andrea, en su retórica de catolicismo social sobre prácticas y doctrinas, insistirá en la teoría conspirativa del comunismo maquinando la toma del poder, pero sin atribuir a los judíos ninguna injerencia (Romero Carranza 1957, 131). También algunos diplomáticos adoptaron la visión conspirativa en 1919. Significativo es el informe del embajador norteamericano Frederick Jesup Stimson, quien se convenció de que los dirigentes de la huelga general habrían obedecido órdenes bolcheviques impartidas desde Moscú o desde Alemania. Las primeras cifras recibidas en su embajada registraban 1.500 muertos y 4.000 heridos, "en su mayoría rusos, y, por lo general judíos". Además, en sus memorias, el embajador relata que, de acuerdo con el diálogo que sostuvo con uno de los comandantes militares de la represión, supo que en la morgue habría 193 cadáveres de obreros no identificados, "Catorce eran catalanes, los otros 179 [eran] judíos rusos". Doce años después de los sangrientos sucesos de la Semana Trágica, el embajador seguía creyendo que, gracias a los servicios de la policía militar, se evitó una revolución bolchevique, pues "se descubrió el plan íntegro de su gobierno, los nombres de su presidente, secretario de Estado, jefes militares, todo el régimen bolchevique propuesto" (Stimson 1931, 418-421). Años después, en sus memorias, escribió haber tenido información de que la huelga general en Buenos Aires había formado parte de un "movimiento internacional comunista que paralizaría cinco puertos principales europeos fundamentales para el esfuerzo de los Aliados: Estocolmo, Róterdam, Liverpool Nueva York y Buenos Aires", y cuyos "cabecillas eran en gran parte judíos" (Mirelman 1988, 88-8).

Pero también desde la izquierda argentina es posible constatar narrativas conspirativas sobre los sangrientos hechos de enero de 1919. En efecto, a partir de los años 70 del siglo pasado, historiadores y científicos sociales de izquierda, estudiosos del pasado obrero y de la política social y reformista de Yrigoyen, así como también investigadores con interpretaciones clasistas sobre la huelga insurreccional, reprodujeron tales interpretaciones. Al buscar antecedentes del Cordobazo y otras grandes movilizaciones revolucionarias que ocurrieron en la Argentina de la década de 1960, aplicaron en sus trabajos sobre la Semana Trágica una cierta óptica conspirativa marxista.

Si la teoría conspirativa de la derecha construía sus fobias violentas para justificar las atrocidades de la Semana Trágica en base al supuesto poder del maximalismo anarco-comunista de los judíos rusos, en las décadas de 1970 y 1980 el mito insurreccional del poder obrero ofrecía claves para una teoría de signo inversamente opuesto, que destacaba la supuesta conjura revolucionaria de la clase obrera en la Argentina de aquellos años. La polémica entre Julio Godio y David Rock sobre la Semana Trágica y acerca del resurgimiento de una clase obrera autónoma, clasista, insurreccional y movilizada puede ser leída en esa clave (Rock 1971-1972; Godio 1972; Falcón y Monserrat 1998).

Podríamos concluir, coincidiendo con la interpretación de Daniel Lvovich, que el Gran Miedo como hipótesis explicativa habría posibilitado tornar verosímil el rumor acerca de la existencia de una conspiración maximalista durante la Semana Trágica, la cual resultó rápidamente creíble, homologando a maximalistas y rusos en la figura fantasmagórica del anarco-comunista y el judío:

> La simultaneidad de una situación de conflictividad social en la Argentina con las revoluciones en Rusia y Europa, y la presencia de algunas corrientes que manifestaban su adhesión al bolchevismo provocó que los tres fenómenos fueron considerados —por el gobierno, la policía, la Iglesia y los grupos conservadores— como resultado de la misma causa [...] No resulta adecuado explicar la represión a los trabajadores como

parte de una dinámica social, a la que se sumarían los ataques antisemitas como resultado de una lógica racista autónoma respecto a la anterior. Por el contrario, ambas resultan de la situación de Gran Miedo, por la que se adjudicaba la responsabilidad por la supuesta conjura a un enemigo con distintos rostros (Lvovich 2003, 173).

2. La funcionalidad política de las miradas conspirativas en Chile, 1918-1920

El fin de la Primera Guerra Mundial produjo en Chile una caída sustancial en el precio y el volumen de las exportaciones salitreras, un incremento en el desempleo y una significativa reducción salarial, ello en un contexto inflacionario y de alza de precios de productos de primera necesidad.

En tal trasfondo, con el fantasmal ejemplo de la Revolución Bolchevique de 1917 y la experiencia de movilizaciones obreras en la vecina Argentina, la sociedad chilena —acostumbrada por un siglo al indisputado control político de la oligarquía de terratenientes y mineros— habría de descubrir "la cuestión social" en torno a la militancia anarquista y socialista. En un pasado no lejano, las movilizaciones obreras y populares habían sido sangrientamente reprimidas, como fue la matanza de Santa María de Iquique en 1907. Sin embargo, en las circunstancias de la primera posguerra, el cambio de política parecía inevitable y el único interrogante habría de ser si se efectuaría "por la razón o por la fuerza",[12] en un irónico cambio en las opciones que deberían adoptar quienes se proponían seguir dominando el sistema político chileno.

Ciertos sectores de la clase política, encabezados por Arturo Alessandri y la Alianza Liberal, optarían por desafiar el dominio de las elites tradicionales en las elecciones de 1920, sugiriendo un reformismo populista que se asumía como alternativa a una inminente revolución que —en caso de inacción— arrasaría con las estructuras existentes y las instituciones chilenas. Sin embargo, la agitada campaña presidencial habría de agitar a las clases medias y estimular movilizaciones estudiantiles y obreras. Es más, la victoria electoral de Alessandri, el así llamado León de Tarapacá, en junio de 1920 por un margen insignificante de votos frente al candidato oficialista Luis Barros Borgoño, generaría intentos oficialistas de demorar (o tal vez prevenir) el reconocimiento del resultado electoral, lo cual a su vez generaba rumores sobre un posible estallido de guerra civil en caso de que los resultados no definieran un mandato consensuado. Un golpe de Estado en Bolivia en julio de 1920 habría de añadir

---

[12] La expresión modular de la dominación oligárquica en los países andinos, tal como acompañaba el diseño de las monedas en Chile, Bolivia y Perú en la segunda mitad del siglo XIX.

ansiedad respecto de una posible presión boliviano-peruana orientada a revisar los tratados limítrofes que resultaron de la Guerra del Pacífico (1879-1883).

Como bien analizaron los historiadores Sandra McGee Deutsch en su obra *Las derechas* (1999) y Ernesto Bohoslavsky en un capítulo de su libro *El complot patagónico* (2009), en el cual nos basaremos a continuación, tal constelación de presiones e incertidumbres llevaría a que el oficialismo, las Ligas Patrióticas, y los medios conservadores y la extrema derecha difundieran un imaginario conspirativo anticomunista y antialessandrista. Denunciaban el peligro de ambos enemigos, uno interno formado por extranjeros apátridas debilitando a Chile mediante la agitación estudiantil, gremial y minera, mientras el enemigo externo urdía una supuesta invasión peruana.

En julio de 1920, *El Diario Ilustrado* llamaba a los chilenos a desenmascarar a quienes no eran sino colaboracionistas de una inminente invasión peruana a Chile:

> El estudiante anarquista va a entrar como médico a tu casa; velará al lado de tu niño; dará la mano a las mujeres del hogar, y parecerá, como todos, un hermano, un cumplidor del deber, un compañero laborioso de la colmena social; este ingeniero irá a vuestra tierra, a trazar el canal, a hablar con vuestros fieles y buenos inquilinos o arrendatarios, y parecerá sereno y útil director de faenas de progreso; ese maestro enseña a los chilenos de mañana que pueden probar más tarde horas peores que las vividas ayer. Escuchemos: son dobles. Desconfiemos, no son como los demás compatriotas. Tienen diverso concepto de la patria, del honor, de la vida, de la defensa de las fronteras. ¡Han roto secretamente el pacto social! (*El Diario Ilustrado*, 23 de julio de 1920, 3, en Bohoslavsky 2009, 80).

A mediados de julio de 1920, el ministro de Guerra Ladislao Errázuriz ordenaba la movilización de reservistas de las clases 1913-1918 hacia el norte del país, seguida por una movilización general de soldados y voluntarios en una maniobra destinada a alejar a oficiales alessandristas, mientras se exacerbaba la paranoia xenófoba. Así, detenía y expulsaba del país a residentes peruanos en el marco de una recién sancionada Ley de Residencia. Exaltados atacaban las sedes estudiantiles y sindicales, vale decir, de instituciones "cómplices" de la supuesta conspiración anarco-peruana. Se abrían cargos de "subversión" contra activistas y se denunciaban en actos multitudinarios a los "traidores" de la patria, incluyendo a aquellos radicales, socialistas y demócratas que osaban poner en tela de juicio la inminente amenaza peruana y la necesidad de movilizarse para enfrentar al "enemigo oculto" y al "eterno intrigante del Norte" (*El Mercurio*, 23 de julio de 1920, 3; ídem, 27 de julio de 1920, 5; *Las Últimas Noticias*, 24 de julio de 1920, 1, todos en Bohoslavsky 2009, 80). La intención era denunciar a quienes supuestamente estarían conspirando para sembrar la revolución en el territorio nacional, debilitando a Chile tanto política, social como moral y físicamente: "El enemigo interno, el oculto enemigo, cuyo corazón, emponzoñado de odio hacia Chile, se asienta en Lima; pero cuyos tentáculos, no haya la menor duda, se extienden hoy más que nunca por todos los ámbitos de esta patria y en todas las esferas sociales, al amparo de nuestra inaudita ceguera para descubrirlo" (*El Mercurio*, 27 de julio de 1920, 5, en Bohoslavsky 2009, 81).

Finalmente, en septiembre de 1920, la narrativa oficialista se derrumbó y dio lugar a un pretendido silencio y olvido. El tribunal electoral anunció, entonces, la confirmación del resultado de la elección presidencial y el infundado temor de que tropas peruanas o bolivianas se habían acantonado en la frontera puso en descubierto la funcionalidad política del mito conspirativo. Ernesto Bohoslavsky resume bien el intento de los sectores conservadores de imponer una mirada conspirativa que permitiera dilatar y aun impedir la inevitable transferencia del poder en Chile:

> Julio de 1920 parece haber sido uno de esos momentos en los que la clase dominante —todavía en dominio excluyente del Estado nacional— lanzó una campaña de represión contra estudiantes y trabajadores cuyo objetivo real fue reducir las veleidades reformistas del victorioso candidato opositor. El alessandrismo y su "chusma querida" constituían una entidad más fantasmal que real para la clase dominante. La crítica a la presencia peruana en la política chilena expresaba, en realidad, su resistencia a ceder el control del poder ejecutivo a la Alianza Liberal, que representaba mejor los intereses reformistas de los sectores medios. […] El orden oligárquico terminó cayendo, pero no por el temido accionar secreto de los conspiradores rojos sino por la actividad política desembozada de los grupos reformistas y obreros (Bohoslavsky 2009, 88).

3. Conspiraciones de judeo-comunistas y nazistas: Vargas y el Estado Novo brasileño

Una dinámica similar de intrigas se desplegó al instaurarse el Estado Novo en Brasil, cuando a partir de la presunción de una conspiración judeo-comunista y una conspiración nazista Getúlio Vargas asumió poderes extraordinarios, implantando su régimen autoritario, que se prolongaría de 1937 a 1945. El cambio institucional encontraría su justificación en la denuncia dada a conocer por el Ejército bajo el nombre de Plan Cohen, falso documento que aducía la supuesta existencia de una conspiración judeo-comunista que el "Padre de los Pobres" se apresuró en evitar mediante la suspensión del sistema democrático en Brasil.

En efecto, el 30 de septiembre de 1937 el gobierno de Getúlio Vargas denunció un plan atribuido a la Internacional Comunista, cuyo designio era urdir un complot para la toma del poder en Brasil, en vísperas de las elecciones convocadas en enero de 1938. Tres días antes, la existencia de ese supuesto plan subversivo había sido anunciada en una reunión de emergencia convocada por el general Eurico Dutra, entonces ministro de Guerra. Entre los militares presentes en esa reunión figuraban el jefe del Estado Mayor del Ejército general Góis Monteiro, el comandante de la Región Militar Amerio de Moura, el general Newton Cavalcante, el comandante en jefe de la Fuerza Aérea Coelho Neto y el jefe de Policía del Estado del Distrito Federal Filinto Müller. La autenticidad del documento no había sido cuestionada por ninguno de los altos oficiales presentes. Consecuentemente, se tomaron medidas de emergencia en tiempo récord: el 28 de septiembre los ministros militares general Dutra y almirante Guilhem reclamaron a Vargas el retorno del estado de guerra e iniciar la lucha anticomunista ni bien la medida fuese aprobada por el Congreso; el día 29 se remitía el pedido de instituir el estado de guerra y al día siguiente el Plan Cohen fue divulgado públicamente por la radio oficial, Hora de Brasil, alcanzando una enorme repercusión en la prensa y la sociedad, al mismo tiempo que se desencadenaba una fuerte campaña anticomunista. El 1.º de octubre comenzaron los debates en el Congreso y el estado de guerra fue aprobado por mayoría absoluta en ambas cámaras.

Habiendo revelado la supuesta conjura, se decretaba el estado de emergencia, medida considerada impostergable a fin de combatir la inminente amenaza comunista. El 10 noviembre de 1937, Getúlio Vargas anunciaba por radiodifusión que se instituía el régimen del Estado Novo; ese mismo día la policía del Distrito Federal clausuraba el Congreso, luego de que a las diez de la mañana los ministros refrendaran una nueva Constitución autoritaria para el Brasil.

El Plan Cohen fue la artimaña que ayudó a la fundación del Estado Novo (Silva 1980; McCann 2007, 533-554). Recién en marzo de 1945, en plena crisis terminal del régimen, el general Góis Monteiro denunciaría el fraude producido ocho años antes, exculpándose de cualquier cargo y atribuyendo la responsabilidad de la elaboración del Plan Cohen al capitán Olímpio Mourão Filho, entonces jefe del servicio secreto de Informaciones de la proto-fascista Ação Integralista Brasileira (AIB) y oficial del Estado Mayor del Ejército. Por su parte, Mourão Filho admitió haber elaborado el documento conspirativo, pero adujo que se trataba de un mero simulacro de insurrección comunista para ser utilizado solamente al interior de la AIB. Según Mourão Filho, Góis Monteiro había tenido acceso al documento a través del general Álvaro Marista y lo había apropiado indebidamente, justificando su propio silencio ante el fraude en virtud de la disciplina militar a la que estaba obligado (Silva 1980, 22).

Investigadores brasileños han demostrado que las tensiones en la construcción discursiva de los autores integralistas del falso documento mostraría que su intención era inventar la imagen de un enemigo interno y externo, identificado en el comunismo judío, acusado de conspirar contra la nación (véase, entre otros ensayos: Murilo de Carvalho 1978; Calil 2011; Patto Sá Motta 1998; Nobrega de Jesús 2011; Chor 1992). Recorriendo sus entrelíneas, Elynaldo Gonçalves Dantas ofrece algunas pistas interesantes que explicarían la necesidad de atribuir la conjura a judíos comunistas. Así, considera que una vez descubierto el fraude, el nombre del Plan ("Cohen") pudo haberse cambiado por el nombre del mismo capitán Mourão Filho. Sin embargo, la atribución al judío Cohen era necesaria para dar credibilidad a la trama narrativa del complot "judeo-comunista", un mito que venía divulgando el líder de las milicias integralistas Gustavo Barroso, del cual Mourão Filho era su subordinado en AIB (Gonçalves Dantas 2014, 136-137). Un año antes, el general Newton Cavalcante, en una ceremonia cívica del Ejército en homenaje a las víctimas de la Intentona comunista protagonizada por la ALN, profirió una alocución usando la retórica del mito conspirativo judeo-comunista; así, amenazaba "desencadear uma guerra sim tregua e de morte, ao comunismo ultrajante e ultrajador que nao consentiremos nunca que o judeu moscovita faça deste Brasil invejavel o mercado sordido e infame de nosso caráter, das nossas tradições da nossa dignidade" (Carvalho 1981, 161-170, citado de Monteiro Junior 2016, 265-266).

Gustavo Barroso, el traductor brasileño de los *Protocolos de los Sabios de Sion*, fue el inspirador doctrinario de Mourão Filho, quien leyó sus libros antisemitas publicados durante los años treinta (Barroso 1934, 1936a, 1937a, 1937b; Bertrand 1937), además de otros libros doctrinarios integralistas destinados a combatir al comunismo, al liberalismo capitalista y a la masonería (Barroso 1935, 1937a, 1938).

En su testimonio para el libro de Helio Silva sobre el Plan Cohen, Mourão Filho afirmaba que Barroso tenía conocimiento del libelo. Según ese testimonio, Plínio Salgado, jefe del AIB, había encomendado a Mourão Filho, en su rango de jefe del servicio secreto de la AIB, elaborar un complot que contemplase cierto plan verosímil de lo que sería una sublevación comunista en Brasil a fin de servir de ensayo en un debate estratégico con los jefes provinciales integralistas. Pero Salgado no había aprobado el texto por considerarlo demasiado fantasioso (Silva 1980, 110).

Por su parte, el investigador Carlos Gustavo Nobrega de Jesús sostiene que habiendo sido influenciado el autor integralista del Plan Cohen por el antisemitismo de Barroso, y además porque era subordinado directo suyo en las milicias de la AIB, Mourão Filho decidió avanzar con la conjura utilizándola como arma política para apoyar a Barroso en su disputa por el liderazgo de la AIB. Según Nobrega de Jesús, a pesar de que rechazaba el Plan Cohen, Plínio Salgado no se opuso a su difusión con el arsenal de argumentos antisemitas de Gustavo Barroso en un intento de aislar al fanático integralista como único ideólogo defensor del antisemitismo (Nobrega de Jesús 2011, 21; véase también Trindade 1974, 252-253). En el libro de Silva (1980) leemos que el despachado autor del plan no se resignó a guardar el texto sobre el complot y lo compartió con el general Álvaro Marante, ministro del Supremo Tribunal Militar, quien a su vez entusiasmó al vecino y colega, general Góis Monteiro, jefe del Estado Mayor del Ejército. Con la copia del documento, Góis llevó a conocimiento del mismo presidente Vargas el supuesto complot, explicando que ese plan secreto había sido descubierto por el servicio secreto del Estado Mayor del Ejército, y no dudaba de que fuese un auténtico plan subversivo comunista. A partir de este precedente, conforme la narrativa de Silva, el general Góis reclamó a Vargas que declarase el estado de guerra (Silva 1980, 25).

El plan presenta de manera detallada la movilización de los trabajadores para la realización de una huelga general, el incendio de edificios públicos, la promoción de manifestaciones populares que terminarían en saqueos, depredaciones y hasta la eliminación física de las autoridades civiles y militares que se opusieran a la insurrección. También expone la planificación de masacres, secuestros, confiscación de propiedades privadas, ataques al clero y libertinaje sexual. Utilizando un lenguaje de fácil comprensión y fuerte apelación popular, el Plan Cohen revelaba al enemigo judío comunista que conspiraría desde adentro por medio de acciones siniestras y traicioneras, las cuales, una vez divulgadas, ayudarían a crear un ambiente emocional favorable para salvar a la nación en peligro, mediante el golpe de Estado de Vargas, vísperas de diciembre de 1937.

El nombre del supuesto autor del plan no es casual: Cohen es un típico apellido judío, colocado en el documento en lugar del apellido tachado de Bela Kun (nacido como Cohn Béla), odiado líder de la efímera República Soviética de Hungría de marzo a julio de 1919, quien se trasladó a la Unión Soviética luego del fracaso revolucionario.[13] El designio avieso del autor del plan de homologar judío y bolchevique es evidente, y tal como lo demuestran los investigadores Gonçalves Dantas en su deconstrucción del documento conspirativo y también Patto Sá Motta, resulta evidente que fue Barroso la fuente de inspiración de Mourão Filho. En efecto, el mito de la conspiración judaico-comunista formaba parte central del arsenal ideológico antisemita de aquel autor e ideólogo integralista, tan evidente en sus obras *O Integrismo de norte a sul* (1934) y *Comunismo, cristianismo e corporativismo* (1938).

Además, el plan atacaba a la Iglesia Católica mediante el ardid de identificar y homologar los sentimientos antirreligiosos de líderes del integralismo brasileño con el nazismo alemán anticristiano. Los supuestos judíos comunistas del Plan Cohen, al mismo tiempo que aparecen atacando al integralismo, dejaban entrever el rol de la AIB como fuerza antagónica de la "amenaza roja", pero simultáneamente la Iglesia Católica aparecía también como otro de los principales objetivos de la conjura comunista; en efecto, en el plan los judíos supuestamente amenazaban destruir los valores cristianos de la sociedad, valores considerados pilar de la construcción de la nacionalidad brasileña (Gonçalves Dantas 2014, 140).

El autor fraudulento del Plan Cohen no solamente disfrutó de inmunidad sino que además continuó ejerciendo sus funciones militares sin problemas; aún más, durante el golpe militar contra el gobierno democrático de Goulart, el general Olímpio Mourão Filho ocupó el cargo de ministro del Superior Tribunal Militar, desde el 9 de septiembre de 1964, y ejerció la presidencia de la corte militar durante el período de 1967 a marzo de 1969 (Calil 2010, 210).

El Plan Cohen proyectó el pavor a una nación que debería verse amenazada por la infiltración judía, la cual manipularía sorpresivamente las fuerzas del

---

[13] Mourão habría escrito al principio el nombre Bela Kun y posteriormente rasuró el apellido Kun y añadió Cohen que, por error del mecanógrafo, quien no entendió la enmienda, solo conservó el nombre de Cohen (Silva 1980, 20).

mal. De este modo, el comunismo subversivo culminaría la previa acción de zapa judía que se perpetraba a través de la práctica violenta desencadenada por fuerzas ocultas, mediante un plan de acción a escala internacional, y no solo a nivel brasileño.

Ahora bien: si la recepción del Plan Cohen logró su meta al crear un clima de miedo que interrumpió el devenir democrático y ayudó a instaurar el Estado Novo, el violento plan conspirativo contra el flamante Estado Novo que intentó la conjura de frustrados líderes integralistas proto-fascistas y oficiales liberales-conservadores del Ejército en mayo de 1938, finalmente acabó en un total fracaso. Tal como analiza Marly de Almeida Gomes Vianna, los militares de la fracción centro-derechista del Ejército (los anticomunistas, los antisindicalistas, los "*anti-trabalhistas*" opuestos a los cambios autoritarios de Vargas desde la Revolución Constitucionalista de 1932) que participaron en 1938 en el frustrado *putsch* contra Vargas; esos mismos habrían de ser aquellos que ayudarían a derribar el Estado Novo en 1945, y conspirarían entre 1950 y 1954 contra el último gobierno populista democrático de Vargas. Y si bien esos oficiales golpistas exigían elecciones y aceptaron que también los integralistas de la extrema derecha participaran en la rebelión de mayo de 1938, sin embargo, la AIB no lideró ideológica ni logísticamente la revuelta contra Vargas. Por eso, en el arsenal ideológico del golpe no era necesario el mito movilizador de la conspiración judeo-comunista a pesar de que los integralistas civiles propugnaban un modelo de Estado fascista como alternativa al populismo autoritario del getulismo para el Estado Novo.

En efecto, la idea de un "peligro alemán" supuestamente basado en planes expansionistas del Tercer Reich destinados a anexar a los territorios de América del Sur mediante la asistencia de las comunidades alemanas de Rio Grande do Sul y Santa Catarina, flotaba en el aire brasileño ya a partir de la Primera Guerra Mundial; el "peligro alemán" había logrado amplia receptividad en la década de 1930, tras el ascenso de Hitler al poder, su política expansionista en Europa, y los desentendimientos entre Brasil y Alemania en 1938, a los que se sumaría la propaganda inglesa y norteamericana. Mientras la intelectualidad brasileña y parte de la comunidad alemana tenían en alta estima el resurgimiento de Alemania como potencia, el gobierno brasileño y la policía política acreditaban el mito de una probable conspiración alemana orientada a conquistar territorio brasileño (Gertz 1987, 24; sobre la ruptura de la idealización del paradigma alemán a partir de 1938 véase Sant'Anna 1991). La idea de una posible invasión nazi fue temida por la oficialidad superior; así, en marzo de 1939, el general José Meira de Vasconcelos, comandante de la Primera Región Militar y de la primera División de Infantería del Ejército, comunicaba al Ministerio de Guerra que el gobierno alemán consideraba a los hijos de alemanes nacidos en el Brasil como ciudadanos del Reich y que Alemania intentaría dar todo el apoyo a quienes actuaran dentro de los parámetros de la doctrina nazista, saboteando la obra de nacionalización del gobierno brasileño.[14] De manera similar, la policía de Porto Alegre emplazaba dos batallones de Caçadores en Blumenau "debido al peligro alemán".[15] Además, circulaban entonces panfletos anónimos que hablaban expresamente de planes para la anexión de Brasil ni bien Alemania venciera en Europa ("Panfleto dirigido aos Brasileiros como um alerta ao perigo nazista", en Ferreira Perazzo 1999, 55). El Ministerio de Guerra fue informado de la existencia del libro *Hitler me disse...*, cuyo supuesto autor, Hermann Rauschning, presidente del Senado en Danzig y quien se había alejado ya del nazismo en 1939, hablaba expresamente de un plan del Führer planeando dominar al Brasil:

> El Brasil me interesa particularmente. Edificaremos en el Brasil una nueva Alemania. Allí tendremos todo lo que necesitamos. En el Brasil se hallan reunidas las condiciones de una revolución capaz de transformar en pocos años un Estado gobernado y poblado por mestizos corruptos en un dominio germánico. Los brasileños nos necesitan si desean lograr avanzar en su país. Está fuera de nuestra intención desembarcar tropas para apoderarnos del Brasil por medio de las armas. Nuestras armas son invisibles. Nuestros "conquistadores" tienen una misión más difícil y por eso sus armas son de manejo más delicado (Ferreira Perazzo 1999, 55-56).[16]

La colonia alemana contaba con aproximadamente 25.000 miembros nacidos en Alemania, de los cuales unos 400-500 eran nazis activos en Rio Grande do Sul y otros tantos en Santa Catarina, aunque se estima que los círculos de simpatizantes eran más amplios. Entre ellos había empleados y funcionarios de empresas alemanas, emplazados en Brasil en forma transitoria. El "peligro alemán" se transformó en la hipótesis de trabajo de las fuerzas de seguridad brasileñas (en especial, de la policía política) que se infiltraron en los clubes y círculos sociales alemanes, neutralizando a activistas, al tiempo que el gobierno implementaba una política activa de nacionalización contra el posible impacto subversivo de una "quinta columna" de alemanes brasileños (Hilton 1981; Ferreira Perazzo 1999).

El Plan Cohen no provocó una represión violenta contra los comunistas ni tampoco contra los judíos brasileños, en cambio la represión militar para terminar el intento golpista resultó en el fusilamiento de quienes habían atacado el

---

[14] Oficio de José Meira de Vasconcelos. Rio de Janeiro, 10/3/1939. Ministerio de Justiça, Seção de Segurança Nacional, IJI 1422 (past 1, cad 6 1939), ANRJ (B97, PFP), en Ferreira Perazzo 1999, 54.

[15] Relatório sobre "Religião e Política Nazista" da Polícia de Porto Alegre. Porto Alegre, 07/07/1939. Ministerio de Justiça, Seção de Segurança Nacional, IJI 1422 (past 1, cad 5 1939), ANRJ, (B98, PFP), en Ferreira Perazzo 1999, 55.

[16] Del libro apócrifo de Herman Rausching (*sic*), s/loc, s/d, Arquivo Góis Monteiro, 51 (6), ANRJ, en Ferreira Perazzo 1999, 55-56. El libro fue denunciado como fraude en los años 1980 por Wolfgang Hänel, un profesor suizo; véase al respecto Souza Moraes 2005, 2009.

Palacio Guanabara el 11 de mayo de 1938 y que no lograron huir, así como en la detención de los responsables civiles y militares del golpe, tanto de los integralistas (cuya represión fue más intensa en las cárceles) como de los oficiales del Ejército y de la Marina involucrados (Almeida Gomes Viannam 2015).

4. La masacre de 1937 en la República Dominicana y la fabulada penetración haitiana

En octubre de 1937 soldados y guardias dominicanos masacraron entre 15.000 y 17.000 pobladores dominicanos descendientes de haitianos en la zona fronteriza occidental-norte del país, crimen que pasó a ser conocido como "el corte" en la República Dominicana y bajo el rótulo de *kout kouto-a* (apuñalamiento) entre los haitianos. La segunda caracterización se halla más cerca de la realidad, pues la mayoría de las víctimas —incluyendo mujeres y niños— fueron ultimados con machetes, bayonetas y palos, con el expreso designio de presentar la brutal matanza como resultado de la cólera popular antihaitiana de pobladores dominicanos de la zona de frontera, y no resultado de las decisiones del Estado. Meses más tarde, en la primavera de 1938, otros miles de haitianos serían deportados, operativo que llegó a conocerse como "el desalojo" (Turits 2002).

Al brutal "corte" no le precedieron intentos de crear un mito conspirativo, ni aun indicaciones de que las relaciones con Haití estarían pasando por una etapa de crisis. Al contrario, en 1936 Rafael Trujillo, el presidente de la República Dominicana, había firmado un acuerdo de demarcación de fronteras con Sténio Vincent, su par haitiano, mientras demostraciones de afecto y reconocimiento mutuo eran celebradas en avenidas y puentes consagrados públicamente en honor a los mandatarios del vecino Estado. Tal viraje de política estatal representaba un cambio tajante respecto de la memoria histórica de la ocupación de la República Dominicana por Haití (1822-1844), culminando en una tardía independencia, no ya del poder colonial español sino del vecino país de libertos negros (Peguero 2004, 1-26).[17]

---

[17] La revolución haitiana de 1791-1804 fue el primer movimiento revolucionario de América Latina y condujo a la abolición de la esclavitud en la colonia francesa de Saint-Domingue, que ocupaba la parte occidental de la isla de Hispaniola. Establecida con un sistema imperial, el emperador Jacques I (Jean-Jacques Dessalines) invadió la colonia española de Santo Domingo y perpetró un genocidio contra su población en 1805. Proclamada la independencia del Haití español del Reino de España en diciembre de 1821, en enero de 1822 su presidente ofreció al vecino presidente Jean-Pierre Boyer que su gobierno se colocaba al amparo de las leyes de la República de Haití, entre otras causas, por falta de apoyo al proceso independentista en el interior del país. Boyer inmediatamente abolió la esclavitud en la región anexada. Pero a la población blanca de la parte oriental de la isla se le negó el derecho a la ciudadanía haitiana, y les fueron confiscadas numerosas propiedades, lo que aumentó su inconformidad con el nuevo

La historiografía dominicana reconoce que, dado el mayor poderío económico y militar de los haitianos en el siglo xix —poderío que Haití no lograría conservar en el siglo xx— y el temor de los dominicanos frente al vecino país y a la codicia de los países europeos, el nacionalismo dominicano no asumió el marcado antihispanismo de otras elites latinoamericanas. Por el contrario, tal como se destaca en los trabajos del historiador Manuel Antonio Peña Batlle, los dominicanos lucharon "por seguir siendo españoles", llegando aun en 1861 a colocar a la República Dominicana nuevamente bajo la autoridad colonial española hasta 1865 (Peña Batlle 1989).

Ya en el siglo xx, los nuevos vínculos con la economía mundial harían al país aún más susceptible a intervenciones externas, en este caso de Estados Unidos, cuyo creciente poder mancomunaba inversiones en la industria azucarera y el ferrocarril, la aduana y la deuda externa, junto con la ocupación directa (1916-1924 en la República Dominicana y 1915-1934 en la vecina Haití). Durante esas décadas, la fuerza de trabajo de las plantaciones azucareras se transformó exclusivamente en haitiana, con miles de braceros de aquel país empleados en la República Dominicana. Ello coadyuvó a generar un nacionalismo íntimamente teñido de sensibilidades antihaitianas.

Sin embargo, la frontera —donde se perpetraría "el corte" en 1937— fue una zona transnacional, porosa, donde la mayoría de los "haitianos" eran en realidad dominicanos descendientes de haitianos que se habían radicado generaciones atrás, en algunas zonas a partir de la década de 1850 y en otras hacia finales del siglo xix y principios del siglo xx. Arribaron atraídos por las posibilidades de trabajo en las emergentes plantaciones de capital norteamericano. Se trataba de una amplia área fronteriza, solo parcialmente poblada, donde el idioma hablado era una mezcla de creole haitiano y español, cuyos mercados comerciales y los centros de peregrinaje más cercanos para los dominicanos se encontraban en territorio haitiano, y en su población no faltaban parejas "mixtas" y conexiones de todo tipo entre dominicanos "puros" y los otros. Además, no existían en esa zona fronteriza conflictos mayores en torno a la tierra, ya que tenía poca población. Tampoco existía una aguda competencia entre las poblaciones, ya que los "haitianos" trabajaban en distintas artesanías y en las labores domésticas en zonas urbanas; además, trabajaban en el cultivo del tabaco y la ganadería de coto cerrado en las zonas rurales, mientras los "dominicanos" rurales se dedicaban a la ganadería extensiva en campos alejados (Derby 1994).

Desde inicios del siglo xx, y durante la invasión norteamericana de 1916-1924, el poder central intentaba imponer su control sobre las zonas de frontera, sobreponiéndose al posicionamiento autónomo de las elites regionales y a la posibilidad que desde allende la vecina Haití, se organizaran contingentes de "revolucionarios" que desafiaran el poder de Santo Domingo. Trujillo había

---

gobierno unificado. Consecuentemente, Haití perderá el control sobre la parte este de la isla en 1844, año de la fundación de la República Dominicana (véase Franco Picardo 2009, 176-216).

logrado imponerse en el poder durante la década de 1930 y en los primeros
años intentó dominicanizar la frontera a través de proyectos de colonización
—que no prosperaron— y de decisiones legales que llamaban a los haitianos
a abandonar el suelo patrio, aun con cierta ayuda financiera. Las ordenanzas
legales no tuvieron demasiado eco en las zonas de frontera, donde los pobladores siguieron circulando libremente, cruzando de un lado a otro el límite fronterizo. Como reconocería Joaquín Balaguer años más tarde, la preocupación de
las elites dominicanas era fundamentalmente "la desnacionalización del pueblo
dominicano" fronterizo:

> Entre las masas dominicanas residentes en las regiones fronterizas, las
> más expuestas a la penetración de nuestros vecinos, y las de las otras
> zonas del país, se habían roto prácticamente los lazos de la solidaridad
> nacional. No sólo el tipo denominado "rayano", sujeto de la nacionali-
> dad dudosa que vive al margen de las dos fronteras y se expresa con la
> misma naturalidad en español y en el dialecto haitiano, participando
> en igual grado en ambas nacionalidades, sino también en la mayoría
> de las familias que habitaban en aquellas comarcas, se había debilitado
> el sentimiento patriótico […] Si a la circunstancia de la convivencia en
> común y del debilitamiento somático, con todas las consecuencia que
> esos hechos producen sobre la conciencia de todo núcleo social, se
> agrega la fuerza con que pesa el interés en la balanza de los conflictos
> humanos, es lógico suponer que esa gran masa de población habría lle-
> gado a constituir un peligro para la existencia misma de la patria (Bala-
> guer 1983, 89-90).

Los colaboradores cercanos y ministros de Trujillo pertenecían en su mayoría a la educada elite blanca, de clase alta (la excepción era el ministro Balaguer) y todos sin excepción —incluyendo tanto a Balaguer mismo como a los
ministros Julio Ortega Frier y a Manuel Arturo Peña Batlle, el historiador que
"después de guardar distancias frente al régimen de Trujillo por casi diez años
se convirtió en uno de sus principales ideólogos— (Baud 1999, 163) eran posi-
tivistas imbuidos de ideas evolucionistas-racistas, que enfatizaban las diferencias culturales y raciales de ambos países, ideas muy en boga a principios del
siglo XX.

Trujillo no había proclamado las ideas exclusionistas contra los haitianos
hasta 1937, basando sus políticas en la reforma agraria, en intentos de crear
colonias agrícolas en la frontera, así como en políticas orientadas a crear "orden
ciudadano", mediante la emisión de documentos de identidad, la exigencia de
pasaportes y visado para entrar al país. Pero ya en vísperas en la segunda mitad
de la década de 1930, Trujillo y el parlamento adoptaron leyes destinadas a
reducir el número de trabajadores haitianos sin documentos legales, estimu-
lando asimismo que los haitianos abandonaran voluntariamente lo que las elites capitalinas consideraban el "territorio nacional" (Peguero 2004, 112-113).

Fue solo a partir de una visita en caballo y mula a la zona de frontera que, en forma imprevista, en una celebración en su honor en Dajabón y embriagado por el coñac, entre cortesanos y mujeres, Trujillo ordenó la acción contra "los ilegales haitianos", luego de ser informado por un oficial del ejército que unos haitianos habían robado ganado. Tal la versión que ofreció Balaguer de la génesis de la masacre (Balaguer 1988, 71-72, en Peguero 2004, 113). Informado por los residentes de aquella área, Trujillo anunció que "ya ha habido 300 muertos en Bánica y que la solución continuará", como respuesta a los supuestos problemas de robo de ganado y de cosechas. De tal forma, insinuaba que la masacre que tendría lugar en octubre de 1937 sería una respuesta a los actos de bandidaje y abusos de los "haitianos". Históricamente, tal como hemos indicado, había existido animosidad entre ambas naciones, derivada de la historia de anexión del territorio dominicano por la república negra de Haití y las guerras de liberación. Recordemos, empero, que la investigación historiográfica emprendida entre otros por Lauren Derby y Richard Turits demostró rotundamente que desde la perspectiva legal se trataba de ciudadanos dominicanos nacidos en territorio nacional y que, además, desde la perspectiva local de los habitantes, se trataba de redes humanas íntimamente conectadas, aunque no sin tensiones, como es de esperar en toda sociedad (Turits 2002; Derby 2009).

Trujillo no fue desplazado del poder por haber ordenado la masacre; a lo sumo —bajo presiones internacionales, luego de que la magnitud de lo ocurrido fuera dada a conocer en Estados Unidos semanas más tarde— decidió interrumpir su candidatura a la reelección presidencial en 1938 y aceptó indemnizar al gobierno haitiano, sin asumir responsabilidad institucional o personal. En el mensaje presentado al Congreso Nacional el 27 de febrero de 1938 Trujillo caracterizaría lo ocurrido en términos de "sangrientos choques entre particulares":

> Estos incidentes, similares a los que tradicionalmente han venido ocurriendo como natural consecuencia de las depredaciones a que se entregan las bandas haitianas que azotan aquella zona fronteriza [...] El Gobierno dominicano reprobó enérgicamente los hechos en cuestión y abrió inmediatamente una investigación minuciosa para fijar las responsabilidades y aplicar las sanciones a que los culpables se hubieren hecho acreedores. Con ese acuerdo [firmado entre ambos países el 15 de octubre de 1937], el cual daba al Gobierno haitiano todas las satisfacciones a que podía tener derecho, el incidente ha debido considerarse cancelado [...] Pero desgraciadamente los enemigos de la tranquilidad de que hoy disfruta la República Dominicana, obrando tal vez bajo la influencia de intereses extraños, pretendieron convertir los hechos a que me estoy refiriendo en un conflicto capaz de conducir a ambos Estados a las lamentables contingencias de una lucha armada [...] Turbios manejos y obscuras influencias se movieron contra la República y pretendiendo echar sobre sus directores el peso de acusaciones vergonzosas. Pero

contra esos infundios de la mala fe y esos trucos del maquiavelismo político estaba en pie, armado de todo su patriotismo y afincado en su posición jurídica absolutamente invulnerable, el Gobierno que presido, guardián de la dignidad de la República y defensor celoso del brillo de su nombre y del honor de su bandera (Trujillo 1938, 476).

La historiografía dominicana usa el término *genocidio* para los actos perpetrados por los haitianos negros contra los dominicanos ("mulatos y blancos") durante la invasión imperial haitiana de 1805; en cambio, usa el término *masacre* para caracterizar el asesinato masivo de 1937 (Franco Picardo 2009). Es evidente que "la masacre de los haitianos" en octubre de 1937 debe ser tipificada como un crimen de lesa humanidad y constituye una práctica genocida y de limpieza étnica aunque no recibió tal caracterización. Recordemos asimismo que el concepto mismo de *genocidio* solo haría su aparición en el mismo año de 1937, acuñado por Raphael Lemkin, un abogado judío polaco sacudido por las políticas del régimen nazi, que ya se vislumbraban en su brutalidad, para tipificar un delito contra el derecho de gentes, dirigido a afectar a un grupo en su conjunto, tornado en víctima de actos criminales solo por su distintiva identidad colectiva.

Parte de la explicación de cómo Trujillo superó la crisis que siguió a la denuncia internacional de los sucesos de octubre, fue su control de la opinión pública y el apoyo de los intelectuales orgánicos del régimen. Una ley de 1933 declaraba que toda persona que difundiera información subversiva, injuriosa contra las autoridades o difamatoria del gobierno, sería tratada como criminal. Aunque la pena capital había sido prohibida desde 1924, las fuerzas del orden fueron autorizadas a actuar en forma arbitraria respecto de civiles sin miedo que fueren procesados. El "terror preventivo" se tornó rutinario, lo cual impidió que surgieran actitudes críticas en la prensa y la población (Wiarda 1970, 55-56).

Por tanto, un aspecto fundamental fue la falta de una opinión pública autónoma en la República Dominicana. En efecto, por más de un mes, dentro del país ninguna noticia sobre la masacre fue publicada. Solamente el 9 de noviembre el *Listín Diario* publicaba el primer anuncio oficial, al declarar que "los incidentes de la frontera norte" no tenían un carácter internacional ni poseían "importancia o gravedad" que pudiera afectar las buenas relaciones entre las dos vecinas repúblicas. En esa misma edición, se culpaba a varios exiliados dominicanos y a algunos haitianos enemigos del presidente Elie Lescot y llamaba a conducir investigaciones sobre lo ocurrido un mes antes. El 13 de noviembre, ese mismo medio de prensa anunciaba que el Congreso había declarado traidores a cuatro dominicanos, a raíz de "sus distorsionadas declaraciones" respecto de los sucesos de octubre (Galíndez 1973, 36-37).

Asimismo, ayudó el silencio inicial del gobierno haitiano —parte de cuya elite en el poder gozaba de beneficios financieros de Trujillo— que no reaccionó ni protegió a las víctimas, ni tampoco inició represalias, ni aun posibilitó que se discutiera públicamente lo ocurrido, ni que sacerdotes oficiaran misa en memoria de los caídos (Crassweller 1966, 151-163). La magnitud de las atrocidades que *The New York Times* reveló semanas más tarde forzó finalmente al gobierno haitiano a exigir reparaciones. Trujillo aceptó indemnizar 750.000 dólares, transfiriendo en efecto 525.000 dólares al gobierno haitiano, de los cuales poco y nada llegó a los familiares de las víctimas.

En el compromiso contraído ante los gobiernos de México, Cuba y Estados Unidos, que sirvieron de intermediarios una vez que la matanza fue de común conocimiento en el ámbito global, Trujillo de hecho reconoció lo ocurrido aunque sin asumir responsabilidad estatal. Declaró que lo ocurrido había sido resultado de la inmigración ilegal haitiana y una reacción de la población dominicana en defensa de la integridad del territorio nacional. El 19 de noviembre el *Listín Diario* informó oficialmente sobre un acuerdo logrado con el gobierno de Haití el 15 de octubre (a días de la "masacre"), y el 14 de diciembre ese diario reprodujo el memorando de compromiso dominicano enviado a los tres gobiernos. El 16 de diciembre el Congreso dominicano aprobaba una resolución de "solidaridad y apoyo" a la política internacional de Trujillo respecto de Haití, que protegería "la dignidad, el decoro y los derechos del pueblo dominicano" (Galíndez 1973, 37).

Otro aspecto fundamental fue el uso y abuso de imágenes populares sobre la supuesta hechicería y los poderes ocultos de los haitianos, magnificados como parte de la demonización de la "raza haitiana" y la cultura negra, que las elites dominicanas promovieron desde el siglo xix. La asociación de los haitianos con el Voudun es bien conocida; lo que es menos conocido es que los dominicanos compartían la creencia de que los haitianos mantenían contactos íntimos y secretos con los espíritus o Iwa y, de hecho, un monopolio sobre el ámbito sagrado, que les otorgaba poderes especiales. Quienes poseían tales poderes los ocultaban, pero sus consecuencias podrían ser tanto beneficiosas como nefastas, dependiendo de la intención de los oficiantes del ámbito sagrado-espiritual. De hecho, los dominicanos creían que sus propios expertos rituales —los curanderos— eran mucho más débiles que los oficiantes rituales haitianos, quienes poseían poderes de hechicería.

En principio, los dominicanos atribuían, por tanto, poderes ilimitados a los haitianos; pedían sus servicios y pagaban por ellos, en especial en relación con la fertilidad humana y del ganado. Al mismo tiempo creían en la existencia de su poder no solo sobre la vida sino también sobre la muerte, evidente en la creencia de que los hechiceros eran responsables también de la existencia de zombis, difuntos sin paz quienes, al retornar, ejercían fuerza indomable sobre los vivos afectados por su presencia.

Vale decir, al tiempo que la magia haitiana podría proveer espíritus (*bakas*) protectores, simultáneamente sembraban la destrucción, maquinada en el secreto y la clandestinidad. Por ejemplo, la inesperada prosperidad de muchos haitianos —en parte ligada a la laboriosidad y su frugalidad, pero también ligada a mujeres haitianas que prestaban dinero a dominicanos a intereses usurarios— servía de argumento de que los haitianos eran responsables de la precaria situación de incipiente comercialización como el que atravesaba la sociedad dominicana rural. Asimismo, no habría sido totalmente irracional creer que los haitianos fueran responsables de la pérdida de vitalidad del ganado dominicano, víctima de hechizos malévolos.

De hecho, existían distinciones sutiles de comportamiento, sexualidad y normas entre los dominicanos y los "haitianos", y visiones míticas de los poderes extraordinarios de los últimos que podrían ser usados malignamente. Sin embargo, esas imágenes coexistían con una cotidianidad de buena convivencia e intercambios rutinarios que se verían cercenados en 1937.

En tal contexto, lo fundamental fue el uso de imágenes míticas, estereotipos y temores de los amenazadores poderes secretos poseídos por los "haitianos", instrumentados por el gobierno de Trujillo, con el designio de promover el control estatal en la zona de frontera. El genocidio de los "haitianos" sería justificado mediante un mensaje civilizatorio que se sumaría al efecto inspirador de miedo que la masacre proyectó a lo largo y ancho del Estado. La mistificación del otro haitiano, el llamado a defender la integridad de la nación de la amenaza subterránea, y la proyección de ideas racistas llevadas al clímax del exterminio masivo, fueron articulados en la etapa posterior a 1937 como justificatorios del genocidio, eufemísticamente recordado colectivamente como "el corte", como ya mencionamos.

Una de las máximas expresiones de la mistificación fue elaborada por Joaquín Balaguer, uno de los colaboradores más cercanos de Trujillo, que ocupó posiciones importantes en sus gobiernos y el cargo de presidente luego del asesinato de Trujillo. Vocero del nacionalismo conservador, Balaguer ignoraba la dinámica de cambio y, a diferencia de Peña Batlle, presentaba en su obra una visión estática de su nación, en la que se aprecian los componentes hispánicos y atribuyendo a los elementos nocivos —como el conservadurismo social y la pasividad del pueblo dominicano— a la influencia del "imperialismo haitiano". Balaguer caracterizaba a los dominicanos como superiores por ser blancos y veía a los haitianos como inferiores por ser negros, estigmatizando el mestizaje como causa de degeneración.

Michiel Baud analizó algunos de los peligros que identificaba Balaguer, en una neta veta demonizadora: "Los hombres dominicanos tienen que proteger a sus mujeres contra los hombres haitianos; las toman cuando desean y generalmente dominan sus vidas" (Baud 1999, 171). Baud indica que tanto Balaguer como los otros nacionalistas conservadores insistían en que expresaban simplemente "las ideas vivas de la población rural". Un ejemplo elocuente de esta tendencia se puede encontrar en una carta de Balaguer a intelectuales colombianos, escrita en 1945, en la que justificaba de forma explícita la masacre de 1937, atribuyendo la violencia a una explosión de cólera popular ante la presión y abusos de los haitianos:

> Los sucesos de 1937, los cuales los enemigos del gobierno dominicano han tratado de pintar como una inicua masacre de enormes masas

haitianas, fueron el estallido en el alma de nuestros campesinos, de un sentimiento de protesta contra cuatro siglos de depredaciones realizadas en las provincias del norte del país por bandos de merodeadores haitianos (Baud 1999, 173).

Luego de la masacre, a escala nacional se propagaron con nueva fuerza las ideas de higiene social y eugenesia que veían en los haitianos una población invasora plena de enfermedades, que amenazaba la salud de la nación. Por ejemplo, en un libro publicado en 1968, después del asesinato de Trujillo en 1961, el periodista Gerardo Gallegos aun describía al "campesino haitiano" de la siguiente manera:

En el campo [...] [d]esde siempre, el campesino haitiano miró con codicia hacia el otro lado de la frontera. Cuando tenía a bien, cruzaba la indecisa línea divisoria y se instalaba en territorio dominicano como en tierra propia [...] en busca de tierras más propicias o de caseríos donde instalar pequeños negocios. Hacían una vida nómada. En el transcurrir de los años, el país fue invadido sin pelea por una masa rural indeseable procedente del otro lado de la Línea. Gentes laceradas por taras congénitas y por enfermedades endémicas, como sífilis, elefantiasis, mal de pian, malaria, tuberculosis, helmintiasis y otras dolencias infectocontagiosas. Arrastraban consigo traumas psíquico-morales. Incluso raptaban criaturas para sacrificarlas en ritos de brujería (Gallegos 1968, 109).

Además de demonizar a los haitianos, Gallegos atribuía a las "pandillas de haitianos trashumantes, inidentificables entre la masa rural que, pacífica y clandestinamente, invadía el país" el crimen de abigeato, arrasando "con lo que podían en ganado y en frutos de la tierra" (Gallegos 1968, 110). Cargos similares, sobre la insalubridad, la violación de propiedad, el robo y las prácticas de hechicería serían utilizados por Trujillo *a posteriori* de la matanza, en su mensaje al Congreso para el año 1938, a fin de justificar la supuesta cólera de la población rural que habría provocado los "excesos" de octubre de 1937.

Joaquín Balaguer era ministro suplente en el gobierno de Trujillo ese año y elaboraría la apología de la masacre en términos de autodefensa de la nación dominicana. Como ya indicamos, emergería como presidente títere en 1961 cuando Trujillo fue asesinado, y ocupó la presidencia de la República Dominicana durante dos largos períodos, de 1964 a 1978 y de 1986 a 1996. En 1947, una década después, Balaguer publicó su libro *La realidad dominicana*, que reeditó con mínimas alteraciones en 1983 y 1984, bajo el título *La isla al revés. Haití y el destino dominicano*. El libro era básicamente una apología de la masacre desde una visión de darwinismo social. Allí afirma que la presencia haitiana en la frontera constituía "el más poderoso instrumento de desintegración moral al que la sociedad dominicana ha estado expuesta" (Balaguer 1949, 120). Según Balaguer, "el incesto y otras prácticas no menos bárbaras, contrarias a la institución cristiana de la familia, no son raros en los bajos fondos de la población haitiana y constituyen un testimonio de sus tremendas deformaciones morales" (Balaguer 1983, 83). En ese mismo sentido, indicaba que "el negro, abandonado a sus instintos y sin el freno que el nivel de vida relativamente elevado impone en todos los países a la reproducción, se multiplica con rapidez casi semejante a las especies vegetales" (Balaguer 1983, 36).

De ello, desde su perspectiva de nacionalismo racista, derivaba Balaguer la siguiente consecuencia lógica: "Dividido el país entre dos razas antagónicas, la una de origen español y la otra etíope [negra], predominara forzosamente la más prolífica y la más numerosa si la otra permanece indefensa" (Balaguer 1983, 97). El problema radicaba, según Balaguer, en que "mientras las mujeres dominicanas tienen una repugnancia instintiva hacia los picadores de caña haitianos, los hombres dominicanos parecen ser atraídos por las mujeres haitianas a pesar de su bajo status social. Por lo tanto, los gobiernos dominicanos siguen teniendo la desagradable tarea de reforzar una disciplina eugenésica en su propia población y detener la ilegal penetración haitiana" (Fennema 1999, cita de p. 232). En tal contexto, según la apologética lógica de Balaguer, la matanza de 1937 habría sido un acto de autodefensa nacional, del cual la historia absolvería a Trujillo. Trujillo supo manejar la crisis en vísperas de la Segunda Guerra Mundial y aprovechó la necesidad de los refugiados europeos judíos de encontrar un lugar de acogida, ofreciendo en la Conferencia de Evian (1938) asentar hasta cien mil refugiados en la República Dominicana. Su designio era blanquear internacionalmente su imagen corto tiempo después de la masacre de los "haitianos" y, al mismo tiempo, recibir población europea (Crassweller 1966, 165-200; Wells 2009).

Trujillo no era un intelectual. Sus declaraciones, discursos, mensajes y proclamas —además de un par de intentos de sistematización—, así como el texto de Balaguer, expresaban una visión nacionalista racista y xenofóbica, desde la cual elaborarían una narrativa apologética con la que pretendieron justificar *a posteriori* la matanza, en términos de haber estado obligados a defenderse del enemigo interno "haitiano" que socavaba en forma velada la integridad física, moral y material de la nación dominicana. Esa visión reflejaba el pensamiento de los círculos de poder profundamente imbuidos de antihaitianismo —a diferencia de muchos sectores populares— y asiduamente racionalizaban su práctica política.

Además, como bien lo destaca Howard Wiarda en una monografía sobre el líder dominicano, Trujillo se veía a sí mismo, e insistía en ser visto, como la personificación de la nación. En efecto, Trujillo creía haber descifrado la esencia de la realidad dominicana y la psicología del pueblo dominicano, actuando en consecuencia. De allí a moldear la nación a su imagen, la distancia fue corta. Según Trujillo, en el pasado una atmósfera general de anarquía, timidez, pesimismo y falta de disciplina habían predominado en la mentalidad dominicana. El líder intentaba cambiar tales actitudes, reformándolas y canalizándolas hacia sentimientos y acciones basados en el entusiasmo, el optimismo y la cooperación dinámica. Tal transformación implicaría someterse a su gobierno que orientaría a la nación a superar las resistencias atávicas (Wiarda 1970, 102-109). Un apologista de Trujillo, Valldeperes, definía al trujillismo como una fuerza nacional, un credo político nacional, indicando que "el verdadero dominicano es Trujillo" (Wiarda 1970, 52-53).

Para lograr sus objetivos de consolidación nacional y modernización, Trujillo haría uso de todos los medios, como crear una policía nacional en lugar de las policías municipales, institucionalizar el terror y el arbitrio personal, enraizar el culto a su personalidad y criminalizar toda protesta y resistencia a su dominio. La masacre de 1937 fue producto de una decisión táctica del líder supremo, ejecutada sin discusión en forma inmediata y solo *a posteriori* racionalizada por medio de narrativas que demonizaban a los "haitianos" y les atribuían todo tipo de efectos perniciosos sobre el "auténtico" pueblo dominicano.

La retórica del enemigo interno y su entramado conspirativo fue, por tanto, externalizada en este caso, transformando en extranjeros a miles de dominicanos de las zonas rurales, descendientes de inmigrantes procedentes de Haití. Como hemos indicado, muchos de ellos estaban radicados e integrados socialmente hacía décadas y aun generaciones, pero la narrativa proyectada por Trujillo y sus intelectuales orgánicos los había transfigurado en fuerzas malévolas que supuestamente amenazaban la integridad de la población rural y de la nación toda.

En realidad, pese a tensiones, la sociedad de frontera constituía un conglomerado étnico, cultural y racial integrado, el mito conspirativo fue proyectado a fin de justificar la masacre masiva cometida contra aquellos miles de pobladores dominicanos de etnicidad haitiana. El genocidio fue justificado según sus artífices por el clamor popular, que los círculos de poder escucharon, protegiendo supuestamente a la nación dominicana de la amenaza interna de haitianos. Trujillo y las elites políticas e intelectuales proyectaron así una doble mentira: pretendieron expresar ideas populares cuando en realidad proyectaron sobre las masas dominicanas las ideas xenofóbicas y racistas que ellos mismos poseían; al mismo tiempo, elaboraron un mito conspirativo para justificar *a posteriori* su práctica política genocida y excluyente. En base a un trabajo historiográfico, Vanni Pettinà ha evaluado que, aunque sin llegar nunca a los niveles genocidas de 1937, la tensión étnico-racial creada en forma adrede desde Santo Domingo se mantuvo por toda la duración del régimen, "funcionando como elemento de unificación interna" (Pettinà 2014, 459). Tales estrategias discursivas estaban destinadas a lograr el avance del proyecto de Trujillo de consolidación territorial y control de la frontera con Haití, proyectando asimismo la modernización acelerada de la periferia rural dominicana dentro de los parámetros de hegemonía del Estado dominicano.

Tal antihaitianismo ha cundido muy hondo en el pensamiento nacionalista, a través del tiempo, y se ha proyectado por décadas. Se trata de una visión que sigue demonizando a quienes son descendientes de haitianos y que pretende purificar la sociedad dominicana mediante el exorcismo de la etnogénesis de los trazos negros. Un ejemplo entre muchos de la amplia difusión de esa visión en el pensamiento dominicano moderno es la afirmación de Manuel Núñez en

1990, de que "el haitiano no se adapta a nuestra cultura, sino que la penetra, la transforma, revoluciona sus costumbres, su lengua, sus valores, sus hábitos, sus creencias" (Núñez 1990, 311).

Al fin del siglo xx, un estudioso de la identidad nacional dominicana hacía la siguiente evaluación de la funcionalidad de externalizar la negritud en aquella nación, que se aferró a un hispanismo mítico acentuado por la prejuiciosa transformación en "indios" de aquellos dominicanos de piel oscura para fraguar su identidad colectiva:

> Detener a la inmigración haitiana era —y todavía es— un acto de autodefensa: la demarcación de la frontera haitiana se convierte en equivalente al mantenimiento de la independencia nacional. […] Los inmigrantes haitianos no sólo son vistos como de otra nación, sino que son considerados de diferente raza en el sentido derivado de la antropología física. El término "ola de color" no puede ser leído de otra forma. La raza biológica ha reemplazado a la nación. Así, el ennegrecimiento de la población es visto como una agresión haitiana. El término "raza" es escasamente utilizado como autorreferencia para la propia nación, mientras que se hace frecuente referencia a los haitianos como pertenecientes a la "raza africana" (Fennema 1999, 228).

No sorprende pues que, al difundirse y enraizarse tal visión excluyente en círculos nacionalistas, durante décadas la República Dominicana expulsara intermitentemente a haitianos sin papeles. Por ejemplo, en febrero de 1997, el presidente Leonel Fernández —sucesor de Joaquín Balaguer en 1996— expulsó a unos 20.000 haitianos indocumentados. Además, en las últimas generaciones, el Estado dominicano ha adoptado una serie de prácticas, normas y procedimientos judiciales destinados a desnacionalizar a los descendientes de haitianos nacidos en el país, expulsándolos o transformándolos en apátridas.

Durante la campaña electoral de 2008, distintos políticos pusieron en la agenda pública el argumento de que la economía dominicana podría florecer si el país lograra expulsar a los haitianos que, al trabajar por bajos salarios, quitaban lugares de trabajo a los dominicanos. En tal atmósfera de animosidad, se promulga la reforma constitucional en 2010 por la cual se limita la ciudadanía a hijos de inmigrantes radicados legalmente en la República Dominicana, o que al menos uno de sus padres poseía la ciudadanía dominicana. En septiembre de 2013, la Corte Constitucional emitió un fallo confirmando la disposición constitucional y sancionándola en forma retroactiva para quienes hubieren nacido en territorio nacional entre 1929 y 2007, lo cual afectaría a varios cientos de miles de dominicanos nativos descendientes de haitianos, muchos de ellos hij@s de familias de inmigrantes indocumentados. Se ignoraba el principio de haber nacido en territorio dominicano como base de la nacionalidad, pasando a supeditar el principio de *ius soli* al principio adicional de ser hij@ de inmigrantes legalmente registrados en el país, algo inusual dado el carácter informal de la migración haitiana y la falencia de las agencias estatales en mantener un registro de las entradas migratorias de haitianos. Decenas de miles de individuos nacidos en la República Dominicana habrían de tornarse apátridas de esta forma, corriendo el riesgo de ser deportados por la fuerza. La sentencia dictada el 23 de septiembre de 2013 por su Tribunal Constitucional, fue naturalmente censurada por la Comisión Interamericana de Derechos Humanos (2016).

Ante la protesta internacional, por iniciativa presidencial, se promulgó en 2014 la Ley de Régimen Especial y Naturalización N.º 169/14, que dejó abierta la opción de que los afectados presentaran un pedido de "regularización" en caso de poseer documentación o declaraciones juradas, o bien presentar pedidos de migración. Una vez que se registraran como "extranjeros" podrían presentar pedidos de migración, pero con la posibilidad de que, una vez registrados legalmente, tendrían derecho a naturalizarse después de dos años de residencia —un procedimiento abierto a aquellos cuyos padres no hubieren estado registrados legalmente en la República Dominicana—. El oneroso y difícil proceso legal por falta de documentación, o falta de recursos para contratar un abogado, ha sido duramente criticado por organizaciones de derechos humanos y la comunidad internacional. Hasta junio de 2015, fecha límite para registrarse, lo habían hecho unos 290.000 residentes, habiéndosele reconocido la ciudadanía a unos 55.000 y otros 8.755 bajo trámite habían logrado detener su deportación a Haití.

Así, miles de individuos nacidos en la República Dominicana se transformaron en apátridas viviendo clandestinamente o fueron deportados al vecino país, cuya lengua desconocían y cuya identidad nacional no les era propia. Aunque el proceso de regularización de documentación en sí es una prerrogativa natural del Estado dominicano, ha habido informes sobre el personal de las agencias encargadas de aplicarlo que ha cometido toda clase de abusos al detener y deportar a miles de descendientes de haitianos, entrando a jugar en sus decisiones la ancestral animosidad contra ellos.

5. La narrativa sinárquica en Argentina y la denuncia de un complot en el Plan Andinia

> *En Ruán somos la bolsa de Francia contra España y juntamente de España contra Francia, y en España, con traje que sirve de máscara a la circuncisión, socorremos a aquel monarca con el caudal que tenemos en Ámsterdam en poder de sus propios enemigos [...] Extravagante tropelía servir y arruinar con su propio dinero a amigos y enemigos.*
>
> Quevedo 1650[18]

---

[18] Francisco de Quevedo incluyó "La isla de los monopantos" en la obra *La fortuna con seso y la hora de todos*, una sucesión de relatos satíricos contra el conde-duque de Olivares, impresa bajo seudónimo en España. En ella describía una supuesta reunión secreta

A menudo la lógica conspiracionista articula datos dispersos de la realidad en el tramado de una narrativa integrativa que pretende estar develando —ante una incauta opinión pública— la existencia de un plan subterráneo con intenciones malévolas. Al develar el supuesto plan secreto, quienes lo delatan, declaran estar actuando en defensa de la sociedad, liberándola del engaño y movilizándola en defensa de su integridad, pues de otra manera se vería afectada de modo tal vez irreparable. En esta sección analizaremos dos narrativas que se conectan con el mito de una terrible sinarquía, red secreta que supuestamente estaría maniobrando tras bambalinas hasta lograr su designio de dominación mundial. En el caso de grandes trasformaciones durante la modernidad, como ya vimos, sectores conservadores difundieron esa noción durante sus campañas movilizadoras, proyectando la imagen de una amenaza a nivel planetario, ora masónica, ora comunista o judía, conspirando en secreto para lograr su designio. Entre los más persistentes mitos de la conspiración sinárquica se destacan los *Protocolos de los Sabios de Sion*, un clásico texto apócrifo que denuncia una supuesta conjura judía global (Cohn 1983).

La proyección del mito en las Américas tuvo amplia difusión, especialmente en círculos conservadores y en el integralismo católico de entreguerras, por ejemplo, en la interpretación teológica del padre Julio Meinvielle (1937, 1940, 1974). Aquí nos remitiremos a dos vertientes posteriores: la narrativa de una conspiración sinárquica ampliamente difundida en el peronismo de derecha a partir de la caída del líder en 1955, y la denuncia de un Plan Andinia supuestamente orquestado para tomar posesión de la Patagonia, pensado en clave tanto de un plan judeo-israelí como de un plan mapuche.

Después del derrocamiento en 1955, y por espacio de las siguientes dos décadas, Juan Domingo Perón atribuiría su caída a los enemigos "sinárquicos", acusación recordada en repetidas ocasiones, tanto oralmente como por escrito.[19] En el transcurso de su largo exilio, el líder del justicialismo escribió ensayos en los que enjuició a la Revolución Libertadora que lo había derrocado, y a los gobiernos ilegítimos que prohijó. Estos libros son: *La fuerza es el derecho de las bestias* (1956), *Los vendepatria* (1957), *América Latina, ahora o nunca* (1965) y *La hora de los pueblos* (1968). En su narrativa, el depuesto presidente aludía a la sinarquía como la fuerza internacional con capacidad conspirativa y de dominio económico y político, responsable por su caída. Fue durante el exilio cuando Perón desarrolló conceptualmente esa noción conspirativa de la sinarquía, tal como aparece en su muy citado texto *La hora de los pueblos* (Perón 1968).

El libro salió en 1968, un año crucial en la historia latinoamericana, la norteamericana y la europea. En Estados Unidos, los jóvenes se rebelaban contra la Guerra de Vietnam y emergía una vital contracultura en el centro del

---

celebrada en Salónica, entonces parte del Imperio Otomano, entre judíos llegados de todas partes de Europa y los monopantos, cristianos que estaban dispuestos a colaborar con ellos para acabar con el mundo cristiano, Pérez 2009, 258-259.

[19] Los materiales de esta sección se ven ampliados en Roniger y Senkman 2018.

imperio capitalista, mientras en el Mayo francés los estudiantes de París se aliaban con los trabajadores, apoyaban su huelga y la insurrección social contra las instituciones establecidas. Las ondas expansivas de rebeldía se extendieron a las grandes ciudades de Europa y también América Latina (Volpi Escalante 1998). En Argentina, los trabajadores y los estudiantes iniciaron al año siguiente violentas jornadas de huelga y tomas de fábricas en Rosario, Córdoba y Buenos Aires, apuntando contra el gobierno militar del general Onganía (1966-1973). El Che Guevara ya había sido ejecutado en 1967 en Bolivia, cuando trataba de extender la lucha armada a otros países de América Latina, pero sus ideas revolucionarias cobraban fuerza en sectores amplios de la juventud latinoamericana (sobre el Cordobazo y el Viborazo, ver Brennan 1996; Córdoba 1996; Gordillo 1999).

En la sección sobre la "Decadencia imperialista" de *La hora de los pueblos*, Perón caracterizaba a quienes conforman los poderes sinárquicos. Después de recordar que en la Conferencia de Yalta las potencias imperialistas de la URSS y Estados Unidos se pusieron de acuerdo y "coordina[ro]n sus futuras actividades de dominio y explotación", Perón indicaba que "todo tiende a internacionalizarse alrededor de ello, lo que, en último análisis, es un triunfo del internacionalismo comunista. La masonería, el sionismo, las sociedades internacionales de todo tipo no son sino consecuencia de esa internacionalización del mundo actual. Son las fuerzas ocultas de la revolución como son las fuerzas ocultas del dominio imperialista" (Perón 1968, 22; Pérez 2014).

En la concepción sinárquica de Perón predominaba la idea de una amenaza externa por parte del imperialismo, cuyos asociados internos se oponían a la integración latinoamericana de los pueblos sojuzgados, motivados por intereses económicos, estratégicos y políticos.

Cuando el presidente general Lanusse procuraba establecer las nuevas reglas del juego político mediante el Gran Acuerdo Nacional para democratizar el país, envió a Madrid en 1971 al coronel Francisco Cornicelli a dialogar con Perón a fin de negociar su retorno, previa mediación de Paladino, el delegado personal del líder. En una larga conversación con Cornicelli, Perón volvió a caracterizar a la sinarquía del siguiente modo: "La gran sinarquía internacional manejada desde las Naciones Unidas, donde está el comunismo, el capitalismo, el judaísmo, la Iglesia Católica —que también cuando le pagan entra—, la masonería, todas esas fuerzas que tienen después miles de colaterales en todo el mundo [...]" (*Liberación*, diciembre 1974, 27).[20]

---

[20] La revista *Liberación por la Patria Socialista*, dirigida por Heraldo Quijano y luego por Jorge Iribarren, polemizaba en 1973-1974 con otras publicaciones de la Juventud Peronista (v. g. *Envido*), sobre el uso políticamente conspirativo de sinarquía, "creada por los sectores mundialmente más reaccionarios como 'cortina de humo'". *Liberación* recordaba al director de *Envido* que Guardia de Hierro utilizaba ese concepto a modo de "accesible comodín". Ver *Liberación*, diciembre de 1974, p. 29.

En 1972, en otra conversación con sacerdotes tercermundistas, Perón se expresó así:

Nosotros desde 1946 a 1955 liberamos el país. Nadie metía sus narices acá sin que llevara su merecido. Este era un país soberano. Pero la sinarquía internacional manejada desde las Naciones Unidas, que hemos visto funcionar acá desde entonces, el comunismo y el capitalismo unido (actuó) contra este país que se había liberado. Estaba, además, el sionismo, que también actuó. La masonería, y desgraciadamente la Iglesia Católica. ¿Por qué? Porque habíamos cometido el delito de haber comenzado a pensar por nosotros mismos. Pero esa sinarquía internacional nos echó encima todo su poder y terminó por aplastarnos. Lo mismo que pasa en Chile, y lo mismo que pasa en Cuba y lo mismo que pasará en cualquier país de Latinoamérica que quiera liberarse de la penetración imperialista ("El sermón de Vicente López a 60 sacerdotes del Movimiento de Sacerdotes para el Tercer Mundo", 10 de diciembre 1972, es citado en Sucarrat 2010).[21]

Por su lado, invocando la autoridad de *La Hora de los Pueblos*, José López Rega —quien pronto organizaría la clandestina red represiva de la Triple A— desarrollaba una interpretación conspirativa de la sinarquía en clave ocultista. En el número 18 de *Las Bases*, órgano oficial del Movimiento Nacional Justicialista, exponía tal concepción con ecos de la narrativa de *El retorno de los brujos*:

Una terrible y extraordinaria plataforma, que encierra el Plan de dominación total de todas las Naciones del Mundo, está trabajando desde hace años en los oscuros conciliábulos de las famosas cuevas secretas, de donde emergen listas para su concreción, las Revoluciones y levantamientos contra los poderes constituidos legalmente por los Pueblos (*Las Bases*, N.º 18, 3 de agosto de 1972).

En otro artículo, López Rega explicaba lo que, en su opinión, únicamente en apariencias podría considerarse una contradictoria estrategia sinárquica de utilizar capitalismo y socialismo simultáneamente:

Su estrategia es simple, elemental: utilizar al capitalismo y al socialismo en cada nación. Con el primero explotan al Pueblo, creando el

---

[21] En la conferencia de prensa ofrecida en Olivos un mes antes (noviembre de 1972), recordaba que "en 1955, la sinarquía internacional desde las Naciones Unidas, nos echó del gobierno, que nosotros abandonamos, para no caer en una guerra civil del que el único que sufriría sería el pueblo", citado en *Pueblo Nuestro*, 7 de noviembre de 1973, 10. Para una revisión del lugar de la conspiración sinárquica internacional en la visión de Perón durante su tercera presidencia, ver Fernández Pardo y Frenkel, 2004, 342-344.

inconformismo. Con el segundo, lo envenenan ideológicamente, provocando la rebelión. [...] Su fin es desatar la guerra, la Revolución, y la anarquía para medrar con ellas y acumular el oro de la humanidad. Está constituida por 500 firmas con ramificaciones en todos los países, que disponen a su antojo el 80% de la riqueza mundial, gobiernan la Banca y controlan los más importantes medios de difusión. Su sede central está en Nueva York, donde reside el Poder Ejecutivo (López Rega 1973, 9).

Una demostración irrefutable de la atribución de sentidos antijudíos y antisionistas en el uso discursivo sobre la sinarquía es posible encontrar tanto en la fracción de ultraderecha peronista como en el ala izquierda del dividido panorama sindical y político del Movimiento Justicialista en 1973. Alarmada por ese difundido discurso, la DAIA, máxima institución representativa de la comunidad judeo-argentina, solicitó al teniente general Perón en una audiencia especial en septiembre de 1973 que condenara su uso. Los dirigentes de la DAIA denunciaban al presidente de la república la proliferación de "panfletos y publicaciones —desde la extrema derecha a la extrema izquierda— que tergiversando el concepto sinarquía, pretendían aplicarlo indebidamente a la comunidad judía, destinataria así de agravios e injustificados ataques". Perón replicó que "es absurda la aplicación de ese concepto a la comunidad judía que vive en la República, ya que esa expresión tiene un alcance completamente distinto" (*Boletín Informativo DAIA*, octubre de 1973, 4).

A pesar de la desautorización de boca del propio líder, además del Consejo Nacional del Partido Justicialista, las publicaciones *El Caudillo* y *Patria Peronista* continuaron utilizando ambiguamente la narrativa de la sinarquía, con el agravante de su uso por algunos funcionarios oficiales como Francisco José Figuerola, subsecretario de la Presidencia de la Nación, asiduo colaborador en Patria Peronista.

Como era de presumir, también el asesinato de José Rucci, secretario general de la CGT, fue atribuido a la sinarquía internacional, aunque el comunicado del Consejo Superior Provisorio de la Juventud Peronista denunciaba "el artero y solapado accionar de los sectores que se mueven detrás de la publicitada patria socialista". Supuestamente atribuida como cobertura de la guerrilla, a la sinarquía internacional se le adjudicó también abiertamente una filiación marxista. Así fueron caracterizados quienes asesinaron a Rucci, "en un doble y sincronizado ataque de la sinarquía que persigue la guerra civil y la subsiguiente desintegración nacional, hechos que servirían de pretexto para la intervención de los poderes mundiales en favor de la internacionalización de territorios argentinos", según reza el comunicado de la Agrupación Peronista General Valle, denuncia que recoge ecos conspirativos del Plan Andinia, al cual nos referiremos más abajo (*Las Bases*, 3 octubre de 1973).

En su reiterada denuncia de las publicaciones de la izquierda revolucionaria peronista, *Militancia*, *Ya*, *El Descamisado*, el Consejo Superior del Movimiento

Nacional Justicialista descalificaba a los directores y colaboradores de esas publicaciones "por ser los mismos agentes de la alianza liberal-marxistas, representante en nuestra patria de los intereses de la Sinarquía" ("Contra las tergiversaciones", *Las Bases*, 31 de octubre de 1973).

Desde la centro-izquierda, la Juventud Peronista se defendía de acusaciones de la derecha contraatacando al denunciar que los "verdaderos" agentes de la sinarquía en el país, era la así llamada ultraizquierda "convertidos en guerrilleros y [que] comienzan a jugar a la derecha", al haber intentado el Ejército Revolucionario del Pueblo (ERP) copar el 19 de enero de 1974 a la guarnición militar en la ciudad de Azul en la provincia de Buenos Aires, "cuando el gobierno popular apenas cuatro meses después afianza sus bases y comienza la reconstrucción". Desenmascarando a dos diarios que representaban ambas orientaciones antagónicas —*El Mundo* de la ultraizquierda y *La Opinión* del "sionista" Jacobo Timerman—, el editorial de una publicación de centro de la Juventud Peronista los denunciaba, acusándolos de ser servidores de la estrategia de control de la sinarquía, y utilizar tal narrativa para ser identificados como los defensores del pueblo:

> Hasta ahora la prensa sinárquica y marxista solo representó en la práctica cotidiana de los diarios ser el vocero más baboso y repugnante de los intereses de la "ultraizquierda" o la "ultraderecha". Ellos mostraron ante el pueblo que pensaban esos intereses y los han servido con sobrada suficiencia. Y ahora resulta que son los "managers" del pueblo en esta lucha contra la sinarquía. Ahora ellos aparecen como los "descubridores" de la sinarquía. Lo único que falta es que Timerman comience a hablar del peligro que representan los intereses sionistas en Argentina, o que Cerruti Costa regrese convencido (después de su viaje por los países del otro lado de la cortina de hierro) de que los rojos se comen a los chicos o que en Cuba se atragantan con azúcar (*Noticias*, 2 de febrero de 1974, "Por la Unidad Nacional", 24; *Clarín*, 1 de febrero de 1974, 16-17. Véase Montero 2008).[22]

Desde una posición de extrema derecha, la visión conspirativa acusatoria de la sinarquía había sido teorizada por el filólogo nacionalista católico Carlos Disandro, fundador de la Concentración Nacionalista Universitaria (CNU), agrupación de la ultraderecha peronista universitaria. Disandro impresionó al mismo general Perón con un ensayo sobre la sinarquía que le entregó personalmente en Madrid en 1966. En carta de agradecimiento a Disandro, el líder

---

[22] En una crónica de *La Opinión* del 14 de febrero de 1974, se distinguían cuatro tendencias dentro de los grupos juveniles del peronismo: la extrema derecha (CdO y la CNU); la derecha (el sector de Julio Yessi), el centro (FEN, OUP, Brigadas de la JP), la izquierda (la JP Lealtad) y la extrema izquierda (JP, JUP y Montoneros), citado de Fernández Pardo y Frenkel 2004, 467.

justicialista le expresó su admiración: "Su excelente trabajo, profundiza el análisis y penetra profundamente en el problema argentino, sometido a la estrategia de un poder sinárquico" (carta de J. D. Perón a Carlos A. Disandro, 30 de agosto de 1966, en http://bit.ly/2YzW9AT).

Según Disandro, la convergencia sinárquica estaría demarcada por una suerte de acuerdo de los "pseudo-imperios", Estados Unidos y la Unión Soviética, que aparentando una fuerte tensión avasallaría la "esencia espiritual" de las restantes naciones del orbe. A esta suerte de complot, Disandro añadía el catolicismo posconciliar y el judaísmo, a través de lo que él denominaba el "mito de la tradición judeo-cristiana". Sus conferencias sobre "La conspiración sinárquica y el Estado argentino", ante círculos sindicales peronistas de derecha, fueron publicadas por la Editorial Montonera de La Plata en 1968, el mismo año en que apareció el libro doctrinario de Perón, *La hora de los pueblos*.

Hacia 1972, la Concentración Nacionalista Universitaria (CNU) había logrado activar en las ciudades de La Plata, Buenos Aires, Bahía Blanca, Mar del Plata y Rosario. Por otro lado, a través de la relación entre Rucci y Disandro, parte de sus miembros se integrarían en la estructura de la Unión Obrera Metalúrgica (UOM). En diciembre de 1971 la CNU cobró notoriedad en los diarios nacionales luego de que militantes suyos asesinaron a Silvia Filler, estudiante de arquitectura de la Universidad Provincial de Mar del Plata, iniciando así el itinerario que la llevaría a conformarse como un grupo de choque del peronismo de derecha. El ejercicio de la violencia no impidió que el núcleo de la CNU buscase ampliar sus bases creando organismos colaterales como la Concentración Nacionalista de Estudiantes Secundarios (CNES) o la Concentración de Juventudes Peronistas (Ladeuix 2007).

A finales de 1973, junto con otros grupos ortodoxos del peronismo, la CNU se integró en la mesa de articulación de la Juventud Peronista de la República Argentina (JPRA) organizada por Julio Yessi, colaborador de Lopéz Rega. Apoyado por Perón, el esquema estratégico de Yessi y López Rega pretendía nuclear a las fracciones que no se englobaban en la llamada "tendencia revolucionaria". Aun así, ningún miembro de la CNU ocuparía cargos de conducción dentro de la estructura del Movimiento Justicialista. Por otra parte, la revista *El Caudillo* utilizaba la noción de la sinarquía según la caracterización de Disandro, pero operacionizándola para un andamiaje no solo ideológico sino como acción de choque contra los enemigos internos. Ya en 1974, con la organización por parte de López Rega de la Alianza Anticomunista Argentina, un significativo número de militantes de la CNU se integrarían a la estructura de los "escuadrones de la muerte", la siniestra Triple A (Larraquy 2007).[23]

---

[23] El director de *El Caudillo*, Felipe Romeo, provenía de la Guardia Restauradora Nacionalista que se escindió por derecha de Tacuara. Hacia 1973, su referente, Alberto Brito Lima, era el jefe del Comando de Organización. Romeo participó del nacimiento de la ultraderecha peronista, específicamente de la Juventud Peronista de la República Argentina (la jotapeerrea), junto con amigos como el coronel Osinde (Besoky 2010).

En uno de sus últimos números, el 30 de octubre de 1975, *El Caudillo* se hacía eco de las teorías del complot afirmando que se estaba asistiendo a "la última etapa de un proceso conspirativo". Entre los integrantes de esta conspiración figuraron "los partidócratas liberales, los 'progresistas' de la izquierda parlamentaria, los guerrilleros de la guerra revolucionaria, la derecha financiera y usurera y los sectores que alguna vez formaron parte del peronismo". Todos ellos coinciden en "el ataque despiadado a la figura e investidura de Isabel Martínez de Perón". Aparecen luego las fotos de José Ber Gelbard y Timerman precedidas por el siguiente epígrafe: "La trilogía de la conjura sinárquica que asola a nuestro país: Gelbard es quien paga a los alcahuetes de turno; Timerman es quien difunde el macaneo de su diario para 'exquisitos' y el enano [Carlos Humberto] Perette en la cámara propicia cuanto fenómeno sea posible descubrir para hacer despelote". El artículo termina señalando que cuando llegue la hora de la verdad "Timerman se irá a hacer sionismo a Israel" (*El Caudillo*, 30 octubre de 1975).

La condena de la ONU equiparando sionismo y racismo (Resolución 3379, del 10 de noviembre de 1975) sirvió para abrir la caja de Pandora semántica de la sinarquía y manipularla de modo tal que esa entidad equívoca y abstracta fuese denunciada abiertamente por la derecha peronista y antiperonista como equivalente del condenado sionismo internacional. El clima propicio de fobia antisionista fue aprovechado por Horacio Calderón, quien en diciembre de 1975 publicó su libro *Argentina Judía*. Ese libelo constituye el compendio más integral del cliché temático de la sinarquía que fue elaborado por el peronismo de derecha en sus dos flexiones, la del Medio Oriente y la Argentina. En el acto de presentación del libro, Calderón reiteraba las tesis de su infundio: la existencia de una serie de organizaciones internacionales dirigidas por el "judaísmo internacional", que según el autor comprenderían "la internacional capitalista, la comunista, la vaticana, la masónica y sus variantes de proyecto sionista, proyecto de la diáspora y proyecto judeo-cristiano" (véase la crítica del libro en Senkman 1989, 173-174). Además, desde el antiperonismo de derecha, también Walter Beveraggi Allende —figura central en la difusión del Plan Andinia— aprovechaba el clima antisionista en 1975 para publicar *La inflación argentina 1946-1975*, con una iconografía antisemita acusando a la sinarquía en "la maniobra gigantesca de estrangulamiento y vaciamiento de la Nación Argentina" (Beveraggi Allende 1975).

Desde la derecha peronista se destacó doctrinariamente Alberto Buela por sus interpretaciones conspiracionistas. Dos meses después de la muerte del anciano teniente general retornado del exilio para presidir el borrascoso tercer peronismo, el filósofo nacionalista peronista Alberto Buela publicaba la primera edición de *La sinarquía y lo nacional* (1974). Si una lectura hegeliana de derecha permeaba su concepción de lo nacional en el peronismo, Buela adaptó la teoría de la sinarquía como gobierno mundial del ocultista francés Alexandre Saint-Yves d'Alvey, quien en su libro *La France vraie* (1887) la definió como una forma armoniosa de gobierno europeo que oponía al anarquismo de la época. Buela trabaja sobre otra versión del pacto sinárquico reformulada en 1935 por Henry Coston y publicada íntegramente en clave de sociedades secretas y de la masonería. Coston era un colaboracionista de los alemanes durante la ocupación alemana de Francia y un notorio antisemita, quien en 1941 ayudó a la policía del mariscal Philippe Pétain a incautar esos materiales (Coston 1957, 1962).[24]

Según Buela, el pacto sinárquico y su gobierno mundial se basa en cinco grandes federaciones imperiales, ya constituidas o a crearse en la modernidad, y que supuestamente se repartieron el control geopolítico y económico mundial. Ellas son identificadas como la federación controlada por las naciones británicas, la federación panamericana controlada por Estados Unidos, la federación paneurasiática de la URSS, la paneuroafricana y la panasiática. De acuerdo con el autor, la estrategia sinárquica propulsa conflictos a nivel mundial, tanto en las zonas de estallidos revolucionarios como en el mundo capitalista. Siguiendo a Carlos Disandro —el otro citado teórico peronista de mirada conspirativa que escribió acerca de la sinarquía— Buela creía que, a fin de conseguir la dependencia en todo el mundo, la estrategia sinárquica era crear facciones revolucionarias y también reaccionarias al interior de cada nación en conflicto, quitándole así toda capacidad de autodeterminación (Disandro 1971, 10). Tal división sinárquica del orden mundial estaría basada en el poder financiero de la banca mundial, cuyos apellidos eran abrumadoramente judíos, desde los banqueros Rockefeller y Kuhn Loeb & Co (de Estados Unidos), pasando por Warburg (Alemania) y Gunzberg (URSS), hasta llegar a Lazard Hnos. (Francia) y Nye (Suecia), todos supuestamente vinculados entre sí por lazos familiares o intereses comunes. A su vez, ese orden económico estaría basado contradictoriamente en un orden mundial religioso sincrético donde una planetaria Iglesia Universal comprendería a la Iglesia Evangélica, a la Mosaica, a los Vedas, además de formar parte del mismo el Islam, la Iglesia Católica Romana y los luteranos. Sin embargo, una estructura piramidal, jerárquica y secreta paradójicamente estaría regida por la masonería anticristiana (Buela 1974, 10).

Sus posteriores escritos sobre filosofía política, que Buela define con el término de *meta política*, están atravesados por una crítica a los fenómenos de la dependencia económica y la globalización cultural y social, a los cuales pretende desenmascarar desde una perspectiva hispanoamericana católica. En esos textos es fácil percibir el acecho de "fuerzas sinárquicas", aunque ellas no son explícitamente enunciadas (Buela 1993, 1996, 1999). Pero tras la crisis financiera de 2008, Buela retorna con nuevo ímpetu para atacar a la supuesta conspiración sinárquica detrás de la cual identifica a Israel. Así, en 2009 publicó un ensayo titulado *El imperialismo internacional del dinero*, donde ensaya una explicación conspirativa sobre la crisis

---

[24] Coston fue un activo colaboracionista y líder de la Association des Journalistes Anti-Juifs, redactor estrella del diario *La France au travail* y afiliado al Parti National-Socialiste Français. Fue convocado por el mariscal Petain junto con otros intelectuales para investigar sobre la masonería y denunciar sus secretos. En el centro de sus trabajos se destacaba la denuncia contra la masonería globalista y la judería apátrida. Su libro *Les financiers qui mènent le monde* (1955) fue publicado en español (Coston 1957) y reeditado como *El secreto de los dioses. Con dinero rueda el mundo* (Buenos Aires: Almena, 1974).

financiera mundial basada en información periodística sensacionalista sobre presuntas transferencias a Israel de fondos especulativos de financistas judíos norteamericanos (Buela 2009). En la segunda parte, Buela retorna a su vieja teoría sobre la sinarquía en clave peronista, y donde los perversos villanos son Israel y el sionismo apátrida. Antes ensaya una crítica a la teoría leninista del imperialismo acusándolo supuestamente de haberse olvidado de denunciar "al imperialismo del dinero", aquel que Juan Perón lo había tomado en cuenta en un reportaje muy citado:

> Este imperialismo internacional del dinero tuvo su mejor caracterización politológica en la idea de sinarquía lanzada y utilizada por el general Perón allá por los años setenta. […] Con motivo de la entrevista que le realizara el coronel Cornicielli como enviado del general Lanusse en España a Perón, este respondió sobre el tema afirmando: "El problema es liberar al país para seguir libres. Es decir, que nosotros debemos enfrentar a la sinarquía internacional manejada desde las Naciones Unidas, donde están el comunismo, el capitalismo, la masonería, el judaísmo y la Iglesia Católica —que también cuando la pagan entra—. Todas estas fuerzas que tienen miles de colaterales en todo el mundo son las que empiezan a actuar" (*La Razón*, 4/7/72).[25]

Un derivativo de la narrativa sinárquica es el así llamado Plan Andinia, un mito según el cual existiría una supuesta conspiración para desmembrar la integridad territorial de la Patagonia y crear allí un nuevo Estado judío. El "plan" fue dado a conocer públicamente al secretario general de la CGT en noviembre de 1971 por el citado Walter Beveraggi Allende, un profesor nacionalista de economía a quien en 1951 el gobierno de Perón le quitó la ciudadanía por auspiciar sanciones económicas y políticas contra Argentina desde su exilio en Estados Unidos, donde se desempeñaba como docente de la Universidad de Boston (Congreso de la Nación 1951). Desde allí, criticaba tanto las posiciones de quienes se oponían a las inversiones extranjeras: tanto los líderes nacionalistas como de la izquierda latinoamericana (Beveraggi Allende 1953, 1954a). Veinte años más tarde, Beveraggi Allende optó por denunciar el Plan Andinia en los diarios de gran circulación, en una carta pública que se titulaba: "Autodefensa Argentina ante la Agresión Sionista", publicada el 1 de noviembre de 1971 (carta pública a José Rucci, "Autodefensa argentina ante la agresión sionista", *Clarín*, 1.º de noviembre de 1971). En el inciso 4, titulado "El Plan Andinia de desmembramiento territorial de la Argentina por el sionismo mundial", denunciaba un complot que supuestamente se tejía para desmembrar la Patagonia de Argentina y Chile con el designio de crear un segundo Estado judío. La

---

[25] Buela imputa a la supuesta falencia teórica marxista-leninista que habría olvidado al "imperialismo del dinero" su incapacidad de denunciar la crisis financiera de 2008, que, según su lógica conspirativa, "es la causa última de la gigantesca estafa internacional a todos los pueblos de la tierra, salvo a uno", sugiriendo evidentemente a Israel.

referencia a la Patagonia tiene como base la mención de Theodor Herzl en su libro *El Estado Judío* (*Der Judenstaat*, de 1896), donde el padre del sionismo conjetura sobre la posibilidad de comprar tierras en Palestina o también en la Argentina para la creación de un futuro Estado judío (anónimo 1963, en Bohoslavsky 2008).

Un anticipo del libelo sobre Andinia ya había aparecido a fines de 1963, pero como una simple nota sin firma en *Rebelión*, el vocero de muy escasa difusión del Frente Nacional Socialista Argentino (FSNA), agrupación juvenil neonazi liderada por Klaus y Horst Eichmann, los hijos de Adolf Eichmann. La carta pública que Beveraggi Allende dirigió al secretario general de la CGT en noviembre de 1971 tuvo un impacto en la esfera pública incomparablemente mayor que la restringida circulación de la publicación neonazi de 1963, e incluso mayor que una publicación anónima titulada *El Plan Andinia o el Nuevo Estado judío*, aparecida en 1965. Hasta entonces, en escritos anteriores, Beveraggi Allende no había aludido a ese plan conspirativo, sino solo a cobrar conciencia nacional (véase v. g. Beveraggi Allende 1969a, 1969b). Antes de la carta pública, su autor hizo circular en forma anónima copias de diez páginas oficio, redactadas a máquina, del Plan Andinia entre los sindicatos, las Fuerzas Armadas, los intelectuales nacionalistas católicos, agrupaciones estudiantiles universitarias y los diarios de Río Negro y Neuquén. Luego circuló como documento titulado: "¿Qué está pasando en nuestro país?". Después de la carta pública, a partir de enero de 1972 circulaba en librerías y quioscos de Buenos Aires un libro titulado: *Los Protocolos de los Sabios de Sion y la subversión mundial*, de Aurelio Sallairai. Es probable que se tratara de un seudónimo usado por Beveraggi Allende, pues mientras la versión completa de los *Protocolos* era prologada y comentada por un anónimo compilador, al final del libro se reproducía como apéndice el Plan Andinia "para análisis y conocimiento de los lectores argentinos" (Sallairai 1972).[26] Pocos meses antes del golpe de Estado de 1976, el mismo Beveraggi Allende publicaba el citado libro *La inflación argentina* (1975), en cuya tapa el mapa de la República Argentina aparecía crucificado bajo la estrella de David esgrimida por una figura estereotipada del judío. Su siguiente libelo, *Del yugo sionista a la Argentina posible. Esquema económico de la dependencia y liberación argentina* (1976), fue prohibido por las autoridades militares a pedido de la DAIA (Beveraggi Allende 1975).

Debemos preguntarnos si existió relación entre la superchería antisemita propalada por ese nacionalista de derecha y el temor de los sectores antiperonistas que en 1971 conspiraban contra las negociaciones del presidente Lanusse que posibilitarían el retorno de Perón y la democratización de la convulsionada Argentina, abrumada por inestabilidad política, social y económica y violentada

---

[26] El Plan Andinia fue añadido como un breve "apéndice" a la edición argentina, pp. 269-274. En la advertencia previa al lector se informaba que el comentarista usa la versión en español de la tercera edición italiana de los *Protocolos de los Sabios Ancianos de Sion* (Roma, 1938) y, como complemento, la edición NOS (Madrid, 1963).

por la guerrilla. Nos preguntamos si es posible correlacionar entre "la más espantosa confusión del pueblo argentino y su desquiciada economía" según el Plan Andinia, y el ciclo de protesta social y violencia acaecidos entre 1969 y 1971. Lo creemos posible. El 29 de mayo 1970, la guerrilla peronista Montoneros condenó a muerte y ejecutó al ex presidente teniente general Pedro Eugenio Aramburu, a quien habían secuestrado como un acto de justicia popular por su responsabilidad en ordenar la represión del movimiento peronista luego del derrocamiento de Perón en 1955. La muerte de Aramburu conmovió a todos los sectores militares y civiles. Días antes del relevo del general Onganía por una junta militar encabezada por el general Roberto Marcelo Levingston, fueron copadas varias fábricas de la industria automotriz en Córdoba. Y después de que asumiera el nuevo presidente, un grupo armado ocupó durante algunas horas la localidad de Garín, atribuyéndose el hecho las Fuerzas Armadas Revolucionarias (FAR). El 27 de agosto fue asesinado el dirigente sindical peronista José Alonso.[27]

Los actos de violencia se iban acumulando mientras las autoridades negociaban el posible retorno del general Perón del exilio en España. Tal proceso incipiente de apertura política fue acompañado por el anuncio de la formación de "La Hora del Pueblo", un paso que en nuestra opinión influiría de modo decisivo en el *timing* del lanzamiento del Plan Andinia. En efecto, el 11 de noviembre de 1970, representantes de la Unión Cívica Radical del Pueblo, junto con los partidos Peronista, Socialista Argentino, Conservador Popular y Bloquista, emitieron en conjunto ese documento, a través del cual exigían elecciones inmediatas, sin exclusiones y que respetaran a las minorías. Entre los arquitectos de esa concertación se destacaban Ricardo Balbín, líder de la UCRP, y Jorge Daniel Paladino, el delegado personal de Perón. Por primera vez en la historia de la Argentina moderna, el radicalismo y el peronismo actuaron políticamente juntos en una convergencia que habría de promover el proceso de democratización. La presión de La Hora del Pueblo resultaría exitosa y se constituyó en uno de los factores que contribuyeron a la remoción del presidente de facto general Levingston y su reemplazo por el general Alejandro Agustín Lanusse en marzo de 1971 (Potash 1994).

El Plan Andinia comienza con una delirante información oracular copiada del conciliábulo que mencionan los *Protocolos*:

El 23 de marzo de 1969, de 21 a 23 horas, se realizó en la sede del Templo Israelita de Paso 423, Buenos Aires, una reunión de judíos aschkenazis presidida por el rabino Gordon, del Kahal de Nueva York. Una infidencia de uno de los presentes ha permitido conocer el tema de la conferencia, que versaba sobre la República Argentina y EL PLAN ANDINIA. El rabino Gordon, que en el año de 1971 ha estado nuevamente en

---

[27] Vandor fue el primero de una serie de atentados donde murieron acribillados los sindicalistas peronistas de derecha José Alonso (agosto de 1970), José Rucci (septiembre de 1973) y Rogelio Coria (marzo de 1974).

nuestra patria (Argentina), comenzó destacando la calidad de la concurrencia, absolutamente seleccionada, y la fundamental importancia del tema a tratar. En efecto, de su capacidad de acción dependía la ejecución del PLAN, cuyo fracaso no se admitía, pues tanto ISRAEL como la DIÁSPORA estaban pendientes de ese éxito o de ese fracaso, que podría convertirse en la gloria o en la penuria judía, ya que en el presente y futuro próximo la solidez de la estabilidad del Estado de ISRAEL podría ser conmovida y para tal emergencia habría que asegurar UN TERRITORIO DE PORVENIR PARA EL PUEBLO JUDÍO DEL MUNDO donde trasladar su poder y su fuerza, para desde allí iniciar los pasos necesarios para recuperar la tierra histórica, si fuera necesario provocando la hecatombe mundial (Sallairai 1972, 269).

Sin embargo, a pesar de que no menciona a la sinarquía, la retórica y lógica conspirativas de los supuestos poderes mundiales del judaísmo que ejecutarían el plan, aparecen con referencia a su infiltración en Argentina. Según el escrito, su objetivo sería usurpar la Patagonia con el aval de potencias internacionales y establecer un segundo Estado judío. El territorio patagónico está solamente connotado al localizar "esos miles de kilómetros [...] haciendo prácticamente imposible el ataque a su territorio, una gran extensión circundada por la cordillera de los Andes" (Sallairai 1972, 271). Otro nodo similar al discurso de los *Protocolos*, condición necesaria para el logro del fin conspirativo, era el estallido de una situación caótica revolucionaria, la cual en las circunstancias a fines de 1971 exigía "profundizar el caos ya existente, fomentar la confusión, intensificar la corrupción, especialmente en el campo político, administrativo, cultural, económico y social" (Sallairai 1972, 272).

El plan va glosando la lógica de acción conspirativa de los *Protocolos de los Sabios de Sion*, pero siempre intentando adaptarla a la situación argentina, acuciada por la amenaza del movimiento peronista:

Es fundamental que la opinión pública y todas las fuentes de difusión estén en vuestras manos, que la judeidad vaya copando las calles paulatinamente, ofreciendo luchas. Apresurar el movimiento socialista, comunista y organizar sin demora sus fuerzas. Hay que lograr la integración del movimiento Peronista a nuestro socialismo POR CUALQUIER MEDIO, desencadenando, al mismo tiempo, una violenta represión y persecución contra el mismo. Estas últimas medidas se llevarán a cabo desde el más alto nivel gubernamental (Sallairai 1972, 272).

A la versión del Plan Andinia de 1972 se le han añadido otras versiones. Muy significativamente, una de las últimas incluye una imaginaria instrucción judía de luchar contra la legalidad de las instituciones:

La mal llamada "legalidad", lejos de significar bienestar o progreso, traerá aparejadas grandes luchas, sangre, fuego y muerte con el estallido de la Revolución Social, y su inmediata consecuencia: la implantación del Comunismo y el extermino de lo argentino. Su consecuencia inmediata será la creación del Estado Judío como lo planificó el profeta Teodoro Herzl. Muy probablemente ANDINIA, cuyo mapa obra en poder de nuestros Servicios de Informaciones. La confusión actual, la disgregación del pueblo, la persecución de las organizaciones auténticamente argentinas y de sus integrantes, significan que estamos en la última etapa del Plan (Sallairai 1972, 272).

La denuncia del complot judío se basa no solamente en inferencias anacrónicas de aquel libro seminal *Der Judenstaat* (*El Estado Judío*) del fundador del sionismo político Theodor Herzl. Además, su autor añadía supuestos antecedentes históricos en el libelo que distribuyó a mediados de 1971 entre oficiales y suboficiales de las fuerzas armadas, interpolando citas de León Pinsker, Josef Kastein, Alberto Gerchunoff, todo ello a fin de fundamentar el mito de un Estado judío en la Argentina. Especial interés revisten los fragmentos de un libro de León Kubovy, quien fue embajador de Israel en Argentina durante los últimos años del segundo peronismo, y que fue traducido al castellano en Buenos Aires bajo el título *Serás siempre Israel* (Kubovy 1958).

Nuestra hipótesis es que los auspiciantes del Plan Andinia intentaban un desvío al proponerse frenar el avance del proceso político de transición democrática abierto por el GAN (Gran Acuerdo Nacional) que —por primera vez desde 1955— abría la posibilidad de que el líder justicialista regresara a la Argentina, escenario que la derecha nacionalista antiperonista vislumbraba con pánico. Luego de la conjura militar del 8 de octubre 1971 en Azul-Olavarría, esos grupos ultramontanos intentaron también echar a rodar en la esfera pública un mito conspirativo que inmediatamente será recibido con alta credibilidad por la prensa de la derecha peronista. Hacia principios de noviembre 1971 el Plan Andinia procuraba una finalidad doble: por un lado, condenar a los militares liberales que sofocaron la sublevación militar nacionalista de Azul y Olavarría, y por el otro, denunciar ante Rucci que ciertos líderes de la CGT, al declarar la huelga general el 29 de septiembre, conspiraban contra la economía nacional. La huelga general provocó pánico porque dio luz verde a las ocupaciones de fábrica y movilizaciones masivas de militantes de base del peronismo, exactamente ese caldo de cultivo necesario que el Plan Andinia anticipaba en su prognosis tremendista habría de "desquiciar la economía". No fue, pues, casualidad que la carta abierta y el Plan Andinia estuvieran dirigidos a José Rucci, el burócrata sindical enfrentado totalmente con el ala marxista y combativa del peronismo de base. Por eso en su carta pública Beveraggi Allende reprochaba a Rucci que "la huelga general dispuesta por la CGT y que se hizo efectiva el 20 de setiembre último 'coincidió' con el paro total de actividades correspondiente al Día del Perdón que celebraba ese mismo día la colectividad judía" (carta pública al secretario general de la CGT José Rucci). Pero además la carta pública estuvo dirigida también a aquellos militares de la sublevación sofocada de Azul-Olavarría un mes antes, en octubre: no casualmente en el epígrafe inicial su autor denuncia lamentando que, a pesar de su sofocación, ese "digno pronunciamiento fue ganado por los 'leales', sí, pero Leales al Estado de Israel [sic]" (carta pública al secretario general de la CGT José Rucci).[28]

Después del asesinato de Rucci (Reato 2008), la narrativa del Plan Andinia fue divulgada por publicaciones de la ultraderecha, tanto por la derecha antiperonista, en las páginas de *Cabildo*, así como por la derecha peronista, en publicaciones como *El Caudillo*, *Patria Peronista* y *Consigna Nacional*, dirigida por Raúl Jassem, quien en la década de 1960 fue lugarteniente de Hussein Triki, representante de la Liga Árabe en la Argentina, y dirigía *Patria Bárbara*, publicación que estaba virulentamente enfrentada a los sectores de la tendencia revolucionaria del peronismo y denunciaba "la infiltración marxista y sinárquica" del grupo de José Gelbard y Montoneros. A ojos de Jassem, la sinarquía tenía un rostro inconfundible; se trataría del sionismo internacional, que desde el Estado de Israel tramaba solapadamente copar al peronismo (*Consigna Nacional*, año 1, N.º 4, 2.ª quincena, enero de 1974, pp. 18-19, 31).

Aun décadas más tarde pudo comprobarse la persistencia de tal concepción conspirativa en declaraciones que le fueron atribuidas a quien fue designado en mayo de 2003 comandante en jefe del Ejército Argentino, el teniente general Roberto Fernando Bendini. Antes de su designación, Bendini se había desempeñado como jefe de la Brigada Mecanizada XI Juan Manuel de Rosas, la más austral del país, cobrando conciencia tanto de la riqueza natural como de la exigua población de la Patagonia, la cual según Bendini la haría fácil presa de intereses expansionistas de potencias extranjeras, tal como advirtió sobre el peligro en septiembre de 2002 en la revista del Centro de Estudios Estratégicos Patagonia Austral (http://bit.ly/2GWz1BF; http://bit.ly/2ZI8yPG). Meses más tarde, ya en su rango de comandante en jefe del Ejército, ponderó la presencia de "soldados israelíes" como una de las hipótesis de trabajo de la fuerza en el marco de una conferencia dictada a altos jefes en la Escuela de Defensa Nacional del Ejército. Bendini aparentemente había identificado tales intereses en la figura de jóvenes israelíes que, después de su servicio militar en Israel, paseaban como mochileros en la Patagonia. Es probable que haya conferido credibilidad a la idea de la toma de la Patagonia influido por nociones que había absorbido de joven cuando militaba en el movimiento nacionalista y antisemita Tacuara. Luego que fueron publicadas, alegó que sus afirmaciones habían sido sacadas de contexto. "Sea por lo que dijo, por lo que dijeron que dijo o por lo que se creyó que debió haber dicho", como indicó el diario argentino *La Prensa* (Mendelevich

---

[28] Walter Beveraggi Allende consideraba a la facción de Leales que sofocó el conato golpista era parte de la "agresión sionista". Para una interpretación de la sublevación, ver Daniel Mazzei 2007.

2003), es indudable que el espíritu de teorías conspirativas continuaba latiendo en el seno de ciertos círculos en la Argentina, aún bajo democracia.

Desde 2010 la web se ha convertido en el espacio online por excelencia donde se difunde el mito de la Patagonia judía. El complot patagónico es ampliamente divulgado, logrando un alto nivel de masificación en diarios regionales y, especialmente, a través de páginas de blog de corte nacionalista.

Según quienes apoyan y difunden tal visión conspirativa de una supuesta amenaza inminente, no hubo nada casual en el incendio provocado por un turista israelí en un parque nacional del sur de Chile. Por el contrario, se trataría de un caso entre muchos de incendios intencionales de israelíes en parques nacionales y zonas boscosas, reflejo de la "infiltración" de soldados israelíes en la Patagonia, que usan mapas mientras realizan de hecho registros cartográficos, como parte de un plan de acaparar tierras patagónicas mediante la compra de superficies inmensas y eventualmente establecer un segundo Estado judío en la Patagonia (Pérez-Contreras 2017). Vemos aquí un ejemplo de cómo se teje la trama narrativa mediática del conspiracionismo. A partir de sucesos reales como un incendio producido por el irresponsable descuido de un joven israelí y la compra de terrenos en la Patagonia por parte de extranjeros (no necesariamente judíos o israelíes), se elabora una metaexplicación que torna casos aislados en parte de un plan codicioso urdido con el designio de desarticular el patrimonio nacional.

Sobre este trasfondo de opiniones ampliamente difundidas en los círculos nacionalistas de extrema derecha, no sorprende la virulencia de los militares que asaltaron el poder entre 1976 y 1983 e intentaron arrancar torturando a detenidos judíos la confesión de los secretos del supuesto "plan sionista" de apoderarse de la Patagonia, versión del antisemita mito de la sinarquía internacional en su variante criolla del Plan Andinia ("Interrogatorios 'especiales' a judíos", en Informe DAIA 1999).

En la lógica de la sospecha conspirativa no hay lugar para el azar y resultados involuntarios de la acción humana, sino que los hechos son presentados siempre como la consecuencia intencional de una conspiración secreta. Poco importa que el asidero con la realidad fáctica sea apenas tenue y parcial. A ojos de quienes comparten la voluntad conspiracionista, los hechos registrados son indicadores de la inminente catástrofe que se cierne sobre el país, el cual inadvertidamente podría perder parte del territorio nacional. Para quienes creen en la supuesta amenaza de esos jóvenes que aparentan ser mochileros, pero que —según sus detractores— serían agentes de fuerzas internacionales que colaboran en la adquisición de tierras patagónicas, conspirando en las tinieblas, solo la vigilancia alerta de quienes están a la guardia de los intereses nacionales permitirá impedir la usurpación. Ese modo de análisis interpreta la realidad en términos casi paranoicos, advirtiendo sobre amenazas, de conspiraciones y complots imaginarios, producto de maquinaciones secretas y clandestinas. Recordemos la caracterización del historiador Richard Hofstadter: "Lo que distingue, pues, el estilo paranoico no es la ausencia de ciertos datos discretos verificables (aunque la pasión extravagante de los paranoicos suele llevarlos a inventar la 'realidad') sino más bien el salto de la imaginación al modo en que articulan críticamente aquellos datos" (Hofstadter 1963, 36-37).

De manera paralela, hay quien alerta sobre el peligro que acecha en la movilización del pueblo originario mapuche. En Bristol, Reino Unido, funciona el Enlace Mapuche Internacional (Mapuche International Link, MIL), una ONG de mapuches y europeos dedicada a la defensa de los derechos del pueblo mapuche en Chile y Argentina. Fundado en mayo de 1996, en reemplazo del Comité Exterior Mapuche (CEM) que funcionaba desde 1978, el MIL aboga por la restauración del efímero Reino de la Araucanía de 1860, reconociendo a un monarca presente. En su sitio, afirman profesar "la firme determinación de contribuir a la lucha de los pueblos indígenas para lograr mayores niveles de autonomía y libre determinación en sus procesos de desarrollo" (http://bit.ly/2GV1EiT).

Es indudable que el incentivo de refundar una ONG en defensa de los derechos mapuches reflejara el cambio global en el reconocimiento de los derechos de los pueblos originarios, en particular —como lo afirma el propio MIL en su sitio— el programa de las Naciones Unidas conocido como Decenio Internacional de los Pueblos Indígenas del Mundo (1995 a 2004), cuyo objetivo fue promover y proteger a nivel mundial el respeto de los derechos de los pueblos indígenas en "cuestiones tales como los derechos humanos, el medio ambiente, el desarrollo, la salud, la cultura y la educación".

Aquellos nacionalistas argentinos convencidos de la autenticidad del Plan Andinia han atacado al MIL por considerarlo un agente británico y sionista, que intenta socavar la soberanía nacional sobre la Patagonia, a fin de crear un Estado mapuche que luego transferiría las tierras al pueblo judío. En verdad, los mapuches intentan recuperar su control sobre territorios ancestrales, en los que se ciernen intereses económicos tanto nacionales como de corporaciones transnacionales. En su visión, compartida por muchos mapuches más allá del reducido círculo de monarquistas, existe un amplio convencimiento de que "la identidad nacional del pueblo mapuche sigue hoy en día más vigente que nunca. Este fuerte sentimiento jamás pudo ser extinguido por las políticas de asimilación impulsadas por los Estados de Chile y Argentina, que no sólo buscaban suplantar su identidad mediante un proceso de aculturación, sino que fueron puestas en marcha a sangre y fuego, de manera ilegal y arbitraria con el propósito de lograr la subyugación de los pueblos indígenas".

La superchería de que la lucha de los mapuches por sus derechos encubriría una conspiración del imperialismo británico o del sionismo no tiene asidero en la realidad. Sin embargo, cobra resonancia sobre el trasfondo de quienes creen en la conspiración sinárquica y en el supuesto proyecto del Plan Andinia de arrebatar la Patagonia.[29]

---

[29] La persistencia del mito fue registrada también por la novela histórica y el *thriller* de espionaje que trasciende las fronteras argentinas y su trama conspirativa es proyectada entre México y Argentina, y entre Santiago de Chile y el sur patagónico y antártico, véase la novela de Francisco Ortega, *Andinia* (2016).

CAPÍTULO 5

Guerras internacionales, conjuras imperialistas y teorías conspirativas

Las teorías conspiraticias perfectas son los mejores aliados de los totalitarios. Creer que las conspiraciones impecables son parte cotidiana de la vida política exige un acto de fe y un módico de complejo de inferioridad y delirio de grandeza, síntomas ambos de incipiente paranoia, compañera frecuente del autoritarismo. El papel de la Gran Bretaña en las causas de la guerra de la Triple Alianza refleja lo antedicho. Ningún documento de época prueba ni remotamente la participación directa de los británicos en el estallido de la guerra ni en su extendida duración. Si bien es cierto que facilitaron al Brasil los préstamos en millones de libras esterlinas para financiar la contienda, debe pensarse más que las operaciones financieras ocurrieron en el sector privado británico sin intervención gubernamental, en la convicción de que el Brasil era un buen deudor [...] El interés británico en el Paraguay fue siempre marginal antes, durante y después de la conflagración. La especie de que fue una guerra inglesa contra el Paraguay peleada por intermediarios, Brasil y Argentina, que así ponían muertos, deudas y sacrificio para beneficio de un tercero desafía el sentido común. Sencillamente, esta guerra fue una eclosión bélica debido a factores regionales y a la herencia nunca resuelta de la conflictividad hispano-lusitana que debía resolver fronteras y ámbitos de influencia política regional.

Caballero Aquino 2013, cap. IX

La investigación histórica de la geopolítica latinoamericana y las relaciones internacionales del continente registra el impacto de las intervenciones territoriales y bélicas de poderes hegemónicos, tales como los británicos y estadounidenses. Son muy conocidas las intervenciones norteamericanas en la región, entre ellas la injerencia en la independencia de Panamá; la persistente intervención de los marines estadounidenses en América Central y el Caribe durante la era de la diplomacia del dólar y del plomo en las primeras décadas del siglo xx; el golpe de 1954 en

---

Cómo citar este capítulo:
Roniger, L. y Senkman, L. 2019. *América tras bambalinas. Teorías conspirativas, usos y abusos.* Pp. 101-154. Pittsburgh, Estados Unidos: Latin American Research Commons. DOI: https://10.25154/book2. Licencia: CC BY-NC 4.0

Guatemala y el rol que tuvo Estados Unidos en las políticas genocidas de contra-insurgencia durante las décadas de 1970 y 1980 en el Cono Sur, así como el apoyo a los Contras en América Central, y la invasión de Grenada en octubre de 1983. Junto a ello, se debe también reconocer que la política exterior norteamericana tuvo otros impactos de signo opuesto, como los conatos de interrumpir la discordia entre los países centroamericanos a través de la Central American Office a principios de siglo XX, o cuando en la década de 1970 la diplomacia norteamericana priorizó los derechos humanos durante la presidencia de Jimmy Carter.

Por otra parte, recordemos que el juego de presiones, injerencias y construcción de imaginarios no ha sido privativo solamente de países como Estados Unidos o Inglaterra. Asimismo, debemos identificar el rol que han jugado en la arena internacional todos los países de la región, desde aquellos con pretensiones hegemónicas como Brasil, Argentina, México y Venezuela, hasta aquellos que han tenido otro rol como Costa Rica, Guatemala y Paraguay. No hacerlo es caer presa de teorías conspirativas que quitan protagonismo a las sociedades y los Estados latinoamericanos. En su búsqueda de maniobras secretas, a menudo el conspiracionismo no logra desentrañar las complejas dinámicas regionales e interacciones entre esferas locales, nacionales e internacionales, cuyo desarrollo requiere un análisis más refinado de los distintos procesos históricos.

En Alerta Austral, un blog sobre historia chilena, Cristián Salazar Naudón llama la atención sobre la perniciosa tendencia a atribuir todos los conflictos bélicos en la región latinoamericana a la "siniestra mano del imperialismo internacional":

> Una de las peores costumbres de los complacientes historiadores de nuestra América Latina —siempre dispuestos a perdonarles a sus pueblos hasta las más aberrantes atrocidades y autocanibalismos— es sostener con majadería que sólo los intereses de las grandes potencias extranjeras se han encontrado detrás de todos los conflictos entre los hermanitos del continente, como si los pueblos fueran inválidos tullidos en la parálisis de su propio destino, cual un peón que espera ser movido para saltar de un metro cuadrado a otro, hasta caer fuera del tablero.
>
> En la Guerra de la Triple Alianza, la Guerra del Pacífico, la Guerra del Chaco y hasta en la totalidad de los golpes militares del siglo XX, la siniestra mano del "imperialismo internacional" ha sido cargada como única y esencial responsable de hacer pelear a los pobres pueblos, siempre victimizados como masas inocentes incapaces de controlar su presente y menos su futuro, siempre distraídas por el hambre y la opresión (Salazar Naudón 2006).

En este capítulo intentamos analizar la interfaz entre conjuras imperialistas e interpretaciones conspiracionistas en clave de dominación geopolítica. El capítulo seguirá una heterodoxa estructura, evitando el eje cronológico en una

línea que va del pasado al presente. Por razones que se visualizarán más adelante, comenzamos analizando ciertas lecturas de la Guerra del Chaco entre
Bolivia y Paraguay (1932-1935), interpretada por muchos en clave conspirativa
como la Guerra de la Standard Oil. A continuación, nos retrotraemos a la Guerra del Pacífico (1879-1883), cuyas interpretaciones en clave conspirativa han
sido más marginales frente a narrativas paralelas proyectadas por académicos
o grabadas en la memoria popular. Trataremos de elucidar tal diferencia tanto
en función del análisis historiográfico, y asimismo a partir de la proyección a
futuro de las demandas contenciosas irresueltas de Perú y Bolivia, países vencidos en la guerra con Chile. Concluiremos con un análisis de las relaciones entre
Cuba y Estados Unidos, intentando diferenciar entre conspiraciones y miradas conspiracionistas en distintas fases de la intervención y el tutelaje imperial
que generaron sospechas conspirativas ya a partir del siglo XIX. El análisis de
otros episodios de la historia cubana y sus relaciones con Estados Unidos en el
siglo XX serán abordados en los subsiguientes capítulos.

1. La Guerra del Chaco: la Standard Oil y las teorías conspirativas

Toda teoría conspirativa sugiere una narrativa sobre un supuesto complot, que
puede sustentarse en hechos o ser mero producto de la imaginación, una trama
destinada a posicionarse frente a la realidad del país y a las estructuras políticas,
ya sea desafiándolas o ganando posiciones de poder. Desde la distancia del análisis histórico, la Guerra del Chaco (1932-1935) constituye un caso clásico, en
el que intereses políticos y económicos regionales jugaron un rol fundamental
para desencadenar no solo la mayor confrontación bélica del siglo XX entre
naciones sudamericanas, sino que generó asimismo interpretaciones conspirativas que se proyectan desde entonces en el imaginario popular de América
Latina. En efecto, para muchos la Guerra del Chaco fue una guerra de la Standard Oil. En esta sección, basada en Roniger y Senkman (2019), revisaremos
precisamente la trama de factores e intereses políticos y económicos involucrados, examinando el juego de elementos reales e imaginarios en la mirada
conspirativa de ciertas narrativas sobre dicha guerra.

Como se sabe, en la Guerra del Chaco se enfrentaron Bolivia y Paraguay,
con terribles resultados por el saldo de decenas de miles de soldados caídos,
heridos y prisioneros, con bajas que superan las 80.000 vidas de reclutados
muertos. Para Paraguay, su victoria fue estimulante, luego de la catastrófica
derrota sufrida durante la Guerra de la Triple Alianza contra Argentina, Brasil
y Uruguay (1864-1870). Para los bolivianos, en cambio, la sangrienta derrota
en el Chaco habría de proseguir el proceso de desmembramiento territorial que
se inició durante la Guerra del Pacífico frente al Chile victorioso (1879-1883)
y la cesión de territorio a Brasil en 1867 y 1903. El impacto de la Guerra del
Chaco fue asimismo inmenso al desplazar a miles de habitantes indígenas al
frente y permitirles a ellos, así como a los jóvenes de las ciudades, conocerse

mutuamente y tomar conciencia de los problemas de la sociedad boliviana. Igualmente, la guerra fue el catalizador de nuevos procesos al generar la desazón tanto civil como militar respecto de las elites gobernantes y de los ineficientes y corruptos altos mandos del Ejército. Indudablemente, el impacto de la derrota fue terreno fértil para el ascenso del Movimiento Nacional Revolucionario (MNR) y del Ejército, cuyo ulterior desenlace sería la Revolución de 1952. Según el historiador Herbert Klein, "los veteranos que sobrevivieron en el Chaco probarían ser el caldo de fermentación del cual surgiría un nuevo orden político en Bolivia" (Klein 1993, 223; Alexander 1962, 199).

Una difundida interpretación sobre la Guerra del Chaco —en especial en la izquierda, explicitada por ejemplo en *La tragedia del altiplano* (1934) de Tristán Marof, líder comunista boliviano exiliado en la Argentina— fue que, en realidad, esa guerra había sido producto de una conspiración de parte de los intereses de las grandes corporaciones extranjeras petroleras y sus aliados en la oligarquía y el gobierno bolivianos. La guerra no habría sido sino una aventura imperialista, tal como lo articula Marof al poco tiempo de iniciada: "¿Por qué estaba combatiendo Bolivia en el Chaco? ¿Por el honor nacional como afirma el manifiesto de los intelectuales del 30 de julio de 1932? No. Ha luchado para obtener un puerto y para defender los cuatro millones de hectáreas de su dominio contra los intereses de la inglesa Royal Dutch Shell" (Marof 1934, 206).

Desde el vecino Paraguay, Carlos R. Santos, en un pequeño libro de ensayos y documentos sobre el inminente conflicto paraguayo-boliviano, opinaba de manera similar que la Standard Oil

> había comprobado la existencia de riquísimos yacimientos en Bolivia, a inmediaciones del Chaco, y adquirió la convicción de que también este los tiene. Había advertido igualmente de que el establecimiento de cañerías para dar salida a los productos por el Pacífico demandaría gastos incompensables por la interposición de la Cordillera de los Andes y juzgó más practicable la explotación por vía del río Paraguay. Este criterio alentó a Bolivia en su insensata empresa contra nuestro territorio del Chaco. [...] Muy pocos han de ignorar, igualmente, que Bolivia es considerada prácticamente como una factoría de aquella opulenta compañía [...] (Santos 1932, 17 y 29).

En la década de 1930, sosteniendo la hipótesis imperialista, el boliviano Marof ofrecía un análisis más sofisticado. Así, la guerra habría sido el producto de las estructuras de poder de

> una media docena de bolivianos que lo tienen todo: millones, siervos, patria, y que por eso mismo pisotean la república, dirigen la masacre y se enriquecen aún más, aliados a los capitalistas estadounidenses y británicos [...] Destrozada la economía boliviana [...] la única salida que tenía el gobierno de [Daniel] Salamanca era la guerra, ya hacia el

Chaco, [donde] una compañía poderosa, poseedora de más de cuatro millones y medio de terrenos petrolíferos, presionaba con ese objeto. […] La victoria soñada sobre el Paraguay y la obtención de un puerto en el río del mismo nombre, por cuenta de la Standard y con el sacrificio de las armas bolivianas, era la única posibilidad que tenían los hombres del gobierno de Bolivia, es decir los señores feudales aliados al imperialismo extranjero, para subsistir, medrar y seguir dominando a sus siervos (Marof 1934, 2-3).

De haber triunfado Bolivia en la guerra, según Marof "se habría desviado íntegramente la cuestión social", se habría dominado a los trabajadores, implantado una dictadura militar y refrenado las aspiraciones de las masas, "obligándolas por la fuerza y un mísero salario, al trabajo rudo de las minas y pozos de petróleo, bajo el látigo del capataz extranjero dueño de las riquezas". Marof fue concluyente: "Eso es lo que deseaba Salamanca y su camarilla, oliendo el petróleo y dispuestos a entregar Bolivia, sin trabas, definitivamente a los yanquis, aliada del cuello a sus empréstitos e inversiones" (Marof 1934, 3).

El penetrante análisis político de Marof, líder del grupo de exiliados bolivianos Túpac Amaru, sobre los intereses económico-políticos del grupo dirigente boliviano conocido como La Rosca habría de transformarse pronto en algo diferente: en una teoría conspirativa según la cual, "las petroleras provocaron un enfrentamiento fraticida": "El 31 de julio de 1932 los ejércitos de Bolivia y Paraguay comenzaron una guerra digitada por las petroleras Standard Oil, yanqui, y la Shell, anglo-holandesa. Duró tres años, muriendo entre 90 y 150 mil combatientes, y se desangraron ambos pueblos. Nunca se encontró petróleo en esa región" (Cuarta Internacional 2017).

Muchos latinoamericanos se hicieron eco de dicha visión conspiracionista, según la cual la Standard Oil habría maniobrado al gobierno boliviano a lanzarse a la guerra. Así, Raúl Scalabrini Ortiz, en su análisis de la política británica en el Río de la Plata, adoptó aquel argumento sobre la génesis de la Guerra del Chaco:

Del otro lado están los frescos, agresivos e insolentes capitales norteamericanos de la Standard Oil y de la General Motors, a quienes ya les debemos el 6 de septiembre [de 1930, fecha del golpe de Estado del general Uriburu en la Argentina], *la fratricida Guerra del Chaco* [nuestro énfasis], cierta tendencia separatista en la provincia de Salta y la vergonzosa Ley de Petróleo actualmente en vigencia (Scalabrini Ortiz 2001/1940, 138).

De manera similar, en la *Cronología de las intervenciones extranjeras en América Latina 1899-1945*, Gregorio Selser registró la fecha del 31 de julio de 1932 bajo la siguiente caracterización: "se inicia la Guerra de El Chaco, entre Paraguay y Bolivia, azuzada respectivamente por Inglaterra y Estados Unidos o, lo que es lo mismo, por las empresas petroleras Shell y Standard Oil" (Selser 2001, 539).

En *Memoria del fuego*, mientras describe con agudeza el sufrimiento de quienes fueron usados como carne de cañón de una guerra despiadada, Eduardo Galeano insinúa de manera similar que los intereses de las corporaciones petroleras extranjeras habrían estado detrás de la guerra:

> Están en guerra Bolivia y el Paraguay. Los dos pueblos más pobres de América del Sur, los que no tienen mar, los más vencidos y despojados, se aniquilan mutuamente por un pedazo de mapa. *Escondidas entre los pliegues de ambas banderas, la Standard Oil Company y la Royal Dutch Shell disputan el posible petróleo del Chaco* [nuestro énfasis]. Metidos en la guerra, paraguayos y bolivianos están obligados a odiarse en nombre de una tierra que no aman, que nadie ama: el Chaco es un desierto gris, habitado por espinas y serpientes, sin un pájaro cantor ni una huella de gente. Todo tiene sed en este mundo de espanto. Las mariposas se apiñan, desesperadas, sobre las pocas gotas de agua. Los bolivianos vienen de la heladera al horno: han sido arrancados de las cumbres de los Andes y arrojados a estos calcinados matorrales. Aquí mueren de bala, pero más mueren de sed.

> Nubes de moscas y mosquitos persiguen a los soldados, que agachan la cabeza y trotando embisten a través de la maraña, a marchas forzadas, contra las líneas enemigas. De un lado y del otro, el pueblo descalzo es la carne de cañón que paga los errores de los oficiales. Los esclavos del patrón feudal y del cura rural mueren de uniforme, al servicio de la imperial angurria (Galeano 1986, 94).

Las citas anteriores avalarían la ampliamente difundida creencia popular dentro y fuera de Bolivia de que las maquinaciones de la empresa norteamericana habrían estado detrás de la impulsiva y poco efectiva guerra que le costó a Bolivia la pérdida parcial de aquella zona desértica subecuatorial conocida bajo el nombre de El Chaco. Dada la supuesta superioridad del Ejército boliviano al comienzo de la confrontación bélica y la prédica nacionalista del gobierno del presidente Salamanca ante sus resultados, cundió el estupor entre quienes suponían poder ampliar el territorio boliviano, recuperando el orgullo nacional, humillado por haber perdido la salida al mar en la Guerra del Pacífico (1879-1883), además de los territorios cedidos al Brasil en 1867 y 1903.

Reconstruyendo la mitología de la guerra por el petróleo: deseos imaginarios antiimperialistas y miradas conspirativas

Aunque serios historiadores como Herbert Klein definieron tal caracterización en términos de una "mitología de la guerra por el petróleo", muchos otros siguieron difundiendo la tesis de la guerra motivada por intereses antagónicos de corporaciones petroleras extranjeras. Tal como explicamos en el primer capítulo, las teorías conspirativas se basan en elementos reales y hechos fácticos, pero estos son extrapolados hasta alcanzar dimensiones fantasiosas, que pierden la proposición con los hechos. La atribución de la guerra a la Standard Oil es un ejemplo de tal mirada conspirativa que, con un endeble fundamento fáctico, permite incorporar la tragedia nacional boliviana en una narrativa de conspiración imperialista.

Aun historiadores nacionalistas, ex militantes del MNR como Frontaura Argandoña, reconocieron la complejidad de los intereses políticos y económicos que llevaron a la Guerra del Chaco (y eventualmente a la revolución militar-civil de 1943).[30] Frontaura Argandoña atribuía el origen bélico al empuje —y si se quiere, a una trama conspirativa real— forjado por los intereses competitivos de la plutocracia de los barones del estaño, y mucho menos a la pugna de la Shell y la Standard Oil, aunque por supuesto recordando la injerencia de países en la región como Argentina y Chile. Textualmente caracteriza así a la guerra:

> La Guerra del Chaco (1928-1935) desatada por los intereses mercantiles de los concesionarios europeo-argentinos en el Chaco y por nacientes imperialismos latino-americanos. Su consecuencia: la revolución militar-civil de 1943 […] En el drama del Chaco, Salamanca es apenas un personaje opaco, un instrumento del destino. Eran Spruille Braden por una parte y Carlos Saavedra Lamas por otra, los directores de orquesta. El mismo súper-estado hizo mutis y se limitó a sacar el mayor provecho posible, eludiendo impuestos y haciéndose pagar caros sus favores. Patiño declaró en París a don Ezequiel Romecín: "Me he de quedar pobre, pero ganaremos la guerra". Salió más rico y Bolivia perdió la guerra y la paz. Hochschild tomó la línea Villazón-Atocha a su cargo para especular y mediante una diestra operación de contabilidad falsa, cobró doble pasaje al Estado por los contingentes que marchaban al Chaco (Frontaura Argandoña 2012 [1974], 18, 39).

El análisis de Frontaura Argandoña no deja lugar a dudas sobre la distancia entre la evaluación histórica de un historiador nacionalista de que Bolivia ha sido victimizada por fuerzas superiores a sus intereses colectivos, por un lado,

---

[30] El gobierno posrevolucionario boliviano estableció la Comisión Nacional de Historia (CNH) en abril de 1954, al frente de la cual fue nombrado un profesional de la historia, Manuel Frontaura Argandoña. El decreto manifiesta que la historia nacional había sido "falsificada" y la CNH era la encargada de facilitar el acceso y revisión de fuentes primarias a través de la recopilación de información presente en todos los archivos públicos y privados. En 1971 se fundó la carrera de Historia, la primera del país, dependiente de la Facultad de Filosofía y Letras, cuyo primer director fue el mismo Manuel Frontaura Argandoña (Gildner 2012).

y por otro, la simplista teoría conspirativa sobre la hipotética "Guerra de la Standard Oil". Citémoslo en extenso:

> Así vino la guerra estúpida. Amplio, grave y tenebroso es el tema de la guerra del Chaco. Para comenzar, no sólo Salamanca es el principal de esos factores. Podrá ser el protagonista más triste y más dramático, pero, a la luz de la investigación histórica, no es el autor de la guerra.
>
> Hay que buscar algunos orígenes en la heredad victoriana o bismarkiana que tardíamente la recibieron y la recogieron en América algunos grupos de presión, y algunos países de desarrollo relativo. [...] La verdad es que los grupos industriales que ocupaban la orilla occidental del río Paraguay necesitaban eliminar el avance paulatino de Bolivia hacia el Chaco, territorio del que con el tiempo se llegaría a desalojar a los influyentes capitalistas allá establecidos, individuos que, por otra parte, manejaban la política bonaerense, aquella de "la década infame" de la que hablan los mismos argentinos.
>
> País subdesarrollado y pobre, Bolivia, país productor de materias primas de alta calidad, sometido por tanto a presiones como al juego de intereses que siempre vienen desde fuera y muchas veces desde lejos como el *simoun* o el tornado [...] Fruto de intrigas internacionales han sido los conflictos en los que se ha visto envuelta Bolivia desde 1879 y especialmente cuando arreciaban las demandas bolivianas en busca del mar. Como un derivativo *le han sido creados a Bolivia conflictos con el Brasil, el Perú, la Argentina y por último el Paraguay, siendo de tal manera eficaz esa conjuración, que, como era de esperar, Bolivia ha salido siempre perdiendo* [nuestro énfasis]. En el caso de la Guerra del Chaco, como lo han revelado escandalosamente los mismos paraguayos, en especial el diplomático Rivarola, la intervención de Chile y Argentina en favor de Paraguay ha sido descarada, ¿cómo podía Bolivia defenderse ante tantos agresores? Notable resulta, por contraste, la resistencia asombrosa del pueblo boliviano, el sacrificio de sus cuadros militares y la defensa de su economía mediante diestras operaciones financieras, obra de Salamanca. Acaso en otro poder, que no en el de Salamanca, místico de la honestidad, Bolivia se hubiera visto envuelta en una catástrofe financiera, porque una guerra, especialmente cuando es improvisada como lo fue la del Chaco, se presta a iniquidades económicas, pero eso no estaba de moda entonces. *Por último, la del Chaco no fue la guerra del petróleo, por lo menos para Bolivia, pues las compañías al parecer contendientes como la inglesa y la americana, en lo único en que se pusieron de acuerdo fue en perjudicar a Bolivia* [nuestro énfasis]. Los grupos de presión, asistidos por estadistas y diplomáticos de opereta, manejaban no sólo la política sino la prensa, gran potencia entonces, a la cual se

le dio el cometido de azuzar el nacionalismo casi ingenuo de los dos pueblos, recibiendo a la vez dineros de los dos gobiernos. Revisada esa prensa, resulta sanguinaria y cruel. Tanto grupos financieros como políticos armaron a un país laborioso y bueno como es el paraguayo. Lo asesoraron militar y financieramente. Le dieron seguridad de victoria, de todos modos y en todo caso, "a autrance", como se dice. Para esos grupos feroces, la victimización de cien mil hombres no significaba nada. Lo principal era el remache de sus intereses. La guerra tenía que sobrevenir de todos modos. El avance metódico de Bolivia en el Chaco obligaba a ello. La agresión extranjera —no digo paraguaya— hubiera sobrevenido de todos modos (Frontaura Argandoña 2012 [c. 1974], 18, 38).

La detallada *Historia de Bolivia* de Porfirio Díaz Machicao indica claramente cómo el contexto de faccionalismo y crisis económica del país mediterráneo indujo a pensar que la ocupación del Chaco permitiría la "salida del total encrustamiento" y posibilitaría cierta prosperidad; cómo ya a partir de 1931 (y tal vez aun antes) existían planes bolivianos de penetración y conquista del Chaco, generados por el temor de que los paraguayos tomaran posesión del territorio; además, cómo escaramuzas entre patrullas de ambos países fueron tildadas de una afrenta "a la dignidad y el decoro bolivianos"; cómo primó el pensamiento táctico por sobre el pensamiento estratégico; y cómo las divergencias de opinión y tensiones entre el Poder Ejecutivo y el Estado Mayor del Ejército afectaron todo el desarrollo de la guerra (Díaz Machicao 1955, esp. 38-39, 57-58 y 83-85).

Díaz Machicao cita la ponderación de Demetrio Canelas, quien fue ministro de Hacienda en el gabinete del presidente Salamanca, sobre el Chaco boreal y su rol en el imaginario de quienes irían a la guerra por su posesión:

Cuando [Salamanca] ascendió a la presidencia, la cuestión del Chaco era ya, desde varios años atrás, una mina cargada de materias fuertemente explosivas y pronta a estallar por cualquier accidente involuntario. Esfuerzos diplomáticos repetidos y las mediaciones internacionales más influyentes, como las que entraron en juego en Buenos Aires y Washington, habían mostrado la irreconciliable divergencia entre las pretenciones [*sic*] de uno y otro Estado, estando cada contender alimentado en sus posiciones por una ardorosa propaganda, que no solamente ponía en juego los derechos y los intereses de las dos naciones, sino sus sentimientos de honor y su amor propio. [...] Extraño destino el de este misterioso Chaco boreal, que no habiendo jamás ofrecido al hombre los bienes que hacen codiciable la propiedad del suelo, parece haber recibido la misión de servir como palenque para poner a prueba la vitalidad de dos pueblos y su derecho a persistir en el tiempo" (Díaz Machicao 1955, 57).

En un reciente trabajo, el investigador argentino Maximilano Zuccarino resume perspicazmente el estado de la cuestión en la investigación histórica respecto de la tesis de los intereses petroleros incitando a la guerra. Destaca, por un lado, su amplia difusión, así como la endeble base histórica, y sugiriendo una evaluación más fidedigna del rol del petróleo en la trama que llevaría a Bolivia y Paraguay a enfrentarse en los campos de batalla del inhóspito Chaco boreal:

> Asimismo, también deben considerarse los intereses de las petrole- ras internacionales que operaban en la zona en disputa (Standard Oil y Royal Dutch-Shell), las cuales, según algunos autores como Sergio Almaraz, Julio J. Chiavenato, Arturo Frondizi o Alfredo Seiferheld — entre otros—, habrían promovido el conflicto armado en procura de hacerse con un territorio supuestamente rico en petróleo.[31] Esta posi- ción, recurrente en la tradición de la izquierda antiimperialista, ha sido puesta en discusión en trabajos recientes como los de Stephen Cote, quien, si bien considera al petróleo como un factor clave en el estallido de la Guerra del Chaco, no centra su análisis en los intereses extranjeros sino en la creciente necesidad por parte de Bolivia de incrementar su producción petrolera para abastecer el consumo urbano y la industria minera y, al mismo tiempo, encontrar una salida fluvial para exportar los excedentes de la misma a través del río Paraguay hasta el océano Atlántico (Zuccarino 2017, quien en la cita hace alusión a los siguientes trabajos: Almaraz 2007; [Chiaventato 2005], Frondizi 1954; Seiferheld 1983; Cote 2013 y 2016).

Intentemos, pues, desentrañar cómo se generó la teoría conspirativa y narra- tiva de la "Guerra de la Standard Oil", cómo se difundió y sobre qué base fáctica ha sido fundamentada.

---

[31] La apreciación del presidente argentino Arturo Frondizi de que detrás de los países beligerantes se movían los intereses petroleros es aún usada en la actualidad en textos educativos de Bolivia como prueba de la veracidad del conspiracionismo que habría llevado a la guerra: en el *Semanario Educativo - Bandera de Bolivia* se encuentra el si- guiente parágrafo: "La guerra fue apoyada desde el extranjero por multinacionales pe- troleras que se disputaban la explotación de los yacimientos y su vía de salida fluvial. En 1956, el luego presidente argentino Arturo Frondizi dijo: 'En primera línea aparecen las repúblicas de Bolivia y Paraguay, pero detrás de ellas están: detrás de la primera, la Standard Oil of New Jersey; detrás de la segunda, los intereses económicos generales del capital anglo-argentino invertido en el Chaco y los intereses especiales de la Royal Dutch-Shell'" (http://bit.ly/2TrYTdZ).

La Standard Oil: ¿la financiera del Ejército boliviano?

Ante todo, la narrativa conspirativa de la "Guerra de la Standard Oil" ganó credibilidad y se vio fundamentada dadas las grandes concesiones que tenía la compañía en Bolivia y la falta de un acuerdo oficial de parte del Paraguay y la Argentina a darle salida a su producción por el río Paraguay (Mariaca Bilbao 1966, 43-65). Además, como adicional base fáctica, quienes han sostenido esa teoría conspirativa adujeron que los soldados bolivianos fueron transportados desde el Altiplano al campo de batalla en camiones de la Standard Oil. Ello, por supuesto, sin mencionar el hecho de que el gobierno boliviano había entrado en conflicto con la compañía petrolera unos años antes, pues la Standard no producía lo estipulado de acuerdo con los términos de la concesión territorial, resistiéndose a pagar la tasa impositiva que Bolivia le exigía; además, no se hacía mención de que los medios de transporte de la compañía norteamericana habían sido confiscados por el gobierno de Salamanca para el transporte de los soldados desde el Altiplano (Klein 1969, 194-197, 217-218).

La narrativa de que Bolivia fue sometida a coerción a fin de entrar a la guerra oculta, en realidad, la falta de cooperación y tensiones que prevalecían entre el gobierno boliviano y la compañía petrolera extranjera. Ya en 1970, en su libro sobre la política de la conferencia de paz sobre el Chaco, basándose en archivos y otras fuentes, el investigador Leslie B. Rout Jr. indicaba claramente la serie de factores que llevaron a que las relaciones entre ambos fueran irresolubles (Rout Jr. 1970). En primer lugar, el hecho de que mientras Bolivia había concedido a la Standard Oil numerosas concesiones monopólicas para la producción petrolera, de las cuales esperaba reditar enormemente el erario público, la compañía norteamericana había concentrado la producción hasta 1927 solamente en cuatro pozos (Bermejo, Sanandita, Camiri y Catamindi), de los cuales no producía sino una cantidad reducida del "oro negro", dada la falta de una clara salida a los mercados. En segundo lugar, la Standard Oil había mantenido entre 1919 y 1928 una batalla legal contra la provincia de Salta en torno a concesiones petroleras, lo cual generó una ola de reacciones nacionalistas en la Argentina. Entre otras razones, ello llevaría en 1922 a crear Yacimientos Petrolíferos Fiscales (YPF), la compañía nacional argentina, que condujo a que la Standard Oil trasladara parte de sus operaciones a Bolivia (Bunge 1933, 72-93).

En 1925, el gobierno argentino denegó un pedido de la Standard Oil para construir un oleoducto desde Bolivia hacia un puerto de aguas profundas en el río Paraná a través del cual le permitiría exportar petróleo, mientras en 1927 elevaba los aranceles impositivos sobre el petróleo boliviano a tasas prohibitivas. La popular creencia de que, tomando posesión del Chaco, la compañía lograría acceso a un puerto de aguas bastante profundas para permitir la navegación de buques petroleros no tenía ningún sustento real, dada la naturaleza de las rutas fluviales; además, la idea de transportar petróleo en barquetas era igualmente irreal en términos prácticos. A su vez, ello explica la decisión de la Standard Oil de reducir la producción de petróleo en Bolivia a niveles de la demanda interna, reteniendo las concesiones pero minando y contradiciendo a la vez las expectativas de las autoridades bolivianas. Tal confluencia de factores había minado las relaciones entre Bolivia y la Standard Oil, a tal punto que al conocer el presidente Hernán Siles de que la compañía había enviado en forma encubierta petróleo hacia la Argentina en 1925, el gobierno le exigió en 1928 el pago de impuestos por ganancias no declaradas, emplazándola hasta el 1.º de enero de 1930, demanda cuestionada en los tribunales bolivianos. Además, oficiales del Ejército boliviano habían tomado posesión de camiones de la Standard Oil sin compensación alguna en 1928. El sucesor de Siles, Daniel Salamanca (1931-1934), ya inmerso en la guerra, intentaría sobreponerse a los ardides de la compañía para no producir petróleo de acuerdo con la capacidad máxima, mediante la nacionalización de las refinerías hasta el cese de las hostilidades (Rout Jr. 1970, 45-48).

Finalmente, en marzo de 1937 el gobierno del presidente Toro habría de cancelar las concesiones y tomando posesión de la compañía, la nacionalizó sin compensación alguna, sobre la base de que en 1925-1927 la Standard Oil había producido en secreto más petróleo que el declarado y lo había exportado a través de oleoductos privados a la Argentina (Muñoz Reyes 1937, en Klein 1969, 260-264). Vale decir, las relaciones entre Bolivia y la compañía petrolera eran ya tensas antes del conflicto armado y no habrían dado lugar a un plan secreto para la toma de la parte oriental del Chaco, donde por otra parte no existían depósitos petrolíferos.

Se impone pues elucidar cómo se generó la teoría conspirativa. Según distintos analistas, en 1932 la prensa argentina y paraguaya —probablemente empezando por la editorial argentina Claridad— adujo que la Standard Oil estaba financiando al agresor boliviano y suministrando las necesidades de aquel ejército invasor del Chaco, a fin de ganar territorio para un oleoducto hacia el río Paraguay (Mora y Cooney 2007, 78; Chesterton 2013). Motivaban tales acusaciones, propaladas por la prensa, el nacionalismo argentino instigado por el litigio entre la provincia de Salta y la Standard Oil y el deseo de los paraguayos de convencer que las hostilidades se habrían abierto por iniciativa de Bolivia, apoyada por los intereses capitalistas de la Standard Oil y la cobertura de Estados Unidos; por tanto, el Paraguay habría entrado a la guerra con el solo deseo de defender su territorio nacional. El 26 de enero de 1933, la Standard Oil negaba tales acusaciones en las páginas de *The New York Times*, declarando su neutralidad en el conflicto entre aquel país y el Paraguay, mientras el periódico informaba que la compañía abriría juicio contra Bolivia por haberle confiscado su parque automotriz y de animales de carga, todo lo cual mostraba las tensas relaciones y falta de cooperación entre la compañía petrolera y el Estado boliviano en guerra (Mora y Cooney 2007, 64; Cote 2013, 748).

En una segunda fase, el argumento conspirativo fue adoptado por el senador norteamericano Huey Long, que se preparaba a lanzar su campaña presidencial en Estados Unidos en 1936. Long, que era un político populista, usó el argumento para atacar a la Standard Oil, una emblemática corporación capitalista con la que había lidiado y atacado cuando el senador ejercía el cargo de gobernador de Louisiana (1928-1932). Años más tarde, cuando Long fue electo al Senado federal de los Estados Unidos, halló el argumento beneficioso para atacar desde el Congreso norteamericano hasta las supuestas maniobras tenebrosas de la Standard Oil. Así, el 30 de mayo de 1934 Long pronunció un enérgico discurso para denunciar que la Standard Oil había provocado la Guerra del Chaco y que financiaba al Ejército boliviano para apoderarse, por su intermedio, del Chaco Paraguayo, a fin de construir un oleoducto desde Bolivia hacia el presumiblemente rico río en petróleo (Mora y Cooney 2007, 79-81; Cardozo 1965, 136).

Dado el protagonismo político de Long, la prensa norteamericana se hizo eco inmediatamente del argumento conspirativo y lo proyectó a la opinión pública, desde donde volvió a ser reproducido en Paraguay. Aun quienes, como el periodista y futuro canciller paraguayo, atribuían claramente la guerra a "los sueños guerreros, el culto de la fuerza, la quimera de la potencialidad militar de Bolivia", y argumentaba que aquel país lanzó su agresión en el Chaco, "dentro de una geografía extrangera [sic] a su historia", en su afán de superar los problemas internos y —citando a *La Prensa* de Sucre— "fundir en los campos de batalla el espíritu de una verdadera unión nacional", al mismo tiempo se hizo eco de las afirmaciones de Long sobre la injerencia de la Standard Oil (Stefanich 1934, 21-22, 28-29, 100, 113). Una vez que el avance boliviano sufriera un *impasse*, y se produjeran agudas derrotas con 65.000 víctimas entre soldados caídos, capturados y desertores, además de decenas de miles de heridos, el argumento conspirativo cundió hondo también en Bolivia; en ese país, fue usado por quienes deseaban atacar al imprudente presidente Salamanca, a la oligarquía aliada a la Standard Oil y al alto comando militar responsable de la derrota.

Long siguió teniendo gran poder e influencia en Louisiana, donde continuó desarrollando distintos proyectos. Cuando el juez Henry Pavy se opuso a algunas de sus iniciativas por razones legales, Long intentó destituirlo. El yerno de Pavy, un médico de nombre Carl Weiss, acudió en septiembre de 1935 al edificio de la legislatura estatal de Louisiana en Baton Rouge durante una visita de Long supuestamente para pedirle que reconsiderara la decisión. Al ser rechazado, abrió fuego sobre Long, provocando su muerte, apenas días después de que anunciara su candidatura presidencial. A su vez, Weiss fue ultimado por los guardaespaldas de Long. Para Scalabrini Ortiz, por ejemplo, la muerte de Long fue orquestada por la compañía petrolera norteamericana, ya que su "apasionado ataque a la Standard Oil, por su intervención en la Guerra del Chaco, le costó la vida [...] pocas semanas después de su denuncia" (Scalabrini Ortiz 1938, también publicado en Scalabrini Ortiz 2001/1940, 155-156).

La muerte de Long fue interpretada por muchos entonces como corroborando la hipótesis conspiracionista de una maniobra de la Standard Oil para hacer callar a ese acérrimo crítico de su política expansionista a nivel global. Se reafirmaría así, por otro lado, la narrativa según la cual la Standard Oil y la Shell habrían coaccionado a sendos países mediterráneos de América del Sur a entrar en la guerra; la causa habría sido su propia competencia en torno a los depósitos petrolíferos de la región en disputa. La teoría convenció a muchos en la región, a pesar de que geológicamente el Chaco central no tenía indicadores de reservas petroleras ni existía petróleo en esa zona (Cote 2013). El mismo Spruille Bramen, diplomático conspirador y empresario norteamericano con fuertes intereses en la Standard Oil, antes de ser enviado por el Departamento de Estado a la Séptima Conferencia Interamericana de Estados Americanos en Montevideo, en 1933, dudaba de que hubiera importantes reservas petrolíferas en la disputada región chaqueña (Braden 1971, 25-27). Es más, aun quienes atribuyen la guerra a la conspiración de los intereses petroleros y la rivalidad entre la compañía norteamericana y la compañía anglo-holandesa, reconocen que la Standard Oil dominaba los yacimientos bolivianos "con el propósito de mantenerlos formando parte de su reserva mundial". A tal fin, la compañía norteamericana desarrolló más el trabajo de exploración y perforaciones de pozos que de producción, "sin intención de explotarlos mientras no sobreviniera una eventualidad que impidiera surtir los mercados latinoamericanos y europeos con sus fuentes ordinarias de producción" (Almaraz 1958, 97-98).

En realidad, la confrontación por los límites territoriales entre Bolivia y Paraguay se remontaba décadas atrás, debido a la falta de certeza cuál derecho de potestad colonial (*uti possidetis*) debiera primar para fijar la frontera: Bolivia alegaba derechos sobre el territorio que se extendía hasta el río Paraguay y el río Pilcomayo, en base a títulos de la Audiencia de Charcas, mientras Paraguay esgrimía derechos en base a ordenanzas de la Corona española, desde las capitulaciones del siglo XVI a las ordenanzas de la Intendencia de 1782, sostenidas por la continua posesión territorial que había ejercido sobre aquellos aun después de 1810. Además, "[l]as disparidades eran fundamentales, pues ambos países ni siquiera estaban de acuerdo sobre la materia del litigio que, según Bolivia sostenía, versaba sobre todo el Chaco, y según el Paraguay, solo sobre sus límites. Pero tal como estaban las cosas en 1932, el problema ya no era de confrontación de títulos, sino de contraste de políticas en términos no reducibles a soluciones jurídicas" (Cardozo 1965, 134).

Desde la década de 1880 hasta los años 1920, ambos países mantuvieron negociaciones fútiles sobre la soberanía de aquel territorio. Para Paraguay, el protocolo de Pinilla-Soler de 1907 —que había dividido el Chaco entre una zona paraguaya y otra a ser arbitrada por la Argentina— sería vinculante. Pero mientras el Paraguay lo ratificaba, Bolivia dilataba su aceptación, hasta rechazarlo en 1910, ignorando la línea del *status quo* y emplazando fortines a fin de frenar cualquier avance paraguayo, ya fuere para el pastoreo de ganado, la extracción de quebracho o el asentamiento de inmigrantes menonitas. En la década de 1920, el fervor nacionalista había cundido en ambos países, previniendo que pudieran mantener conversaciones diplomáticas acerca del Chaco. Intentos de arbitraje por parte de la Conferencia Internacional de los Estados Americanos sobre Conciliación y Arbitraje, y además de la Argentina, Estados Unidos y la Liga de Naciones no produjeron resultado alguno, allanando el camino a la sangrienta confrontación bélica (Mora y Jerry Cooney 2007, 66-77).

Pero retrocedamos atrás en el tiempo. Mientras Bolivia tenía, como había afirmado el presidente Salamanca, "una historia de desastres internacionales que debemos contrarrestar con una guerra victoriosa", la cual abriría una salida al país cuyo acceso al mar había sido cercenado y que recuperaría el orgullo nacional, los paraguayos resistieron a tal escenario. La amenaza de sustracción de más de la mitad del territorio nacional sublevó al gobierno de Asunción para resguardar esa base importante de su economía, sobre el cual Estados Unidos le había reconocido la potestad en laudo presidencial. Solamente entre junio y julio de 1935, mediante la mediación de representantes de un grupo de países americanos, se acordó un alto el fuego que puso fin a las hostilidades en base a las posiciones alcanzadas y mientras se esperaba que una conferencia de paz pondría fin al litigio, por acuerdo directo o arbitraje.

> El 21 de julio de 1938 Paraguay y Bolivia firmaron en Buenos Aires el tratado definitivo de paz. Paraguay no logró retener todo el territorio que sus ejércitos habían ocupado, en particular no logró instalar la frontera en las márgenes del río Parapití, como era su aspiración de máxima, pero no cabe duda [de] que se quedó con la mayor parte del territorio en disputa, reafirmando además su soberanía sobre Bahía Negra, sobre el río Paraguay. En cuanto a Bolivia, un puerto libre concedido sobre el Paraguay y la entera posesión de la cuenca del río Parapití, no alcanzaron a disimular la enorme pérdida territorial sufrida. Una nueva frustración se abatía pesadamente sobre la nación del altiplano (Hernández 2012).

¿Mediación diplomática o miradas conspirativas de Argentina y Brasil para los acuerdos de paz Bolivia-Paraguay?

Si las verdaderas causas que condujeron al estallido de la Guerra del Chaco en septiembre 1932 fueron fundamentalmente alimentadas por disputas fronterizas irresueltas entre los beligerantes, luego del cese de las hostilidades en junio de 1935, las miradas conspirativas contra Bolivia de parte de la Argentina, y las de Brasil en contra del Paraguay, se alimentarían de sendos deseos imaginarios a fin de tener acceso a fuentes petroleras inexistentes en el Chaco subecuatorial.

Tal como han demostrado Zuccarino y Vilar, la rivalidad argentino-norteamericana, a más de la rivalidad personal por el protagonismo del canciller argentino Carlos Saavedra Lamas ante el delegado estadounidense Spruille Braden, fueron factores determinantes en el fracaso de los anteriores intentos de mediación diplomática, por lo cual los acuerdos de cese de las hostilidades solo fructificaron en la segunda mitad de la década de 1930 (Zuccarino y Vilar 2013).

Examinemos, primero, las miradas conspirativas y los imaginarios del Brasil, y después las de Argentina. Las narrativas sobre la mitología de "la guerra

del petróleo" adjudican a la Royal Dutch Shell la alianza de Argentina conti-
nuando la mirada conspirativa acerca de la tradicional conexión anglo-argen-
tina. Es lo que pretende convencer el historiador brasileño Julio José Chiavenato en su libro *A Guerra do Chaco (Leia-se Petroleo)*, especialmente en dos
de sus capítulos: "El sub-imperialismo argentino dirige las garras a Paraguay"
y "La Shell y la Standard Oil aparecen en el desierto del Chaco" (Chiavenato
1979, cap. 6 y 7).

Historiadores brasileños de relaciones internacionales latinoamericanas
mucho mejor documentados (v. g. Moniz Bandeira) demuestran convincente-
mente que durante el transcurso de la guerra, existieron pruebas fehacientes de
que el Presidente Agustín P. Justo apoyaba al Paraguay, debido a cuantiosos intereses económicos en Paraguay; en efecto, además del intercambio comercial, la
presencia de terratenientes dueños de miles de hectáreas, el transporte fluvial en
manos argentinas, como la Compañía Mihanovich Ltd. o el Ferrocarril Central
del Paraguay, no sólo servían para transportar productos, sino también reves-
tían importancia estratégica para la penetración argentina en territorio paraguayo. Pero la mirada conspirativa asimismo se revertía en La Paz. La fantasía
de que el Ejército argentino estaría dispuesto a intervenir para apoyar al Paraguay militarmente, a fin de asegurarse las fuentes de petróleo, condujo al coronel
boliviano Francisco Barrero a temer que el objetivo estratégico de la Argentina
y el Paraguay "solo podía ser la destrucción de la maquinaria militar de Bolivia,
teniendo por 'meta económica' el Chaco y el petróleo" (Barrero 1979, 285).

Aun después del cese de hostilidades, esas fantasías sobre las extensas reservas petrolíferas alimentaron consideraciones políticas de los gobernantes de
ambos países beligerantes para decidir postergar varios años las negociaciones
de la Conferencia de Paz en Buenos Aires, iniciadas en 1935, a pesar de que los
estudios exploratorios de la misma compañía Standard Oil desmentían la factibilidad de hallar petróleo "La Standard Oil sabía entre tanto lo que los bolivianos iban a descubrir solo treinta años después: que los yacimientos disputados
eran escasamente importantes. En consecuencia, no mostró mayor entusiasmo
con los aprestos bolivianos" (Zavaleta Mercado 1967, 79).

Pero el alineamiento de la Argentina junto al Paraguay contra Bolivia en
una suerte de "neutralidad benevolente" no solo respondía a una mirada
conspirativa por codicia económica, sino también hubo miradas fantasiosas
de orden militar y geopolítico. Según los temores del Estado Mayor General del Ejército Argentino, en su hipótesis de una guerra factible con Brasil,
la presencia victoriosa de Bolivia al sur de Bahía Negra en el Chaco provo-
caba gran desconfianza, y se temió que perjudicara a los intereses estratégicos
argentinos. Buenos Aires temía, además, la participación de Chile en un frente
conjunto antiargentino, azuzado sobre todo por Estados Unidos. Tal hipótesis hacía referencia a que el presidente Alessandri había permitido a voluntarios chilenos que lucharan junto con el Ejército de Bolivia. Así caracterizaba
a la odiada intervención imperialista norteamericana un informe secreto del
Estado Mayor del Ejército argentino:

[Los Estados Unidos] que por sus incontenidas y pocas disimuladas actividades imperialistas, no han dejado en la Argentina —por su situación, sus fuentes de riquezas y su capacidad de progreso— la valla sudamericana más seria para la fácil consecución de sus ambiciones, y que, para anularnos con manos ajenas no habrán de trepidar en acumular, estimular y ayudar a enemigos en contra nuestra.[32]

El viaje del presidente Justo a Río de Janeiro en 1933, y posteriormente el de Getúlio Vargas a Buenos Aires en 1935, intentaron distender las tensiones entre ambos países, sobre todo al acordar la firma de una declaración conjunta para que los países beligerantes pusieran fin a la guerra; tal fue el objetivo del Tratado Antibélico de No Agresión y Conciliación, al cual se sumaron también Chile (con reservas), México, Paraguay y Uruguay (Porcelli 1991, 146). La Guerra del Chaco exacerbó asimismo las miradas conspirativas del Brasil frente a su histórico rival y enemigo potencial del Río de la Plata, temiendo el avance victorioso del Ejército paraguayo con apoyo argentino. La amenaza más temida fue la posibilidad de que el Ejército paraguayo lograse concretar el viejo proyecto secesionista de que Santa Cruz de la Sierra se separara de Bolivia, dejando así abierto el valle del Amazonas a la "infiltración argentina". Además, Itamaraty temía que las tropas guaraníes, al descender por el río Mamoré, se apoderasen de la región de Cochabamba donde —esa era la fantasía— habría también reservas petroleras (Moniz Bandeira 1998, nota 160).

El peligro mayor para Brasil consistía, por tanto, en la perspectiva de que el Paraguay intentase incorporar todo el oriente boliviano a su soberanía, para lo cual habrían existido condiciones favorables. Según el informe del capitán Aluizio Pinheiro Ferreira, inspector del Ejército brasileño en la frontera de Mamoré-Guaporé, la población civil de Santa Cruz de la Sierra no mostraba alarma alguna ante la posibilidad del avance paraguayo (Moniz Bandeira 1998, nota 161). Por el contrario, los cruceños o bolivianos del oriente se identificaban mucho más con los paraguayos debido a sus orígenes étnicos y culturales, que con los collas del Altiplano boliviano. En años previos, los bolivianos del oriente ya se habían levantado en armas varias veces contra el dominio político de La Paz, al pretender que Santa Cruz de la Sierra se incorporase a la Argentina como una de sus provincias. La última de esas rebeliones fue sofocada por las tropas del general Hans Kundt, ex comandante en jefe de los Ejércitos bolivianos, en operaciones en el Chaco (Moniz Bandeira 1998, nota 162). En el informe presentado al Consejo Superior de Guerra, el general Waldomiro Castilho de Lima, inspector del Primer Grupo de Regiones Militares, observaba que

---

[32] Ministerio de Guerra, Estado Mayor General del Ejército, Bases para el Plan de Operaciones Máximo -1933-1934, secreto. Anexo a la Orden Secreta N.º 66, Frontera Noreste, Zonas de Concentración, 1933-1934, citado por Moniz Bandeira 1998, notas 150-151.

la independencia de Santa Cruz de la Sierra y El Beni era "altamente perjudicial" a Brasil, al que podría traer consecuencias fáciles de prever. Sospechaba que sus fronteras, distantes y despobladas, estarían expuestas a toda suerte de saqueos y depredaciones, que podrían desencadenar hostilidades, motivadas por la reivindicación de territorios en el Acre y de salida hacia el Amazonas.

Según un informe de inteligencia, la independencia de Santa Cruz de la Sierra y de El Beni, en caso de separarse de Bolivia, sería desde el punto de vista militar, "un peligro mayor para la Amazonia", porque el nuevo Estado "estaría fatalmente ligado al Paraguay y, por lo tanto, al 'principal enemigo probable' de Brasil: Argentina".[33]

No casualmente la intransigencia y dilaciones del canciller argentino en la Conferencia de Paz se superaron luego que las propiedades de la Standard Oil fueron confiscadas por el gobierno del coronel David Toro en 1937, lo que posibilitaba la firma de un acuerdo entre Bolivia y Argentina para la construcción de una línea ferroviaria entre Santa Cruz de la Sierra y Yacuiba. A continuación, fue firmado el acuerdo entre Bolivia y Brasil para construir otra línea ferroviaria de Santa Cruz de la Sierra a Corumbá, en el Estado de Mato Grosso. No mucho antes el canciller boliviano Enrique Finot había declarado al ministro norteamericano R. Henry Norwek que "Bolivia debe hacerle el juego al imperialismo argentino para obtener un arreglo aceptable en el Chaco" (Escudé 1992, 246-247).

Finalmente, Bolivia y Paraguay firmaron el Tratado de Paz, Amistad y Límites el 21 de julio de 1938, pero sin haber conseguido los objetivos estratégicos perseguidos. Paraguay no logró ocupar los pozos petroleros en el río Paripití y adyacencias, ni Bolivia logró expandir sus fronteras allende los márgenes del río Paraguay, donde obtuvo un puerto franco de libre tránsito para mercaderías. Los grandes vencedores de la guerra entre Paraguay y Bolivia fueron Brasil y la Argentina. Al firmar los tratados de vinculación ferroviaria, Santa Cruz de la Sierra-Corumbá y Santa Cruz de la Sierra-Yacuiba, ambos países recibieron enormes concesiones para explotar un petróleo que, como se comprobó, jamás aparecería para permitir su explotación a escala comercial (Moniz Bandeira 1998, párrafo final).

Los efectos de la Guerra del Chaco provocarían profundas transformaciones tanto en Bolivia como en las relaciones internacionales de América del Sur. Víctor Paz Estenssoro, el líder del Movimiento Nacional Revolucionario, agrupación político-militar promotora de la llegada del mayor Gualberto Villarroel al gobierno de Bolivia tras derrocar a Enrique Peñaranda en 1943 y ser protagonista de la triunfante Revolución Nacional de 1952, haría la siguiente apreciación sobre los efectos de la guerra:

---

[33] "Situação Atual do Brasil como Potência Militar Sulamericana". Estudos apresentados ao Conselho Superior de Guerra pelo General de Divisão Waldomiro Castilho de Lima, Inspetor do 1.º Grupo de Regiões Militares, Reservado, s/d (provavelmente 1934-1935). AN-AP51(5) APPAGM., en Moniz Bandeira 1998, notas 165-166.

La Guerra del Chaco fue un profundo sacudimiento que sirvió para acelerar el despertar social de las grandes mayorías nacionales. De ese sacudimiento surgió el Ejército como partido político, armado para reemplazar a los viejos servidores civiles de la oligarquía; pero, al mismo tiempo, la conciencia social nacida del desastre penetró en sus filas. Por eso, frente a los jefes militares, que gobernaron para y por las grandes empresas mineras, y que usaron sus armas en masa —contra obreros y campesinos, surgieron las altas figuras de Busch, de Villarroel y de aquellos otros jefes y oficiales que han compartido la lucha popular (declaraciones de Víctor Paz Estenssoro en 1942, citadas por Frontaura Argandoña 2012 (c. 1974), 38, 40).

Por su parte, tal como lo destacan Zuccarino y Vilar, la rivalidad argentino-norteamericana tomaría nuevas direcciones en el período de posguerra:

[E]l hecho paradigmático que marcó un hito en la rivalidad argentino-norteamericana en Bolivia en los años post-Chaco fue el de la revolución del 20 de diciembre de 1943 en el país del Altiplano, la cual despertó fuertes suspicacias en el Departamento de Estado, que afirmaba la existencia de una decisiva intervención argentina con intenciones expansivas en la región [...]. El golpe militar instaló en la presidencia al mayor Gualberto Villarroel, a quien "el gobierno norteamericano demoró seis meses su reconocimiento, acusando a los golpistas de fascistas y al movimiento inspirado por las condenables autoridades de Buenos Aires" (Zuccarino y Vilar 2013, 84).

En efecto, el golpe de Villarroel en diciembre de 1943 fue caracterizado de conjura nazi por el Departamento de Estado de los Estados Unidos, y de haber sido ejecutado bajo influencia directa de los coroneles argentinos que tomaron el poder en junio de aquel año. El representante diplomático norteamericano en La Paz no diferenciaba entre el nacionalismo boliviano, intentos de los revolucionarios argentinos por la hegemonía regional y el expansionismo nazi de Alemania en 1943. Según el informe diplomático de fines de marzo de 1944, los dos grupos que controlarían el gobierno de La Paz eran los militares y el MNR, ambos "bajo influencia nazi". El MNR era caracterizado especialmente por "su ideología nazi y el antisemitismo". El propio Paz Estenssoro era definido en aquel informe como un "ferviente adorador del culto nazi" y un asiduo visitante de la legación alemana. Una prueba de que el MNR habría complotado con el régimen argentino habrían sido los honores rendidos a Paz Estenssoro en julio de 1943, durante su visita a Buenos Aires, cuando en opinión de Washington "el golpe, realizado con armas y dinero argentino y la ayuda del líder de la Falange española en La Paz, le habría sido propuesto sin acordar fechas precisas" (Zanatta 2006).

Asimismo, los componentes antiimperialistas y antioligárquicos del discurso de Villarroel y del MNR fueron interpretados por los comunistas argentinos y chilenos como mera demagogia conspirativa. En este sentido, la interpretación comunista repitió un patrón usual de muchos análisis sobre las movilizaciones nacional-populares, que tendieron a verlas como un acto de manipulación de "masas en disponibilidad" para conspirar contra las elites del poder. Esto se hizo especialmente notorio en el modo de analizar la movilización de los indígenas por el MNR, cuya imagen fue contrapuesta a la del obrero consciente e ilustrado, atribuido a la disciplinada militancia comunista. La retórica anti-imperialista de los nacionalistas bolivianos del MNR fue denunciada por los miembros del PC como una expresión de un "quintocolumnismo", destinado a entorpecer el esfuerzo de guerra aliado, en un momento cuando el antifascismo de las fuerzas de izquierda y liberales pro-Aliados, especialmente los comunistas latinoamericanos que convocaban a una clara adhesión al panamericanismo. Así, la dictadura del mayor Gualberto Villarroel fue señalada por los comunistas chilenos como un instrumento de un plan global fascista, en el cual estarían involucradas la Alemania nazi, la España de Franco y la Argentina de los coroneles de la revolución de junio 1943 que, según esa interpretación, habría sido la principal expresión del fascismo en América Latina.

La denuncia de la supuesta dependencia boliviana respecto del régimen nacionalista argentino fue uno de los elementos más destacados por el discurso conspiracionista comunista. A menos de dos meses de haber sucedido el golpe de Estado de Villarroel, *El Siglo* de Santiago de Chile se encargó de resaltar, con titulares en primera plana, que "Franco ayuda al golpe boliviano", argumentando que "la legación española [en La Paz] sirvió de enlace con Alemania y los nazis de Argentina", siendo utilizada como centro de "distribución de dinero" para "financiar al Movimiento Nacionalista Revolucionario" (*El Siglo*, 1.º de febrero de 1944; Fernández Abara 2015).

> Se abrirían así, ya en el marco de la Segunda Guerra Mundial, otras teorías y discursos conspirativos, tanto acerca del supuesto filofascismo y filonazismo de Paz Estenssoro y Siles Suazo, los líderes del MNR, el movimiento de masas que supuestamente era un instrumento de un plan global fascista, como respecto de la supuesta amenaza que la llegada de refugiados judíos escapando de la barbarie nazi representaba para Bolivia (Siles Suazo 1942).

Por tanto, en el contexto de la polarización ideológica entre los frentes antifascistas pro-Aliados *versus* nazifascistas pro-Eje, antes y durante la Segunda Guerra Mundial, surgieron otras teorías y discursos conspirativos subsidiarios (Bisso 2007; Pasolini 2013, cap. 3). Así, tanto en Bolivia como en Argentina en 1943-1946, los discursos y miradas conspirativas estuvieron atravesados por mitos acerca del supuesto filofascismo y filonazismo de Paz Estenssoro y Siles Suazo y los líderes del MNR boliviano. A su vez, esas caracterizaciones también fueron atribuidas al GOU y a los líderes nacionalistas argentinos como el coronel Juan D. Perón, acusados de ser supuestamente un instrumento de un plan global fascista; por tanto, no es de extrañar que en plena era del Holocausto, en Bolivia y también en Argentina de esos años hayan sido estigmatizados los refugiados judíos que escapaban de la Europa nazi como "invasores semitas" y "parias indeseables" (sobre los prejuicios de los líderes del MNR, véase Arze Cuadros 2002, 81; Knudson 1968, 138-159; sobre el discurso antisemita del GOU en Argentina y los refugiados judíos, véase Senkman 1983; Senkman 2003-4).

2. La Guerra del Pacífico: recriminaciones mutuas y el rol del imperialismo

En la Guerra del Pacífico (1879-1883) Chile venció a Bolivia y Perú, y ocupó territorio de ambos países. Perú perdió 36.000 kilómetros cuadrados y Bolivia unos 158.000, incluyendo 480 kilómetros de costas, cerrando así la salida de Bolivia al mar. La Guerra del Pacífico ha dejado profundas marcas en los tres países, al igual que la posterior Guerra del Chaco, que hemos analizado en la sección anterior. Cada uno de los países beligerantes ha desarrollado narrativas propias para explicarse a sí mismos y justificar ante otros el desenlace de la guerra, las razones que motivaron tal desenlace y la base de lo que consideran sus derechos legítimos sobre los territorios en disputa.

Más abajo detallaremos tales narrativas que, a menudo, están en pugna como es de esperar, dadas las distintas consecuencias que la guerra significó para cada uno de los estados involucrados. Encontraremos que los dos países vencidos se acusan mutuamente del desenlace, al tiempo que ambos acusan al vencedor. De manera paralela, indagaremos en las teorías conspirativas que intentan dar explicaciones alternativas sobre el protagonismo y la motivación imperial de la Guerra del Pacífico.

Lo que sorprende, empero, no es la multiplicidad de narrativas y énfasis históricos sino que esta guerra —a diferencia de la del Chaco— haya generado un repositorio relativamente reducido de explicaciones conspirativas entre las distintas corrientes historiográficas. Por ejemplo, el destacado historiador peruano Heraclio Bonilla descartaba en 1980 la interpretación conspirativa, desmitificando el influjo de las potencias extranjeras en el desarrollo del conflicto. A su juicio, existían dos tesis referidas a la guerra. La primera, expuesta por el grueso de la historiografía de los países involucrados, adjudicaba a la "historia de los diez centavos" el efecto desencadenante del conflicto. La segunda, asociada a una historiografía antiimperialista, planteaba que la guerra de Chile contra el Perú había sido una guerra impulsada por Gran Bretaña, en la que los ejércitos peruanos, chilenos y bolivianos fueron movilizados al modo de marionetas cuyos hilos habrían sido magistralmente manipulados desde afuera. Bonilla cuestionaba esta teoría al sostener que el rol de inversionistas y accionistas vinculados a la propiedad del guano y el salitre se limitaba a exigir en su momento a cada una de las partes la protección de sus intereses. El gobierno norteamericano, el francés y el inglés habrían actuado como garantes de las exigencias de sus connacionales, sin tener participación activa, más allá de considerar a Chile un país "más ordenado y, por ende, responsable respecto a sus políticas financieras" (*sic*). La hegemonía conseguida por Gran Bretaña a lo largo del desarrollo del conflicto habría sido consecuencia "de las acertadas negociaciones de los accionistas del guano y el salitre (como si no fuera eso una prueba del imperialismo económico) quienes obtuvieron el reconocimiento de las deudas a cambio del implícito apoyo británico a las anexiones territoriales de las provincias Tarapacá y Antofagasta" (Bonilla 1980, 171). Esta lógica estaría expurgada de la desventaja analítica de ser sospechosa de la conspiración británica en el Pacífico, ya que Bonilla pretendía no dar "credibilidad objetiva a un argumento articulado por quienes tenían algo que ganar en incriminar al imperio inglés", como decía en las conclusiones sobre autores y funcionarios norteamericanos.

La tesis conspiracionista

La tesis de que la guerra fue el epifenómeno de un plan conspirativo urdido por los británicos registra un cierto repunte con el transcurrir de los años. Por ejemplo, en *La política británica en la Guerra del Pacífico*, trabajo basado en su tesis doctoral de la Universidad de Pittsburgh, el peruano Enrique Amayo planteaba que la Guerra del Pacífico era —como había declarado el secretario de Estado de los Estados Unidos, James Blaine, ante el Comité de Relaciones Exteriores del Congreso— "una guerra inglesa contra el Perú con Chile como instrumento". Intentando probar esa tesis, Amayo mencionaba que "durante la Guerra del Pacífico, la defensa de la doctrina del libre cambio, hecha por Chile y Gran Bretaña, convirtió a estos países —que compartían intereses comunes— contra el Perú que había optado por la vía opuesta —casi inédita en América Latina— la de la estatización (monopolio del salitre) como instrumento esencial para reorganizar su economía" (Amayo 1988).

De manera similar, la publicación en 2012 de la obra del peruano Luis Ernesto Vásquez Medina *La verdad detrás de la Guerra del Pacífico: El Imperio británico contra el Sistema americano de economía en Sudamérica*, reafirma esa interpretación y la proyecta en neta clave conspirativa. Destaquemos que Vásquez Medina se autodefine como "historiador y político, fundador de la corriente filosófica y política de Lyndon LaRouche Jr. en el Perú" (Vásquez Medina 2012, contratapa). Larouche Jr. (1922-2019), versátil autor y conspiracionista de derecha norteamericano, intentó llegar a ser candidato a presidente de los Estados Unidos repetidas veces entre 1976 y 2004, algunas a través del Partido Democrático,[34] y a quien *El País* caracteriza de ser

---

[34] Véase la descripción de la popular Wikipedia, trazada sin duda en gran parte por el mismo Larouche y/o sus cientos de seguidores: http://bit.ly/2H1clR2.

un excéntrico personaje que, después de pasar por el Partido Comunista, militar con los trotskistas y con movimientos radicales estudiantiles en los sesenta, se ha presentado tres veces a la presidencia de Estados
Unidos y afirma ahora que la reina Isabel de Inglaterra y la banca internacional están implicadas en el tráfico mundial de droga. [...] [Larou-
che] preside un extraño grupo político llamado Caucus Nacional de
Comités Laboristas (NCLC). La impresión unánime es que se trata del
líder de un movimiento de extrema derecha, que ha sido calificado por
la ultraconservadora Fundación Heritage como uno de los más extraños
cultos de la historia de Estados Unidos (Basterra 1986).

Mark Fenster, un experto y minucioso investigador de teorías conspirativas
en la cultura norteamericana, define a Larouche y sus publicaciones de voceros de opiniones conspirativas alternativas, algunas de las cuales se proyectan
como fuente de otras teorías conspirativas aún más inverosímiles y antojadizas
(Fenster 1999, 56, 59-60, 183, 186-188, 191; véase también King 1989).

¿Es el trabajo de Vásquez Medina también de tal tenor? Recordemos que
toda teoría conspiracionista se fundamenta en una cuantiosa base fáctica,
aunque pretende realzar algunos hechos y desacreditar otros a fin de ligar
todo en torno a una tesis central sobre la existencia de un plan maestro conspirativo. Pasemos, pues, a elucidar la interpretación de la trama conspirativa
imperial británica que propone Vásquez Medina sobre la Guerra del Pacífico,
revelando lo que el autor llama la verdad histórica; su pretensión es que ella
debiera primar por sobre los detalles históricos, ya que, según él mismo, "el
academicismo histórico va en contra de la verdad histórica" (Vásquez Medina
2012, 176).

Empecemos citando en extenso la tesis central del libro, para luego analizar la
guerra e intentar entender la trama de esa narrativa y de otras alternativas que,
tanto desde círculos de la academia y fuera de ella, han sido elaboradas para
comprender las consecuencias de dicho conflicto internacional:

La Guerra del Pacífico de 1879 no fue una simple confrontación regional entre Chile, Perú y Bolivia, como comúnmente se cree. Ni fue solo
una confrontación en la que uno de sus bandos, en este caso Chile, fue
apoyado por intereses comerciales británicos ávidos de apoderarse de
los recursos naturales peruanos y bolivianos. Fue eso y más.

No es posible entender esta guerra si no se la considera como parte de la
confrontación estratégica entre los dos grandes sistemas económicos y
políticos mundiales cuya pugna viene modelando el mundo desde hace
casi doscientos cincuenta años: el sistema oligárquico imperial británico
y el sistema americano de repúblicas soberanas. Como constataremos,
en 1879 estos dos sistemas se enfrentaron en el Pacífico sur del continente americano como parte de su lucha estratégica, tal como lo habían

hecho algunos años antes, entre 1860-1865, en territorio norteamericano, durante la Guerra de Secesión.

La agresión anglo-chilena contra el Perú no solo estaba dirigida a quedarse con el salitre, una materia prima entonces clave para la agricultura y la guerra; su principal objetivo fue destruir el gran proyecto de industrialización, que con no pocas dificultades se llevaba a cabo en el Perú y que de haber tenido éxito habría cambiado para siempre la situación neocolonial de Sudamérica [nuestro énfasis]. El Imperio británico, en una maniobra de largos años de preparación, tomando a Chile como instrumento y usando la capacidad financiera de la City de Londres, los recursos del almirantazgo y a la cancillería británica, puso fin, con una brutal guerra de saqueo y rapiña, al proceso de industrialización que se iniciaba en el Perú. El Imperio británico, que acababa de ser derrotado por Lincoln en Norteamérica, no podía permitir que el modelo americano se replicara en el sur del continente. La agresión anglo-chilena truncó un proyecto de industrialización en el Perú que una elite educada llevaba adelante y que era apoyado por la facción antibritánica de patriotas norteamericanos herederos de Abraham Lincoln.

En 1879, un enemigo acérrimo del imperialismo británico y por entonces secretario de Estado norteamericano, James G. Blaine, lo señaló claramente cuando sostuvo ante el Congreso norteamericano que la llamada Guerra del Pacífico era "una guerra inglesa contra el Perú con Chile como instrumento". Blaine y el entonces presidente James A. Garfield conocían muy bien qué intereses estratégicos estaban detrás de ese conflicto y por eso apoyaron decididamente al Perú ante la agresión británica. Situación que se revirtió en julio de 1881, cuando *el presidente Garfield sufrió un atentado contra su vida (que lo condujo a la muerte pocas semanas después) por un "asesino solitario"* [...] ese siniestro personaje tan frecuente en la historia norteamericana y siempre tan conveniente para los intereses británicos [el énfasis es nuestro] (Vásquez Medina 2012, 11-12).

Entre otras afirmaciones, se sugiere que *(a)* fuerzas siniestras —las del Imperio británico— "habrían impulsado una guerra fratricida entre países hermanos"; el autor detalla que la GDP "fue una de las guerras que lanzó el Imperio británico para seguir manteniendo su poder mundial. En ella, la Corona, de manera coordinada, usó a todas sus instituciones: el Foreign Office, la banca de la City [dominada por la Banca Rothschild], la casa Gibbs, sus aparatos de inteligencia y el almirantazgo. La agresión se decidió como parte de los planes de dominio del Imperio británico" (Vásquez Medina 2012, 176 y 176-191); *(b)* que no se trataba solo de lograr el dominio del mercado mundial del salitre y controlar los otros recursos costeros, sino de terminar con un proceso autárquico de emancipación económica en el Perú que, de tener éxito, "habría cambiado para siempre la situación neocolonial de Sudamérica"; *(c)* que, citando al secretario de Estado norteamericano, se trataría de una "una guerra inglesa contra el Perú con Chile como instrumento", no simplemente de la participación de intereses privados británicos, como reconocen historiadores profesionales del calibre de Jorge Basadre; *(d)* que, finalmente, el asesinato del presidente norteamericano Garfield habría sido en realidad producto de una conjura para impedir que siguiera apoyando al Perú en las negociaciones de paz posteriores a la ocupación de Lima.

Se sostiene, pues, la existencia de una conspiración articulada desde mucho antes por el Imperio británico, usando la capacidad financiera de la City de Londres, los recursos del almirantazgo, los servicios de inteligencia y la cancillería británica, para destruir el proyecto de desarrollo emancipatorio del Perú.

En el caso de Bolivia, existieron también quienes sostuvieron la tesis de que la Guerra del Pacífico —así como la cesión de Acre al Brasil— habrían sido producto de "la labor maquiavélica del imperialismo anglo-yanqui", tal como lo expresó Alberto Mendoza López tras la Guerra del Chaco. Una figura ligada al grupo nacionalista que en 1941 se definiría como el MNR, Mendoza López se autocalificaba de filósofo y se alineaba con las fuerzas del Eje, alertando que el panamericanismo liderado por Estados Unidos era una fuerza que imponía la esclavitud entre los pueblos indoamericanos (Ostria Gutiérrez 1958, 10). Sin embargo, dicha tesis no logró influir entre quienes no pudieron ignorar el rol de las fuerzas políticas nacionales en las decisiones que condujeron a Bolivia a embarcarse en otra aventura bélica medio siglo después de concluida la Guerra del Pacífico.

Debiéramos preguntarnos, sin desestimar por supuesto la importancia del capital financiero internacional y del Imperio británico en la segunda mitad del siglo XIX, cuál es la base fáctica de las tesis conspiracionistas. Al mismo tiempo, deberíamos tratar de evaluar por qué la narrativa conspiracionista no prevaleció en los países vencidos frente a otras narrativas que explican el desarrollo de la conflagración bélica y su desenlace de manera completamente diferente; por ejemplo, en base al protagonismo de los intereses económicos chileno-ingleses frente a los peruanos en torno a los recursos del litoral boliviano; en base a la larga historia de tensiones entre los tres países; y en base a los incesantes roces violentos de la cotidianidad social de territorios que eventualmente serían disputados en la guerra, territorios bajo soberanía boliviana aunque poblados por una mayoría de trabajadores chilenos.

Aun reconociendo el rol antagónico de la diplomacia británica frente a la norteamericana, tanto la mayoría de los analistas como de los ciudadanos bolivianos y peruanos terminó viendo en el desenlace el peso de esos otros factores, acusándose mutuamente y por supuesto acusando a Chile y a los intereses comerciales chilenos e ingleses del desenlace; no obstante, se abstuvieron de conferir demasiada credibilidad a una gran maniobra oculta, que los iniciados en teorías conspirativas como Vásquez Medina desearían fantasiosamente llegar a denunciar.

Esta perspectiva es particularmente interesante en el horizonte comparativo de aquella otra guerra entre Bolivia y Paraguay por la posesión del Chaco boreal, la cual ha producido amplia credibilidad en Bolivia y en otros países sudamericanos: recordemos que la trama conspirativa había sido ensayada para explicar la Guerra del Chaco adjudicándola a los intereses petroleros en juego, al punto de que muchos la catalogaron como la Guerra de la Standard Oil.

¿Una guerra inglesa contra el Perú con Chile como instrumento?

Durante las primeras seis décadas del siglo xix, la zona de Atacama había presenciado innumerables confrontaciones armadas en torno a la independencia, guerra de guerrillas, guerras civiles, ataques de montoneras y fuerzas internacionales. En la década de 1870, el guano y el salitre habían desatado una "fiebre" de desarrollo similar a la "fiebre del oro" californiana unas décadas antes (Querejazu Calvo 1979; Crozier 1997; Contreras Carranz 2012, cap. 1).

Desde el punto de vista económico, Bolivia retenía la soberanía sobre un territorio con importantes recursos, sobre el cual tanto factores económicos peruanos como chilenos-ingleses intentaban lograr una posición monopólica que aseguraría prosperidad en los mercados internacionales. En efecto, como afirma Alonso Barros, "en la segunda revolución industrial y nueva fase de globalización capitalista, la guerra estuvo materialmente ligada a la expansión de la agricultura y de la industrialización armamentista en Europa, Estados Unidos y Japón: los nitratos del desierto eran su abono y su pólvora" (Barros 2015, 510). En ese contexto, la Compañía de Salitres y Ferrocarriles de Antofagasta, de capitales chileno-británicos liderados por Agustín Edwards, operaba con exención impositiva de acuerdo con un tratado chileno-boliviano de 1874.

Una enorme masa de trabajadores chilenos pobres y aventureros se abalanzó y se asentó en la zona, transformando a Antofagasta y Caracoles en ciudades populosas. Bien pronto, la así llamada Provincia Litoral —un verdadero Lejano Oeste boliviano— se encontraría bajo el débil pero no menos despótico control del orden por parte de unas pocas fuerzas bolivianas sobre una sociedad multitudinaria de "rotos" chilenos, plena de violencia, bandaje y altercados callejeros. Todo choque producido bajo tales circunstancias podía provocar repercusiones más amplias.

En octubre de 1876 se fundó en Antofagasta La Patria, una sociedad de socorros mutuos de chilenos y unos pocos bolivianos que logró tener diez mil miembros entre patrones y obreros; funcionaba como una logia y fomentaba la idea de la fraternidad chilena (los iniciados juraban sobre la bandera de Chile) y la eventual emancipación política del Litoral, al estilo de California. Escribiendo poco después del inicio de la guerra, Benjamín Vicuña Mackenna describió a la sociedad de socorros en los siguientes términos: "sus principales miembros no desmayaban en la patriótica tarea que se habían impuesto, y sus trabajos y esfuerzos se concretaron a la Independencia del Litoral, cuya prosperidad y desarrollo se debía y se debe exclusivamente al trabajo de los chilenos; por consiguiente, nos pertenecía de hecho y de derecho" (Vicuña Mackenna 1880, 57).

Como es de común conocimiento, la chispa que encendió la guerra fue la decisión del presidente boliviano Hilarión Daza Groselle de promulgar un impuesto de diez centavos por cada quintal extraído por la Compañía de Salitres y Ferrocarriles de Antofagasta (CSFA) en esa provincia, a pesar de que los derechos salitreros en esa zona deberían estar exentos de impuestos por un tratado de 1866. Ante la renuencia de la CSFA de pagar tal impuesto, Daza decide quitarles las propiedades y subastarlas, escenario donde los capitales peruanos podrían primar. Cuando el gerente inglés, con el pleno apoyo de los chilenos, se negó a pagar el impuesto que consideraba "injusto" e "ilegal" exigido por Bolivia, y las autoridades bolivianas trataron de apresarlo, se fugó a Chile. Cuando el gobierno anunció que se incautaría del patrimonio de la compañía para resarcirse del impuesto adeudado, los chilenos llevaron a la práctica su "plan" larga y cuidadosamente preparado en secreto.

Las medidas adoptadas por el presidente boliviano estaban motivadas aparentemente por la necesidad de obtener recursos tras el terremoto y maremoto de 1877; otro temblor en enero de 1878 le habría contemplado la transferencia de las operaciones salitreras al ámbito de capitales peruanos, interesados en dominar el monopolio del salitre.

> Claramente, el remate de la CSFA, que las autoridades bolivianas habían previsto llevar a cabo el catorce de febrero de 1879, iba a dejar fuera del negocio a la pujante elite mercantil y financiera anglo-chilena, con profundos efectos desestabilizadores para todo el país. Desoyendo el eco de la lucha por el control hegemónico del comercio marítimo en el Pacífico (que llevó a la guerra de los tres países durante la fase mercantilista de principios de siglo); y, tras las lecciones aprendidas de la desastrosa guerra "Americana" dudosamente llevada por los aliados en contra de España (1866), esta vez la oligarquía peruana quiso imponer y no "compartir" su gigantesco "destino manifiesto" minero, que se venía encarnando en los lucrativos retornos del guano y del salitre. Al menos, no quería compartir dichos beneficios con la pujante oligarquía chilena, encarnada en la CSFA, controlada por los Edwards y sus socios en Londres, Santiago y Valparaíso (Barros 2015, 485).

Los Edwards, la familia patricia chilena que controlaba la CFSA, y quienes podían perder el control del salitre, fueron entonces quienes empujaron a Chile a lanzarse a la guerra; es más, Cornelio Saavedra, ministro chileno de Guerra y accionista de la CFSA, ordenó la toma de poblaciones en el Litoral "para proteger a los chilenos residentes"; la CFSA aprovisionó a las tropas chilenas con mercaderías "a precios de costo", albergó a las tropas en sus patios y campamentos; prestó dinero en billetes al ejército. En base a tal apoyo, a las conexiones políticas y la influencia en la prensa (Edwards controlaba ya *El Mercurio*) Barros define con justa razón a la GDP como "la guerra de los Edwards":

> Su controlador [de la CFSA], Agustín Edwards Ossandón, junto al Partido Nacional o monttvarista, se revelan aquí como el nervio *sui generis* del imperialismo criollo desatado en el Desierto boliviano, oportunamente aliados con los radicales y la masonería: la campaña chilena era impensable sin el apoyo material y logístico de esa gran fortuna, y su incomparable influencia política (Barros 2015, 507).

La publicación destacada de los enfrentamientos constantes entre los civiles chilenos y la policía boliviana en la prensa logró convencer a la opinión pública chilena de la necesidad de anexar aquellos territorios. Según la prensa, la ocupación del litoral septentrional se justificaba por aquella narrativa que destacaba la arbitrariedad y la humillación, que los obreros y residentes chilenos eran objeto a manos de las fuerzas del orden bolivianos, cuyos "cuicos" —epíteto despectivo usado para los bolivianos pobres de estirpe indígena y mestiza— abusaban de su autoridad, mientras las autoridades pretendían ignorar los compromisos contraídos en el tratado de 1874. Por supuesto, los bolivianos se creían con el derecho de imponer orden entre los "rotos" chilenos, a quienes despreciaban. En el enfrentamiento con los peruanos, ya en el campo de batalla, chilenos y peruanos usaron también los recíprocos epítetos de "cholos" y "rotos", o el de "indios" para denigrar al enemigo.

La guerra solo había desencadenado, una vez más, un enfrentamiento de antigua data entre el Perú y Chile:

> La mutua desconfianza boliviano-chilena fue particularmente odiosa previo al tratado de límites de 1874 (llegando Bolivia y Perú incluso a firmar en 1873, un tratado secreto de alianza en contra de Chile). Según la documentación peruana, Bolivia incluso pensó ofrecerle a Argentina el Litoral de Atacama para inducirla a la alianza contra Chile (lo que no prosperó a pesar de haber el Congreso Argentino ratificado el tratado en cuestión) (Vicuña Mackenna 1880).

> Chile por su parte también había ofrecido, en reiteradas ocasiones, tanto a Perú como a Bolivia y Argentina, alianzas guerreras en contra de uno u otro, siempre con prendas territoriales de por medio. Todos presionaban por redibujar los límites sudamericanos del *Uti Possidetis*, como había ocurrido ya con la Guerra de la Triple Alianza contra Paraguay (1864-1870) (Barros 2015, 490).

En ese contexto de recelos, intereses conflictivos y violencia local, la caricaturesca racialización del enemigo en forma estereotipada serviría para promover y fundamentar emocionalmente la confrontación, justificando la justicia de las acciones propias.

Breve resumen del desarrollo y fin de la guerra

El 14 de febrero de 1879 las tropas chilenas desembarcaron en Antofagasta y ocuparon la costa boliviana, donde la mayoría absoluta de la población era ya chilena. El Perú envió a un ministro plenipotenciario con el fin de evitar la guerra, pero siendo el Tratado Boliviano-Peruano de conocimiento chileno, Chile declaró la guerra al Perú y a Bolivia el 5 de abril usando barcos acorazados, fusiles y uniformes de producción inglesa, logrando el dominio marítimo hacia octubre. En mayo de 1880, las tropas boliviano-peruanas se enfrentaron con las chilenas en la provincia de Tacna, pero fueron vencidas por el Ejército chileno. Las tropas bolivianas se retiraron hacia el Altiplano, donde esperaban resistir un posible embate de los chilenos, que no se produjo, ya que su avance fue hacia el norte, donde a principios de junio de 1880 los chilenos vencieron a los peruanos que defendían la plaza de Arica. Desembarcando en Pisco y Chilca, el Ejército chileno continuó la campaña bélica que terminó con la ocupación de Lima en enero de 1881.

La captura de Lima desmoralizó y dividió a los peruanos. Desde entonces, algunos remanentes de fuerzas peruanas mantuvieron una guerra de guerrillas pero que al mismo tiempo se generó desorden social y rebeliones indígenas. Vale decir, se abrió un período de incertidumbre, hasta que ambos países firmaron el Tratado de Ancón, en octubre de 1883, que estableció los términos del fin de la guerra. Bajo los términos de aquel tratado, además de pagar una indemnización, el Perú cedió a Chile definitivamente la provincia de Tarapacá y le otorgó la posesión de Tacna y Arica por espacio de diez años, al cabo de los cuales se llevaría a cabo un plebiscito o consulta popular para decidir la soberanía definitiva de ambas provincias.

Argumentos sobre la conspiración inglesa

Vásquez Medina sostiene que no solo se trató de una ocupación que recurrió al abuso y saqueo de recursos y de patrimonio cultural —hecho indiscutido— sino que, atacando a historiadores como V. G. Kiernan, Jorge Basadre y Heraclio Bonilla, quienes no atribuyen directamente al Imperio británico ni el inicio ni el desenlace de la guerra (v. g. Kiernan 1955), aduce que se trataría de un plan para destruir el proyecto nacionalista peruano que se estaba plasmando bajo la presidencia de Manuel Pardo.

No existe duda de que los nacionalistas peruanos habían iniciado un proceso de recuperación económica y desarrollo, evidenciado en el incrementado uso de energía, importación de carbón, maquinaria de vapor y el trazado de líneas de ferrocarriles altamente promisorias para el futuro desarrollo del Perú; y asimismo resulta indudable que la Guerra del Pacífico pondría fin a ese impulso. Pero históricamente es irrefutable que el ingeniero norteamericano Enrique Meiggs habría de ser, junto con el polaco Malinowski y otros arquitectos del trazado ferroviario, quien por sus servicios controlaría el guano y disputaría el salitre de Tarapacá, compitiendo así con los capitales chileno-británicos. Por otra parte, es indudable que existían intereses portuarios opuestos entre el puerto chileno de Valparaíso y el puerto peruano de El Callao. Finalmente, nadie cuestiona que Inglaterra y Estados Unidos, hasta el asesinato del presidente Garfield y la asunción del poder por su vicepresidente Chester Arthur, apoyaban diferentes intereses en el Pacífico Sur. De ello deduce Vásquez Medina la conclusión de que la guerra fue orquestada meticulosamente desde un principio por el Imperio británico para desarticular al Perú:

> Sin recursos naturales que vender y endeudada con la banca británica, a la oligarquía chilena de los Edwards y los Montt, solo le quedaba vender su complicidad contra el Perú, la salida que querían los Rothschild: una guerra de rapiña y destrucción contra el Perú. Inglaterra había preparado la guerra desde 1875, año en que Manuel Pardo nacionalizó el salitre, el elemento estratégico, cuyo monopolio mundial compartían el Perú y Bolivia (Vásquez Medina 2012, 248-249).

A fin de demostrar la tesis conspiracionista, Vásquez Medina atribuye los resultados de la guerra a un plan premeditado y organizado en secreto. Para revelar la expresa injerencia del Imperio británico, que según el autor buscaba reponerse del traspié de su política en la guerra civil norteamericana, Vásquez Medina menciona información que debería ser analizada más en detalle; a continuación nos detendremos en la principal, a saber, el protagonismo del almirante inglés Patricio Lynch al servicio del Imperio y la decisión norteamericana de intervenir en la guerra a favor del Perú, interrumpida solo por el asesinato del presidente norteamericano Garfield perpetrado por un agente del Imperio británico. Por razones de espacio, no examinaremos otros hilados de la trama conspirativa, como por ejemplo la caracterización del "sospechoso asesinato de Manuel Pardo, el 16 de noviembre de 1878, a cinco meses de la invasión anglochilena al Perú [donde] el asesino, un oscuro sargento, había complotado con su tío, un sastre que cosía para la delegación militar inglesa en el Callao" (Vásquez Medina 2012, 153).

Ante todo, resulta evidente la intención de mencionar al "almirante inglés Patricio Lynch", "un veterano del Ejército británico de la Primera Guerra del Opio contra China", que fue responsable de la destrucción del pueblo de Chimbote y comandante de las fuerzas chilenas de la invasión al Perú (la "expedición punitiva") a fines de 1880, tal como lo caracterió Vásquez Medina (2012, 133 y 20, respectivamente). Pero, en realidad, Lynch (1824-1886) era chileno, hijo de un militar argentino y una dama chilena, quien a los catorce años había ingresado a la Armada de aquel país y servido a temprana edad como cadete durante la guerra cuando a Chile enfrentó la Confederación Peruano-Boliviana (1836-1839). En 1840, Lynch se sumó en efecto a la Armada Británica y participó en distintas acciones, incluyendo la

Primera Guerra del Opio contra China, y alcanzó el grado de teniente primero, jerarquía que le fue reconocida al retornar a Chile en 1847, luego de que el gobierno chileno solicitara su relevo y regreso al país natal. Su rol en la represión de la revolución chilena de 1851 le granjeó un ascenso al grado de capitán de fragata.

Estando retirado, en 1864 Lynch se trasladó a Perú de voluntario junto con otros 152 chilenos a defender la soberanía peruana frente a la amenaza de la armada y las fuerzas de España en la contienda conocida como Guerra Hispano-Sudamericana, y se sumó a la Armada chilena una vez que Chile también declaró la guerra a España. En 1867 fue designado gobernador marítimo de Valparaíso, y a partir de entonces y durante la Guerra del Pacífico jugó un papel crucial en defender los intereses chilenos al ocupar altos cargos como el de vicealmirante de la Armada chilena y general en jefe del Ejército chileno de ocupación. Durante la ocupación del norte, reprimió con extrema severidad a los dueños de las haciendas —cuyos ingresos solventaban la resistencia peruana— y les impuso exacciones y tributos de guerra, incendió haciendas, rompió maquinarias, reclutó en su ejército a los chinos que eran mano de obra local, y sembró la destrucción ante toda resistencia. Según Vásquez Medina, "cumplía al pie de la letra las órdenes del Imperio Británico" (Vásquez Medina 2012, 225.) Debemos preguntarnos, empero, si su actuación en la guerra (el mismo Vásquez reconoce que "en algunos casos fue acusado por el propio Chile de actuar por su cuenta", ibíd. ant.) fue debida a órdenes de los británicos o fue la acción autónoma de un oficial autoritario en situaciones de guerra; a menudo, Lynch fue descrito como "juicioso, inflexible y duro"; además, recordemos que una década antes, y bajo otras circunstancias, había viajado como voluntario a participar en la defensa de la soberanía peruana contra España.

La voluntad norteamericana de intervenir en la guerra fue frenada solo a causa del asesinato del presidente norteamericano Garfield. El crimen fue cometido por Charles J. Guiteau, un anarquista controlado por la inteligencia británica, "un magnicidio […] planeado para cambiar [la] política norteamericana" (Vásquez Medina 2012, 239) que había diseñado un plan de paz sin cesión territorial. Más aun, Vásquez Medina pondera el asesinato como el mecanismo para impedir la expulsión de los británicos de Sudamérica:

> El asesinato de Garfield frenó una de las operaciones más importantes de los patriotas norteamericanos: la expulsión de los británicos de Sudamérica. La administración de Garfield estaba dispuesta a ir incluso a la guerra, si los británicos no aceptaban el plan que habían planteado Garfield y Blaine (Vásquez Medina 2012, 259).

Como fuente documental, Vásquez Medina se basa solo en una nota de Anton Chaitkin en una publicación, el *EIR*, ligada al movimiento de Larouche (Chaitkin 2008). En otro pasaje, Vásquez Medina afirma además que el asesinato del presidente Garfield fue hecho para cambiar la decisión norteamericana de intervenir, incluso militarmente, *de ser necesario*, pese a que no tenía una armada en el Pacífico que pudiera competir con la poderosa flota británica y con la propia armada chilena que, por entonces, gracias a los británicos, era considerada como la tercera armada más poderosa del mundo. Sin embargo, cuando el Gobierno de Garfield se decide a imponer una paz sin cesión territorial por parte del Perú, logra conformar una pequeña flota de cuatro barcos que envió a las costas del Pacífico sur para dar fuerza a las demandas de James Blaine y detener la invasión (Vásquez Medina 2012, 13).

Pero intentemos sopesar la factibilidad del argumento y la tesis, más allá de su origen en fuentes dudosas. En efecto, el rumbo de las negociaciones de paz cambiaría radicalmente bajo el mando del presidente Arthur, especialmente después de que Blaine fue reemplazado como secretario de Estado por Frederick T. Frelinghuysen; este optó por adoptar una posición ecuánime entre los países involucrados, dejando por tanto a Perú librado a su suerte ante el avasallador poder de Chile en plena ocupación de Lima. No le quedaría a ese país sino la opción de rendirse ante las condiciones draconianas que Chile habrá de imponerle y firmar el Tratado de Ancón en 1883.

Sin embargo, el argumento de que Estados Unidos estaba dispuesto a entrar en la guerra en defensa del territorio peruano se basa en hechos parciales mientras desconoce otros a fin de fortalecer la teoría conspirativa. Hagamos pues orden sobre el rol que estadounidenses habrían jugado en los vaivenes de la guerra y su desenlace en las negociaciones de paz entre Chile y Perú, confrontando la tesis de Vásquez Medina con un exhaustivo trabajo de Lawrence A. Clayton sobre las relaciones entre Estados Unidos y el Perú (Clayton 1999).

El desarrollo modernizador de Chile y Perú trajo aparejadas tanto una rivalidad en el Pacífico Sur —evidente ya en la guerra de la década de 1830— como una carrera armamentista durante las décadas de 1860 y 1870, que a su vez intensificó las fricciones entre ambos Estados. Lo distintivo es que Perú, entonces a la delantera en la supremacía naval hacia 1869, y la que perdió en años posteriores, había comprado en Inglaterra sus navíos *Independencia* y el famoso *Huáscar*, que sería comandado por el almirante Miguel Grau hasta su heroica muerte en Punta Angamos, en 1879. También adquirió dos barcos veteranos de la Guerra Civil norteamericana, pero algo a recordar es que Inglaterra no fue solo proveedora de los navíos chilenos *Almirante Cochrane* y *Blanco Encalada*.

La tensión entre Chile y Perú se acentuó en torno a los mercados de guano y salitre, además del desarrollo de las minas de plata a principios de la década de 1870. Bajo la presidencia del peruano Manuel Prado, en 1872, el desarrollo de los ferrocarriles fue visto como la punta de lanza de la civilización. Quien jugó un rol esencial en el entusiasmo de Prado y en el estrechamiento de las relaciones con Estados Unidos fue Henry (Enrique) Meiggs, un nativo de Nueva

York que después de haber probado fortuna durante la fiebre del oro californiana, llegó a Chile escapando de acreedores y de la ley, donde construyó redes ferroviarias sobornando políticos, conquistando mujeres y haciendo una notoria vida de nuevo rico. Entre 1868 y 1871, Meiggs hizo lo mismo en el Perú, logrando atraer a capitales europeos a través de bonos librados a cambio del ingreso que generarían las reservas de guano.

Meiggs se transformó en un generoso filántropo, mecenas de las letras y artes, y fuente de socorro ante desastres naturales como el terremoto de 1868; asimismo, fue activo contribuyente de políticos y hombres de prensa no solo en Perú sino también en Chile y Bolivia. Clayton considera a Meiggs un hombre de la época, ensoñador y catalizador de la fe de las elites y la clase política peruanas en el poder transformador de la modernidad industrial; fue admirado en el Perú, pero igualmente activo en Chile y Bolivia hasta su muerte, en septiembre de 1877.

El historiador Jorge Basadre criticó las excesivas expectativas y credibilidad de los peruanos por los proyectos, en parte espectaculares, concebidos por Meiggs, a los cuales el historiador reprochó haber generado un excesivo espíritu aventurero de emprender obras superiores a la capacidad del Estado, y un creciente endeudamiento y especulación financiera (Basadre 1983, vol. 5, 122-136). Tal aseveración adjudica responsabilidad a los peruanos, quienes, en su credulidad, no habrían sabido moderar y canalizar algunos de los planes propuestos por Meiggs.

Clayton también describe en detalle el impacto de otro inmigrante, el irlandés William Russell Grace, fundador de la compañía W. R. Grace, que se transformó en un nexo peruano con Estados Unidos, cuyos productos importaría y exportaría durante décadas. Habiendo transferido su casa central a Estados Unidos en 1866, pero sin cortar lazos con el Perú, donde su hermano Michael seguía a cargo de la empresa, la Casa Grace estableció una línea mercantil en 1873 para el transporte de personas y materiales en el Pacífico, entrando en múltiples negocios con socios peruanos. Intereses comerciales de estadounidenses junto con europeos y peruanos en las provincias peruanas de Tarapacá, Tacna y Arica, y contactos personales como aquellos establecidos por Meiggs y Grace, favorecerían que las simpatías de Estados Unidos se inclinaran a apoyar al Perú en la guerra con Chile. De forma paralela, los intereses de los inversionistas chilenos e ingleses en la provincia boliviana de Antofagasta inclinaron las simpatías de Inglaterra hacia Chile (Clayton 1999, 53-60).

Pero surge la pregunta acerca de si Inglaterra por un lado, o Estados Unidos por el otro, habrían instigado a una guerra fratricida para tratar de desplazar al otro poder marítimo de la hegemonía sobre el Pacífico Sur. Ambos países, así como Francia, siguieron la guerra de cerca. Como sucede siempre en confrontaciones bélicas, las guerras son escenario de prueba de nuevos armamentos y dispositivos. Por ejemplo, en la Guerra del Pacífico se probaron los torpedos estadounidenses, aunque, como destaca Clayton, sobre Stephen Chester, "experto" que Charles Flynt, un asociado de William Grace había contratado en Estados Unidos para manejarlos en el Perú, casi hunde en el Callao con un torpedo al propio monitor *Huáscar*; asimismo, la perspectiva de la Guerra del Pacífico determinó que Estados Unidos decidiera prescindir de los navíos de madera y transformara su marina mediante la construcción de barcos de hierro.

Estados Unidos no había intervenido en la guerra, a pesar de que algunos veteranos de ambos bandos de la Guerra Civil norteamericana aceptaron ser reclutados para participar del lado peruano. En efecto, Estados Unidos vaciló en su política hacia Perú y Chile en los años cruciales de la guerra; ello, debido a que la invasión y el avance chileno coincidieron con los dos últimos años de la administración del presidente Rutherford Hayes y su secretario de Estado William Evarts que decidieron mantener la neutralidad, intentando mediar sin éxito entre los beligerantes. En marzo de 1881, al asumir Garfield la presidencia y James G. Blaine la secretaría del Estado, Chile ya había vencido a los bolivianos y a los peruanos, y ocupado la capital peruana.

En el plano diplomático, la actuación norteamericana fue también inefectiva y a ojos de observadores norteamericanos, "irrisoria", por lo que decepcionó las inmensas expectativas que los estadounidenses crearon en los peruanos a través de sus intentos de mediación a favor del Perú. Estados Unidos solo entró a jugar efectivamente en el conflicto con el nombramiento de Blaine. Blaine era un acérrimo proirlandés con antipatía hacia Inglaterra, y consideró que podría detener o mitigar el impacto de la agresión chilena, detrás de la cual tanto el presidente como Blaine consideraban ver la injerencia inglesa. Ante el criticismo de miembros del Congreso, Blaine afirmaría en defensa de la posición partidista properuana acerca de que la Guerra del Pacífico había sido en realidad "una guerra inglesa contra Bolivia y Perú, con Chile como instrumento", enunciado que desde su mención por historiadores como Kiernan (1955) sería mencionado una y otra vez en los medios populares y reproducido, asimismo, de irrefutable prueba por quienes, como Vásquez Medina, atribuyen el estallido bélico al Imperio británico. Tal posicionamiento había tenido origen en las opiniones del diplomático norteamericano en el Perú Isaac Chritiancy, un decidido properuano que había enfatizado que la victoria chilena representaría la supremacía británica por sobre la presencia norteamericana, sugiriendo —sin resultado alguno— que el gobierno de su país estableciera un protectorado sobre el Perú en la eventualidad de que Chile continuara su política expansionista (Clayton 1999, 66-67).

En mayo de 1881 Blaine envió nuevos representantes diplomáticos a los países beligerantes. En Lima se instaló el general Stephen A. Hurlbut, un decidido partidario de abrir mercados latinoamericanos a los productos agrícolas y mercancías de su país. Además, el general Judson A. Kilpatrick fue enviado a Santiago. Según Lawrence Clayton, cada diplomático pronto asumió la posición del país en que estuvo designado, creando confusión en la política exterior norteamericana. Por otra parte, Blaine mismo complicó las cosas, ya que les fijó objetivos contradictorios: mantener la integridad territorial del Perú y lograr la paz lo antes posible aun cuando ello implicara la pérdida territorial.

Hurlbut indujo a los peruanos a creer en la posibilidad de que los Estados Unidos intervendrían contra los intransigentes chilenos. Hizo pública una "Declaración a los Notables de Lima" en el sentido de que los Estados Unidos se oponían al desmembramiento del Perú y que él personalmente había elevado un memorándum al comandante chileno de Lima, almirante Patricio Lynch, advirtiéndole contra la toma de territorio, salvo en caso de que Perú se rehusara a pagar una indemnización [por los costos de la guerra]. Hurlbut firmó un acuerdo con el gobierno [peruano] de García Calderón para establecer una base naval peruana en el puerto espacioso de Chimbote en la costa norte del Perú (Clayton 1999, 67).

En noviembre de 1881, García Calderón fue arrestado y deportado a Santiago. Hurlbut había actuado sin autorización y poco antes del arresto de aquel político peruano fue censurado por Blaine. Por supuesto, las acciones de Hurlbut habían creado esperanzas de una intervención norteamericana, algo que no se produciría. Aun antes del fallecimiento del presidente Garfield (convaleciente desde el atentado en julio de 1881 hasta su muerte en septiembre de aquel año) y el reemplazo de Blaine en diciembre de 1881, los pasos tomados por Estados Unidos fueron en otra dirección. Blaine movilizó esfuerzos para formar una compañía de fondos en París, dirigida por Levi Morton, el diplomático norteamericano acreditado en Francia, que aseguró el control del guano y salitre peruanos, pagándole a Chile una indemnización y preservando la integridad territorial del Perú; la Casa Grace tendría el monopolio de la distribución del guano y el salitre peruanos en las Indias occidentales y en Norteamérica. Chile rechazó de plano el proyecto y Grace entendió que los chilenos habían tomado el territorio para no evacuarlo. Otra iniciativa de Blaine fue designar a un ex subsecretario de Estado William Henry Trescot como enviado especial ante Perú y Chile para presionar a los chilenos a transigir y favorecer la capacidad de negociación de los peruanos, es decir, evitar que perdieran territorios y garantizar la neutralidad de los derechos de propiedad en los territorios controlados. En medio de su visita, y habiendo llegado a Chile, el nuevo secretario de Estado Frelinghuysen ya había publicado toda la documentación interna sobre las instrucciones libradas por Blaine. El nuevo secretario de Estado accedió a la exigencia del Congreso de Estados Unidos, donde los enemigos de Blaine habían acusado al ex secretario de apoyar al Perú motivado por obtener una ganancia monetaria. El ministro chileno de Relaciones Exteriores José Balmaceda había sido informado antes que Trescot del cambio de viento en la diplomacia norteamericana, desplomándose así la supuesta nueva "demostración de fuerza e influencia" que los peruanos esperaron infructuosamente ver que Estados Unidos favoreciera su causa. Ante Trescot, Balmaceda había desafiado la falta de intencionalidad norteamericana, al afirmarle expresamente que "Tarapacá es irrevocablemente territorio chileno y que, si los Estados Unidos desean que pase a poder de Perú, deberán luchar por ella". Estados Unidos había vuelto a adoptar la neutralidad y Perú quedaba librado a su suerte, por lo que se vio obligado a negociar la paz con los chilenos en los términos dictados por ellos (Clayton 1999, 68-71; la cita de Balmaceda proviene de Clayton, 1993, 138).

Narrativas divergentes

Tras el trágico desenlace bélico para Bolivia y el Perú frente a Chile, no es de extrañar que las naciones involucradas desarrollaran narrativas historiográficas y populares divergentes. En *El Mostrador*, un diario digital chileno, el cineasta Hernán Dinamarca, codirector del documental *Epitafio a una guerra*, producido junto con el boliviano Armado de Urioste y el peruano Jorge Delgado, hizo en octubre de 2010 un balance del conflicto de "emociones distintas, a veces irreconciliables, con las que vive y recuerda cada pueblo el conflicto":

> Los bolivianos viven en la emoción de la pérdida: su lamento del mar es puro dolor ante lo que les fue quitado en una guerra que entre estos perdedores frágiles dejó esa secuela emocional. Los peruanos, perdedores con una historia más densa y de pasado virreinal, viven en la emoción del resentimiento: débil ante Bolivia porque habría no estado a la altura de los aliados que ellos querían y agudo ante un Chile que, junto a quitarles territorios valiosos, accedió triunfante con sus tropas a Lima, escribiendo allí incluso algunas páginas de excesos que son propios de las guerras, pero excesos al fin al cabo que humillaron profundamente al otro. Y los chilenos, posguerra, hemos permanecido en la emoción del vencedor, con un dejo de arrogancia y soberbia que nos ha llevado a mirar sobre el hombro y a ningunear las secuelas emocionales y de todo tipo del conflicto bélico que los tres países vivimos a finales del siglo XIX. La coexistencia de estas tres emociones (que son mayoritarias culturalmente en cada país, aunque, como en todo, hubo y hay excepciones) ha sido una constante durante más de un siglo. Poco ha cambiado y poco se ha hecho para que estas cambien, siendo ellas el principal obstáculo en la búsqueda de soluciones (Dinamarca 2010; Guerra 2013).

En la memoria colectiva peruana se sostiene que, como destacó un docente de aquella nación en una entrevista con Patricio Rivera Olguín:

> En 1879, Bolivia y Chile tenían fuertes disputas en la región salitrera de Atacama. Bolivia tenía amenazados a los chilenos con expropiar sus salitreras si no pagaba el impuesto de los diez centavos por los quintales [de salitre] que salían de Antofagasta. Para evitarlo, Chile invadió ese puerto el 14 de febrero de 1879. Perú intentó mediar en el conflicto y Chile le declaró la guerra por no declararse neutral. Acto seguido, se declararon varias campañas y guerrillas con acuerdos y tratados (Rivera Olguín 2016, 132).

El docente glosa la existencia del conflicto peruano-chileno en torno al control del salitre. Desde la perspectiva peruana, la guerra fue culpa de Bolivia. Además, Perú habría entrado a la guerra invirtiendo recursos y vidas humanas por lealtad a Bolivia, en cumplimiento del Tratado de Defensa Mutua de 1873. Por otra parte, Bolivia no respondió con energía a la amenaza, concluyendo su participación efectiva en la guerra en 1880, momento en que retiró a sus fuerzas en dirección al Altiplano, abandonando al Perú, que debió seguir luchando contra los chilenos sin la asistencia de Bolivia.

Por el contrario, desde Bolivia se elaboran otras narrativas. Por ejemplo, E. Jorge Abastoflor Frey indica que "la historia boliviana muestra escenarios de derrota y expoliación para justificar el atraso". Según Abastoflor Frey, "pocos eventos en tiempos de paz impactan tanto como eventos en tiempos de guerra", pero la matriz de pensamiento boliviano es circular y va de la derrota, vía pérdida y dominación, al enojo-rabia y frustración. Contrariando los argumentos de la narrativa peruana contra su país, Abastoflor Frey argumenta que tal narrativa se basa en falacias, entre las cuales destacaremos las siguientes:

(i) mientras los peruanos suelen adjudicar la culpa de la guerra a Bolivia, en realidad el objetivo de la guerra habría sido el Perú, ya que Chile deseaba neutralizar la supremacía marítima peruana en el Pacífico Sur, transformando a Valparaíso en el puerto clave de la región en lugar del Callao; prueba de ello es que los recursos de guano y salitre del Perú eran cinco veces mayores que aquellos de la zona costera de Bolivia, y que la guerra concluyó con la ocupación de Lima y no con la ocupación de La Paz, lo cual es un claro testimonio de los objetivos chilenos;

(ii) acerca de la aseveración de que el Perú entró a la GDP por lealtad a Bolivia, en realidad Perú se vio involucrado ya que Chile le declaró la guerra el 5 de abril de 1879, después de que intentara mediar infructuosamente entre Bolivia y Chile y no acudiera a la defensa de Bolivia;

(iii) sobre los recursos para la guerra, en realidad Bolivia transfirió recursos que Perú le pidió para entrar en la guerra: cuando Chile invadió Perú, el presidente peruano envió un telegrama solicitando el envío de las tropas del país hermano y el Ejército boliviano participó así en la defensa del territorio peruano mientras que "los mandos aliados, que eran peruanos, se negaron a realizar una campaña para recuperar territorio boliviano". Según esa versión, "toda la sangre derramada y los recursos invertidos por Bolivia fueron en bien del Perú, aunque no lo reconozcan los historiadores peruanos";

(iv) Bolivia no abandonó al Perú. Después de la Batalla del Alto de la Alianza en 1880, las tropas bolivianas se retiraron a Bolivia en espera del ataque chileno: Bolivia concluyó su participación efectiva en la guerra en 1880, pero durante los tres años siguientes proveyó a Perú de "vituallas, equipo y armamento";

(v) el pacto de alianza entre Perú y Bolivia estipulaba que la paz con Chile debería firmarse en forma conjunta por ambos países; sin embargo, Perú firmó la paz con Chile en 1883 y Bolivia solamente firmó un pacto de tregua

con Chile en 1884 y la paz recién en 1904, lo cual es testimonio de que fue Perú quien no defendió los intereses bolivianos, traicionando las expectativas del país hermano (Abastoflor Frey 2013).

Vale decir, las narrativas de los vencidos reconocen los argumentos recriminatorios del otro país pero los rechazan. Aunque existe una diferencia adicional entre ambos casos. En Bolivia, muchos aun lamen las heridas nacionales y atribuyen la razón del atraso de su país a los resultados de la Guerra del Pacífico, que le quitó la salida al mar. Por otra parte, los peruanos lograron acordar la frontera con Chile entre 1883 y 1929/31, y aunque mantuvieron por décadas la discordia respecto de la línea fronteriza en el océano Pacífico, proyectan el fracaso de aquella guerra a los irresponsables pasos de los bolivianos, empezando por las medidas del presidente Daza que dieron apertura a la guerra, no reconociendo los intereses peruanos que operaron en dirección conjunta con los designios bolivianos en vísperas del estallido, cuando ansiaban dominar la producción del salitre en lugar de la CFSA.

Así, la prensa chilena reprodujo la dura crítica que el periodista peruano Jaime Bayly escribió en agosto de 2015 contra el posicionamiento boliviano, en la que le recordaba al presidente Morales que fue Bolivia quien declaró la guerra que habría de costarle también pérdidas al Perú, sin generar idéntica letanía que seguía lamentando Bolivia:

> Es cierto que Bolivia tenía salida al mar, es cierto, es cierto que la perdió, y también es cierto, y esa guerra injusta y desigual a la que alude el amigo Evo Morales, ¿quién se la declaró a quién? ¿Chile a Bolivia? No no, Bolivia a Chile. Si es que los bolivianos fueron tan imprudentes que le declararon la guerra a un vecino que los aplastó militarmente, a esa guerra se unió —imprudentemente también el Perú— y entonces Chile, que fue el país atacado, repelió la agresión, derrotó a los ejércitos agresores de Bolivia y del Perú y efectivamente conquistó unos territorios peruanos y bolivianos. Perú perdió Arica y Bolivia perdió la salida al mar. Luego se firmaron unos tratados, unos armisticios, unas rendiciones y de esos tratados se demarcaron los límites como suele ocurrir, los límites suelen ser trazados, delimitados después de las guerras, y los que ganan la guerra se quedan pues con los pedazos de territorio que han conquistado, así funciona la cosa, Evo, mala suerte, pues. ¿Qué cosa quieres ahora, que te devuelvan lo que perdieron en una guerra hace más de un siglo? […] No tiene sentido tu reclamo (Bayly 2015).

Lo cierto es que Morales no hizo sino aludir a un tema no sellado en la memoria colectiva boliviana, el cual ha sido retomado repetidas veces por jefes de gobierno en aquel país, desde los militares de izquierda de la década de 1930, pasando por los revolucionarios de la década de 1950, hasta llegar a los militares de los setenta y a Gonzalo Sánchez de Lozada en las décadas de 1990 y 2000 (Brienen 2007, 21-33).

En Chile la narrativa del vencedor exige que los vencidos asuman su responsabilidad y acepten que el país vencedor haya determinado el precio de la guerra. Sin dar lugar a ningún remordimiento, las autoridades chilenas no toleran actos simbólicos de resistencia que siguen produciéndose en los territorios anexados en la guerra, como han sido la decapitación de las cabezas de los bustos de héroes chilenos de la guerra en Arica, otrora territorio peruano, o la erección de una bandera boliviana en la ciudad de Antofagasta (Decapitan 2017; Chile advierte 2017).

> El canciller chileno, Heraldo Muñoz, advirtió hoy al Gobierno de Bolivia que no trate de involucrar a su país en la "campaña política" que ha desplegado para reivindicar su aspiración de recuperar una salida soberana al mar.

> "Quiero advertir al Gobierno de Bolivia que no cometa alguna imprudencia en los próximos días y trate de involucrar a Chile en su campaña política. Que quede claro eso", dijo el ministro de Relaciones Exteriores en una comparecencia ante los medios de comunicación. Muñoz calificó como una "provocación" los reclamos del presidente boliviano, Evo Morales, que este jueves protestó porque la policía chilena obligó a retirar una bandera boliviana colocada en un edificio en la ciudad de Antofagasta, al norte de Chile (Chile advierte 2017).

Sin embargo, de tiempo en tiempo, los medios reflejan la existencia de prejuicios xenófobos enraizados frente a las naciones hermanas. Un caso de particular consternación ocurrió cuando en febrero de 2013 un grupo de militares de la Armada chilena fueron filmados en un video subido luego a internet, mientras trotaban por las calles de Viña del Mar entonando una belicista estrofa: "Argentinos mataré, bolivianos fusilaré, peruanos degollaré" (Argentinos mataré 2013; BBC Mundo, https://youtu.be/IgT8_k3YHd8, 7 de febrero de 2013).

> La divulgación pública del video generó un escándalo en Chile, y la propia Armada emitió un comunicado en el que dice que "ha tomado conocimiento del video publicado y se ha dispuesto iniciar la investigación correspondiente con el objeto de determinar responsabilidades y aplicar las medidas disciplinarias que sean pertinentes". La portavoz del gobierno de Chile, Cecilia Pérez, señaló este miércoles que el hecho es "vergonzoso y no acompaña en nada el espíritu de nuestras Fuerzas Armadas". […] el despacho de Defensa hizo un llamado al resto de las Fuerzas Armadas para "evitar que estas situaciones vuelvan a suceder". Según las autoridades castrenses, luego de transcurridas las 24 horas de investigación, se les aplicaría la "sanción máxima" a los responsables (Argentinos mataré 2013).

Las narrativas dispares han cristalizado énfasis divergentes en los programas educativos de las tres naciones, con intentos incipientes de limar las diferencias, generados por el Pacto Andino y apoyados por historiadores, cineastas e intelectuales de los tres países que, a partir de la década de 1990, han intentado encontrar puntos de encuentro. Así, por ejemplo, en torno al nuevo milenio, historiadores chilenos y peruanos intentaron articular visiones compartidas. En 2005 los historiadores Eduardo Cavieres y Cristóbal Aljovín —miembros de la Universidad Católica de Valparaíso y la Universidad Mayor de San Marcos del Perú— elaboraron un texto común de historia para ambos países. El texto compilado llevaba el título de *Chile-Perú Perú-Chile: 1820-1920. Reflexiones para un análisis histórico de Chile-Perú en el siglo* xix *y la Guerra del Pacífico* y destacaba hechos que se apartaban de lo bélico, resaltando la humanidad de los combatientes, como eran las personas que combatían y algunos de sus actos de compasión hacia el enemigo, independientemente del escenario de la guerra (Cavieres & Aljovín de Losada 2005).

Sin embargo, estudios sobre el currículo y los contenidos educativos, como el doctorado de Patricio Rivera Olguín, así como innumerables blogs y reacciones digitales a notas históricas, dan testimonio de la resiliencia de las visiones dispares (Rivera Olguín 2016). Ello es particularmente visible en los medios populares, donde se registra la persistencia de dichas interpretaciones, por ejemplo, sobre el rol de Inglaterra y el imperialismo en la guerra.

Así, un reciente estudio sobre la percepción de la Guerra del Pacífico en los medios digitales registra ciertas tendencias que reflejan la disparidad de visiones sobre el rol británico, sobredeterminadas por el posicionamiento de las respectivas naciones frente a la geopolítica regional y global:

> Este intercambio ilustra claramente cómo para diferentes participantes, que escriben desde distintas posiciones de sujeto, determinadas por la nacionalidad (chilena, peruana y argentina), el papel de Gran Bretaña en la Guerra del Pacífico asume un significado algo diferente. Para los peruanos, la derrota de Perú en la guerra solo puede atribuirse al apoyo de Gran Bretaña al ejército chileno: sin el apoyo británico, Chile simplemente nunca habría ganado la guerra. El argumento va más allá: la intervención de Gran Bretaña en la guerra fue perjudicial no solo para Perú, sino también, y quizás principalmente para Chile, porque los verdaderos vencedores fueron los británicos al lograr acceso a los ricos yacimientos de nitrato en el desierto de Atacama (un hecho que los chilenos no logran captar plenamente, de acuerdo con los peruanos). Los chilenos rechazan tales afirmaciones y vuelven el argumento sobre la intervención británica para argumentar que los peruanos son incapaces de aceptar que la derrota en la guerra fue una consecuencia de la inferioridad inherente del país y Gran Bretaña no tuvo nada que ver. Al hacer este argumento, los chilenos invocan la noción de que Chile es un país "homogéneo", en contraste

implícito con países fragmentados como Perú y Bolivia [nuestra tra-
ducción] (Drinot 2011, 376-377).[35]

Basándose en las declaraciones de James Blaine, quien se desempeñaba como
secretario de Estado de Estados Unidos en 1882, durante las negociaciones que
llevarían a la firma del tratado boliviano-chileno de 1883, muchos proyectan
así la visión de que fue "una guerra inglesa contra Bolivia y Perú, con Chile
como instrumento". El siguiente comentario digital en torno a la demanda boliviana en la Corte Internacional de La Haya es terminante:

> La Guerra del Pacífico respondió a intereses de la oligarquía británica y
> chilena, aludiendo a las inversiones en la industria del salitre.

> La Guerra del Pacífico fue planeada por Inglaterra, Chile recibió de ellos
> facilidades económicas muy cómodas para adquirir armamento de ori-
> gen británico, los uniformes chilenos eran de tela inglesa, y los soldados
> chilenos llevaban fusiles ingleses en sus hombros, el contraalmirante
> chileno Patricio Lynch, general en jefe de las tropas invasoras del Perú,
> luchó en China y la India como soldado inglés.

> El secretario de Estado de aquella época en Estados Unidos, James
> Blaine, declaró ante el Comité de Relaciones Exteriores del Congreso
> Norteamericano que la Guerra del Pacífico era "una guerra inglesa con-
> tra Bolivia y Perú, con Chile como instrumento" (27 de abril de 1882)
> (Figueroa Fajardo 2014).

Los efectos de la guerra siguieron reverberando hasta el siglo XXI. En el caso
de Bolivia, su gobierno presentó recién en abril de 2013 un recurso ante la Corte
Internacional de Justicia en La Haya para tratar de obtener una resolución que
ordene que "Chile tiene la obligación de negociar con Bolivia en aras de llegar
a un acuerdo que asegure a Bolivia un acceso soberano al Océano Pacífico", y
que "Chile debe cumplir con esta obligación de buena fe, de manera expedita y
formal, en un plazo de tiempo razonable y de manera efectiva". Desde la perspectiva boliviana, se trataría de que Chile planteara una solución a la aspiración
marítima de Bolivia, que consistiría en "lograr una salida libre, útil y soberana al
océano Pacífico", rehusándose a aceptar lo que considera "un acto de piratería".
Desde la perspectiva chilena, el Tratado de Paz y Amistad de 1904 que puso fin
a la guerra fijó a perpetuidad los límites entre ambos países, cediendo Bolivia
la región de Antofagasta y reconociéndole a Bolivia un acceso no soberano al

---

[35] El análisis de Drinot indica, además, que los argentinos invocan "la supuesta subor-
dinación de Chile a Gran Bretaña en la Guerra del Pacífico [...] para explicar lo que los
argentinos perciben como la traición de Chile a la Argentina durante la guerra de 1982"
(2011: 377).

océano mediante el derecho de libre tránsito comercial por territorio y puertos chilenos del Pacífico. La posición chilena es que ha estado siempre dispuesta a mejorar el acceso boliviano al mar, pero sin alterar el tratado de 1904. Desde la década de 1970, los intentos de encontrar soluciones bilaterales han fracasado, lo que motivó la iniciativa boliviana de acudir a la CIJ.

Cada 23 de marzo, Bolivia conmemora el Día del Mar, en recuerdo de la pérdida del departamento del Litoral, de aproximadamente 120.000 kilómetros cuadrados, que Chile ocupó en la Guerra del Pacífico. En la Plaza Abaroa de La Paz y en otras localidades se celebran actos con la participación de las autoridades civiles y militares, para mantener vivo el recuerdo de aquel territorio nacional usurpado:

> [E]l 23 de marzo no solo se conmemora lo sucedido en relación a la Guerra del Pacífico, sino que además se recuerda al héroe de la Guerra del Pacífico: don Eduardo Abaroa, quien en vida fue uno de los defensores del puente del Topáter, en el río Loa, y fue uno de los que [cayeron] el 23 de marzo de 1879 con la decisión indeclinable de no rendirse jamás ante las armas del opresor. Durante la guerra Abaroa antes de ser acribillado los chilenos le pidieron que se rindiera ante ello Abaroa respondió: "¿Rendirme yo, cobardes? ¡Que se rinda su abuela!". Cada 23 de marzo se realizan actos conmemorativos a nivel nacional. Una de las principales actividades es la ofrenda floral ante la estatua del Héroe del Topáter en la Plaza Abaroa de La Paz, donde asiste el presidente de Bolivia, ministros de gobierno, parlamentarios y demás autoridades (L'historia 2017).

En Chile, a su vez, mayo es el Mes del Mar y en la región de Tarapacá el 21 de mayo todos los colegios realizan desfiles y actos de conmemoración de los eventos y héroes de la guerra, con el explícito objetivo de generar un sentimiento patriótico en los niños chilenos. En Perú, por otra parte, el 8 de octubre el país recuerda la pérdida del buque monitor *Huáscar* y la muerte del almirante peruano Miguel Grau, héroe de la guerra.

En respaldo de la causa abierta ante la Corte Internacional de Justicia, miles de ciudadanos bolivianos (estudiantes, militares, policías, empleados estatales y organizaciones ciudadanas) participaron en marzo de 2017 en una masiva movilización callejera, organizada por la Armada boliviana: "Vestidos con camisetas azules y blancas, algunas con dibujos de barcos de papel o la frase 'Mar para Bolivia', los participantes recorrieron el centro paceño entonando la marcha naval, que es una reivindicación del reclamo boliviano de la reintegración de un acceso en las costas del Pacífico" (Miles 2017).

Bolivia ha intentado proyectar entre sus ciudadanos y en el exterior la imagen de seguir siendo un país que ostenta una fuerza naval y que no ha renunciado a superar la geografía mediterránea que la Guerra del Pacífico le impuso. El 5 de abril de 2017, en el 138.º aniversario de la declaración oficial de la Guerra del

Pacífico, el presidente Evo Morales publicó en su cuenta de Twitter un mensaje relacionado con la aspiración marítima de Bolivia: "Como hoy en 1879, Chile declara la guerra a Bolivia luego de 50 días de invasión. Por justicia, la verdad y la razón volveremos al Pacífico" (@evoespueblo). Por ese y otros medios, el gobierno boliviano promovió una campaña en las redes sociales y medios de comunicación para posicionar durante este mes la etiqueta #MarParaBolivia, mientras la Armada de Bolivia conmemoró en noviembre de 2017 los 191 años de su creación con la demostración de una operación naval en aguas del lago Titicaca (Armada 2017).

Por su parte, Perú presentó una demanda ante la Corte Internacional de Justicia de La Haya en torno a la disputa limítrofe de un triángulo de 28.350 kilómetros cuadrados rico en recursos marinos, en la plataforma del océano Pacífico entre ambos países. En una memoria de 275 páginas y 89 anexos presentada a la Corte en 2009 para sustentar la demanda, Perú indicó los antecedentes históricos de confrontación entre la Confederación Peruano-Boliviana con Chile en la década de 1830, pero atribuyó la controversia marítima con Chile a las consecuencias de la Guerra del Pacífico. Como consecuencia de aquella, mientras las tropas chilenas tenían ocupado su territorio, Perú firmó y ratificó el Tratado de Ancón de 1883, que puso fin a la guerra, y por el cual Perú reconocía la soberanía chilena sobre la zona costera de Tarapacá, rica en recursos naturales.

En virtud del mismo tratado, Chile debía convocar a un plebiscito sobre la suerte de otras dos áreas, las antiguas provincias peruanas de Tacna y Arica. Sin embargo, dilató su convocación e inició un proceso de "chilenización" de aquella región. Solo en 1929, bajo el Tratado de Lima y mediando Estados Unidos, ambos países restablecieron relaciones diplomáticas y dividieron salomónicamente el territorio en disputa. Tacna retornó a Perú y Chile retuvo Arica. De acuerdo con la prensa chilena, "Perú [planteó] que ninguno de estos acuerdos [fijaron] un límite marítimo entre ambos países y que se ha usado una línea provisoria por temas relacionados con la pesca, pero esta no [tenía] el carácter de una frontera marítima internacional. Según Lima, el gobierno chileno [había] reconocido el derecho de ambos países a un dominio marítimo exclusivo incluyendo suelo y subsuelo y que ahora Santiago le [negaba] ese derecho a Perú" (Artaza y Montesinos 2012). En enero de 2014, la corte emitió su veredicto, en verdad salomónico, al reconocer por un lado el argumento chileno de que la plataforma marítima estaría trazada en base a la línea de frontera acordada entre ambos países a principios del siglo xx, pero trazándola en línea diagonal-sur a partir de las 80 millas náuticas, con lo cual se le reconocía a Perú una superficie marítima de un tercio de los 68.819 kilómetros cuadrados que había demandado. Por su parte, Chile obtuvo el reconocimiento internacional de su jurisdicción soberana sobre el mar territorial chileno y sobre dos tercios de la zona económica, un reconocimiento inalterable ya que la decisión de la CIJ no es apelable (Ranson García 2014; Fallo CIJ 2017).

Para concluir, deberíamos retomar la pregunta con la cual iniciamos esta sección: por qué razones la Guerra del Pacífico no ha generado la misma intensidad de narrativas y teorías conspiracionistas que ha motivado la posterior Guerra del Chaco. Es evidente que distintos sectores, especialmente de izquierda, que apoyan al presidente boliviano, usan argumentos en esa dirección, en particular sobre el trasfondo de las demandas bolivianas ante la Corte Internacional de Justicia. No obstante, la hipótesis conspirativa generada es secundaria a los reclamos, litigios y prejuicios ancestrales entre las naciones involucradas, muchos de ellos teñidos de imágenes racistas de una nación frente a las otras, tendencias que sectores ilustrados en cada país intentaron superar durante décadas recientes.

Tentativamente, al procurar entender tal mitigado conspiracionismo, podemos esgrimir un par de factores. En primer lugar, la tesis sobre el imperialismo británico moviendo los hilos de los chilenos quita protagonismo a los actores de la historia para crear en su lugar la imagen de un plan externo articulado desde la Corona británica. En segundo lugar, el argumento basado en la opinión de Blaine, el secretario de Estado de Estados Unidos en la administración de Garfield, es problemático. Mientras es indudable que intereses comerciales e individuos norteamericanos habían patrocinado un acercamiento con el Perú y apoyado su desarrollo y defensa, así como intereses comerciales y financieros británicos fueron socios de los chilenos, su opinión sería importantísima pero —como lo demuestra el caso norteamericano— mediada por configuraciones de múltiples intereses y no solo por el designio de un imperio. Hemos visto que las actividades económicas no estaban circunscriptas a un solo lado de la frontera. Asimismo, hemos indicado que el Estado norteamericano había mantenido la neutralidad y mediado infructuosamente en el conflicto sin lograr prevenir la invasión chilena. Aunque apoyaba al Perú en las negociaciones de paz con Chile, y tenía interés en disputar la hegemonía regional británica, algo que lograría en el siglo XX, pero no contrariando a Chile en la década de 1880 en el campo de batalla; además, quien expresaba tal opinión había sido nombrado secretario de Estado solo en 1881, una vez que la derrota peruana se había hecho evidente. Es verdad que el asesinato del presidente Garfield operó un cambio fundamental en la política exterior norteamericana, ya que significó el retorno a la anterior neutralidad que implicaría la pérdida de los territorios peruanos que pasarían a Chile en 1883. Pero aun bajo Blaine hemos registrado las ambivalentes directivas bajo las cuales los diplomáticos norteamericanos deberían haberse regido. Quienes pretenden apoyar la teoría de la conspiración británica en el Pacífico, se encuentran en desventaja analítica al intentar dar credibilidad objetiva a un argumento articulado por quienes tenían algo que ganar incriminando al Imperio inglés como el factor que impulsó la guerra. Sin desestimar el peso de los capitales ingleses, es menos creíble el argumento del protagonismo imperialista en los sucesos de 1879-1883.

Pero no solo el cariz imaginativo de la tesis conspirativa la ubica en un plano secundario frente a las narrativas esgrimidas desde cada Estado derrotado en la Guerra del Pacífico. A partir de nuestro análisis, más determinante aun parece ser la política de la memoria y el olvido, reforzada por la proyección de demandas insatisfechas a lo largo del siglo XX y comienzos del XXI. La necesidad de seguir proyectando la demanda de la salida al mar en el caso boliviano y la disputa sobre la plataforma oceánica en el caso peruano determinaron la imperiosa voluntad de no clausurar el tema y, por el contrario, proyectarlo a futuro a través de la educación escolar, la conducción de ceremonias y la estructuración de efemérides. Ello, a su vez, implicó reforzar las narrativas nacionales y reforzó la distancia interpretativa entre bolivianos y peruanos, lo cual se sigue reflejando en las mutuas recriminaciones que individuos en las naciones vencidas se lanzan recíprocamente al describir la participación de la otra en las acciones que habrían llevado a la derrota y la pérdida territorial frente a Chile, así como a los diferentes caminos adoptados para arribar al fin de las hostilidades y a los tratados con los chilenos.

Recién en los últimos años, historiadores, hombres de letras y artistas han intentado superar tal valla emocional, tratando de encontrar el común denominador que permita sustentar la solidaridad entre naciones hermanas. Superar la discordia del pasado, sin forzar la trama histórica ni escamotear responsabilidades, o privar protagonismo, podría ser más difícil que plantear la existencia del presunto plan maestro externo (v. g. del imperialismo británico en el caso de la GDP); no obstante, esta segunda opción resultaría más saludable a la larga que reforzar el pensamiento de quienes plantean pensar la historia con una lógica conspiracionista. La complejidad de la historia regional parece indicar que, en este caso, las consideraciones, motivaciones y acciones internas tuvieron un peso determinante, igual o aun superior a la supuesta intencionalidad imperial.

3. Intervención, tutelaje imperial y tramas conspirativas en las relaciones entre Cuba y Estados Unidos

En agosto de 1959, apenas seis meses después del triunfo castrista, la Organización de Estados Americanos (OEA) procuraba conspirar a través de los gobiernos de Panamá, Nicaragua y República Dominicana acusando a Cuba de injerencia en los asuntos internos de sus respectivos gobiernos. En plena Guerra Fría, la política exterior norteamericana intentaba con apoyo de países centroamericanos satélites extremar el aislamiento político-diplomático de Cuba para así "legitimar" una agresión militar directa contra la isla revolucionaria.

Sin embargo, la ceñida malla de conjuras que abroquelaba las relaciones de Cuba y Estados Unidos había comenzado muchas décadas antes de la Guerra Fría. El antropólogo norteamericano Paul Ryer abre un artículo académico dedicado a algunos precedentes de miradas conspirativas de cubanos antes de la Guerra Fría con la siguiente observación: "no pasa siquiera un día en La Habana sin algún tipo de intriga y maquinación, ya sea sobre la muerte del Che, el tardío abastecimiento de las raciones mensuales de huevos o una plausible explicación sobre el asesinato de John Fitzgerald Kennedy a manos de la mafia y los dementes de la CIA" (Ryer 2015, 200-201).

En efecto, este antropólogo histórico de la Universidad de Santa Fe cree reconocer una larga tradición en la isla, que conduce a que los cubanos presuman, busquen y, por supuesto, encuentren indicios de conspiraciones imperiales que se remontarían a más de cien años atrás. Ryer detalla dos hechos históricos en el siglo XIX que dieron lugar a un sinnúmero de teorías conspirativas en décadas previas a la Guerra Fría, a saber: *(1)* las tramas ligadas a la así llamada Conspiración de la Escalera en la década de 1840; y *(2)* el hundimiento de la nave norteamericana *Maine*, que provocó la guerra entre España y Estados Unidos, la cual causó la intervención militar y ocupación norteamericana de las posesiones coloniales españolas, incluyendo Cuba, seguida por su independencia condicionada y tutelada por Estados Unidos. Analizamos a continuación cómo operaron teorías conspirativas en cada uno de esos dos momentos históricos muy diferentes.

La economía cubana del siglo XIX se sustentaba mayormente con trabajo esclavo en las plantaciones de azúcar y café, que tenían en promedio dotaciones de entre doscientos y cuatrocientos esclavos cada una, mientras en las ciudades se notaba una destacada presencia de negros libres, de quienes el poder colonial desconfiaba al sospechar su vocación sediciosa. Los historiadores cubanos María del Carmen Barcia Zequeira y Manuel Barcia Paz indican que hacia 1843 las rebeliones de esclavos se habían arreciado en la isla:

> A partir de 1843 estas rebeliones comenzaron a caracterizarse por su vastedad y organización. En ese año se alzaron las dotaciones de los ingenios Alcancía, La Luisa, La Trinidad, Las Nieves, La Aurora, el cafetal Moscú y el potrero Ranchuelo; también se amotinaron los forzados que construían el ferrocarril que iba de Cárdenas a Bemba, y por último se sublevaron los esclavos de los ingenios Triunvirato y Ácana. La oleada del movimiento sedicioso se extendió por toda la llanura de Colón cuando los esclavos invadieron los ingenios La Concepción, San Miguel, San Lorenzo y San Rafael (Barcia Zequeira y Barcia Paz 2001).

Es en tal contexto que, en enero de 1844, la delación de una esclava permite descubrir a tiempo un complot de mayores proporciones y alcance en numerosos establecimientos, donde los complotadores incendiaron los campos y los ingenios, y asesinaron a los amos. La represión fue feroz, y fue castigada la gente "de color", fuera o no esclava. Un 71% de las víctimas lo constituían individuos libres y manumitidos de color, mientras que los esclavos eran un poco más de un 25%, y un 10,5% de ellos eran esclavos de plantaciones.

La revuelta de los esclavos ha pasado a ser conocida con el nombre de la Conspiración de la Escalera,[36] precisamente en un período conocido como el Año del Látigo, indicador de cuán feroz fue la represión de los negros y mulatos, muchos de ellos condenados a muerte o expatriados. Es indudable que la magnitud de la represión respondía al miedo generalizado que reinaba en los círculos coloniales

---

[36] El nombre deriva del procedimiento de castigo de los esclavos, quienes eran atados por las muñecas y los tobillos a una escalera de mano, a fin de que no pudiesen eludir los latigazos.

españoles y cubanos en la década de 1840. Por otra parte, desde 1837 hasta 1845 el navío británico *HMS Romney* estuvo amarrado en el puerto de La Habana para impedir el tráfico de esclavos, ya que la opinión pública inglesa comenzó a exigir que la trata llegara a su fin y como un posible refugio para evitar el transporte de africanos manumitidos. Las protestas de la administración colonial y de los dueños de plantaciones no lograron prevenir tal presión, que además daba ánimos a quienes, dentro de Cuba, se oponían a la esclavitud.

A raíz de la Conspiración de la Escalera, hubo quienes aún sugirieron que Inglaterra había jugado un papel instigador en las rebeliones de esclavos; por otra parte, tal como afirman algunos historiadores cubanos, también hay quienes sostienen que tal afirmación solo habría sido un subterfugio para imponer un control más férreo en la sociedad esclavista:

> Desde la época en que se produjo la cadena de sublevaciones de los años 1843 y 1844, se establecieron dos posiciones fundamentales con respecto a su posible carácter espontáneo o provocado, y a la existencia real o construida de un proyecto conspirador: una respondía a aquellos que consideraban que Inglaterra, a través de sus cónsules en la Isla, había desempeñado un papel promotor; y la otra que argüían que todo era una falacia fomentada por las autoridades coloniales para eliminar la disidencia y establecer un control aún más férreo. La historiografía en torno al tema ha heredado esta dicotomía, sin que hasta el momento se hayan brindado los elementos factuales necesarios para llegar a un consenso sobre el problema (Barcia Zequeira y Barcia Paz 2001).

De manera similar, y aun con mayor ímpetu, abundaron las teorías conspirativas en torno al hundimiento del buque *USS Maine* en febrero de 1898. La tragedia, en la que encontraron la muerte 266 marinos norteamericanos, provocó el inicio de la guerra con España, una de cuyas consecuencias fue la pérdida de las posesiones coloniales españolas de ultramar, incluyendo Cuba y Puerto Rico.

Desde entonces, y hasta la actualidad, florecen especulaciones y teorías conspirativas sobre los culpables de la explosión y el hundimiento del acorazado norteamericano. Las comisiones de investigación que se lanzaron solo atenuaron las interpretaciones conspiracionistas, pero no las disiparon en forma terminante. En 1898 Estados Unidos adujo que se había tratado de un acto inexcusable de agresión bélica por parte de los españoles, el cual justificaba la declaración de guerra que pronto acabaría con el poder colonial español en el Caribe y el Pacífico. Según tal interpretación, el puerto de La Habana había sido minado en 1896 o 1897, o bien en 1898, poco tiempo antes del arribo del acorazado *Maine*. François Lainé, un corresponsal del periódico *Sun*, afirmaba que el hundimiento se debió a una mina que simultáneamente había producido un corte en la energía eléctrica de La Habana, causada supuestamente por el alto voltaje necesario para activar el explosivo. Lainé también afirmó que había visto con sus propios ojos una carta de Valeriano Weyler y Nicolau, capitán general de Cuba durante la sublevación independentista, dirigida a sus hombres en La Habana, incitándolos a hacer explotar al acorazado norteamericano, cuya presencia en el puerto constituía una afrenta a la soberanía española. Además, Alexander Brice, ciudadano estadounidense residente en la ciudad, supuestamente había puesto en aviso al cónsul de su país sobre un inminente complot de oficiales españoles que planeaban de hundir al *Maine*. Brice guardó silencio público sobre ello, pues se lo había pedido personalmente el presidente McKinley (Ryan 2015, 204-205).

Sin embargo, un acto de piratería tal, ya sea de parte de las autoridades o de los nacionalistas españoles cubanos, liderados por Weyler sería un suicidio, tal como aconteció. Ello, por una serie de razones de peso: ante todo, la supremacía naval norteamericana y la mayor cercanía a Cuba de las bases navales respecto de las bases navales españolas; asimismo, el hecho de que la mejor nave española, el acorazado *Vizcaya*, estaba en camino de visita amistosa recíproca en el puerto de Nueva York, de donde partiría hacia La Habana transportando 150.000 pesetas en efectivo para el pago de tropas y suministros. De haber planeado un ataque al *Maine*, España no habría mandado su mejor nave de guerra para que cayese en poder de Estados Unidos.

Alternativamente, pudieron ser los rebeldes cubanos que luchaban por la independencia desde 1895 quienes podrían haber intentado así perjudicar al dominio colonial español. Muchos sugieren que la explosión podría haber sido obra suya, al intentar involucrar de esa manera a Estados Unidos a sumarse en forma más activa a su causa. Otra versión indica que Estados Unidos habría estado detrás del ataque, tratándose de un caso de "falsa bandera", vale decir que los propios norteamericanos serían responsables de la catástrofe, ya fuere mediante algunos aventureros que afirmaron haber colaborado con los insurgentes cubanos, instruyéndolos en el uso de explosivos, quienes incluso declararon saber qué dispositivos, minas marinas y detonantes habían sido usados en el ataque. Lo que está claro es que tras la explosión se inició una activa campaña con el designio de vengar la afrenta y la pérdida de vida de los tripulantes del *Maine*. En el Congreso, y a través de los periódicos controlados por los grandes magnates Joseph Pulitzer y William Randolph Hearst, se caldeó el ánimo belicista en el pueblo norteamericano.

Como base fáctica, quienes manejan la teoría conspirativa de la "falsa bandera" mencionan que el comandante de la nave había ordenado extremar medidas de seguridad, por lo cual habría sido muy difícil que algún español o cubano pudiera haber ingresado con un dispositivo que explotara dentro del barco.[37] Por otra parte, aducen los conspiracionistas, solo dos de los diecinueve oficiales habían permanecido a bordo, mientras que a los marineros se les prohibió bajar a La Habana, lo cual es prueba de que la explosión podría haberse generado

---

[37] Como contrapunto, mujeres cubanas habían sido invitadas a subir al barco, a pedido de los marinos, cuyo desembarque a tierra había sido prohibido por Charles D. Sigsbee, el comandante del *Maine*.

en un plan siniestro norteamericano, de cuyas consecuencias habrían querido salvar a los oficiales. Asimismo, se citan las afirmaciones de William Randolph Hearst, cuyo barco se habría acercado al *Maine* unos cuatro días antes del atentado, y de quien se había afirmado que él no solo reportaba las noticias sino que las fabricaba. Luego del atentado, los diarios de Hearst llevaron a cabo una sensacionalista propaganda contra el ataque de los enemigos españoles, hasta volcar la opinión pública en favor de la guerra contra España. Ya en 1898 hubo quien culpó abiertamente a William Randolph Hearst y William Astor Chandler como quienes habían financiado el ataque. Así lo afirmó alguien de nombre "Pepe Taco", en una misiva presentada ante un juzgado norteamericano y escrita en español cubano, quien fue asesinado el 16 de febrero de 1898 (Remesal 1998, 197, en Ryer 2015, 204). Por último, quienes sostienen la hipótesis de la "falsa bandera" traen a colación los documentos desclasificados de la Operación Mongoose de la década de 1960, que revelan la disposición de Estados Unidos a orquestar un posible simulacro de atentado, o aun un atentado contra propiedades o ciudadanos norteamericanos, de tal manera que pudiera justificarse así a ojos de la población, y de la opinión pública mundial, una invasión a Cuba (http://bit.ly/31we60b).

La misión del Maine podría haber sido la de proteger a los estadounidenses en Cuba ante una situación de tres años de insurgencia en la isla pero, como afirma Aingeru Daóiz Velarde en su blog:

> También puede haber sido un intento de influir en la política interna de España en Cuba, en un claro intento de hacer cumplir la Doctrina Monroe y asegurarse de que otra potencia europea como Alemania no tratase de tomar ventaja de la inestabilidad en la isla durante la rebelión y apoderarse de Cuba […] En 1898, las relaciones diplomáticas entre España y Estados Unidos atravesaban por su peor momento. Estados Unidos (potencia en auge) disputaba a España (potencia en caída libre) las últimas colonias que esta poseía: Cuba, Puerto Rico y Filipinas. De hecho, en Estados Unidos la presión mediática liderada por la prensa más sensacionalista para que su Gobierno declarase la guerra a España era feroz (Daóiz Velarde 2014).

Cuando se produjo la explosión del *Maine*, el Gobierno norteamericano la atribuyó a una mina submarina y responsabilizó a España. Las autoridades españolas negaron estar implicadas y se ofrecieron a colaborar con Estados Unidos para aclarar los hechos, oferta que fue rechazada.

> Pese a todo España realizó su propia investigación en la que concluyó que la causa de la explosión no pudo ser una mina ya que no se registró ninguna columna de agua ni tampoco aparecieron peces muertos. Además, la llegada del *Maine* no era esperada en la isla, por lo que la posibilidad de colocar una mina se desvanece. Y más cuando los barcos

de la armada española *Alfonso XII* y *Legazpi*, que estaban junto al navío estadounidense, también resultaron dañados.

[Otros] argumentos en contra de la responsabilidad española en el suceso se dan en que las minas utilizadas para defender los puertos se suelen utilizar en los canales de los mismos, y no en los anclajes o amarres de los barcos, ya que de haberse colocado alguna mina allí, hubiera resultado un peligro al puerto. Además, [las investigaciones] indicaron que la explosión externa fue causada por una carga pequeña de bajo explosivo, mientras que las minas navales españolas en ese momento estaban armadas con grandes cargas, de alto explosivo.

Además de esto, había argumentos políticos aún más fuertes en contra de un ataque español intencionado contra el *Maine* ya que, pese a que la presencia del acorazado estadounidense hubiera podido ser considerada como una provocación o un insulto, España no tenía lógicamente, nada que ganar en el mismo hundimiento o sabotaje [...] (Daóiz Velarde 2014).

Ya en 1925, un testigo de la guerra, Tiburcio Pérez Castañeda, publicó en La Habana un libro, *La explosión del Maine*, en el que afirmaba que la explosión se había iniciado por accidente, como resultado de un cortocircuito a bordo del acorazado y que la única conspiración era aquella llevada a cabo por el senador Cabot Lodge, el almirante Dewey y especialmente Theodore Roosevelt, entonces asistente del secretario de la Armada norteamericana, que habían decidido ocultar ese hecho a fin de lograr la conquista de las Filipinas por medio de una guerra. El remonte del *Maine* en 1911 del fondo de la bahía y su remolque a las aguas internacionales donde se lo depositó a gran profundidad, habrían sido un subterfugio para evitar que se conociera la evidencia de una explosión interna (Pérez Castañeda 1925).

La hipótesis de que se trató de un acto planeado por los norteamericanos para lanzar la guerra contra España solo fue parcialmente dejada de lado tras la labor de una tercera comisión investigadora oficial norteamericana realizada en 1976 bajo la dirección del almirante Hyman Rickover.[38] En su informe, la comisión llegó a la conclusión de que el casco del *Maine* revelaba una explosión desde adentro hacia afuera, y no en dirección al interior del barco, como cabría esperar de la colocación de una mina. Según la comisión, se habría tratado de una explosión fortuita causada por la proximidad del almacén de pólvora al cuarto de calderas.

---

[38] Las anteriores comisiones fueron constituidas al término de la guerra en marzo de 1898 y en 1911. Samuels y Samuels (1995) han criticado las motivaciones del almirante Rickover y sus conclusiones, sosteniendo que fueron los extremistas españoles quienes minaron al acorazado.

Ello llevó en forma implícita a exonerar tardíamente a España de la acusación, pero reforzó la teoría de que en forma deliberada Estados Unidos evitó llegar a esa conclusión por espacio de setenta y ocho años, ya que en caso de reconocer las pruebas materiales (la deformación de adentro hacia afuera del casco del barco) no habría podido aducir que iniciaban una guerra justa, mientras que ignorando esas pruebas materiales, Estados Unidos pudo lanzar su poderío bélico contra España a fin de tomar posesión de sus territorios coloniales. En un trabajo donde intenta mostrar la falta de base de quienes afirmaban que el ataque fue obra de los españoles, Daóiz Velarde afirma en las conclusiones que:

> […] en un suceso tan opaco como el del *Maine* no puede faltar la teoría de la conspiración. Y esta dice que la explosión no fue accidental, sino provocada por los propios estadounidenses para tener un pretexto con el cual involucrarse en la guerra. Para ello se basan en que la explosión se produjo en una zona cercana a la tripulación y no de los oficiales. Como consecuencia solo fallecieron dos de los diecinueve mandos del buque, mientras que pereció el 70% de los soldados. Tampoco ayuda a resolver el asunto que el Gobierno de Estados Unidos reflotase el barco en 1911 para rescatar los cuerpos y lo volviese a hundir sin permitir que una comisión internacional lo inspeccionase. El *Maine* guarda su secreto a 1.100 metros de profundidad (Daóiz Velarde 2014).

¿Qué lecciones en clave conspirativa es posible extraer hoy en Cuba del hundimiento del *Maine*? En la actualidad, muchos cubanos siguen creyendo que el hundimiento del *Maine* fue parte de un plan deliberado, una trama conspirativa norteamericana, un acto que sacrificó la vida de 266 estadounidenses para obtener un pretexto que justificara la intervención bélica. Quienes expresan tal opinión creen en la falta de escrúpulos del Imperio, que según ellos se habría obstinado en lograr sus objetivos a todo precio, ya fuere en 1898 como asimismo años más tarde, en la Guerra Fría, cuando intentó urdir en forma secreta planes para acabar con el régimen cubano y su máximo líder, Fidel Castro. Los cubanos son propensos a pensar conspirativamente, nutridos tanto por algunos antecedentes históricos que hemos analizado en esta sección como por la hoy ya revelada y documentada trama de planes conspirativos, tan característicos en tiempos de la Guerra Fría.

A lo largo del siglo XX, se le ha atribuido a Estados Unidos una serie de conjuras y conspiraciones, magnicidios y atentados, parte de una agenda imperialista destinada a controlar los destinos del continente americano. Sin duda, Estados Unidos ha orquestado y condicionado desarrollos tales como la Guerra con España en 1898, la independencia de Panamá, la serie de intervenciones en el Caribe y Centroamérica, el patrocinio de regímenes represivos durante la Guerra Fría y el fomento de políticas neoliberales en las últimas décadas. A menudo, se le imputa todo tipo de maniobras turbias inconclusas destinadas a demonizar al vecino del norte. Ilustrativo es el siguiente extracto de una carta pública del periodista ecuatoriano Marcelo Larrea dirigida al entonces presidente de su país Lucio Gutiérrez, insinuando crímenes de larga data aún sumidos en la nebulosidad contra un prócer de la Independencia y denunciando la confabulación yanqui en disputas fronterizas entre Ecuador y Perú:

> Está pendiente todavía la investigación y el esclarecimiento del asesinato del mariscal Antonio José de Sucre y existen evidencias, hoy 175 años después, que apuntan a que ese magnicidio fue ejecutado en una conspiración en la que participaron esos imperialistas yanquis de la época, en contubernio con Francisco de Paula Santander, artífice de la disolución de la República de Colombia, promovida en los márgenes de la Doctrina Monroe para fraccionar a nuestra nación en pequeñas republiquetas, bloquear el progreso independiente de nuestros pueblos con el fin de someternos al tutelaje de un amo extranjero e impedir la luminosa perspectiva de una poderosa república unida, como la propuso Francisco de Miranda y la forjó el libertador Simón Bolívar.
>
> Pero, además de ese crimen, el mayor, que esa minúscula clase estadounidense ha cometido en contra de nuestros legítimos derechos, se suman otros episodios nefastos, como la conspiración articulada en Washington mismo, con la participación de un Santander ecuatoriano, Leónidas Plaza Gutiérrez, para estrangular la revolución liberal con el arrastre de Eloy Alfaro y el asesinato de Julio Andrade en 1912.
>
> Y a este caso se adiciona la participación de los mismos sectores imperialistas para ejecutar la mutilación territorial de la república con el protocolo de Río de Janeiro de 1942 y el acuerdo Mahuad Fujimori de 1998, favoreciendo la destrucción de los históricos lazos de hermandad que nos unen desde nuestros orígenes con el pueblo peruano, con quien nos han impuesto una frontera tan artificial como ilegítima, en un escenario geográfico e histórico en el que no cabe límite alguno, excepto el perversamente existente, útil solo al fraccionamiento para la mejor opresión colonial de nuestra nación de naciones (Larrea 2005).

Ignoremos la posible contradicción entre defender la visión de Miranda y Bolívar de no dividir territorios y el pasar a defender la tesis de la soberanía nacional fragmentada de Ecuador. Según el autor, Estados Unidos sería responsable tanto de haber fragmentado a América Latina como de haber conspirado para imponer un acuerdo entre Mahuad y Fujimori en torno a la aún abierta disputa fronteriza que desembocó en confrontaciones armadas entre Ecuador y el Perú.

En lo que a Cuba en particular se refiere, es indudable que, desde el alineamiento cubano con el bloque comunista y el apoyo a los movimientos revolucionarios de izquierda, los gobiernos norteamericanos intentaron por distintos medios poner fin al régimen comunista de la isla. Según el historiador Thomas C. Wright, muchos norteamericanos y muchos cubanos que se sintieron traicionados por el viraje al comunismo de Castro acreditaron la teoría conspirativa de que el líder revolucionario habría sido un acérrimo comunista aun antes de tomar el poder, pero lo había ocultado a fin de no alienar a la población, cuyo respaldo le era necesario para derrocar a Fulgencio Batista (Wright 2017, 224).

Durante la etapa más tensa de la Guerra Fría, comenzando con el presidente Dwight Eisenhower (1953-1961) y especialmente bajo los gobiernos de John F. Kennedy (1961-1963) y Lyndon B. Johnson (1963-1969) incluso planearon el magnicidio de Fidel Castro. Entre otras cosas, además de la fallida invasión a la Bahía de Cochinos en 1961, en la década de 1960, Estados Unidos había planeado, entre otros mecanismos, fingir un ataque cubano a un avión estadounidense o sobre Guantánamo; publicar fotomontajes de Castro para generar disenso e impulsar algún tipo de levantamiento civil; coordinar ataques terroristas en Miami y Washington; arruinar el petróleo que la URSS enviaba a Cuba mediante la introducción de un agente biológico; provocar accidentes automovilísticos y aéreos en Cuba; hostigar a los pilotos cubanos; o bien sabotear los equipos de comunicaciones de Cuba (sobre la Operación Mongoose, véase entre otros, Husain 2005; Kasten Nelson 2001, Daugherty and Daugherty 2004).

Todas las agencias federales norteamericanas habrían estado implicadas a partir de las directivas impartidas por el presidente John F. Kennedy: la USIA debía producir propaganda; la CIA planearía actividades clandestinas; el Departamento de Estado movilizaría a la OEA y otros aliados en contra de Cuba; y el Departamento de Defensa debería articular planes contingentes para una intervención militar. Los documentos desclasificados revelan que tales planes no estaban tan solo diseñados para responder a posibles ataques cubanos, sino que deberían crear las condiciones para que los "planes de contingencia" pudieran ser puestos en práctica.

Por su parte, Cuba también desarrolló una amplia y efectiva red de espionaje, desinformación e infiltración de agencias gubernamentales norteamericanas, comparable y en muchas ocasiones superiores a la CIA. Algunos operativos fueron descubiertos a partir de la defección de altos agentes de los servicios cubanos desde la década de 1980. De la información recabada entonces, Estados Unidos descubre tanto la temprana información cubana sobre Lee Oswald y su plan de asesinar al presidente Kennedy, la falta de acción de los cubanos ante tal información y el posterior intento de Castro de disociarse completamente del asesinato, tratando de difundir la tesis del involucramiento de elementos de la derecha cubana y estadounidense en el magnicidio del presidente norteamericano (Latell 2012, 213-233; sobre la hipótesis de la relación entre el operativo de Bahía Cochinos y el asesinato de JFK, véase también Holloway 2003).

Uno de los métodos ideados por los servicios de inteligencia norteamericanos, cuya existencia se reveló en años recientes a partir de documentos desclasificados, fue la así llamada Operación Bomba Invisible, cuyo objetivo era someter a los cubanos a una serie de explosiones sónicas para crear confusión y daños:

Al principio, los cubanos creerían que estaban siendo atacados por bombardeos aislados. Pero con el tiempo el estruendo del *boom* sónico simplemente se convertiría en una abrumadora presencia del terror sostenido. "El *boom* sónico se puede emplear de varias maneras diferentes, como un boom individual en determinados puntos o un *boom* continuo, y se puede realizar a alta o baja altitud", explica un documento. "Esto no solo causará aprehensión, sino también diversos grados de daño malicioso, como romper todas las ventanas de una calle de La Habana."

¿La mejor parte del plan, según el gobierno? Que era "relativamente seguro", pero no dejaba "evidencias tangibles" de que los ataques eran conducidos por los estadounidenses. "Se pueden planificar y ejecutar con un mínimo de esfuerzo y gastos" (Novak 2016).

CAPÍTULO 6

La polarización política
y sus intrigas conspirativas

Este capítulo analiza variadas tramas conspirativas de distinto tenor político pero unidas en un común denominador de polarización política que potencia intrigas y sospechas de conspiración. Por un lado, el discurso del IV Reich en torno a la emergencia del peronismo en la Argentina, elaborado con el propósito de quitar legitimidad y desacreditar al justicialismo en la inmediata posguerra mundial. Por el otro, el discurso de los líderes chavistas, en procura de deslegitimar a la oposición en Venezuela, al acusarla de complicidad con planes turbios de la CIA y con las fuerzas colombianas, con el propósito de eliminar a Hugo Chávez y acabar con el chavismo. Por otra parte, se abordan las narrativas conspiracionistas lanzadas para interpretar el magnicidio de una figura política mexicana tan central como Luis Donaldo Colosio y la sospecha de una conjura que explicaría el proceso político que llevó a la destitución de la presidenta Dilma Rousseff en Brasil.

Abordamos el análisis de casos tan variados deseando destacar que la creación, así como el uso y abuso de miradas conspirativas, no son privativos de uno ni de otro extremo del espectro político. Proponemos que las teorías conspirativas pueden surgir tanto entre aquellos que desafían al gobierno de turno como desde la cúspide del poder, bajo condiciones de polarización política, desconfianza en las instituciones e intentos de desacreditación radical de los opositores. A través del análisis de los distintos casos, se podrá apreciar que, más allá de la especificidad de cada situación, las teorías conspirativas proliferan en contextos de polarización extrema de la política y las esferas públicas, tal como surge a menudo bajo líderes y movimientos populistas.

Cómo citar este capítulo:
Roniger, L. y Senkman, L. 2019. *América tras bambalinas. Teorías conspirativas, usos y abusos.* Pp. 155-200. Pittsburgh, Estados Unidos: Latin American Research Commons. DOI: https://10.25154/book2. Licencia: CC BY-NC 4.0

1. Populismo, polarización política y miradas conspirativas

La presencia de líderes y movimientos populistas ha sido prominente en América Latina a lo largo del siglo XX y principios del XXI, aunque en forma intermitente. Los investigadores reconocen la recurrencia de liderazgos y movimientos populistas en las Américas (v. g. Knight 1998; Roberts 2007), pero al mismo tiempo distinguen distintas etapas y modelos de liderazgo populista: el temprano (identificable en Hipólito Yrigoyen, José Batlle y Ordóñez y Arturo Alessandri), el clásico (aquel de Juan y Eva Perón, Getúlio Vargas, Haya de la Torre, José María Velasco Ibarra, Arnulfo Arias, Lázaro Cárdenas), el neoliberal (más reciente y que caracterizó a Carlos Menem, Alberto Fujimori y Joaquín Lavín) y finalmente, aquel opuesto al neoliberalismo, usualmente definido como populismo radical o neopopulismo.

El cambiante carácter del populismo ha generado intensos desacuerdos en las ciencias sociales, en función del peso relativo que distintos analistas han reconocido a los factores contextuales de su emergencia. Así, los analistas difieren en el énfasis que reconocen a los sistemas de desigualdad socioeconómica, las crisis de representación, las formas de movilización política y el uso de sistemas discursivos maleables (Hermet, Loaeza y Prud'homme 2001; Freidenberg 2007; De la Torre 2015, esp. las contribuciones de Ochoa Espejo, Rovira Kaltwasser y Roberts; De la Torre 2018). Existe, empero, consenso en que muchos líderes y movimientos populistas proyectan visiones que separan a la sociedad en dos campos antagonistas y a menudo irreconciliables desde una perspectiva moral: por un lado, la elite corrupta y, por el otro, "el pueblo", expresión de la voluntad general (Mudde 2004; Sznajde 2008; Collier 2002/15). Completando tal visión, se destaca el aspecto de proyectos políticos a menudo movilizadores de sectores marginados que a través del liderazgo populista articulan una retórica de afirmación nacionalista que pone al pueblo en el centro de su discurso (Jansen 2015; Rovira Kaltwasser 2015).

Una vez arribados al poder, los liderazgos populistas se han preciado de operar revoluciones políticas y cambios radicales en las estructuras socioeconómicas, ello tanto en la Argentina peronista de los años cuarenta y cincuenta como en la Venezuela bolivariana de las décadas de 1990 a 2010. A pesar de la diametralmente opuesta funcionalidad de las tramas conspirativas en el caso del peronismo y en el del chavismo, ambas visiones surgieron en el marco de sistemas políticos caracterizados por liderazgos populistas y polarización política. El estilo discursivo de esos líderes se caracterizó por proyectar una política de convicción, persuasión y una retórica confrontativa, construida en torno de un antagonismo estratégico y contra enemigos internos y externos, en el cual el líder del movimiento asumió una posición reguladora por sobre las instituciones, personalizando la expresión de la "voluntad popular".

El tono de confrontación tanto de quienes han asumido representar la voluntad general de la nación como de quienes han querido disputar la plaza y la hegemonía en la esfera pública, ha sido propicio al surgimiento de interpretaciones conspirativas en ambas partes. Como veremos más abajo, tal política de convicción ha dejado poco espacio legítimo a disensiones y proyectos opuestos, y ha llevado a demonizar a las fuerzas opositoras y difundir miradas conspirativas.

2. El IV Reich en Argentina: un mito conspirativo antiperonista

> *Para los antiperonistas de nuestra izquierda liberal [...] la cuestión se dilucida en esa mar donde todos los ríos confluyen: en el nazismo [...] De ahí que estos señores no puedan comprender otro esquema en que todo peronista sea nazi y todo nazi peronista [...] Para este sector, "desperonizar" equivale a "desnazificar".*
>
> Amadeo 1956, 92

> *El malevaje peronista que repitiendo escenas dignas de la época de Rosas y remedando lo ocurrido en los orígenes del fascismo en Alemania e Italia, demostró lo que era arrojándose contra la población indefensa.*
>
> Comentario del periódico comunista *Orientación* sobre el 17 de octubre de 1945, en Luna 1986, 342

La tarea de construir el mito conspirativo en torno al IV Reich en la Argentina, resignificándolo para denostar al peronismo triunfante en las elecciones de febrero 1946, ya había comenzado años antes, durante la Segunda Guerra Mundial. Aun así, ese mito se resignificó ni bien los coroneles golpistas del GOU, Grupo de Oficiales Unidos, triunfaron en consolidar su régimen nacionalista en junio de 1943. Finalmente, la caracterización difamatoria del peronismo como fascismo fue manejado por la oposición antiperonista durante el primer gobierno justicialista, y luego de su caída culminó el propósito de los sucesivos gobiernos de facto de desacreditar el régimen depuesto como totalitario (Bisso 2017). Es menester hacer un breve recorrido por cada una de esas etapas para comprender el modo en que se (re)semantizaron las taxonomías de peronismo y fascismo en el discurso de la polarizada cultura política argentina.

Rupturistas y neutralistas durante la Segunda Guerra Mundial

Históricamente, el mito del IV Reich ha sido el producto retórico de una coalición de partidos políticos que integrarían la Unión Democrática hacia 1945, en las postrimerías del régimen militar. La Unión Democrática fue la coalición formada para enfrentar la candidatura presidencial de Juan Perón. Se trató de una alianza acordada por los diferentes partidos que tradicionalmente competían en la arena política para ofrecer una alternativa electoral a la continuidad del régimen militar surgido de la así llamada Revolución de junio de 1943.

La configuración de esa alianza respondió a pautas de entendimiento interpartidario que ya estaban presentes entre las opciones políticas del espectro argentino desde la década de 1930, aunque entre 1944-1945 se reactivaban en torno al simbolismo de los acontecimientos de la guerra mundial sobre el debate político local. La definición a favor o en contra de los contrincantes de la Segunda Guerra Mundial había dividido a la sociedad argentina en dos bloques político-culturales enfrentados. Quienes habían decidido pronunciarse a favor de la causa de los Aliados se alinearon en un frente de lucha antifascista desde ámbitos afines a tendencias democrático-liberales y cosmopolitas, prevalecientes en la universidad y otras instituciones de la sociedad civil que políticamente se alinearon contra el totalitarismo nazi en Europa y su sospechada réplica en Argentina.

Así, destacados miembros del espectro de la oposición al gobierno de la Concordancia decidieron sumarse a ese clima de denuncia civil contra el peligro de prácticas autoritarias y antidemocráticas imputadas a los gobiernos conservadores. En junio de 1940, figuras partidarias del liberalismo fundaron una organización civil, que denominaron Acción Argentina, la cual constituyó en un foro de socialización política y en el germen del entendimiento multipartidario, que más tarde se decantaría en la formación de la Unión Democrática. A finales de 1941, la protesta contra la neutralidad en la guerra mundial llevó a la declaración del estado de sitio por el presidente Ramón Castillo, afectando la libertad de acción de la oposición (García Sebastiani 2006, 195-234, esp. 201-202).

El antifascismo de la Unión Democrática y los albores del mito conspirativo

De modo similar a anteriores ocasiones, la iniciativa de constituir un frente antiautoritario surgió del Partido Socialista (PS) y contó con el respaldo de los sindicatos y los estudiantes. Ni el Partido Demócrata Progresista ni la Unión Cívica Radical formaron parte de esas primeras conversaciones a favor de "la coalición de unidad", por la que inicialmente apostaron el PS y la Acción Argentina, difundiendo la idea a través de actos de propaganda, fundamentalmente en Capital Federal, Córdoba, Santa Fe y diferentes pueblos de la provincia de Buenos Aires. Pero también miembros de esa coalición democrática difundieron su ideario mediante una iniciativa parlamentaria antinazi. No fue casual que en junio de 1941 haya sido conformada una Comisión Investigadora de Actividades Antiargentinas (CIAA) por iniciativa del diputado de la UCR Raúl Damonte Taborda, de la cual aquel fue su primer presidente y principal promotor junto con otro radical antifascista, el diputado Silvano Santander (Irisarri 2013). La integración de la UCR en la proyectada coalición terminó siendo la alternativa que los radicales consideraron más idónea en medio de una crisis de dirección por la que diferentes grupos pugnaban a raíz de la muerte del líder Marcelo T. de Alvear en enero de 1942. Las dificultades por la que estaba atravesando la UCR se habían puesto de manifiesto en los malos resultados electorales de marzo de 1942, celebrados en la ciudad de Buenos Aires en los comicios para renovar parte de la Cámara de Diputados. La propuesta de integrarse a una comisión pro-Unión Democrática Argentina, de la que ya formaban parte el PS y la Acción Argentina, y más tarde el Partido Demócrata Progresista, se decidió, no sin diferencias internas, en la Convención Nacional de la UCR convocada para enero de 1943 (Luna 1986, I, 331).

La coalición electoral se estaba definiendo de cara a los comicios generales que según lo anunció el gobierno conservador irían a celebrarse en septiembre de 1943. Cuando el 4 de junio estalló el movimiento militar revolucionario, del cual el coronel Juan Perón participó y donde emergería su liderazgo popular, los partidos integrantes de la Unión Democrática en formación estaban en el punto máximo de discusión acerca del perfil partidario o extrapartidario de los candidatos presidenciales.

A consecuencia de la toma del poder por los militares nacionalistas en 1943, muchos de los dirigentes políticos que habían participado en el debate en torno a la Unión Democrática decidieron exiliarse en Montevideo por temor a ser perseguidos y desde allí prosiguieron los contactos para la concreción de algún tipo de acuerdo. Fue entonces desde el exilio donde esos dirigentes políticos, algunos con una larga trayectoria pública, pensaron que la coyuntura era propicia para redefinir la solución de entendimiento en aras del cual venían trabajando hace años. Desde mediados de 1945, las organizaciones extrapartidistas que se identificaban ideológicamente con el campo antifascista y especialmente los sectores estudiantiles y profesionales, se manifestaron contra la dictadura militar y a favor de la restauración democrática, consensuando homologar a los coroneles en el poder con el recientemente derrotado nazismo.

En esa coyuntura de finales de la Segunda Guerra Mundial no fue casual que los dirigentes del espectro partidario de la Unión Democrática no vacilaran en recuperar la tradición liberal de alianza interpartidaria, esta vez para construir un mito del IV Reich a fin de utilizarlo en las elecciones de febrero de 1946. Era necesario combatir al "emergente dictador fascista" enarbolando la defensa de los valores "democráticos". Estaban convencidos de que el antifascismo era suficiente argumento y garantía para interpelar a la ciudadanía y triunfar en los comicios sobre el "enemigo nazi-peronista". Entre otros, tal fue la posición sostenida por el grupo de exiliados políticos en Uruguay que regresarían a Buenos Aires hacia mediados de 1945 (García Sebastiani 2006).

Desde el punto de vista discursivo, la construcción del mito fue tramada por algunos exiliados de los partidos democráticos liberales, entre los que se destacaban Luciano Molina (del Partido Demócrata Progresista o PDP), Nicolás Repetto (del PS), Santiago Nudelman (de la UCR) y José Aguirre Cámara (del Partido Demócrata de Córdoba o PD). A partir de 1944, desde Montevideo, publicaban artículos contra los militares nacionalistas profascistas argentinos en los periódicos *Pueblo Argentino* y *Voz Argentina*, editados por las organizaciones Patria Libre y Asociación de Mayo, respectivamente. En ellos, demonizaban al coronel Perón, entonces secretario de Trabajo y Previsión y luego ministro de Guerra (García Sebastiani 2005, García Holgado 2014).

En un texto titulado "Psicología del dictador mitómano", el político radical y profesor universitario Santiago Nudelman elaboraba un perfil autoritario de Perón en el que indicaba que el coronel populista alteraba "la apreciación de los hechos por medio de sus perturbaciones del sentido moral e instintivo", pues difamaba y calumniaba por medio de mentiras diversas a todos sus opositores. Lo caracterizaba de dictador, "hasta ayer desconocido", "vanidoso para-lógico y fanfarrón", por sostener la necesidad de "lograr la emancipación económica y la dignidad de las masas" mediante decretos o estatutos profesionales (Nudelman 1944).

José Aguirre Cámara, ex dirigente del conservador Partido Demócrata de Córdoba, fue mucho más lejos al caracterizar a Perón de "coronel demagogo refulgente". Lo acusaba de asumir un rol semejante a Hitler porque se presentaba como el "salvador mesiánico del proletariado argentino" y presumía poder resolver rápidamente las más "arduas cuestiones obreras, de la clase media y del gran capital"; además, acusaba al coronel Perón de haber creado dos enemigos externos, Estados Unidos y la amenaza comunista. Y de modo semejante al nazismo, "no solo creó enemigos sino también enseñó a odiarlos, inculcando a los ciudadanos un miedo tremendo o un odio satánico" (Aguirre Cámara 1945). Aguirre Cámara también denunciaba la inspiración fascista de Perón por su preferencia de organizar sindicatos apolíticos y disciplinados bajo el control del Estado, amén de que "la locura totalitaria y la alucinación del grupito de militares que se sienten napoleones", también proscriben el derecho de oposición contra el gobierno militar y que lo asemeja a las "naciones totalitarias vencidas".

El socialista Nicolás Repetto atacaba al nuevo nacionalismo, que diferenciaba del "auténtico nacionalismo argentino de los varones más preclaros de la tradición liberal fundadora de la nacionalidad argentina", ahora reemplazada "por lo peor de Europa: el cinismo, la demagogia desenfrenada, y el corporativismo del proyecto cesarista de Mussolini" (Repetto 1944). A fines de noviembre 1944, Repetto preveía que la consolidación de un régimen fascista sería la obra del coronel Juan D. Perón, ese "líder con abundante y vistoso ropaje demagógico y ambición de poder". El dirigente socialista advertía sobre el peligro de una prolongada dictadura militar en el espacio de cuatro o cinco años, prolongación que "podría provocar una profunda impresión a los espíritus, deformar notablemente la mente de los escolares y estudiantes y envenenar las relaciones entre los argentinos a punto de hacer imposible la convivencia" (Repetto 1944).

El dirigente socialista también estaba convencido de que la resistencia a la dictadura militar debería ser complementada por una acción combativa, incluso justificaría el uso de las armas. En efecto, Repetto escribió una nota publicada en el diario uruguayo El País, en la cual sostenía que no quedaba otro recurso "que apelar al arsenal de las armas civiles, que, si sabe manejarlas, le permitirán librarse de ciertas ambiciones malsanas, que se amparan, para la vergüenza de la Argentina, en el empeño obstinado de algunos militares insensatos". De tal modo, un año antes de las elecciones de 1946, Repetto justificaba el uso de armas por parte de la resistencia civil antifascista ya que "los militares estaban ocupando un lugar que nos les correspondía". Cerraba la nota indicando que "[e]s doloroso que nos veamos obligados a emplear y a aconsejar medios negativos para modificar una situación como la que impera actualmente en nuestro país, pero a ello nos obliga el empecinamiento criminal de quienes se empeñan en mantenerse en posiciones y treparse a otras más altas" (véase Azzolini 2013; Korn 1945, 29; Repetto 1949, 216 y 221).

En la Buenos Aires de 1945, los activistas de la Acción Argentina hilaban en el telar de conspiradores criollos y norteamericanos para alumbrar el mito sobre el IV Reich escribiendo en *Antinazi*, luego que el gobierno militar clausurara el quincenario *Argentina Libre*.[39] *Argentina Libre* había sufrido cierres durante el gobierno de Ramón Castillo (1940-1943), alegando que ponía en riesgo la paz al inmiscuir a Argentina en el conflicto bélico internacional. Su sucesora, *Antinazi*, promovió la creación de la Unión Democrática, demonizando al nazi-peronismo, nuevo mote con que se procuraba combatir al ascendente apoyo popular al coronel Perón en las elecciones de febrero de 1946. En el número del 16 de agosto de 1945, *Antinazi* editorializaba sobre "El fin de la guerra", y en el siguiente número celebraba que el enemigo fascista parecía extinguirse en el mundo, mientras los demócratas descubrían en el coronel Perón la encarnación del fascismo resucitado en la Argentina (ver los artículos de Gallegos Moyano y Nicolás Repetto en el número de *Antinazi* del 23 de agosto de 1945).

Posteriormente, sus ataques recrudecieron, y juzgaron absurda la candidatura de Perón y le negaron la posibilidad legítima de que un fascista pudiera ser electo presidente. En el coronel Perón identificaron a un "burlador del pueblo", y consideraron que la movilización popular del 17 de octubre de 1945 había sido una muestra de la "demagogia dictatorial" (*Antinazi*, año 1, N.º 35, 25 de octubre de 1945, 2). Muy emblemáticamente, los editorialistas de la revista *Antinazi* bautizaron con el mote difamatorio de "nazi-peronismo" al naciente movimiento político de masas (*Antinazi*, año 1, N.º 38, 15 noviembre de 1945, 3), al señalar que su candidatura era "genuinamente nazi" (*Antinazi*, año 1, N.º 41, 6 diciembre de 1945, 6), y propiciando la formación de una nueva Unión Democrática (seguimos el marco analítico de Bisso 2005).

Un militante y publicista de la UCR cuyo antiperonismo estuvo inescindiblemente ligado al mito conspirativo del IV Reich fue el diputado entrerriano Silvano Santander. Sus textos más difundidos fueron *Nazismo en Argentina. La conquista del Ejército* (1945), y *Técnica de una traición. Juan D. Perón y Eva Duarte, agentes del nazismo en la Argentina* (1953), ambos publicados en Montevideo con ayuda de la red de exiliados argentinos (Santander 1945, 1953).

---

[39] *Argentina Libre* había sido fundado el 5 de junio de 1940 a partir de una propuesta del PS con el fin de promover el ingreso de Argentina a la Segunda Guerra Mundial integrando el bando de los Aliados; su manifiesto inicial lo encabezaba el ex presidente radical Marcelo T. de Alvear. La organización creó filiales que llegaron a sumar alrededor de trescientas en todo el país (Bisso 2002).

A diferencia de otros compatriotas antiperonistas, Santander —diputado nacional por la UCR desde 1940 y un acérrimo crítico de las tendencias simpatizantes del Eje— no se exilió inmediatamente después del golpe de Estado de 1943 sino en 1944. A su regreso, participó en la organización de la así llamada Marcha de la Constitución y la Libertad en septiembre de 1945 (Pereira 2012).

Después del triunfo de Perón, Santander continuó su campaña opositora desde su banca de diputado nacional, denostando de fascista al presidente y lanzando contra el mandatario acusaciones muy graves que le valieron la expulsión en una sesión especial de la Cámara de Diputados el 19 de diciembre de 1951. Tras su expulsión, agentes de la Policía Federal lo retuvieron preso en dos oportunidades y, al temer por su vida, se escapó por tercera vez al exilio en Montevideo. Desde allí continuó su campaña contra el gobierno de Perón haciendo uso del mito del supuesto involucramiento peronista para instaurar el IV Reich.

Toda la crítica al gobierno de Perón por la censura y persecución contra la oposición se alimentaría de ese mito, al cual Santander condensó en las tramas de su libro *Técnica de una traición: agentes del nazismo en la Argentina*, reeditado y ampliado en Buenos Aires a su regreso, tras el derrocamiento de Perón. Basado en informes confidenciales e interrogatorios de diplomáticos y agentes nazis, informes remitidos a Berlín y que fueron hallados después del colapso del III Reich, el libro atacó no solamente a Perón sino a varios oficiales del Ejército; su propósito era mostrar el ingreso de criminales de guerra (Franz Rademacher), la acción de testaferros (Ludwig Fraude, Ricardo Leute y Ricardo Staud) y el arribo de submarinos al puerto de Mar del Plata transportando el "oro nazi". El escritor peronista Arturo Jauretche atacó duramente el libro en una respuesta incluida en su ensayo *Los profetas del odio*, donde acusó a Santander de haberlo escrito a pedido de la CIA (Jauretche 1957, cap. V). A su vez, el general Carlos von der Becke publicó un libro en el que cuestionó la información y las fuentes utilizadas por Santander (Von der Becke 1956; sobre el cuestionamiento de Von der Becke, véase Galasso 2005, 146). Basado en copias fotostáticas de documentos entregados a Silvano Santander en Berlín oriental (en manos soviéticas en esa fecha) historiadores como Robert Crassweller consideran que el libro carece de toda autenticidad y el gobierno alemán en 1954 confirmó la absoluta falsedad de la mayoría de esos documentos en los cuales Santander se basaba, pero cuyos originales no se pudieron encontrar (Crassweller 1988, 166-167).

Tampoco la investigación histórica pudo verificar el registro de los submarinos alemanes que, según la denuncia de Santander, habrían arribado a las costas argentinas para desembarcar el legendario oro nazi y a ex jerarcas de la potencia derrotada. Hacia 1945 la intercepción aliada de las telecomunicaciones navales alemanas había sido perfeccionada hasta tal punto que era posible rastrear los movimientos de todos los submarinos alemanes, y según el historiador canadiense Ronald Newton, era improbable que alguno pudiera escapar a esa red (Newton 1995, 430). Según H. Meding, las sensacionalistas historias de aparición de submarinos demostraron ser falsas: entre ellos el *U-34*, *U-239*, *U-547*, *U-957* y *U-1000* mencionados en el libro de Santander habían sido destruidos o retirados de servicio antes de 1945. El famoso *U-522* que habría desembarcado jerarcas nazis y oro en las costas argentinas, ya había sido hundido el 23 de febrero de 1943, al sur de las Azores (Meding 1999, 91-102 y 175-176; véase además Klich 1995).

Segunda fase: el Departamento de Estado fabrica el mito conspirativo del IV Reich

El mito del IV Reich fue construido en Argentina, tanto por opositores como por exiliados antiperonistas residentes en Uruguay, mientras de modo simultáneo, desde el Departamento de Estado de Estados Unidos y la gran prensa norteamericana, enfrentada a los coroneles de la revolución nacionalista de 1943, difamaban en particular al coronel Juan Perón.

Durante 1944 y 1945 el Departamento de Estado de Estados Unidos alertó al mundo sobre el espectro del IV Reich diseminando información de que Argentina se había convertido en el refugio al que iban siendo evacuados los líderes políticos, los militares e industriales, los técnicos y los científicos del Tercer Reich en desintegración. El argumento central fue que, en la posguerra, el eje del Mal se trasladaba a orillas del Plata, y desde allí seguiría amenazando la integridad y el progreso de las repúblicas americanas. Tal como ha demostrado Newton, esta narrativa fue un fraude, debido a la habilidad de los ingleses para propalar información equívoca en Estados Unidos acerca de la Argentina, por grotesca que ella fuera. Según la investigación de Newton, un experto inglés en guerra psicológica de nombre Sefton Delmer propagaba deliberadamente por intermedio de la emisora Radio Atlantic desinformación sobre supuestas fugas de nazis intentando convencer a militares y civiles alemanes de que sus líderes estaban desertando. Newton revela que después de que los norteamericanos comprobaron esa información falsa, optaron por ocultarla, pues estaban interesados en alimentar ese mito a fin de ejercer presión política y estratégica sobre el gobierno militar argentino que se resistía a declarar la guerra al Eje. Uno de los autores revisionistas a quien Newton critica es Ladislas Farago (1974), quien intentaba hacer creer que Martin Bormann había huido a la Argentina con el propósito de recrear un IV Reich (Newton 1984; 1995, 409-430, 458).

La hora propicia de servirse del mito en la Argentina llegó cuando Spruille Braden arribó a Buenos Aires para desempeñarse el cargo de embajador de Estados Unidos. Una vez normalizadas las relaciones con la Argentina, el secretario de Estado Stettinius encomendó a Braden la embajada en Buenos Aires. Simultáneamente a la designación de Braden, el subsecretario Rockefeller había enviado a Buenos Aires una misión encabezada por Avra Warren, uno de los más firmes partidarios de la reconciliación completa con la Argentina. Los informes de la misión eran todos favorables a continuar con el acercamiento.

Las relaciones con Perón fueron muy cordiales, y aunque no se hicieron promesas, el Departamento de Estado estaba complacido con los resultados. Más aún, la Misión Warren arribó inesperadamente a San Francisco el 23 de abril de 1945 para llevar las buenas nuevas a la delegación de Estados Unidos en la conferencia que tenía por finalidad la fundación de las Naciones Unidas. Allí, el Departamento de Estado endosaría el ingreso de la Argentina a la nueva organización internacional. El 30 de abril la delegación argentina participaba en la conferencia de San Francisco, apenas dos semanas después de que Spruille Braden fuera designado embajador. Pero contrariamente a los progresos de la línea reconciliatoria entre ambos países, el 19 de mayo Braden llegaba a la capital argentina con el designio expreso de desafiar al régimen Farrell-Perón y a la misma política apaciguadora de Rockefeller-Stettiniu (Rapoport 1981).

Durante cuatro meses decisivos, hasta el 23 de setiembre de 1945, Braden intervino abiertamente para ayudar a organizar a la oposición antiperonista de la Unión Democrática, y llegó a asesorar en la publicación del infausto *Libro Azul* (*Blue Book*), texto seminal de la trama del mito conspirativo del IV Reich en la Argentina. A tal fin, las primeras acciones de Braden fueron congelar los progresos en materia económica de la Misión Warren y obstaculizar el futuro suministro de armamentos, suprimiendo los avances en el levantamiento de las sanciones económicas y el embargo de armas contra la Argentina, que habían sido adoptadas a cambio del compromiso de Farrell y Perón de implementar medidas efectivas contra el Eje. El cambio abrupto de línea diplomática no habría sido posible sin el visto bueno de un sector en Washington que apoyaba una agresiva política de confrontación; a tal fin, el embajador norteamericano influyó en el Departamento de Estado mediante el envío de informes diplomáticos que caracterizaban al coronel Perón como una "amenaza nazi".

A menos de un mes en la Argentina, Braden expresaba esa convicción en un telegrama *top secret* dirigido a principios de junio al Departamento de Estado. Entre otras cosas, el telegrama indicaba que:

> el movimiento nazi-fascista enraizado en la Argentina se encuentra en posición de desarrollar su fuerza y preparar la agresión futura. [...] Sus venenos se desparramarán a otros países y tendremos que confrontarnos, en un futuro distante, con una amenaza mayor hacia toda la estructura de la seguridad internacional de la postguerra. [...] El coronel Perón, como principal líder en el escenario argentino, es la encarnación del control militar fascista; pero es un solo individuo, mientras que el movimiento consiste en muchos. Fue engendrado por los nazis y los provee de los cimientos a partir de los cuales estos esperan construir la victoria de postguerra. Mientras la eliminación de Perón y su régimen militar sería ciertamente un paso importante, la seguridad de Estados Unidos y por ende de Gran Bretaña no estará asegurada hasta que los últimos vestigios [...] que el actual gobierno representa y practica hayan sido extirpados [...] (telegrama citado en Escudé 1978, 8-9).

El accionar de Braden tenía su apoyatura complementaria en la prensa de Estados Unidos. Los corresponsales de los periódicos liberales, *The New York Times* y *The Washington Post*, eran hostiles a Perón. Arnold Cortesi, del *Times*, prácticamente libraba una cruzada contra Perón desde las columnas de su periódico. Esto creó un clima en la opinión pública norteamericana que hizo aún más difícil lograr un acuerdo con los argentinos (Tulchin 1990, 196). Braden no era ajeno al contenido difamatorio de las columnas de Cortesi (Rapoport 1981, 275). De hecho, el consejero para asuntos latinoamericanos R. H. Hadow caracterizaba de cómplices a tres corresponsales norteamericanos en Buenos Aires (informe de R. H. Hadow, consejero para Asuntos Latinoamericanos y el consejero de la embajada británica en Washington en Escudé 1978, 12; ver también Escudé 1983, 185; Klich 1992, 23). La tergiversación de los corresponsales era además retransmitida por el influyente semanario *The Nation* de Nueva York, en especial con relación a incidentes sufridos por la colectividad judía argentina. Pese a la condena del gobierno hacia los hechos, *The Nation* repetía la opinión de Cortesi según la cual el antisemitismo era consecuencia del "fascismo" atribuido a Perón (Senkman 1997).

En cuanto a la idea extendida en sectores estadounidenses sobre el IV Reich implantado en la Argentina y la consecuente amenaza a la seguridad mundial, la investigación de Newton demuestra de manera rigurosamente concluyente la construcción e instrumentación del mito; en sus palabras, "una falsedad enorme" desarrollada a partir de los planes primitivos de Estados Unidos para obliterar la autonomía cultural de las comunidades alemanes en América. El mito, luego racionalizado en las directivas del Departamento de Estado, será sistemáticamente usado por Washington para justificar sus interferencias en la Argentina (Newton 1995, 409-411).

En su breve paso por la embajada en Buenos Aires y después desde Estados Unidos, como secretario asistente de Estado y luego subsecretario de Asuntos Hemisféricos bajo la presidencia del presidente Truman, Braden hizo del mito del IV Reich el eje de las relaciones argentino-estadounidenses. A las exigencias del cumplimiento acelerado de los compromisos contraídos por el gobierno argentino con la firma del Acta de Chapultepec, Braden añadía la incriminación de Perón como un "nazi megalómano" (Klich 1995).

El *Libro Azul* fue el mecanismo de incriminación del régimen peronista como el "fascismo argentino". Titulado oficialmente *Consultas con las Repúblicas Americanas sobre la situación argentina*, el informe fue publicado el 11 de febrero de 1946 por el Departamento de Estado de Estados Unidos sin consultar con ningún gobierno latinoamericano. Además, no se ofreció ninguna traducción autorizada al castellano ni al portugués: el texto en inglés se vendía a un dólar la copia, y el subtítulo publicitario condensaba su mensaje conspirativo: "Argentina desenmascarada, la sensacional historia del complot nazi-argentino en contra de la paz y libertad del mundo". En opinión del historiador Roger Gravil (1995), incluso embajadores seguidores de la política panamericana de Washington como los de Colombia, Ecuador y Cuba consideraban que el *Libro Azul* era una burda exageración.

La base documental estuvo integrada por archivos capturados en Alemania, interrogatorios de ex diplomáticos y espías nazis que operaron en Argentina y los de sus jefes en el III Reich, además de radio mensajes interceptados entre Buenos Aires y Berlín. La primera parte concierne intrigas argentinas con las autoridades del III Reich a fin de obtener armas y técnicos; planes conspirativos para formar un bloque sudamericano que mantuviera una actitud amistosa hacia el Eje y la hostilidad hacia los Estados Unidos; intrigas de espionaje por parte del Eje; conatos para que los nazis utilizaran los medios de difusión y las escuelas a fin de manipular la opinión pública argentina; artimañas para impedir la repatriación de los Nazis, entre otros (Blue Book 1946).[40] Basadas en tales tramas, las presuntas pruebas correspondían en la mayoría al período del presidente Castillo y no al régimen militar instaurado por la revolución de 1943; sin embargo, el *Libro Azul* presentaba al gobierno de Farrell y Perón como una amenaza al programa norteamericano destinado a impedir el resurgimiento del poder económico de los nazis en el hemisferio occidental. El régimen nacionalista era caracterizado como nazi-fascista en cuanto a su orientación política y Perón era descrito como el autor de un plan para una Nación en Armas, según el modelo imaginado por Von der Goltz (Gravil 1995, 83). Al informe lo precedió una campaña de *The Nation* que difamaba a Perón como si fuera un discípulo de Hitler, y se reclamaba la expulsión de la Argentina de las Naciones Unidas. Por notoria coincidencia, la campaña previa estaba sintonizada con la recomendación de Braden desde Buenos Aires de que el Departamento de Estado considerara "si no la expulsión de la Argentina de las Naciones Unidas, al menos negarle la calidad de miembro".

Este último ataque del mito del IV Reich en Argentina no produjo el efecto buscado por Braden. Perón retomó la iniciativa al lograr lanzar un *Libro Azul y Blanco* para denostar los alegatos del *Blue Book*. Dos días antes de las elecciones nacionales del 24 de febrero de 1946, esa publicación oficial de 127 páginas ya estaba a la venta en quioscos de Buenos Aires.

El objetivo del contraataque era el embajador Braden, a quien el *Libro Azul y Blanco* le imputaba conexiones con "el contubernio oligárquico-comunista" (la Sociedad Rural, el Partido Comunista y los principales diarios liberales) que Perón había denunciado días antes en su discurso en el Obelisco. Causó la reacción bumerán contraria a lo deseado, pues ayudó a la victoria electoral de Perón, en elecciones limpias y reconocidas por el propio subsecretario (Escudé y Cisneros 2000). Por tanto, el *Libro Azul y Blanco* se proponía incriminar el designio de "siniestra confabulación para derrotar a Perón" (Perón 1973). Ahora bien: también el *Libro Azul y Blanco*, título de la respuesta de Perón al *Libro Azul*, estuvo construido mediante una trama conspirativa, tal como lo demostró años

---

[40] El *Blue Book* contiene los siguientes titulares de subcapítulos: II, Argentine Nazi Complicity, A. Argentine Nazi Negotiations for Military Assistance to Argentina, B. Argentine Nazi Efforts to Subvert the Governments of Neighboring countries; C. Argentine Nazi Political and Social Collaboration; III, Nazi Fascist Character of the Argentine Regime.

después Uki Goñi. Las fuentes de respuesta al *Blue Book* consistían en informes de inteligencia de Coordinación Federal. Según allegados a Perón, el futuro presidente había dado orden de que ese libro fuese armado por la plana mayor del organismo de inteligencia, encabezada por los capitanes Jorge Manuel Osinde y Abel Rodríguez junto con el subcomisario de policía Fernando Amarante; pero, además, Goñi revelaba que Rodolfo Freude, el secretario privado de Perón, y Werner Koennecke, el contador de la red de espionaje nazi en Argentina, habían también colaborado en la concepción del *Libro Azul y Blanco*. Su índole conspirativa se hacía evidente asimismo en base al interrogatorio de un espía alemán (Hans Harnisch) en 1947, según el cual se privilegiaba la estrategia del contraataque en vez de la demostración factual (Goñi 1998, 239-241).

El periodista de investigación Uki Goñi construye su contradiscurso revisionista para imputar a Perón responsabilidad en la protección de criminales de guerra nazis y sus colaboracionistas, a través de dos libros. En el primero de ellos, *Perón y los alemanes. La verdad sobre el espionaje nazi y los fugitivos del Reich* (1998), Goñi monta una narrativa de espionaje político de agentes nazis de Himmler con los gobernantes de la revolución nacionalista de 1943 a fin de lograr influencia en los asuntos internos argentinos y también en países vecinos. Además, logra pergeñar una trama conspirativa de intrigas y suspenso basada en una seria documentación de archivos, para denunciar los contactos de Perón con empresarios alemanes y germano-argentinos a quienes protegió después de la Segunda Guerra Mundial. Su segundo libro, *La auténtica Odessa. La fuga nazi a la Argentina de Perón* (2002), es una pesquisa mucho más pretenciosa. Basada en una exhaustiva documentación de archivos en varios países, el libro relata cómo en 1944 agentes del servicio secreto de Himmler prepararon una intrincada red de escape para fugitivos nazis ante la inminente derrota del III Reich. Goñi describe el modo en que dicho operativo de fuga operaba directamente desde la Casa de Gobierno bajo apoyo del presidente Perón en 1946 y años subsiguientes. Entre otras sensacionalistas revelaciones, Goñi muestra las tramas secretas del acuerdo entre el Vaticano, la Iglesia Católica argentina y el gobierno peronista para facilitar también la fuga de criminales de guerra franceses, belgas y croatas a la Argentina (Goñi 1998; Goñi 2002, esp. cap. 6-11; una crítica a ese libro en Klich y Buchrucker 2009, 272-277; Schneppen 2009, 183-245).

El Libro Azul era panfletario, tal como lo reconocía ya el 19 de febrero de 1946 el jefe de la sección de América del Sur del Foreign Office (FO) británico, Victor Perowne. El temperamento del FO está expresado en la minuta de Perowne, haciendo las siguientes consideraciones críticas a los redactores norteamericanos del documento conspirativo; Perowne suministra juicios para desmitificar un mito difamatorio que tuvo amplia credibilidad y rápida recepción en la sociedad civil y política de la Argentina y de Estados Unidos.

El documento [*Libro Azul*] no hace intento alguno, naturalmente, por presentar un cuadro balanceado, y omite la mención de un hecho tan importante como que, a pesar de los criminales flirteos de varios

argentinos prominentes con los alemanes, nunca se pusieron obstáculos
a la corriente hacia Europa de productos argentinos esenciales para el
esfuerzo de guerra; que ningún acto de sabotaje contra los frigoríficos
o contra el puerto fue perpetrado jamás; y que no hay ninguna prueba
decisiva que demuestre que alguna información enviada por agentes
alemanes desde la Argentina haya conducido al hundimiento de un solo
buque aliado. Tampoco menciona el documento que el gabinete original
de Ramírez, en junio de 1943, estaba dividido en partes iguales entre los
moderados y los extremistas, y que los moderados fueron eliminados
como resultado de torpes políticas norteamericanas adoptadas sin con-
sultarnos. Ni se menciona que el gobierno de Ramírez intentó obtener
armas de Estados Unidos antes de solicitarlas a Alemania y ni siquiera
le fue permitido enviar una misión militar a Washington; ni se admite
que, en general, los argentinos estaban movidos por el deseo de proteger
lo que ellos estimaban, aunque equivocadamente, sus propios intereses
y no los de Alemania. Finalmente, no se menciona el hecho de que la
Argentina tiene un récord mucho mejor que la mayoría de los países
latinoamericanos con respecto al control de intereses y ciudadanos alemanes, sin excluir el notoriamente pro-aliado y prodemocrático Uruguay ni el igualmente "prodemocrático" Chile, el cual nunca le declaró
la guerra a Alemania ni realizó intento alguno de encarcelar a japoneses
y alemanes peligrosos, lo cual tuvo como consecuencia la perpetración
de dañosos actos de sabotaje (reproducido en Rapoport 1988, 78-79).

Una de las supuestas pruebas para incriminar a los militares nacionalistas
de haber hecho una alianza con la Alemania nazi fue su frustrado intento de
adquirir armas para compensar el desequilibrio regional del armamento norteamericano al Brasil de Vargas.

Pero, como afirma Klich, la afirmación hecha por el secretario de Estado norteamericano Cordell Hull de que agentes nazis con base en la Argentina habían
permitido que submarinos alemanes hundieran suministros destinados a los
Aliados, nunca fue comprobada. Al contrario, los documentos permitieron
que Leslie Rout y John Bratzel (1986, 339-340) llegaran a la conclusión de que
cuando el canciller Enrique Ruiz Guiñazú pidió pruebas concluyentes de que
los datos sobre los movimientos de los buques transmitidos a Alemania efectivamente fueran la causa del hundimiento de barcos, Estados Unidos presentó
"una sarta de inventos, insinuaciones y hechos aislados". Por lo tanto el mayor
logro de los agentes nazis en Argentina fue el tráfico ilegal de cantidades pequeñas, aunque útiles, de comestibles y de materiales estratégicos, además de más
o menos el 30% de la tripulación recluida de un acorazado de bolsillo alemán
hundido, el *Graff Spee* (Klich 1995).

Ahora bien: años después de la caída del régimen peronista en 1955, persistió
el mito del IV Reich a través de sensacionalistas revelaciones sobre jerarcas nazis
como Martin Bormann que habrían logrado refugio en la Argentina de Perón.

Un ejemplo es el libro de Ladislas Farago, *Aftermath: Martin Bormann and the Fourth Reich* (1974), donde con dudosa documentación se narra el vínculo del lugarteniente de Hitler con el presidente justicialista argentino, además de las fantásticas apariciones del jerarca nazi en Paraguay, Brasil, Bolivia y en la cordillera andina. Ello, a pesar de que la primera edición de aquel libro apareció varios meses después de que un tribunal alemán confirmara que la pericia forense identificó los restos de Bormann muerto en Berlín en 1945 (Trevor-Roper 1974). Sin embargo, los relatos de Farago y otros revisionistas se resisten a admitir la evidencia que no pudo tener "sobrevida" en Argentina. Es el caso, por ejemplo, de Juan Gasparini, *La trama nazi en España, Portugal y Argentina* (1997).

El mito del IV Reich sobrevivió en el campo antiperonista argentino durante muchas décadas (Senkman y Sosnowski 2009). En 2009 se estrenó un filme con pretensión de historia documental, *Proyekt Huemul: El Cuarto Reich en Argentina*. El documental parte de la recomendación que hizo Kurt Tank, un ingeniero y piloto de pruebas alemán, ex integrante del Tercer Reich, que trabajaba en el Instituto Aerotécnico de Córdoba en el proyecto Pulqui II para desarrollar un avión de combate de fabricación nacional. Tank recomendó a Perón que contratara a Ronald Richter, un físico austríaco. Al entrevistarse con el entonces presidente, Richter lo convenció de que podía desarrollar en la Argentina la tecnología necesaria para controlar la energía atómica proveniente de procesos de fusión nuclear. Finalmente, Richter consiguió que Perón lo apoyara casi incondicionalmente, y en 1951 el físico informó que había tenido éxito en sus trabajos. Perón anunció esta noticia al mundo, aunque al poco tiempo se descubrió que había sido un fraude del científico (Vila 2009). El filme cuenta con el aporte de distinguidos historiadores, entre otros Robert Potash y Holger Meding, además del escritor argentino Osvaldo Bayer y de Mario Mariscotti, físico argentino, ex director de la Comisión Nacional de Energía Atómica y autor del libro *El secreto atómico de Huemul*.

3. Teorías conspirativas y el magnicidio de Colosio en México

Las balas y las conspiraciones ayudaron a escribir la historia de México en el siglo XX que en promedio registró un magnicidio cada veinte años.

Velazco 2015

En este país la verdad nunca se sabe.

El atentado, film de Jorge Fons, 2010

El 23 de marzo de 1994, el candidato del PRI a la presidencia de México, Luis Donaldo Colosio, arribaba a la colonia de Lomas Taurinas, Tijuana, como parte de su campaña electoral, y fue recibido por un público de entre 3.500 y 5.000 personas. Luego de pronunciar su discurso, fue asesinado a balazos. Meses antes, Colosio, secretario de Desarrollo Social en el gobierno del presidente

Carlos Salinas de Gortari (1888-1994) y previamente presidente del PRI entre 1988 y 1992, había sido designado candidato del Partido Revolucionario Institucional (PRI) siguiendo el procedimiento informal conocido como el "destape", acostumbrado durante los gobiernos príistas. De acuerdo con ese procedimiento, tras consultas no abiertas al público, el presidente en ejercicio elegía a su sucesor entre posibles funcionarios. Estando el sistema político mexicano bajo el control unipartidista del PRI por espacio de décadas, el candidato designado por el "dedazo" presidencial, era de hecho considerado el futuro presidente, y las elecciones eran un mero mecanismo legitimador.

Debido a ciertas normas legales que impedían la candidatura de otros funcionarios, el presidente Carlos Salinas de Gortari había designado a Colosio por sobre otros precandidatos como Manuel Camacho Solís, quien, al perder la nominación de su partido, renunció a su puesto al frente del Departamento del Distrito Federal (DDF). Sin embargo, en breve, tras el levantamiento zapatista del primero de enero de 1994, el presidente nombró a Camacho comisionado para la Paz en Chiapas. Los medios rumorearon que tal nombramiento del ex titular del DDF y el inicio inmediato de la campaña electoral de Colosio, a pesar del pedido del presidente Salinas de que postergara tal decisión hasta que la situación en Chiapas se estabilizara, fueron vistos como claros indicadores del distanciamiento entre Colosio y Salinas. En aparente contradicción, los medios aducían, además, que Colosio había nombrado a Ernesto Zedillo coordinador de su campaña electoral, por maniobra de José María Córdoba, el "súper asesor" del presidente, en un intento de Salinas por proyectar su peso político e influencia al siguiente sexenio.

El 6 de marzo, en el acto por el 65.º aniversario del PRI, Colosio pronunció un discurso que habría de distanciarlo aún más del presidente. Prometiendo continuidad en las políticas de seguridad social, federalismo y soberanía, puso sin embargo énfasis en la democracia y la reforma política, sugiriendo la necesidad de separar al gobierno del partido y establecer límites constitucionales al presidencialismo, mediante la transferencia de mayores facultades al Congreso. Ello implicaría una profunda reforma al régimen político imperante. Colosio ya había expresado antes ese ímpetu reformista, indicando en 1990 la necesidad de "poner punto final a la perversión política de las decisiones cupulares y centralizadas, la imposición y la antidemocracia". En el marco de la 14.ª Asamblea Nacional del PRI, expresó su deseo de "transformar nuestro partido para que prevalezcan los métodos democráticos, se desechen el autoritarismo, la política burocrática, los dogmatismos y la arbitrariedad". En el discurso pronunciado poco antes de ser asesinado, Colosio reafirmaba su intención de imponer un gobierno responsable, que sirviera "a todos, sin distingo de partidos políticos" (Huchim 1994, 202).

El autor del asesinato fue identificado como Mario Aburto Martínez, un obrero mecánico. Al ser detenido, Aburto había gritado "fue el *ruco*, fue el *ruco*", en referencia a uno de los integrantes del grupo de seguridad, de nombre Vicente Mayoral, quien también fue detenido. Mientras tanto, en grave estado con una herida en la cabeza y otra en el abdomen, Colosio fue transferido a un hospital donde lo operaron e intentaron infructuosamente salvar su vida. La noticia del atentado provocó consternación en todo México, sin que por largas horas las autoridades se pronunciaran sobre lo ocurrido y sobre el estado de Colosio, por lo cual los análisis especulativos emergieron casi de inmediato. Las primeras investigaciones se realizaron en un ambiente caótico en el que se ignoraron los protocolos de criminalística, se duplicaron funciones entre las autoridades municipales, estatales y federales, se sometió a los detenidos a interrogatorios informales y toda clase de lesiones, mientras se sumaban presiones políticas y mediáticas. Durante las primeras horas, se cometieron errores como no preservar la escena del crimen, no cumplir protocolos de reconstrucción de los hechos, realizar la necropsia con una deficiente descripción del cadáver y sin establecer definitivamente la trayectoria de los disparos. Ello alentó la difusión de teorías conspirativas que aseguraban que el magnicidio se había cometido intencionalmente y que el caos imperante fue exprofeso con el propósito de impedir el esclarecimiento del crimen.

Pero, además, la incompleta y sesgada recolección de datos llevaría a la designación de sucesivas comisiones de investigación y a la ambivalencia de la justicia acerca de si el asesinato había sido producto de un asesino solitario o el producto del complot de una amplia red, que podría aún involucrar a individuos en los altos escaños de la política mexicana. El presidente creó una subprocuraduría especial para investigar el caso, siendo su titular Miguel Montes García, un respetado ministro de la Corte Suprema de Justicia, quien contaba con un equipo dirigido por el director de la Interpol México. Al cabo de una semana, Montes García anunciaba en base al análisis de los videos disponibles, la teoría de una acción concertada para matar a Colosio. Los agentes de la Procuraduría General detuvieron a cuarenta y cuatro integrantes del llamado Grupo Tucán, un club de agentes judiciales retirados o desempleados que se habían ofrecido a participar en la vigilancia del mitín del 23 de marzo. Sin embargo, a los tres meses de iniciada la investigación, el mismo Montes García salió a declarar que, al no haberse hallado elementos de prueba a favor de la acción concertada, se daba la investigación por concluida, habiéndose llegado a la conclusión que Aburto fue el único planificador y autor del homicidio. La incredulidad pública fue inmensa y ese mismo día, el jurista presentó su renuncia a la subprocuraduría.

Hasta su muerte meses más tarde en 1994, la viuda de Colosio rechazó la hipótesis del asesino individual. De manera similar, el padre de Colosio, funcionario entonces del Estado de Sonora, siguió por años demandando justicia, alegando que el asesinato respondía a un intento de "desestabilizar al país". Detalles del caso sumaron dudas a las conclusiones del primer equipo investigador y llevaron con el pasar de los años a reabrir nuevos procesos de pericia e indagación, sin que se lograse verificar o descartar la tesis del complot político.

Entre los problemáticos indicios que a menudo se manejaron para sustentar las teorías conspirativas se destacan documentos oficiales en los que quedaron asentadas distintas estaturas de Aburto, pequeñas diferencias en las fotografías, omisiones y la falta de cuidado en la primera etapa de la investigación. Se llegó a insinuar que habría habido varios Mario Aburto: el que disparó, el que fue detenido y el que fue presentado ante la prensa en el penal. Tal especulación fue alentada por la revelación de que Jorge Antonio Sánchez Ortega, agente de seguridad cuya ropa estaba manchada con la sangre de Colosio, poseía rasgos físicos muy parecidos a los de Aburto, por lo cual aun la madre del implicado lo había confundido con su hijo en una visita al penal. Además, se dijo que las autoridades presuntamente habían asegurado dos armas de fuego en Lomas Taurinas, lo que demostraría la existencia de dos individuos disparando sobre Colosio. En 2004, el académico Javier Hurtado presentó un video hasta entonces inédito, en el que aparentemente se ve y escucha que el segundo disparo se hizo a bordo de la camioneta en la que lo sacaron a Colosio en rumbo al hospital, no inmediatamente después de que recibiera el tiro mortal en la cabeza. Las declaraciones y contradeclaraciones del autor del crimen, condenado a cuarenta y dos años de prisión, agregaron incertidumbre, ya que en cierto momento indicaría que funcionarios policiales federales le habrían ordenado, bajo amenaza, producir la versión de su confesión ante las autoridades.

> Entre las irregularidades en el caso, aparece el "préstamo" de Mario Aburto para ser interrogado afuera de las oficinas de la Procuraduría General de la Republica (PGR) la madrugada del 24 de marzo de 1994 durante un lapso de dos horas, entre que concluyó su declaración ministerial y su traslado a la Ciudad de México. Según Aburto, con los ojos vendados, pies y manos atados, y envuelto en un colchón, lo llevaron a un sitio junto al mar; lo supo porque escuchó el sonido de olas. Ahí [lo] presionaron con torturar a su madre, y le amenazaron matar a toda su familia si no decía lo que ellos querían (Marín 1994, 16).

Las teorías acerca de un magnicidio político recibieron nuevo ímpetu en 2012, con el estreno de la película *Colosio, el asesinato* (dirigida por Carlos Bolado), que rechaza la hipótesis del asesino solitario (https://imdb.to/2Z3u18y).

El asesinato de Coloso habría de manchar la imagen del PRI, y aunque Zedillo ganó las elecciones para el sexenio de 1994-2000, ello —junto con la crisis económica que se desencadenó en 1995 y la continuada crisis en Chiapas a raíz del acuerdo de NAFTA— el descrédito aceleraría la pérdida del control unipartidista que aquel partido había mantenido en el país desde su creación por Plutarco Elías Calles en 1929. Por otra parte, el ex presidente Salinas debió salir a un exilio errante y aunque no debió enfrentar a la justicia, "en voz alta y baja se le hacía responsable de la crisis económica y de los asesinatos de Colosio y [José Francisco] Ruiz Massieu [ex gobernador de Guerrero y secretario general del PRI, asesinado en septiembre de 1994]" (Guerrero y Vale 2012, 80). En forma irónica, el principal promotor de la persistente imagen del ex presidente Salinas como poseedor de un poder oculto maniobrando en las tinieblas —y en consecuencia de su "leyenda negra"— según lo indican los analistas mexicanos

Jaime Guerrero y Tere Vale, fue el candidato de izquierda Andrés Manuel López Obrador (AMLO), quien adujo haber sido robado fraudulentamente de su victoria en las elecciones presidenciales de 2006 por fuerzas políticas entre las que destacaba a Salinas (Guerrero y Vale 2012, 73-96).

En su ensayo *La segunda conspiración*, el novelista Jorge Volpi se aproxima a la imposibilidad de determinar con certeza la motivación y autoría del asesinato, destacando que "la opinión pública se empeñó en leer todos los actos y declaraciones relacionados con el caso como parte de la macabra obra teatral planeada por los conjurados". Volpi indica empero que no es esa primera conjura la decisiva, sino la que se inicia como consecuencia del asesinato y que se trama para ocultar la autoría del acto criminal. Los conspiradores construyeron según Volpi "una nueva espiral conspiratoria cuya existencia, a diferencia de la primera, está plenamente documentada". Según Volpi,

> resulta casi imposible seguir los hilos de la conjura que condujo al atentado debido a la existencia de una *segunda* conspiración encargada de enturbiar las pistas, de manipular los testimonios, de silenciar a los inconformes, de destruir la verdad […] Más que comprobar la conjura para asesinar al candidato, el Expediente Colosio demuestra la existencia de la segunda conspiración, articulada a lo largo de estos cinco años, cuyo objetivo —aparentemente cumplido— ha sido confundir la realidad al grado de hacer imposible cualquier certeza en torno al homicidio (Volpi 1999, 45-46, 49).

Volpi sugería que, más allá de los detalles del caso ejemplar, al proyectar el asesinato no resuelto de un candidato presidencial al centro de la agenda pública, sembrando sospechas y temores en la población, lo que el poder instauraba de hecho era un estado de excepción. "El mal se vuelve ubicuo, amenazas desconocidas se precipitan sobre todos y, en un estado de zozobra, no queda más remedio que plegarse a las soluciones de quien ejerce el gobierno." Al contaminar las esferas públicas del país, la conjura se tornaba de un arma contra el poder a ser "un arma del poder contra sus enemigos" (Volpi 1999, 50; véase también Kelman 2012, 67-79).

4. El chavismo y sus miradas conspirativas

No hay populismo sin la figura del personaje providencial que supuestamente resolverá, de una buena vez y para siempre, los problemas del "pueblo", y lo liberará de la opresión del "no pueblo". [...] El populista se apodera de la palabra y fabrica la verdad oficial. Una vez investido en intérprete predominante o único de la realidad (o en agencia pública de noticias), el populista aspira a encarnar esa verdad total y trascendente que las sociedades no encuentran —aunque a menuda aspiran a ella— en un Estado laico.

Krauze 2012, 15

Sostenemos que para comprender este fenómeno de antipopulismo contemporáneo, es necesario pensarlo a través de la crítica a los principios que sostiene la ideología neoliberal entre ellos el carácter procedimental de la democracia que postula. Estos principios transformados en pensamiento único han convertido al populismo en el gran "otro" de la política latinoamericana. Más aún, en la otredad en la que se ha colocado al populismo subyace la otredad del comunismo construida en el contexto de la guerra fría.

Moreno Velador y Figueroa Ibarra 2016

Desde 1998 hasta su deceso en marzo de 2013, Hugo Chávez (1954-2013) representó sin duda el líder más notable de un estilo de gobernar y hacer política con aval popular masivo, con el propósito explícito de intentar transformar las estructuras socioeconómicas a través de un cambio radical en el funcionamiento de la democracia liberal venezolana. Bajo Chávez, se reformularon las reglas de juego de la política tradicional venezolana, con consecuencias innovadoras algunas y perjudiciales otras para la autonomía de las instituciones y la libre expresión democrática. En esta sección analizaremos ciertas visiones conspiracionistas proyectadas por el líder bolivariano y su sucesor Nicolás Maduro para redefinir y apuntalar posiciones de poder en situaciones de cambio estructural acelerado.

La modalidad chavista de democracia participativa se ha caracterizado por proponerse superar las limitaciones de corte liberal de la democracia representativa. Enfatizando su carácter revolucionario en el plano de las representaciones sociales y políticas de Estado, el chavismo ha asumido una serie de características particulares en el contexto sudamericano. Si bien parcialmente, algunas de esas características se encuentran presentes en otras formas de populismo, al aparecer integradas en el chavismo lo hicieron distintivo. Entre tales características podemos destacar:

· su énfasis participativo, que lo lleva a criticar a la democracia representativa en términos de su supuesto formalismo;
· su énfasis en el rol del Estado como articulador de sectores sociales;
· la inclusión política de sectores marginados, articulada en términos de la resistencia a la globalización neoliberal;

· una apelación ejecutiva a la democracia directa, la cual subsume a la democracia parlamentaria;

· el posicionamiento autoritativo —o bien autoritario, según la opinión de la oposición— del líder político, que se transforma en el gran organizador de la política de masas en la esfera pública, otrora dominada por los representantes de clases sociales medias y altas;

· el empleo de una retórica de confrontación, construida en torno de un antagónico discurso estratégico contra los enemigos internos y externos, con el líder asumiendo una posición por sobre las instituciones, personalizando la "voluntad general" rousseauniana que debería primar por sobre la voluntad plural de sectores diversos;

· se reemplaza, así, una política de compromisos y negociaciones entre los actores sociales mediante una política de persuasión, que deja poco espacio legítimo a disensiones y proyectos opuestos, y que incluso puede llegar a demonizar a las fuerzas opositoras, y difundir una lectura conspirativa de la realidad (Laclau 2005; Roniger 2005; De la Torre 2007).

Hugo Chávez ha sido definido como populista, ello no en términos negativos sino en función de describir su estilo de movilización política y su posición central de liderazgo popular. Bajo Chávez, sectores masivos de la población se movilizaron y adquirieron participación política, lograron acceso institucional y un sentimiento de dignidad. El liderazgo populista promovió una retórica moralizante y antagonista frente a los centros tradicionales de poder y a la democracia de partidos, trascendiendo formatos institucionales liberales; transformó así la pauta de relacionamiento con los sectores populares, aunque manteniendo tendencias jerárquicas y autoritarias, reminiscentes de aquellas que han regulado tradicionalmente el régimen de ciudadanía en América Latina (Roniger 2006).

Chávez accedió al poder en las elecciones de diciembre de 1998 con el 56,5% de los votos y desde entonces hasta su muerte en marzo de 2013, consolidó su poder a través del voto popular. Tal proceso incluyó la aprobación en referéndum de una asamblea constitucional en abril de 1999; la obtención de 121 de las 131 plazas de la asamblea en las elecciones de julio de 1999; la ratificación de una nueva Constitución Bolivariana en diciembre de 1999, que introdujo cambios institucionales destinados a superar estructuras anteriores y permitir una mayor ejecutividad; las megaelecciones de julio de 2000, que legitimaron al mandatario y a miembros electos de su administración, bajo los términos de la nueva Constitución; la superación de un golpe de Estado en abril de 2002; el éxito en el referendo de agosto de 2004 sobre la continuación del mandato del primer mandatario; y a partir de 2005, una serie de medidas orientadas a sumar control sobre instituciones como la Suprema Corte, los medios y las Fuerzas Armadas; el fallido boicot de las elecciones parlamentarias de diciembre de 2005 por parte de la oposición, lo cual le permitió a Chávez lograr total control sobre la Asamblea; nuevamente, en diciembre de 2006, la obtención de un nuevo mandato presidencial hasta 2012, logrado frente a una oposición fragmentada, que solo un año más tarde, en diciembre de 2007, pudo lograr una primera victoria para frenar una propuesta de reforma constitucional que habría consolidado aún más el poder del líder venezolano. En febrero de 2009, Chávez logró la aprobación en referendo popular de nuevas reformas que, entre otras cosas, permitirían la reelección por términos indeterminados de funcionarios electos, incluyendo la posición de presidente de la nación.

El ascenso meteórico de Chávez se explica por la profunda crisis de representación que vivió la democracia venezolana en la década de 1990. El Pacto del Punto Fijo, que regulaba desde 1958 el control pactado del Estado entre Acción Democrática, un partido socialdemócrata, y COPEI, un partido demócrata cristiano, había entrado en crisis. Ya en la década de 1980, la capacidad sistémica de manejar un Estado clientelista se había limitado con la baja en el precio fijo del petróleo, base del sistema redistributivo, junto con una alta deuda externa y el alto costo de una administración pública demasiado onerosa. La crisis había obligado a recurrir en forma creciente al fraude y a la violencia para mantenerse en el poder. Una vez en el gobierno del país, tanto Carlos Andrés Pérez (AD 1988-1993) como su sucesor, Rafael Caldera (COPEI, 1994-1999), se habían sentido obligados a redefinir las políticas económicas y sociales a través de estrategias que afectaron a la población. Pérez adoptó medidas de austeridad neoliberal y baja de salarios con el resultado de una creciente pobreza, lo que generó protestas masivas por parte de trabajadores, estudiantes y jubilados, y culminado en el término de su mandato bajo acusaciones de corrupción, que en 1996 condujeron a su condena y sentencia de prisión. Mientras Caldera llevaba adelante una política de consulta, la persistente privatización —incluyendo el sistema de seguridad social y reducción retroactiva del seguro de despido— fue vista como un signo más de traición a las promesas del sistema político democrático venezolano, sistema que había sido considerado efectivo e ideal durante décadas. ¿Cómo explicar el fracaso del sistema sino a través de la corrupción e inefectividad de la clase política? La política tradicional estaba difunta y Chávez lo percibió con agudeza (Buxton 2005). Más allá de intentar en 1992 un fallido levantamiento militar, hacia fin de la década optó por competir con su Movimiento V República contra la partidocracia del AD y el COPEI que habían fracasado.

Una vez en el poder, Chávez emprendió importantes programas sociales y comunitarios; puso en marcha cooperativas de trabajadores en los tugurios urbanos; elaboró planes para crear "empresas de producción social" que extenderían el sector público; generó gasto público en alimentación, educación y atención médica entre las poblaciones hasta entonces subatendidas (Shifter 2006). En forma paralela, Chávez creó nuevos espacios participativos para quienes habían sido afectados por la crisis y marginados por el sistema político. Una de sus primeras medidas fue la megaelección de todos los funcionarios, incluyéndose a sí mismo, una medida tendiente a ratificar el apoyo popular masivo del gobierno y sufragar la legitimidad de las autoridades. Otra medida fue lanzar una larga serie de iniciativas de movilización de la población en torno a misiones bolivarianas con objetivos sociales, tales como la educación de adultos, la provisión de artículos básicos de la canasta familiar a precios reducidos, la reforma agraria, o bien movilizar a reservistas involucrados en la defensa nacional. Al mismo tiempo y contrariamente al énfasis retórico y práctico acerca del poder popular, se propuso lograr la creciente captura de los centros de poder, lo cual redujo los espacios institucionales de contralor del líder al frente del Poder Ejecutivo. Ello creó una tendencia a tomar decisiones en forma no deliberativa y, a nivel institucional, una falta de rendición de cuentas —lo que en inglés se conoce como *lack of accountability*— amén del sentimiento de la oposición de verse constreñida en su capacidad de influir en las decisiones políticas.

En el marco de la declarada lucha por la transformación de la sociedad venezolana, la legitimidad de la oposición y de quienes se posicionaron críticamente frente al gobierno se vio cercenada. Es bien conocido el caso de RCTV, que fue obligada a cancelar sus transmisiones en mayo de 2007, cuando el gobierno no renovó su licencia de operación. Existen casos aún más sutiles, como el de la película *Secuestro Express*, dirigida por el joven cineasta Jonathan Jakubowicz (2005). La película retrata el fenómeno amplio de secuestros breves que discrecionalmente bandas cometían de manera espontánea al apresar a individuos con recursos en centros comerciales, clubes nocturnos o bares de estilo, obligándolos a hacer uso de cajeros automáticos o de pagos de familiares o empresas por su rescate. Mientras la industria cinematográfica, y los analistas sociales, elogiaron la película del joven director venezolano, el gobierno —a través del vicepresidente José Vicente Rangel— la criticó severamente, e indicó que se trataba de un intento de desprestigiar y difamar al país, con el designio de derrocar a Chávez.

La decisión de impulsar sin pausas el proyecto político chavista por medio de la toma de instituciones y espacios públicos, intentando controlar tanto a las agencias estatales como a la sociedad civil, redujo los espacios de la crítica y del diálogo pluralista. A nivel retórico, el chavismo polarizó a la nación venezolana en términos antagónicos entre sus partidarios y los enemigos del pueblo. Es ya bien conocido, aunque sigue generando debate, el fenómeno del presidente Chávez y sus partidarios —así como su sucesor, Nicolás Maduro— tratando de desviar toda crítica por medio de acusaciones a sus opositores, presentándolos como sospechosos de estar ocultando inconfesables motivos políticos; además, fueron acusados de ser cómplices de los conatos para derrocar al gobierno por medio de tenebrosas conspiraciones, y no por medio de los mecanismos legales reconocidos por la constitución bolivariana.

Tal polarización es replicada a nivel de los observadores internacionales del chavismo, quienes encuentran difícil evaluar la situación en Venezuela sin verse implicados en debates políticos altamente polarizadores. Por ejemplo, en 2008-2009 tuvo lugar una aguda controversia entre profesores norteamericanos que apoyaban a Chávez en su denuncia del extenso informe de Human Rights Watch, que imputaba a Venezuela severas faltas en el respeto a los derechos

humanos. En su defensa del informe frente a las críticas de partidismo anticha-
vista, el director ejecutivo del organismo de derechos humanos HRW, Kenneth
Roth, indicaba la recurrencia de la táctica chavista de atacar a quienes revelan
fallas en el sistema:

> Por ejemplo, los defensores de los derechos humanos que han pedido
> reformar las notoriamente inhumanas prisiones del país han sido repe-
> tidamente denunciados por los principales funcionarios chavistas, que
> los acusan de conspirar para "desestabilizar el país". Cuando los reclusos
> iniciaron una huelga de hambre el pasado mes de marzo [de 2008], el
> entonces ministro del Interior y Justicia sugirió públicamente que los
> defensores de esos derechos habrían incitado a la huelga en virtud de
> órdenes de Washington. Más recientemente, cuando la muy respetada
> organización no gubernamental venezolana PROVEA planteó la cues-
> tión de las condiciones de las cárceles en su informe anual (que se publicó
> el 9 de diciembre), el actual ministro del Interior y Justicia declaró en
> televisión nacional que se trataba de mentirosos "pagados en dólares". a
> quienes se debía haber tirado zapatos cuando presentaron sus conclu-
> siones. El ministro de Salud puso en tela de juicio la fecha de publica-
> ción del informe de PROVEA, alegando que su propósito era socavar
> los esfuerzos del gobierno para reformar la constitución que permitiría
> la reelección indefinida de Chávez (PROVEA ha venido publicando por
> más de una década su informe anual en torno a la misma fecha, en el
> Día Internacional de los Derechos Humanos) (Roth 2008).

En los términos de Steve Ellner (2005), la línea "dura" que pregonaba la transformación revolucionaria de Venezuela parecía haber predominado sobre los
partidarios de la línea "blanda" del chavismo, que pretendía promover la transformación progresiva del país por medio de una política participativa de masas.
La propia dinámica del chavismo de promover una estrategia incremental de
control político a escala nacional y de alianzas internacionales de confrontación con Estados Unidos, había favorecido la profundización de tal proceso.

Por su dinámica y retórica polarizadora, el chavismo reforzó ciertas actitudes
chauvinistas, bajo las cuales ciertos sectores han sido victimizados al ser caracterizados de enemigos internos y aliados del "antipueblo", o aliados de países
"enemigos". En el heterogéneo bloque de grupos e instituciones que han sido
objeto de censura chavista se encuentran incluidos desde los estratos más poderosos económicamente, pasando por los partidos políticos que fueron se des-
integraron, los sindicatos de obreros a través de la formación de movimientos
de simpatizantes oficiales paralelos, la comunidad judeo-venezolana, la Iglesia
Católica, los medios de comunicación masiva no oficialistas cuyo proceso de
desmantelamiento fue promovido desde el gobierno; asimismo, el movimiento
estudiantil antioficialista, las universidades públicas y privadas para las que
también el gobierno ha creado un sistema paralelo, las instituciones culturales

y artísticas que han sido desmembradas, incluyendo el complejo teatral y de museos y ateneos más importantes del país. El chavismo se tornó intolerante de críticas a sus políticas. Por ejemplo, cuando en 2005 y 2006 altos dignatarios de la Iglesia Católica criticaron al gobierno, la jerarquía de la Iglesia y aun el papa fueron duramente cuestionados por el presidente Chávez, quien amenazó con propulsar nuevas normativas, desde la designación de obispos y la abolición de la educación religiosa hasta la educación sexual y el retiro de la autonomía de los medios de comunicación de la Iglesia (Kozloff 2005). Sin embargo, en este caso Chávez acudió al Vaticano a conferenciar con el papa y volvió a enfatizar en repetidas ocasiones su fe cristiana y adherencia al ejemplo revolucionario de Jesús, modelo del programa de justicia social emprendido por la Revolución Bolivariana (Pope 2006). En 2009, la Conferencia de Obispos de Venezuela criticó al gobierno por haber llevado adelante la promulgación de leyes cuyo objetivo fue tomar control de nuevos puntos neurálgicos de la economía, como los puertos y aeropuertos, dirigidos hasta entonces por fuerzas identificadas con la oposición. Las críticas generaron, a su vez, feroces contracríticas de parte de Chávez (Clash 2009).

En un país donde más del 90% de la población es cristiana y en su inmensa mayoría católica apostólica romana, sería poco lógico por supuesto atacar a los católicos como parte del "antipueblo". No fue así en el caso de los judíos, a quienes algunos medios chavistas se han permitido atacar. Destacó en su virulencia el foro prochavista, Aporrea.org, donde los niveles de odio y un antisemitismo discursivo abierto han penetrado capilarmente en varios sectores partidarios de Chávez. Definido como un espacio y foro de "comunicación popular para la construcción del socialismo en el siglo XXI", en su declaración oficial Aporrea. org indica que "defiende valores de igualdad y justicia, por ende, combatimos la discriminación basada en raza, credo, nacionalidad, género u orientación sexual. Por ende, a lo largo de nuestra trayectoria hemos rechazado la publicación de material que promueva la homofobia, el racismo, al antisemitismo y la xenofobia". A pesar de su profesa declaración de moderación, el sitio publicó numerosos mensajes que demonizaban a los judíos, claramente incitando a la violencia. El siguiente es un ejemplo de opiniones vertidas por chavistas que, además de su incoherencia, proyectaron un lenguaje pleno de odio y vituperios de alto voltaje de emotividad negativa que, en principio, podrían generar violencia contra los judíos en su conjunto:

De esos farsantes asesinos la "escuela" hebrea de la avaricia, apoyada por la secta del judaísmo y sus ramificaciones del disimulo, entre otras, los saduceos de Nerón; los bundistas-estalinistas rusos y desde V [cinco] siglos a hoy los testigos de "Jehová". Estos últimos para "testificar" lo del falso "holocausto" sufrido por los judíos, quienes con los inmensos capitales que le robaron a los industriales alemanes con el cuento de defenderlos de la amenaza de los imperios londinense y francés, reforzaron el capitalismo y el imperialismo en ciernes de Norteamérica donde, tras bastidores, fundaron la Organización de Naciones Unidas (ONU) a la medida de sus ambiciones, solapadas entonces tras el estandarte manoseado por la mano peluda de los farsantes propagadores de crematorios de individuos que vivieron con sus mentiras y con "la gran ramera de la diáspora (no errantes) que fue diseminada por todo el mundo y que tiene confundida a la iglesia a través de sus falsos apóstoles infiltrados para llevar al pueblo cristiano a la apostasía y, además, son hijos del padre de la mentira (Juan, cap. 8, vers. 44; Méndez 2009).

En una nota, Claudio Lomnitz y Rafael Sánchez indicaron que el tono de los medios chavistas se había tornado más agresivo hacia los judíos en los años 2000. Los comentarios antisemitas se habían transformado en moneda corriente en los medios controlados por el gobierno o cercanos ideológicamente al mismo, desde *Vea* y la Cadena Venezolana de Televisión, en especial en su programa *La Hojilla*, donde Mario Silva ha lanzado diatribas contra el "Estado-aborto" de Israel y los judíos. Desde la Segunda Guerra del Líbano en 2006, Silva había llamado abiertamente a la destrucción del Estado de Israel y había asociado a los judíos en su conjunto con los intereses imperiales "eurogringos" en distintas partes del globo, demandando que quienes no lo fueran, declararan abiertamente su apoyo a la causa palestina. Entre octubre y diciembre de 2008 Aporrea publicó 136 textos antisemitas; tal número se había elevado a 45 textos antisemitas por mes en los 30 días entre el 28 de diciembre de 2008 y el 27 de enero de 2009, coincidiendo con el ataque israelí en Gaza, el número de tales notas creció a más de cinco por día (Lomnitz y Sánchez 2009).

La propaganda continua ha sembrado odio en un pueblo como el venezolano, que en el pasado no lejano no se destacaba por su hostilidad hacia ningún grupo o país del orbe. En años recientes era posible incluso encontrar copias de *Mi lucha* o de *Los Protocolos de los Sabios de Sion* en los puestos de venta de libros populares. No es casual pues que, ante tal demonización y exigencia de posicionamiento alineado a la línea política chavista dura, los judíos locales hayan salido a manifestar su repudio contra los ataques y expresiones antijudías que los han victimizado, en términos de demanda de su reconocimiento pleno como ciudadanos venezolanos. No han faltado tampoco expresiones de solidaridad de parte de reconocidos intelectuales, profesionales, periodistas, artistas, así como de otras personas que acompañaron a los manifestantes judíos o comunicaron su solidaridad mediante otros medios. La demanda de reconocimiento no discriminatorio es un signo de afirmación ciudadana, del goce de derechos cívicos en un contexto donde toda expresión de solidaridad de parte de la sociedad civil venezolana o mundial puede ser interpretada por el gobierno y sus acólitos como un signo de conspiración de parte de la oposición política y, por tanto, ser condenada como un medio para erosionar la legitimidad del régimen. También es dable preguntarse sobre la impunidad que han gozado sitios como Aporrea por parte del gobierno, y si la ausencia de condena y/o desautorización contra aquel discurso antisemita no comprometía al chavismo oficial en un círculo de complicidad, al no condenar expresiones de antisemitismo organizadas en las redes progubernamentales, o aún al interior del aparato propagandístico del régimen y con el visto bueno del Poder Ejecutivo.

La falta de condena oficial ha sido alarmante, pues no se deben justificar tales discursos de odio en base a cálculos de captación popular, en movimientos nacionales y antiimperialistas, ya sean populistas o revolucionarios, sustentados en la movilización de masas. Ni el máximo líder del peronismo en su momento, ni del castrismo en Cuba, habían permitido que voceros antisemitas proyectaran mensajes de odio hacia grupos específicos en nombre del "movimiento nacional", demonizando a los judíos bajo el argumento de estar atacando al imperialismo, o bien llamando a nada menos que a la destrucción de Israel pretextando condenar la política del gobierno israelí (ver la desautorización del líder Juan D. Perón a manifestaciones antisemitas de partidarios suyos en Senkman 2009; para iniciales estudios comparados del discurso chavista y el discurso peronista, véase Charaudeau 2009; Fernández Brieba 2014-2015).

Un ejemplo de la mirada conspirativa proyectada hacia los judíos venezolanos en círculos prominentes del chavismo fue la decisión en noviembre de 2004 de enviar fuerzas policiales a irrumpir en el edificio de la Hebraica de Caracas, en momentos en que los niños se hallaban en camino ya hacia la escuela, en un operativo de búsqueda de un arsenal de armas supuestamente oculto en dicha institución. La endeble base fáctica de dicha sospecha se originó en una entrevista de un canal televisivo de Miami, en el transcurso del cual Orlando Urdaneta, una figura de la oposición indicó que Chávez debía ser eliminado. A la pregunta de si el Mossad israelí no debería ser quien ejecutara una acción de tal naturaleza, Urdaneta respondió afirmativamente. Israel por supuesto negó todo contacto con los conspiradores venezolanos. Pero esa idea siguió flotando en el aire. Cuando semanas más tarde fue asesinado el procurador general Danilo Anderson, que investigaba a quienes conspiraron contra Chávez, ello hizo efecto. En un programa de la red de televisión estatal de Venezuela se arguyó —por supuesto sin pruebas y en forma fabuladora— que el Mossad israelí habría estado detrás del asesinato. Las autoridades decidieron entonces irrumpir en la Hebraica en busca de pruebas. Un operativo similar tuvo lugar nuevamente en diciembre de 2007, cuando el viceministro del Interior, Tarek el Assami, decidió ocupar el predio a fin de revelar las tan sospechadas armas que, según esa teoría conspirativa, el Mossad habría almacenado en un arsenal para perpetrar un golpe de Estado, supuestamente instigado desde Washington.

La demonización de los judíos tal vez deba ser rastreada históricamente a la íntima asociación de Chávez con un sociólogo argentino, Norberto Ceresole, con quien el líder venezolano mantuvo amistad y de quien absorbió ideas de neto corte antijudío. Ceresole había arribado a Venezuela en 1994, justo cuando Chávez era indultado e iniciaba un quinquenio en la oposición política. Fue entonces cuando Ceresole frecuentó durante más de un año al líder populista, en parte recorriendo el país con él y sobre todo pregonando su visión de una era posdemocrática, que debía ser liderada por un caudillo, quien uniría a las fuerzas armadas y al pueblo en una gesta emancipatoria. En su libro *Caudillo, Ejército, Pueblo; la Venezuela del comandante Chávez*, Ceresole aboga por un tipo de liderazgo cesarista y populista, y considera crucial atacar a la supuesta conspiración judía mundial (Ceresole 2000; véase también Senkman 2016).

Además, una vez que Chávez llegó al poder, la articulación estratégica de la política exterior de Venezuela junto con el Estado teocrático de Irán, cuya dirigencia niega el Holocausto y ha llamado a la destrucción del Estado de Israel, generó aprehensión entre los judíos venezolanos, especialmente después que la retórica de un sector del chavismo se tornó virulentamente antiisraelí. El posible uso político de aquellos signos de antisemitismo determinó que los ciudadanos judíos evitaran toda crítica abierta al chavismo, pues ello podría a su vez ser usado por los defensores del chavismo para deslegitimarlos y calificarlos de servidores de intereses imperialistas. Los judíos insistieron en ser reconocidos en sus derechos como plenos ciudadanos, signo de la madurez del liderazgo comunitario (Roniger 2009).

En gran parte, la tentación de identificar enemigos radicó en la creencia del liderazgo chavista —tanto de Chávez como de su sucesor, Nicolás Maduro— de ser víctimas de conspiraciones destinadas a deponerlos del poder. Aventuramos que el impacto del fallido golpe de 2002 contra Chávez marcó futuras interpretaciones. El 9 mayo de 2004, el gobierno había anunciado la captura de un grupo de paramilitares en El Hatillo, suburbio de Caracas, motivando una semana más tarde la organización de una "Marcha por la paz y contra el paramilitarismo en Venezuela", transmitida en vivo por televisión. En su alocución, el líder bolivariano recordó el golpe de 2002, e identificó al enemigo interno aliado a "la mano extranjera", mientras asumió en su persona la representación de la Venezuela entonces y en el presente:

> La mano extranjera, la quinta columna de los traidores, los sectores de la oposición fascista, sectores del alto empresario nacional, sectores de la Fuerza Armada Venezolana, militares traidores, todos se confabularon para arremeter contra Venezuela.

> [...] Si este plan internacional que pretende eliminarme físicamente llegara a tener éxito para ellos, esta oligarquía venezolana se va a arrepentir por quinientos años, y no sólo la oligarquía venezolana, porque estoy seguro que una arremetida contra Venezuela de cualquier tipo que ella sea, sangrienta y violenta, promovida por el imperialismo y sus lacayos, la quinta columna que aquí tienen sembrada desde hace más de cien años, estoy seguro de que ello generaría una respuesta muy contundente de solidaridad activa de muchos pueblos de Sudamérica y del Caribe (Aponte Moreno 2008, 156-158).

No es casual que en décadas posteriores Venezuela haya sido testigo de una vorágine de teorías conspirativas que van desde la destrucción de quiméricas civilizaciones en el planeta Marte hasta sugerencias de que Hugo Chávez fue asesinado (Flórez de Andrade 2016).

Desde la perspectiva del liderazgo venezolano, al sugerir tramas conspirativas, el chavismo estaba desplazando los problemas de conducción de la política al plano de confrontación con los enemigos internos quienes, a su vez, estarían cooperando con agentes norteamericanos. Estos habrían intentado una y otra vez deshacerse del líder que "desafió con valentía al imperialismo norteamericano", a la manera en que en el pasado se deshicieron de Salvador Allende y el experimento chileno de llegar al socialismo por la vía democrática.

Reveamos, por ejemplo, la estrategia mediática de reforzar una trama conspirativa, según la registró Norma Jiménez Montealegre en enero de 2006, urdida para febrero-agosto de 2005, en base a una serie de denuncias realizadas por el propio Chávez y altos funcionarios de su administración. El 20 de febrero, en su programa televisivo *Aló Presidente*, Chávez declaraba tener conocimiento de que el presidente norteamericano George W. Bush había reactivado proyectos de la CIA para asesinar a jefes de estado hostiles a Estados Unidos, anuncio que el Departamento de Estado de aquel país negaba. Chávez intimaba a ver a Bush como responsable de lo que le pudiera ocurrir al presidente de Venezuela. Tres días más tarde, el ministro de Comunicación e Información Andrés Izarra afirmaba tener información confiable de que individuos "antidemocráticos" en Venezuela eran parte de una conjura secreta de asesinato del presidente; aunque declinaba revelar detalles, aseguró que sus identidades serían comunicadas en el momento apropiado. Ante el ciclo de presiones a fin de que el gobierno revelara detalles sobre la acusación, el 24 de febrero el vicepresidente venezolano José Vicente Rangel declaró que la historia de la injerencia norteamericana en América Latina era evidencia suficiente. El 2 de marzo, Chávez denunció que un transporte aéreo norteamericano que arribó a la isla de Curazao era indicación de un plan más amplio de invadir Venezuela. Meses más tarde definió al plan con el nombre de "Balboa". Afirmaba que Estados Unidos no dejaría de buscar cualquier medio para removerlo de su investidura, incluso el asesinato. Consecuentemente, según Chávez, un aspecto central del plan era asesinarlo (*El Universal*, 1.º de enero de 2006, en Pérez Hernáiz 2008).

En una visita a Cuba el 5 de marzo de 2005, el general Raúl Isaías Baduel declaró que, dado que otros planes de deshacerse de Chávez no habían tenido éxito, la única opción que le quedaba abierta a Estados Unidos era asesinar al líder venezolano. El general Baduel en breve fue designado comandante general del Ejército venezolano hasta julio de 2006 y ministro de Defensa desde junio de 2006 hasta julio de 2007. Pero cuando aquel militar se manifestó a fines de 2007 en contra de la reforma constitucional promovida por Chávez y la Asamblea Nacional, todos quienes lo apoyaban pasaron a ser catalogados como enemigos. A ojos del gobierno, incluso las actividades de promoción del diálogo interreligioso con los judíos, en que Baduel había participado, transformaron a su vez a los judíos en su conjunto en sospechosos aliados de quienes intentaban deponer a Chávez.

Hacia mediados de junio, el vicepresidente Rangel ya acusaba a la oposición en su conjunto de formar parte de la conspiración, mientras el ministro de Interior y Justicia Jesse Chacón decía poseer —sin hacerlas públicas— grabaciones que probaban la conjura, pues incriminaban a paramilitares colombianos planeando el asesinato del presidente Chávez. En cuestión de meses, los altos dignatarios llegaron a acusar a todo aquel no era un defensor acérrimo del régimen de formar parte de la supuesta conspiración de la CIA: desde los exiliados cubanos a los paramilitares colombianos y desde los servicios de inteligencia de Colombia, la oposición venezolana y los medios no controlados aun por el gobierno chavista (Pérez Hernáiz 2008, 974-977).

Repitiendo la denuncia una y otra vez, aunque sin proveer pruebas fehacientes, el régimen intentaba crear un halo de credibilidad pública en torno a la supuestamente develada conspiración planeada por el gobierno estadounidense para desarticular el desafío de la Revolución Bolivariana. La mirada conspirativa creaba así un formidable enemigo externo, con el cual supuestamente actuaban en conjura y al unísono quienes se oponían al chavismo dentro y fuera del país. La lógica de creación de una confrontación total permitiría al régimen generar una movilización popular en torno a sus planes de reforma y control incremental de las instituciones estatales y los medios, justificados por la necesidad de profundizar la Revolución Bolivariana y hacer que las fuerzas internas y externas de la contrarrevolución fracasaran en sus malévolas conjuras.

Además, al sostener el mito conspirativo, los epígonos chavistas adjudicaron responsabilidad por los problemas del país —la inflación desenfrenada, la desarticulación económica, la inseguridad urbana— al terrorismo económico y la especulación de los enemigos de la revolución, en lugar de asumir responsabilidad por el fracaso, o al menos reconocidas las dificultades generadas por sus políticas.

El sociólogo Hugo Pérez Hernáiz, profesor de la Universidad Central de Venezuela, ha creado un sitio de internet, *Venezuela Conspiracy Theories Monitor*, en el que ha registrado varios centenares de narrativas y tramas conspirativas, muchas de ellas atribuidas a las intrigas de las agencias norteamericanas, supuestamente implicadas en conspiraciones subterráneas que, según el liderazgo chavista y sus voceros, habrían sido planeadas constantemente para atentar contra la República Bolivariana y a sus figuras centrales (http://bit.ly/2Mf38c4). En su blog, Pérez Hernáiz hizo referencia el 7 de noviembre de 2013 a cómo el presidente Maduro atribuyó responsabilidades a quienes impiden la transición al socialismo por medio del sabotaje:

> La Guerra Económica: los responsables de este aspecto de la guerra han sido mencionados antes por el gobierno. Son los sindicatos de propietarios de negocios FEDECAMARAS y VENANCHAM: "actúan en forma encubierta, (la estrategia) es no mostrar sus caras, […] para que la gente, y así lo han planeado, culpe al gobierno y al Estado, para que puedan producir fracasos, caos e insurrecciones", explicó el presidente. Como

importantes saboteadores económicos, Maduro también mencionó a las páginas web que informan el precio del dólar paralelo, afirmando que están controladas desde Miami e inventan una tasa de cambio ficticia, y páginas web dedicadas a la venta de productos en Venezuela, que [Maduro] afirma están generando especulación.

La Guerra Política: Maduro se refirió a lo que él llama "la trilogía del mal" —los líderes de la oposición María Corina Machado, Leopoldo López y Henrique Capriles Radonski—, como los principales agentes de la guerra resueltos a "generar situaciones de crisis en las calles". [Esos agentes] se hallan bajo las órdenes directas del gobierno de los Estados Unidos, pero reciben sus instrucciones vía Colombia del ex presidente Uribe Vélez.

La Guerra Psicológica: básicamente, los medios privados (tanto locales como internacionales) están detrás de este aspecto de la guerra. Maduro mencionó específicamente tres periódicos locales: *2001*, *El Nuevo País* y *El Universal*, y los acusó de crear informes falsos sobre la escasez de bienes y la falta de productos (Venezuelan Blogspot, 7 de noviembre de 2013).

A modo de ilustración: el 8 de octubre de 2015, Maduro denunciaba que la subestación eléctrica de Vega de Aza en el estado Táchira había estallado producto de un ataque ejecutado por "elementos de la derecha", que ocasionaron la pérdida total de los equipos, como parte de un plan "terrorista" con fines electorales. En una alocución transmitida obligatoriamente por radio y televisión, Maduro afirmaba: "Yo lo alerté hace una semana, tenemos una derecha maltrecha que no está haciendo campaña electoral, su única campaña es la violencia, el terrorismo; su campaña es invisible, es hacerle daño al pueblo". Maduro aducía la tesis de que tal acción había sido obra de sectores opuestos a su gobierno que deseaban sabotear el servicio eléctrico para que el pueblo traicionara a la Revolución Bolivariana en las elecciones parlamentarias. Según él, no fue la primera vez que se había cometido sabotaje, ya que durante su viaje a Nueva York para participar en la 70.ª Asamblea de la ONU, aseguró que las autoridades abortaron un presunto ataque con bomba en la planta de estación eléctrica conocida como Tacoa. *El Confidencial* informaba que "el Gobierno venezolano ha culpado en varias oportunidades a la oposición venezolana de supuestos atentados a estaciones eléctricas y petroleras, y ha iniciado investigaciones al respecto de las que no se conocen, hasta ahora, resultados ni responsables" (http://bit.ly/2H3J5ZJ).

Una semana más tarde, durante un encuentro con trabajadores de una empresa siderúrgica, Nicolás Maduro alertó sobre las intenciones opositoras de desestabilizar la economía nacional. Reaccionando sobre una conversación revelada por el presidente del parlamento, Diosdado Cabello, entre el empresario Lorenzo Mendoza y el economista Ricardo Haussman, el presidente indicaba

que se trataba de "una derecha que quiere desmantelar el plan de la Patria nego-
ciando con el Fondo Monetario Internacional frotándose las manos". Según
Maduro, "en Venezuela no hay oposición, en Venezuela lo que hay es una contrarrevolución que está contra el pueblo, contra la constitución y lo que hace es
conspirar" (Maduro 2015; véase también Pérez Hernáiz 2008; Neuman 2013).

Uno de los acólitos del gobierno, el universitario Luis Salas, fundador y ex
director del Centro de Economía Política de la Universidad Bolivariana de
Venezuela, había llegado a declarar que la inflación no existe en realidad, sino
que "es el correlato económico del fascismo político", vale decir el resultado de
los intentos de desarticular al régimen bolivariano. Según informaba la prensa
venezolana en enero de 2016, como nuevo ministro de Economía de Venezuela, Salas denunciaba la existencia de una "guerra económica". En un trabajo
sobre las *22 claves para entender y combatir la guerra económica*, editado por
la editorial estatal El Perro y la Rana en 2015, Salas afirma que "la guerra económica es la reacción del sistema capitalista para conjurar el germen socialista
que lo amenaza", mientras que al referirse a la inflación destacaba que "no existe
en la vida real, esto es, cuando una persona va a un local y se encuentra con que
los precios han aumentado, no está en presencia de una 'inflación'". Antes bien,
según Salas, el aumento de precios no se debe a la escasez sino al lucro de las
economías capitalistas (Salas 2016).

De manera similar, el politólogo argentino Atilio Borón sugería en su blog la
existencia de un plan maestro diseñado desde Estados Unidos a fin de desarticular el proceso de la Revolución Bolivariana. Borón adjudicaba responsabilidad conspirativa a los expertos y estrategos de la CIA en lugar de reconocer en la
situación conflictiva de Venezuela el rol que el propio régimen jugó al pretender
controlar la política, las instituciones y aun la economía; el blog se desentendía
de que ello generaba consecuencias no intencionales en el ámbito del cliente-
lismo, el favoritismo, la corrupción generalizada y la escasez de productos básicos, profundizados por la ineficiencia institucional en una situación incremen-
talmente anárquica. La reflexión de Borón merece ser citada en forma extensa:

> Siguiendo el guion pautado por los expertos y estrategos de la CIA
> especializados en desestabilizar y demoler gobiernos, en Venezuela la
> contrarrevolución produjo un "salto de calidad": del calentamiento de
> la calle, fase inicial del proceso, se pasó a una guerra civil no declarada
> como tal pero desatada con inusual ferocidad. [...] Lo que pretende [la
> oposición] es profundizar la disolución del orden social, acabar con el
> gobierno chavista y aniquilar a toda su dirigencia, propinando un brutal
> escarmiento para que en los próximos cien años el pueblo venezolano
> no vuelva a tener la osadía de querer ser dueño de su destino. Los inten-
> tos de acordar con un sector dialoguista de la oposición fracasaron por
> completo. No por falta de voluntad del gobierno sino porque, y esa es la
> ominosa realidad, la hegemonía de la contrarrevolución ha pasado, en la
> coyuntura actual, a manos de su fracción terrorista y esta es comandada

desde Estados Unidos. En Venezuela se está aplicando, con metódica frialdad y bajo el permanente monitoreo de Washington, el modelo libio de "cambio de régimen", y sería fatal no tomar conciencia de sus intenciones y sus consecuencias.

Y esto es así porque lo que está en juego no sólo es la Revolución Bolivariana; es la misma integridad nacional de Venezuela la que está amenazada por una dirigencia antipatriótica y colonial que se arrastra en el estiércol de la historia para implorar al jefe del Comando Sur y a los mandamases de Washington que acudan en auxilio de la contrarrevolución. Si esta llegara a triunfar, ahogando en sangre al legado del comandante Chávez, Venezuela desaparecería como Estado-nación independiente y se convertiría, de facto, en el Estado número 51 de Estados Unidos, apoderándose mediante esta conspiración de la mayor riqueza petrolera del planeta. [...] La absoluta y criminal intransigencia de la oposición terrorista cierra cualquier otro camino que no sea el de su completa y definitiva derrota militar. Desgraciadamente ahora le toca hablar a las armas [...] (Borón 2017).

En una situación políticamente polarizada, de constante confrontación entre los chavistas y la oposición en Venezuela, la mirada conspirativa de los defensores del chavismo se ha acentuado a tal punto que, tras la muerte de Hugo Chávez en marzo de 2013, hubo quienes sugirieron que Chávez habría sido asesinado por peones del imperialismo norteamericano, tal como habían intentado deshacerse de él numerosas veces en el pasado. Por ejemplo, en una nota en la red oficialista TeleSUR, Eva Golinger declaró que "existe una fuerte posibilidad de que el presidente Chávez fue asesinado". La periodista y abogada de izquierda consideraba que, si uno se basa tan solo en un documento oficial del ejército norteamericano de 1948, "es un hecho que el gobierno de Estados Unidos estaba en proceso de desarrollar un arma radioactiva destinada a asesinatos políticos. Más de sesenta años más tarde sólo nos resta imaginarnos qué capacidades tecnológicas existen". Golinger sugería que asistentes cercanos al finado presidente, como los militares Leamsy Salazar o Adrián Velásquez, o bien la esposa de este último, Claudia Patricia Díaz Guillén, quien se desempeñó por años como una enfermera privada del líder y luego fue designada tesorera nacional, podrían haber estado involucrados en el envenenamiento de Chávez. En la entrevista, Golinger no provee prueba alguna, fuera de que esos individuos tenían acceso irrestricto a Chávez y que después de su muerte, se les descubrieron cuentas bancarias y recursos extraordinarios en el exterior, habiendo escapado de Venezuela (Golinger 2016).

El presidente Maduro y voceros del régimen han suscrito a esa teoría, cosa que no sorprende si uno recuerda que en julio de 2010 Chávez mismo hizo exhumar los restos de Simón Bolívar para someterlo a un examen de antropología forense destinado a verificar si el Libertador habría sido víctima de un connato de asesinato (Exhumación 2015). En ese contexto, florecieron teorías paralelas cercanas a los rumores urbanos. Hubo aun quien afirmaba que una maldición paralela (y tal vez similar) al caso de la apertura de la tumba del faraón Tutankamón pesaría sobre quienes habían perturbado la paz eterna de Simón Bolívar. Como prueba, la prensa reportó que "varios de los involucrados en la exhumación de los restos del libertador han fallecido en extrañas circunstancias", incluyendo posiblemente al mismo Chávez (Maldición 2013).

La conspiración ha sido un tópico inescindible de la narrativa de los gobiernos de Chávez y Maduro, que se han caracterizado por un ataque discursivo contra los enemigos externos y la "quita columna" interna. De modo semejante, hemos trazado como la narrativa conspirativa caracterizó al bloque antiperonista aun antes de que el coronel Perón fuera elegido democráticamente y como habría de ser central en el discurso confrontario del propio líder justicialista para denostar a sus enemigos externos e internos. Tanto el chavismo como el peronismo utilizaron narrativas y discursos conspirativas, tanto contra los enemigos externos como los internos, usándolos como un mecanismo movilizador al intentar solidificar proyectos de hegemonía a través respectivamente del movimiento bolivariano y el justicialista.

Aun así, a pesar de similares estilos de liderazgo político y el empleo de una retórica confrontativa antinorteamericana, el antagonismo estratégico y discursivo para hacer frente a los enemigos externos fue diferente en el chavismo y en el peronismo. La comprensión del complot como tópico discursivo del justicialismo resulta inexplicable históricamente sin contextualizar su surgimiento, dado que el peronismo nació en el fragor de una confrontación internacional entre las fuerzas del antifascismo *versus* el fascismo al final de la Segunda Guerra Mundial. Además, fue el Departamento de Estado los Estados Unidos el que pergeñó el mito del IV Reich para demonizar a Perón en vísperas de las elecciones que lo consagraron presidente de la Argentina en febrero de 1946. Por su parte, el posicionamiento antinorteamericano del chavismo al final de la era de bipolaridad fue progresivo, conforme Chávez acusaba al gobierno de Bush del intento fallido de *putsch* en abril de 2002; a medida que la política exterior venezolana acentuaba su importante relación política y comercial con Cuba, socavando la estrategia norteamericana de aislar a la isla caribeña; y mientras Chávez fomentaba alianzas económicas y políticas en Unasur y el Mercosur. La pretensión de jugar en el tablero del sur global junto con Irán y los países petroleros de la OPEP, diferenció a la Venezuela bolivariana de la Argentina peronista, especialmente dada la obsesiva búsqueda de Chávez de complots de origen externo para justificar los fracasos internos. Ello, aunque a medida que el líder populista venezolano radicalizaba su proyecto de socialismo siglo XXI y profundizaba la movilización popular a través de las comunas y las misiones bolivarianas, Chávez —al igual que Perón décadas antes— también denunciaba la conspiración de una quinta columna interna. Además, Chávez y su sucesor, Nicolás Maduro, desarticularon el sistema de partidos, una acción antidemocrática que Perón se abstuvo de acometer a pesar de su persecución a líderes opositores.

5. La destitución de la presidenta Dilma Rousseff en Brasil: ¿un escenario conspirativo?

La Comisión Interamericana de Derechos Humanos considera que estas situaciones alertan sobre posibles supuestos de desnaturalización de la figura del juicio político y el consecuente riesgo de que sea utilizada de manera arbitraria de tal forma que encubra un golpe parlamentario. Estos riesgos ponen de manifiesto la importancia de que la Honorable Corte emita un pronunciamiento de carácter general y no asociado a casos concretos, sobre las implicaciones concretas que, a la luz de la Convención Americana sobre Derechos Humanos y otros instrumentos interamericanos aplicables, tanto desde una dimensión colectiva como individual, puede tener un juicio político contra un/una Presidente/a que ha sido elegido democráticamente en condiciones que provocan fuertes cuestionamientos sobre las salvaguardas del debido proceso.

Solicitud de opinión consultiva a la Corte
Interamericana de Derechos Humanos, octubre de 2017

El proceso político de destitución de Dilma Rousseff tuvo lugar el 12 de mayo de 2016, cuando la Cámara Alta del Congreso brasileño abrió el proceso contra la presidenta reelecta del Partido dos Trabalhadores (PT). En ese juicio político se la acusaba de haber violado la Ley de Responsabilidad Fiscal al haber alterado las partidas presupuestarias, usando créditos de bancos públicos para cumplir con los programas de bienestar social instituidos a nivel federal por su antecesor, el presidente Lula da Silva (2003-2010). Luiz Inácio Lula da Silva Lula mismo estaba ya siendo procesado, por corrupción. En julio de 2017 fue condenado a nueve años y seis meses de prisión por cargos de corrupción en la causa conocida como Lava Jato. Se trató de una megacausa de lavado de dinero que incriminó a figuras políticas, miembros del gobierno y del Congreso, así como a empresarios y funcionarios de la empresa petrolera estatal, Petrobras. El PT y sectores de izquierda lanzaron una campaña de defensa contraatacando al juez Sergio Moro, responsable del proceso que condujo a la condena del ex presidente brasileño (Miranda 2016; Mello 2017). Estando implicado en otras causas, fue finalmente condenado a doce años de prisión y arrestado en abril de 2018, después de que su apelación fuera rechazada unánimemente por la corte. El PT y la izquierda denunciaron la naturaleza política del juicio, para impedir que Lula, el político favorito pudiera triunfar en las próximas elecciones. Para los partidarios de Lula se trataba claramente de una conspiración política. Entre las pruebas que validaban la argumentación conspirativa, destacaron que el padre de Moro había sido uno de los fundadores del PSDB, partido opositor al PT. Además, se reveló que la esposa del juez era abogada de un consorcio legal que más tarde habría de negociar imputaciones menores en el juicio a cambio de su testimonio contra "los peces gordos". Aprovechando las incriminaciones contra Lula, y ante la precipitada pérdida de legitimidad de las tomas de decisiones de su gobierno ante la opinión pública, el proceso de destitución de Rousseff fue precipitado (Avritzer 2016, cap. 1).

Políticamente, Rousseff se vio enfrentada a una oposición parlamentaria hostil que frenaba su gestión. En efecto, la presidenta debió medirse con la reticencia del PMDB, principal partido aliado en la coalición gubernamental, que a partir de 2013 había asumido la hegemonía del sistema político brasileño. Además, la elección de Eduardo Cunha, miembro de aquel partido, al cargo de presidente de la Cámara de Diputados en febrero de 2015 agravó el escenario de intrigas contra Rousseff. Cunha muy pronto fue imputado en el escándalo de la Operação Lavo Jato de corrupción en la empresa Petrobras —y al retirarle la presidenta su protección— Rousseff lo transformó en su némesis, sufriendo a continuación los ataques abiertos del presidente de la Cámara.

Dilma Rousseff comenzó su segundo mandato el 1.º de enero de 2015 con una investigación por corrupción, el llamado caso Lava Jato de sobornos en la estatal petrolera Petrobras. Al mismo tiempo, era acosada por movimientos reivindicativos, destacándose primeramente los estudiantiles y otros que protestaban por ciertas medidas económicas, como el aumento en las tarifas de transporte. Los grandes periódicos, revistas y canales de TV anti-PT aprovecharon para plegarse a la ola de movilizaciones callejeras con demandas adicionales. Junto con el opositor Partido da Social Democracia Brasileira (PSDB), los medios convocaron a la gente a salir a la calle para protestar contra la corrupción del PT, tanto en el caso Mensalão y el caso Petrobras, así como para denunciar los gastos excesivos del gobierno destinados al Campeonato Mundial de Fútbol (Avritzer 2016, cap. 3; Marra 2015).[41] Un estudio de Patricia Bandeira de Melo y João Feres Júnior que compara la cobertura por los mayores medios de comunicación del proceso contra Rousseff, y el posterior tratamiento de la denuncia de corrupción elevada al Supremo Tribual Federal contra Michel Temer en agosto de 2017, muestra claramente el entusiasta apoyo de los medios al descrédito de la presidenta Rousseff y su abierto respaldo al proceso que culminó en su destitución (Bandeira de Melo e Feres Júnior 2017).

Fue así que la zona metropolitana de São Paulo asistió en junio de 2015 a las protestas más multitudinarias desde las demostraciones habidas por la redemocratización en 1984. Tres movimientos juveniles lideraron las movilizaciones callejeras, todas ellas compartiendo un común odio al PT y al legado socialista de Lula. Los Revoltados Online o el Movimento Brasil Livre (MBL) habían crecido desde tempranas manifestaciones en junio de 2013, consolidándose durante protestas callejeras contra el gasto para el Mundial de 2014. En las elecciones de octubre de 2014, esos movimientos comenzaron a librar batalla abierta contra Dilma Rousseff. Procuraron diferenciarse de los partidos

---

[41] El caso mensalão implicó la acusación de la compra de votos parlamentarios, especialmente durante 2005-2006; el caso Petrobras implicó el desvío de dineros de la compañía petrolera estatal a fin de usarlos en otros rubros del presupuesto y subvencionar actividades partidarias.

políticos de oposición al PT y se declararon apartidarios. La mayoría rehusó posicionarse a la izquierda o a la derecha del sistema de partidos brasileños, pero ideológicamente todos se identificaban con el liberalismo económico. Denunciaron exclusivamente la corrupción del PT pero sin atacar a líderes corruptos de los otros partidos. El enemigo común fue el gobierno de Rousseff, Lula da Silva y todos aquellos que ideológica y políticamente estuvieran vinculados al PT. La aversión hacia las políticas populistas de gasto público y políticas sociales que caracterizaron a los gobiernos del PT (como la Bolsa Familia) fue el denominador común de los tres grupos. Revoltados Online, el más extremista, se pronunció a favor del *impeachment* e incluso de la intervención de las Fuerzas Armadas, si llegara el caso. El movimiento Vem para Rua ("Salí a la calle"), liderado por empresarios contrarios a la intervención estatal en la economía y cercanos al partido socialdemócrata brasileño (PSDB), fue el más joven de todos y el menos beligerante.

El escándalo de corrupción en Petrobras fue decisivo para galvanizar a la oposición, aunque a diferencia de otras movilizaciones, quienes lo censuraban aun no estaban solicitando la destitución presidencial. En mayo de 2015, los primeros en presentar una solicitud oficial de censura en Brasilia fueron algunos integrantes del colectivo Marcha pela Liberdade, propuesta a la que se plegó de inmediato el opositor PSDB. Después de la gran marcha contra la corrupción que en 2015 congregó a 200.000 manifestantes en las calles de São Paulo, se sucedieron otras manifestaciones menores propulsadas por las tres organizaciones sociales para denunciar la corrupción de "los ladrones del PT". La exigencia de destitución cobró entonces cuerpo entre los slogans de esas movilizaciones y marchas de protesta (Factores 2016).

En la movilización de la opinión pública contra la presidenta fue igualmente crucial la participación proactiva de los empresarios industriales de São Paulo, quienes ya en las semanas previas al juicio se habían posicionado abiertamente contra Rousseff. En un informe-denuncia publicado en un periódico carioca en abril de 2016, Valeria Saccone indicaba que la campaña de los grandes empresarios a favor del *impeachment* "ha sido decisiva para aglutinar a los principales poderes económicos del país y crear un estado de opinión" (Saccone 2016). En su informe, la periodista registraba las numerosas declaraciones y acciones de la poderosa Federação das Indústrias do Estado de São Paulo (FIESP) y de distintos líderes empresariales contra la política económica del gobierno. La FIESP había lanzado el 29 de marzo 2016 una amplia campaña publicitaria en los principales periódicos del país, tales como *O Globo*, *Folha de São Paulo* y *Estado de São Paulo*, y destacados anuncios con las frases "Impeachment ya" y "Basta de pagar el pato". Paulo Skaf, presidente de la FIESP, declaraba en una entrevista con la *Folha de São Paulo* publicada el 30 de marzo: "No estamos fomentando una exacerbación de los ánimos, porque el intento de dividir la nación no es nuestro. Nuestra principal preocupación hoy es el bien de Brasil". Según el líder empresarial, Rousseff representaba una amenaza para el crecimiento económico y la recuperación de la confianza y la credibilidad del país.

"Por eso se hace necesario un cambio. Creo que ese cambio no va a resolver los problemas, pero hará renacer la esperanza y la confianza", afirmaba. Flávio Rocha, presidente da Riachuelo, una importante empresa textil, coincidía en el posicionamiento frente a la crisis política, que consideraba ya insostenible: "La solución ideal sería convocar elecciones. Un gobierno respaldado por millones de votos y con un proyecto bien delineado sería la mejor manera de cambiar este ciclo económico", dijo. Más directo aun fue Pedro Luiz Passos, presidente del Instituto de Estudos para o Desenvolvimento (IEDI) y ejecutivo de Natura, una de las principales compañías brasileras de cosméticos: "Sin la renuncia de la presidenta Dilma Rousseff, no hay posibilidad de construir un mínimo consenso en torno a medidas urgentes para el descalabro político y económico en curso". "El *impeachment* de la presidenta Dilma es necesario para mostrar que no asistimos pasivamente a la destrucción del país", añadía Gustavo Diniz, presidente de la Sociedade Rural Brasileira (SRB). "Los empresarios de Brasil están de brazos cruzados esperando que la Cámara de Diputados expulse a Rousseff del poder", revelaba en una entrevista *off the record* uno de los líderes de la comunidad judía. "No van a mover el dinero ni van a retomar las inversiones hasta que no haya un nuevo presidente", añadió.

La cronología y argumentaciones muestran ambas caras del proceso de destitución, tanto como el recurso legal previsto por la Constitución de Brasil, pero también como estratagema del PMDB y otras fuerzas de oposición para destituir desde el Congreso a una presidenta democráticamente electa, pero odiada por las elites. El 12 de mayo de 2016 se iniciaba así el proceso de destitución de la primera mandataria, con un voto de 55 a favor y 22 en contra. Acusada de haber manipulado presuntamente las cuentas fiscales del año 2015, Rousseff fue suspendida temporariamente de su cargo, mientras el vicepresidente Michel Temer asumía la presidencia interina.

Desde antes del inicio formal del proceso de destitución, Rousseff esgrimió como argumento central de su defensa la teoría del golpe y la conspiración de las elites económicas que habrían decidido terminar con el gobierno del PT. En un reportaje a *The New York Times* en español, declaró: "Siempre quisieron que dimitiera, pero no lo haré", argumentando que sus rivales han dado un golpe con la improbable aprobación de la Corte Suprema. "Molesto a los parásitos y seguiré haciéndolo [...] Es un punto de no retorno. Se ha roto un pacto", denunciaba en relación con la ruptura que suponía la ascensión de Temer a la presidencia (Rousseff 2016).

El 1.º de junio de 2016, la defensa de Rousseff entregaba un documento al Senado, en el que volvía a negar todos los cargos e insistía en la tesis del "golpe parlamentario". El 6 de julio Rousseff alegaba nuevamente su inocencia, acusando que se trataba de un golpe: "Brasil no merece una nueva ruptura democrática". En una carta que leyó en vivo en Facebook desde el palacio presidencial en Brasilia, Rousseff se presentaba como víctima de una conspiración política y replicaba a la acusación del Senado, comparándola con aquellas que existían contra sus acusadores, muchos de ellos imputados de corrupción. Según

Michael Mohallen, profesor de Derecho en la Fundación Getúlio Vargas, la tardía oferta de Rousseff de aceptar llamar a elecciones anticipadas, a pesar de que le quedaban aún dos años de mandato, carecía de precedentes en Brasil y solo podría acontecer mediante una modificación constitucional, sujeta a la aprobación de un parlamento hostil (Jacobs 2016).

La celeridad del proceso tomó por sorpresa a muchos. El 2 de agosto el senador Antonio Anastasia, instructor del proceso, presentó un nuevo informe recomendando la destitución de Rousseff por "atentar contra la Constitución". Dos días más tarde, la comisión judicial del Senado aprobaba el informe por 14 votos a favor y 5 en contra, y al día siguiente el presidente interino Temer inauguraba los Juegos Olímpicos de Río 2016, aunque era abucheado en el estadio Maracaná. El pleno del Senado brasileño, con 59 votos a favor y 21 en contra, aprobaba continuar el juicio político cinco días después. Mientras el PT denunciaba la decisión del Senado ante la Comisión Interamericana de Derechos Humanos (CIDH), tildándola de "golpe de Estado" y solicitaba la suspensión del proceso, el Congreso respondía en una carta a la CIDH de la OEA el 23 de agosto en la que garantizaba que el juicio a Rousseff se realizaba siguiendo el marco constitucional. El 27 de agosto el Senado concluyó entonces la fase de los testimonios en el juicio de destitución, al escuchar al ex ministro de Hacienda Nelson Barbosa, el último testigo presentado por la defensa. Rousseff expuso personalmente su defensa en el pleno del Senado, al que compareció por primera vez el 29 de agosto, y soportó el bombardeo de preguntas de los senadores que apoyaban su destitución.

En un último debate antes del pronunciamiento final, y tras escuchar por última vez a los acusadores y al defensor de la suspendida jefa de Estado, una amplia mayoría de los senadores se inclinó decididamente favorable a la destitución. José Eduardo Cardozo, el abogado defensor y ex ministro de Justicia de la presidenta, rechazó todos los cargos que calificó de meros pretextos para desalojar a una persona honesta que incomodaba a la élite política y económica del país, y aseguró que Dilma Rousseff había sido víctima de la embestida de la elite política y económica del Brasil. En un encendido discurso, Cardozo sostuvo que las acusaciones "son tan técnicas, tan sofisticadas y tan confusas, que la enorme mayoría de los brasileños no entiende de qué la acusan", y apuntó que Rousseff era "víctima de una conspiración" que comenzó en octubre de 2014, cuando fue reelegida para un segundo mandato. Según Cardozo, los "derrotados de 2014 se confabularon" con los sectores económicos y entonces "decidieron destituir" a "una mujer incómoda". Para ello construyeron "la tesis de irregularidades que no son, que no existen y que no han sido probadas". Cardozo afirmó que el país estaba frente a un golpe de Estado: "Los golpes no se hacen ya con armas. Como ya no se puede llamar a los tanques, entonces se usan pretextos jurídicos, irrelevantes", para "desalojar a los presidentes elegidos en las urnas" (Cardozo 2016). Finalmente, el 31 de agosto 2016, por amplia mayoría el pleno del Senado aprobaba la destitución definitiva de Rousseff, notificando a Michel Temer que podía asumir el cargo de presidente de forma plena (Cronología 2018).

Varios de los argumentos que explican la destitución de la presidenta Dilma Rousseff en términos de un golpe parlamentario se basan en una cadena de sucesos que se remontan al período inmediato de su ajustado triunfo en la reelección presidencial de 2014, al haber recibido el 51,64% de los votos, pasando por las grandes movilizaciones callejeras en su contra en 2015 y el rol desestabilizador propulsado por los poderosos medios de comunicación, hasta llegar al proceso de judicialización en pos de su destitución del cargo presidencial.

Asimismo, hubo denuncias que en vísperas de la aprobación del procedimiento parlamentario del *impeachment*, se había operado una maniobra contra la empresa nacional Petrobras por parte de un representante icónico del empresariado brasileño, el senador José Serra del partido PSDB. En las elecciones presidenciales de 2004 y 2010, Serra había sido derrotado por Lula y Rousseff, respectivamente. Durante la campaña frente a Dilma, Serra había recibido el apoyo publicitario de dos poderosos medios, uno brasileño, *O Estado de São Paulo* y el otro británico, *The Financial Times*. Promovido por el senador Serra en el momento más álgido de la crisis política, el Senado federal había aprobado el 24 de febrero 2016 una ley que eximiría a Petrobras de la obligación de tener una participación mínima del 30% en la explotación del presal, yacimientos petrolíferos situados a 6.000 metros de profundidad y que, según estimaciones, guardan más de 176.000 millones de barriles de crudo. Según denunciaba el senador del PT Lindbergh Farias, el propósito era "entregar el presal a precio de banana a las multinacionales del petróleo". Antes de ser destituida, también Dilma advirtió contra la medida, que veía como una renuncia a la soberanía nacional, ya que, una vez mudado el régimen de concesiones, se podría liberar los recursos del presal a las multinacionales extranjeras. Los sindicatos del sector denunciaban que la ley de Serra se enmarcaría en una operación más amplia, cuyo último designio habría de ser la privatización de Petrobras, comprometida por el escándalo de corrupción Lava Jato. El argumento de la connivencia entre Serra y los intereses petroleros se fundamentaba en las relaciones que mantenían, al menos desde la campaña electoral de 2010, cuando Serra fue respaldado por compañías petroleras estadounidenses, como la Exxon Mobil y la Chevron. Wikileaks publicó varios documentos indicando que Serra había prometido protección a Chevron para transferir el control de Petrobras en caso de su victoria electoral, así como secretamente había prometido vender los derechos de acceso a los descubrimientos de petróleo más nuevos en la capa de presal a esas compañías, revirtiendo el modelo de Lula da Silva (Serra 2010; Wellton 2016; Macedonian News 2016). Ello sustenta que hubo fuertes intereses económicos en el exitoso intento de conspirar y destituir a la presidenta Rousseff.

Ahora bien: no fue el líder de la oposición gubernamental PSDB quien propulsó el proceso parlamentario de juicio a la presidenta reelecta del Brasil sino Eduardo Cunha, el presidente de la Cámara de Diputados desde el 1.º de febrero de 2015. Cunha era miembro del Partido do Movimento Democrático Brasileiro (PMDB), aliado del PT en el gobierno federal, al que también pertenecía el vicepresidente de la República, Michel Temer. Miembro de la Iglesia Evangélica Asamblea de Dios, Cunha fue el político brasileño de más relieve entre aquellos con ideología conservadora anti-PT y enemigo personal de Rousseff.

Antes de la votación del 17 de abril de 2015 en la Cámara de Diputados sobre el juicio a la presidenta, se filtró en la prensa un video en el cual el vicepresidente practicaba para su futuro acto de asunción, simulando la destitución de Rousseff. La mandataria calificó a Temer de "golpista", agregando que el video demostraba "la arrogancia y desprecio que siente Temer por el pueblo brasileño". El 17 de abril, en una maratónica y ajetreada sesión, el pleno de la Cámara de Diputados aprobó la admisibilidad del proceso y lo elevó al Senado. Días después, el Gobierno de Rousseff solicitó al Tribunal Supremo Federal (TSF) que rechazara el proceso alegando que la votación para la formación de la comisión parlamentaria había sido secreta y que la ofensiva de Cunha contra la presidenta evidenciaba la parcialidad del legislador. Sin embargo, la misma semana, el juez del Supremo Tribunal Federal (SFT) Luiz Fachin falló que el proceso se producía dentro del marco legal contemplado por la Constitución Federal de 1988. Paradójicamente, el juicio de destitución de Dilma no fue por delito de corrupción sino por la supuesta violación de la Ley de Responsabilidad Fiscal. Previo al desenlace, Cunha ya había sido investigado por corrupción en la operación Lava Jato, denunciado por la Procuraduría General de la República al STF, y el 7 de julio 2016 fue obligado a renunciar a la banca de diputado, incluso fue condenado a la cárcel.[42] Antes de ir a la cárcel, Cunha favoreció la votación para comenzar el proceso de destitución contra la presidenta. Su cómplice principal en preparar la trama conspirativa fue el vicepresidente Temer. Según Tadeu Breda, Temer transformó su residencia oficial en el cuartel de la operación de conjura. Allí recibió a parlamentarios y a líderes de la oposición para esbozar líneas de acción, planes de gestión y evaluar varios nombres de candidatos a ministerios del próximo gobierno, que asumirían tras la votación en el Senado. Vale decir, el presidente de la Cámara de Diputados —imputado por corrupción— utilizó su control de la agenda parlamentaria para manejar el proceso contra Dilma conforme a sus necesidades penales, ya que Cunha había sido acusado por la Procuraduría General de la República de poseer en secreto cuentas bancarias en Suiza. Procesado por esa causa, Cunha consideró sin más argumentos que era víctima de una maniobra de la Presidencia para contrarrestar su creciente poder. Algunos investigadores creen que habría sido

---

[42] En marzo de 2016, el Supremo Tribunal Federal (STF) acogió la denuncia del fiscal general de la República contra Eduardo Cunha por corrupción pasiva y lavado de dinero. Dos meses más tarde, el STF unánimemente mantuvo la decisión del entonces ministro de Justicia Teori Zavascki, que determinó el alejamiento de Cunha de su mandato de diputado federal y presidente de la Cámara de Diputados. Por mentir sobre el caso Petrobras, en septiembre de 2016 se le abrió un proceso que resultó en su casación por falta de honradez parlamentaria que lo ha inhabilitado políticamente por diez años (http://bit.ly/2MXC00B).

entonces, cuando decidió "vengarse" y hacer todo lo que estuviera a su alcance para impulsar el proceso de destitución y desalojar del poder al PT. Según esa opinión, la trama conspirativa pasó a formar parte de su plan de contrarrestar el enjuiciamiento por corrupción, que se extendió también a la escandalosa causa Lava Jato, resultando en su prisión a partir de octubre de 2016, ordenada por el juez federal Sergio Moro (Breda 2016, 16-18).

El 3 de diciembre de 2015, horas después de que el PT retirara el apoyo a Eduardo Cunha en el Consejo de Ética y Decoro Parlamentario que investigaba las denuncias de corrupción, el vicepresidente Temer aceptó una de las solicitudes de destitución presentadas contra la presidenta Rousseff. Algunos líderes del PT clasificaron esa aceptación de la petición de destitución como un *golpe*, una forma de chantaje tras la retirada del apoyo del partido político de Rousseff en el Consejo de Ética (Cunha 2015; PT ataca 2015). Al año de la tumultuosa sesión de la Cámara de Diputados de Brasil que dio curso al juicio político de Dilma Rousseff, el propio presidente Michel Temer admitió que el *impeachment* fue motivado por un chantaje de su aliado, Eduardo Cunha del PMDB, detenido en la operación Lava Jato. Temer recordó en una entrevista al canal Bandeirantes que Eduardo Cunha abrió el juicio político contra Rousseff cuando el PT se negó a protegerlo en el comité de ética de la Cámara de Diputados por haber ocultado cuatro cuentas en Suiza. La admisión de Temer refuerza más la trama conspiracionista del proceso de la destitución de la presidenta Rousseff. Más aún, testimonios ulteriores denunciaron que incluso Cunha había comprado votos de varios diputados de la Cámara para asegurarse una mayoría de legisladores que garantizara la destitución de la presidenta suspendida (Cunha 2017).

Investigadores de izquierda como el sociólogo portugués Boaventura de Sousa Santos avalan la tesis de la trama conspirativa externa para destituir a Dilma con la complicidad de las elites locales, con énfasis en la intervención imperialista:

> Acho que foi fundamental no que ocorreu o fato de que o Brasil era uma das forças importantes dos Brics, em aliança com China e Rússia, que tentavam construir uma articulação alternativa ao capitalismo global sob dominação dos Estados Unidos. [...] E era preciso eliminar a ameaça vinda do Brasil. Isso foi feito através do golpe institucional (Boaventura de Sousa Santos en Weissheimer 2017).

Por su parte, otros analistas también apuntan a la trama conspirativa para explicar la destitución, aunque atribuyen básicamente la responsabilidad de su remoción a factores políticos y sociales internos, como la debilidad y errores del PT en la gestión gubernamental, y la tenaz resistencia de las elites locales a las trasformaciones prometidas por Lula, sumada a la alienación de las clases medias que ganaron la calle para protestar contra la corrupción y los servicios sociales deficitarios (Breda 2016). Entre otros, el respetado historiador José

Murilo de Carvalho resume las causas económicas, sociales y políticas del fracaso del gobierno de Dilma que condujeron a su destitución: la ruptura de la alianza del PT con los empresarios, el ascenso de una nueva derecha militante y los graves errores del PT que abandonó buscar apoyo popular en las calles (Murilo de Carvalho 2016).

Cada una de esas causas explicarían los condicionamientos de escenarios conspirativos, aunque no ofrezcan pistas explícitas de conspiración para la destitución de la presidenta. La quiebra de la alianza con los empresarios durante la gestión de Dilma contrasta con la capacidad de negociación de su carismático predecesor en el cargo presidencial, aunque tomando en cuenta la crisis económica que se desarrolló durante el mandato de Dilma y que la oposición atribuía explícitamente a la gestión de la presidenta.

Por otra parte, bajo los gobiernos del PT fue naciendo una nueva derecha que realizó su primera movilización callejera el 17 de agosto de 2007, convocada por el Movimiento Cívico pelo Direito dos Brasileiros, más conocido como Cansei ("Me cansé") contra la corrupción, el caos aéreo y la falta de seguridad personal. Fue una manifestación de unas cinco mil personas de clase media-alta, que lucían marcas exclusivas de ropa y provocaron el rechazo del arco político, incluyendo de parte del ex presidente y sociólogo Fernando Henrique Cardoso. La movilización fue apoyada por la FIESP y la Orden de Abogados de Brasil (OAB). Aunque los organizadores intentaron aparecer como apartidarios, expulsando a todos los que portaban banderas partidarias, aún de la derecha, y fueron acompañados por actrices y actores populares de telenovelas, la manifestación se tornó en una protesta masiva contra la gestión del PT, ya que los manifestantes lanzaron consignas explícitas contra Lula.

A partir de 2009, la nueva derecha empezó a ganar presencia en los centros de estudiantes de varias universidades que hasta ese momento habían sido hegemonizadas por los partidos de izquierda y extrema izquierda. En 2011, el grupo Estudiantes Pela Liberdade ganó las elecciones del Centro de Estudiantes de la Universidad de Brasilia (UNB) con el 22% de los votos. Ante la fragmentación de la izquierda, fue reelegido por cuarta vez en 2015 con el 60% de los votos. Estudiantes Pela Liberdade pertenece a una amplia red con sede en Washington que maneja recursos de fundaciones conservadoras, realiza congresos, seminarios de formación de líderes y defiende el legado del economista neoliberal Friedrich Hayek. Sus principales apoyos estaban en las facultades de ingeniería, derecho y economía. En esos años la derecha ganó varias universidades estatales como Minas Gerais y Rio Grande do Sul, y creció en otras, siempre rechazando la política partidaria, acusando a los militantes de izquierda de buscar cargos de confianza. Algunos de los jóvenes formados en Estudiantes Pela Liberdade fueron luego fundadores del Movimiento Brasil Livre (MBL), una de las organizaciones más activas en la ofensiva de la derecha contra el gobierno del PT. En abril de 2001 el MBL emprendió una marcha a pie de mil kilómetros entre São Paulo y Brasilia siguiendo la ruta de los bandeirantes, pasando por pueblos y ciudades "difundiendo el Evangelio del liberalismo económico", como señala una crónica de *The Guardian*, gradualmente esa derecha juvenil dura fue ganando adeptos en las universidades hasta copar varios centros estudiantiles (*Carta Capital*, 23 de marzo de 2015).

Antes de las multitudinarias manifestaciones de junio de 2013 la nueva derecha ya era una fuerza social importante, y según el análisis de Raúl Zibechi, tenía experiencia en la conducción de masas, precisamente cuando la militancia de izquierda abandonaba la calle y se volcaba a copar posiciones al interior del Estado brasileño (Zibechi 2016). Basadas en esas experiencias de movilización callejera de la nueva derecha, nacen los grupos que a partir de 2014 logran convocar a millones: el Movimento Brasil Livre, Vem Pra Rua y Revoltados Online (pueden consultase sus sitios web: http://mbl.org.br/; www.vemprarua.net y https://www.facebook.com/revoltadosonline, respectivamente).

Ahora bien: no solo el PT y la izquierda brasileña no supieron prever la capacidad combativa de la nueva derecha que ganó el espacio público. Como bien explica Murilo de Carvalho, tampoco los analistas sociopolíticos previeron el surgimiento mismo de tales movimientos de protesta y la significación de las movilizaciones de 2013 no fue cabalmente entendida por los partidos contendientes del PT y el PSDB (López Rico 2016, 171-173).

Asimismo, la poco decidida reacción de la comunidad internacional contribuyó a que la trama conspirativa del proceso, durante y después del *impeachment*, no fuera cuestionada. La reacción de la Comisión Interamericana de Derechos Humanos fue cautelosa, si bien alertó sobre la posible desnaturalización del juicio político. Luego de la destitución de la presidenta Rousseff, la CIDH expresó preocupación por la forma en que se llevó a cabo el procedimiento legal de rigor. Sin cuestionar el juicio político previsto en la Constitución brasileña, expresó que "considera de especial importancia la observancia que las autoridades competentes del Poder Judicial de Brasil proporcionen a este caso. Los órganos de supervisión internacional también están atentos al caso, así como a las posibles repercusiones que el proceso de destitución tiene en los derechos de la presidenta Rousseff y en la sociedad brasileña". A nivel operativo, la CIDH informaba que "tiene bajo su análisis una solicitud de medida cautelar y una petición, que continúan su curso regular" (CIDH 2016).

En octubre de 2017, la CIDH peticionó a la Corte Interamericana de Derechos Humanos "una opinión consultiva" sobre "la relación inextricable entre democracia y derechos humanos", en circunstancias "que ponen en duda la legitimidad del mismo o el principio de separación de poderes incluyendo la realización de un juicio político contra un/una presidente/a democráticamente electo en condiciones que provocan fuertes cuestionamientos sobre las salvaguardas del debido proceso". Las dudas de la CIDH fueron hechas expresas al recordar el seguimiento realizado después del "golpe de Estado que tuvo lugar en Honduras en el año 2009 y [...] también dio seguimiento en 2012 al juicio político mediante el cual el órgano legislativo destituyó al ex presidente Fernando Lugo en Paraguay". La petición de "una opinión consultiva" de tipo general a la Corte Interamericana alude explícitamente solo en dos incisos a posibles supuestos de desnaturalización de la figura del juicio político y como expresa el inciso 10, "el consecuente riesgo de que sea utilizada de manera arbitraria de tal forma que encubra un golpe parlamentario"; además, el inciso 55 vuelve a requerir un pronunciamiento de la Corte Internacional alertando sobre las implicaciones en el ejercicio de los derechos humanos que puede tener el uso arbitrario de dicha figura [juicio político] como forma de golpe de Estado encubierto, desde una dimensión que trasciende a la persona en cuestión, y que se extiende a las personas bajo la jurisdicción del Estado" (CIDH 2017).

El 29 de mayo de 2018, la Corte Interamericana decidió por cuatro votos a favor y uno en disidencia —del juez ecuatoriano L. Patricio Pazmiño Freire— no pronunciarse en forma general y de principio respecto de la opinión consultiva presentada por la CIDH acerca del tema del posible abuso de la figura de juicio político. Ello, ya que

> realizar consideraciones en abstracto sobre la compatibilidad de un gran número de modelos de juicio políticos o procedimientos de *impeachment*, no podría considerar en debida forma las particularidades del diseño institucional de los diversos mecanismos de control horizontal que existen en la región. Estos diseños en muchas ocasiones son productos históricos, que responden a las necesidades y a la experiencia constitucional de cada sociedad y ameritan un análisis detallado y contextualizado para determinar su compatibilidad con la Convención Americana, lo que solo podría realizarse en el marco de un caso contencioso (CIDH 2018).

Vale decir, evitó dar una opinión legal general destacando que, tal como lo afirmó en comunicado público, "se encontrará en mejor posición para resolver sobre las implicaciones de estas garantías en juicios políticos contra presidentes/as democrática y constitucionalmente electos/as en cada caso en concreto y no de manera abstracta. A su vez, esto evitará un pronunciamiento prematuro sobre asuntos que podrían ser sometidos a la Corte con posterioridad" (Comunicado 2018). En contraposición a la decisión de la mayoría, se conoció también la posición del juez argentino Eugenio Raúl Zaffaroni, miembro de la Corte Interamericana, que no pudo participar por motivos de fuerza mayor, pero cuyas anticipadas declaraciones en febrero de 2018 provocaron una enérgica reacción del gobierno argentino. El ministro de Justicia Germán Garavano firmó un "planteo preliminar" para pedir que Zaffaroni fuera apartado de la próxima opinión consultiva que debe resolver la Corte Interamericana. En esa instancia, los miembros del tribunal debían sentar posición sobre el juicio político a los presidentes de la región.

> El juez Zaffaroni ya adelantó opinión con relación a las cuestiones planteadas en la opinión consultiva, lo que compromete su imparcialidad

[...] al afirmar que "lo que estamos viendo en Brasil es un fenómeno regresivo que está cundiendo sobre toda América Latina", y en referencia a la anterior destitución del ex mandatario de Paraguay, "menos conocido es cómo está operando este Plan Cóndor judicial en el caso de Lugo".[43] [...] "Su prejuzgamiento compromete la exigencia de imparcialidad propia de la tarea judicial", insiste el escrito oficial, dirigido al mexicano Eduardo Ferrer Mac-Gregor Poisot, presidente del tribunal (Jastreblansky 2018).

A diferencia de otros países vecinos, la posición argentina ante la destitución había sido de sospechosa legitimidad al juicio al afirmar la cancillería que "respeta el proceso constitucional" y confiaba en que el "desenlace" de la situación "consolide la solidez" de la democracia del Brasil en la era post-Rousseff. La posición argentina fue similar a la de Paraguay, cuyo canciller expresó: "Respetamos las decisiones institucionales de la República Federativa de Brasil y la no intervención en los asuntos internos de otros Estados". También Colombia confiaba en el proceso abierto en la coyuntura brasileña, "en la preservación de la institucionalidad democrática y la estabilidad, fundamentos indispensables del estado de derecho". Distintas fueron las reacciones de Chile y Ecuador. El gobierno chileno expresó "preocupación" por los sucesos políticos en Brasil. Asimismo, con 84 votos afirmativos, 22 negativos y 6 abstenciones la Asamblea Nacional de Ecuador aprobó en septiembre de 2016 la resolución que condenaba la destitución de la expresidenta brasileña. También rechazaba "todas las formas de golpe de Estado y desestabilización política" y expresaba solidaridad con Rousseff y el pueblo brasileño (Gonzalez 2016).

La toma de posesión del nuevo presidente Jair Bolsonaro en enero de 2019 y su designación de Sergio Moro como ministro de Justicia reavivaron una vez más las teorías conspirativas. La oposición de izquierda caracterizó ese nombramiento del juez como la culminación del "golpe constitucional". En cambio, la opinión pública se volcó mayoritariamente a considerarlo legítimo. Más del 80% de una encuesta del Istituto de Pesquisas Paraná aprobaba su designación, probablemente influidos por el rechazo de la apelación elevada por Lula, al intentar cuestionar la idoneidad judicial y probar su parcialidad política (Miozzo 2018; Moro 2018).

---

[43] En 2012, el Mercosur había suspendido a Paraguay tras la destitución de su entonces presidente, Fernando Lugo, por medio de un juicio parlamentario. La destitución de Lugo fue señalada como una "alteración del orden democrático" por el Mercosur, formado por Brasil, Uruguay, Argentina, Venezuela y Paraguay.

CAPÍTULO 7

Geopolítica e interpretaciones conspirativas durante la Guerra Fría y la era postsoviética

Este capítulo intenta iluminar el impacto de la geopolítica sobre la centralidad de ciertos modos interpretativos de las relaciones internacionales, que sustentan la hipótesis del conspiracionismo en América Latina en la segunda mitad del siglo XX. Tales lógicas conspiracionistas proliferaron durante la Guerra Fría, aquella era de la bipolaridad en las relaciones internacionales, y su persistencia en décadas recientes. Así, analizamos ciertas variantes de la teoría de la dependencia, que sumaron credibilidad en el imaginario popular durante la Guerra Fría, impactando la visión de intelectuales y cientistas sociales. El análisis destaca cómo, a partir de su popularización en las etapas finales de la Guerra Fría, ciertas variantes de la teoría de la dependencia se tradujeron en el imaginario de muchos en una tesis maniquea y conspiracionista, glosando la complejidad de la geopolítica regional. Le sigue una mirada retrospectiva sobre distintas lecturas acerca del golpe de Pinochet contra el proceso de cambio revolucionario en democracia de la Unidad Popular y el análisis de una serie de conjuras y sospechas en las relaciones entre Cuba y Estados Unidos, destacando cómo tales visiones han predominado en ambos campos enfrentados ideológicamente desde tiempos de la Guerra Fría y manteniendo presencia aun en la era postsoviética.

1. La teoría de la dependencia al acecho: emboscadas conspirativas

Durante las décadas de 1960 y 1970, la teoría de la dependencia logró amplia recepción en el pensamiento latinoamericano, circulando tanto en círculos académicos e intelectuales (reflejada en libros de sociología, economía y tam-

Cómo citar este capítulo:
Roniger, L. y Senkman, L. 2019. *América tras bambalinas. Teorías conspirativas, usos y abusos.* Pp. 201-224. Pittsburgh, Estados Unidos: Latin American Research Commons. DOI: https://10.25154/book2. Licencia: CC BY-NC 4.0

bién en ensayos ideológico-históricos) así como entre los sectores populares. En las últimas fases de la Guerra Fría, la teoría de la dependencia confrontaba al pensamiento filiado en la teoría clásica de la modernización, que sugería que las sociedades humanas deberían converger en torno al modelo industrial occidental. Pero al proponer un pensamiento contrahegemónico a aquella teoría, que exponía un tipo de lógica discursiva unidimensional, la teoría de la dependencia replicaba a menudo con ecos de la lógica del "pensamiento unidimensional" o "pensamiento único", que ya Herbert Marcuse en los sesenta e Ignacio Ramonet en los noventa criticaron.

En esta sección, nos proponemos indagar si ciertos discursos contrahegemónicos de aquellos años no cayeron en emboscadas conspirativas al intentar responder con un pensamiento único revolucionario y tercermundista a la teoría unidimensional de la modernización que promulgaba el capitalismo desarrollado. Aun cuando proyectaban un discurso contestario, ¿es legítimo sospechar que ciertas teorías de la dependencia hayan sido pensadas con una lógica que podría hacer circular narrativas conspirativas?

Comencemos revisando la caracterización de Marcuse, seguida por la de Ramonet. Al criticar la ideología de la sociedad tecnológica capitalista avanzada, Marcuse había elaborado el concepto de "pensamiento unidimensional". Según el filósofo de la Escuela de Frankfurt, este tipo de pensamiento sería la resultante del "cierre del universo del discurso" impuesto por la clase política dominante y por los medios de información de masas: "su discurso está poblado de hipótesis que se autovalidan y que, repetidas incesante y monopolísticamente, se tornan en definiciones hipnóticas o dictados". La ideología capitalista unidimensional criticada por Marcuse no es necesariamente de naturaleza conspirativa porque no impone desde los márgenes sus medias verdades ni opera secretamente para cuestionar el orden; ella proclama abiertamente uniformizar la sociedad mediante la manipulación, la publicidad del consumo que invade todos los ámbitos de su vida individual y colectiva. Dicha invasión ideológica está protagonizada por un pensamiento único de carácter liberal pero totalmente conformista sobre el mercado capitalista de consumo que no admite ningún adversario (Marcuse 1964).

En una orientación similar a Marcuse, el politólogo Ramonet elaboró el concepto de "pensamiento único" en las páginas de *Le Monde diplomatique*. Desde una posición de izquierda y antiglobalización capitalista, Ramonet denunciaba el núcleo duro del "pensamiento único" que promovía la mercantilización acelerada de palabras y cosas, de cuerpo y espíritu. Su usina ideológica y mediática en la era de la globalización neoliberal posterior a la caída del muro de Berlín era alimentada por el capital transnacional y circulaba como pensamiento único en los mercados financieros a escala planetaria; su referencia conceptual era la teoría de los juegos y el caos (Ramonet 1997, cap. IV; 1998; Ramonet, Thiollet *et al.* 1998). El autor criticaba la estandarización y uniformidad de la cultura bajo la hegemonía económica y política de los grandes poderes mediáticos. Especialista en el estudio y análisis del discurso y de los medios, particularmente el cine y la televisión, Ramonet indicaba que es en gran medida a través de ellos que el pensamiento único estandariza y uniformiza las culturas, logrando legitimar puntos de vista políticos entre la gente, conforme a los dictados del mercado neoliberal. Para Ramonet, aquel pensamiento único es la presunción intelectual y universalizante de los intereses del capital financiero internacional. Los cuatro rasgos principales reflejan su pretensión de ser "planetario" (p. ej. global), permanente, inmediato e inmaterial:

> Planetario, porque abarca todo el globo. Permanente, porque se supone inmutable, sin posibilidades de ser cuestionado o cambiado. Inmediato, porque responde a las condiciones de instantaneidad del "tiempo real". E inmaterial, porque se refiere a una economía y a una sociedad virtual, la del mundo informático (Rapoport 2002, 361).

En América Latina durante los años de auge de la teoría de la dependencia en los sesenta y setenta, algunos autores difundían un pensamiento antihegemónico cuyas hipótesis intentaban autovalidarse denunciando al imperialismo de las metrópolis por haber explotado a sus colonias en la periferia. Su seducción para los sectores medios intelectuales provenía de la argumentación en clave antagónica de la relación metrópolis-colonia, sustrato del subdesarrollo y de la condición subalterna latinoamericana respecto al mercado internacional capitalista en una época de flujo revolucionario en el Tercer Mundo. Pero a diferencia del pensamiento único denunciado por la izquierda anticapitalista y antiglobalizante de los años noventa, enunciado por Ramonet, los autores dependentistas de los sesenta y setenta apuntaban todo su arsenal teórico a desmitificar la pretensión planetaria de los paradigmas de la modernización capitalista, apresurándose a sacar conclusiones políticas para el accionar revolucionario.

La teoría de la modernización tuvo raíces profundas en la sociología del siglo XIX, sobre todo en obras de Max Weber y Émile Durkheim, y luego fue actualizada por intelectuales y académicos norteamericanos en la segunda mitad del siglo XX, como W. W. Rostow, Seymour Martin Lipset y Samuel Huntington, entre otros. A consecuencia de las incertidumbres y temores que provocó la Revolución Cubana, el discurso programático de asistencia económica norteamericana a América Latina destinada a superar la pobreza y el subdesarrollo incorporó paradigmas de la modernización; así, la tesis central de la Comisión Económica para América Latina y el Caribe (CEPAL) fue que las vías del desarrollo socioeconómico de Europa y América del Norte debía transitar la senda universal del desarrollo aplicable también en países latinoamericanos (Bielchowsky 1998, 21-45; Ocampo 1998).

André Gunder Frank publicó en 1970 su *Capitalismo y Subdesarrollo en América Latina*, libro que exponía el argumento de que el subdesarrollo era producto de la codicia y rapiña de los países desarrollados, a través de una lógica de reproducción capitalista dependiente según la tríada: metrópolis, satélites y confiscación de excedentes (Gunder Frank 1970). El otro teórico de la dependencia, Theotônio dos Santos, deduciendo consecuencias políticas de la tesis de Gunder Frank, sostenía un dilema de hierro: *Socialismo o Fascismo: el nuevo carácter de la dependencia y el dilema latinoamericano* (Dos Santos 1972). No por acaso al primer Gunder Frank lo han de llamar sus críticos el "intelectual insurgente" (Eduardo 2009).

Ambos autores se encontraron exiliados en Santiago de Chile hasta el golpe de Pinochet junto con otros célebres autores del temprano debate sobre la dependencia: Ruy Mauro Marini, Vania Bambirra y Fernando Henrique Cardoso; todos ellos compartían ideas con el historiador chileno Enzo Faletto; y discutían con el economista argentino Raúl Prebisch, director de la CEPAL (Sáenz Carrete 2014).

Pronto la tesis básica de Frank fue cuestionada, pero no la unidad analítica del par de contrarios metrópolis-satélite. Se cuestionó su método rígido y mecanicista, y su visión errada de que América Latina fuera un continente de meras víctimas pasivas a las que se les había quitado todo protagonismo para determinar los destinos de la región. Además, las controversias iniciales incluían críticas al concepto de superexplotación, la supuesta existencia de leyes específicas del capitalismo dependiente y objeciones a la noción de subimperialismo. Por ejemplo, el teórico marxista ecuatoriano Agustín Cuevas cuestionó el énfasis unilateral de Gunder Frank en los desequilibrios exógenos al señalar que América Latina no era dependiente por su integración en el mercado mundial, sino por la obstrucción interna a su desarrollo capitalista. Criticaba a Gunder Frank asimilar acríticamente enfoques de la CEPAL, exclusivamente centrados en el deterioro de los términos de intercambio comercial entre los países desarrollados y periféricos. Básicamente, ciertos teóricos de la dependencia fueron criticados por haber lanzado un modelo reduccionista bipolar que confrontaba metrópolis y satélites, y por haber omitido importantes aportes de la teoría del imperialismo (Cueva 1976, 12-16). Años después, críticos de la teoría de la dependencia intentaron atacar lo que calificaban de "unilateralidades" del pensamiento único referido al enfoque metrópoli-satélite, su "exagerado determinismo dependentista", o su "pesimismo apocalíptico" (Vitale 1981; Johnson 1981; Borón 2008; Martins 2009).

Por su lado, Henrique Cardoso y Enzo Faletto, en el libro clásico de coautoría *Dependencia y desarrollo en América Latina*, describieron un método de análisis histórico-estructural mostrando que la relación metrópolis-periferia era parte de la condición histórica del desarrollo en los países satélites periféricos, que no negaba el desarrollo sino abría un camino muy distinto a los procesos europeos y norteamericanos. Aunque el método analítico de Cardoso y Faletto era más sutil y rico, lejano del simplismo "circulacionista" de Gunder Frank, sin embargo, fue tributario de la concepción de originalidades y especificidades regionales latinoamericanas. Aun cuando la lógica conspiracionista era bastante menos frecuente que en otros autores, se les criticaba el exceso de provincialismo regionalista acerca de los factores endógenos, al analizar el capitalismo local "con categorías nuestras" identitarias, sin que el "desarrollo hacia adentro" o las "colonias de explotación" tuvieran suficiente consistencia explicativa del subdesarrollo (Cueva 1979, 83-93).

Ahora bien, salvo algunas excepciones, los teóricos de esa primera etapa estaban sobredeterminados todos ellos por una matriz de "pensamiento único", que dada su lógica socioeconómica, privilegiaba maniqueamente la visión externalista del par de opuestos metrópolis-satélite; dentro de esa visión, el subdesarrollo habría sido el resultado exclusivo de la inserción subordinada en el mercado mundial y todos sus problemas habrían surgido por el comercio en desmedro de la producción, como principal determinante del subdesarrollo (Fernández and Ocampo 1974; Cueva 1977; Munck 1981; Chilcote 1983). Además, ciertos nódulos estuvieron nutridos políticamente por concepciones nacional-populistas de lógica conspiracionista, cuando analizaban los factores endógenos de la dependencia (Angotti 1981; Katz 2016).

A pesar de estas críticas, que en términos generales compartimos, es menester diferenciar la primera época de la reformulación y rescate de las categorías analíticas centrales por algunos de sus mentores y epígonos en años posteriores, durante los cuales el horizonte ideológico fue signado por el neoliberalismo y la globalización. En efecto, tópicos como la adaptación neoliberal al resurgimiento neodesarrollista, las teorías sociológicas endógenas, la creencia del subdesarrollo por obstrucción interna, fueron cuestionados desde una nueva revaloración de la teoría de la dependencia (véase entre otros Nahon, Rodríguez Enríquez y Schorr 2006; Cueva 2007; Rodríguez 2007; Bresser Pereira 2010).

Indudablemente, *Las venas abiertas de América Latina* de Eduardo Galeano fue el libro fundamental que difundió el cariz más fuertemente conspirativo de la teoría de la dependencia durante su primera época, sobreviviendo muchos años a su declinación ideológica. Hacia 2006, Siglo XXI Editores había ya lanzado setenta y siete ediciones del mismo, y se convirtió quizás en el ensayo histórico más leído en la región. Pero, además, ese libro —junto con otros textos de Galeano— también ha circulado gratuitamente por internet, por lo cual resulta prácticamente imposible conocer el verdadero tiraje y alcance total de la recepción de este libro ícono.

Las venas abiertas de América Latina fue publicado por primera vez en 1971, doce años después de la Revolución Cubana y al año de la asunción presidencial de Salvador Allende y la Unidad Popular chilena; ocho años antes, Bolivia y Brasil habían inaugurado la más reciente ola de dictaduras militares; dos años después en la patria de Galeano se instauró el gobierno cívico-militar uruguayo y Pinochet tomó sangrientamente el poder en Chile, mientras que en 1976 el teniente general Rafael Videla encabezó una Junta militar genocida en Argentina.[44] El libro de Galeano no previó las violaciones masivas de los derechos humanos, que se operarían por iniciativa de sectores dentro de cada

---

[44] En 1997, Isabel Allende mencionó que tras el golpe militar de 1973 no pudo llevar consigo mucho: algunas ropas, fotos de familia, un poco de tierra de su jardín y dos libros: las *Odas* de Pablo Neruda y *Las venas abiertas de América Latina*.

una de las sociedades sudamericanas. Pero ningún otro libro de ensayo ideológico-histórico logró un éxito de recepción similar al de *Las venas abiertas de América Latina*, un texto que ofrecía claves interpretativas inspiradas en algunas teorías de la dependencia sobre el pasado y presente del continente.

De los conocidos teóricos de la dependencia exiliados en Chile, hacia 1971 Galeano habría conocido, básicamente, el difundido libro de André Gunder Frank, *Capitalismo y subdesarrollo en América Latina* (1970), publicado un año antes. En los agradecimientos, Galeano menciona a Gunder Frank entre otros autores y lo cita en las notas bibliográficas. Galeano conocía también el libro de Fernando Henrique Cardoso y Enzo Faletto, *Dependencia y desarrollo en América Latina* (1969). Casi todos los otros títulos importantes de los economistas y sociólogos de la teoría de la dependencia aparecerán después de haber publicado *Las venas abiertas de América Latina* (Dos Santos 1970, capítulos I-IV; Dos Santos 1972/1974; es muy improbable que Galeano haya leído en 1970 a Dos Santos en una revista especializada de la Universidad de Chile; tampoco a Ruy Mauro Marini 1973, aunque posiblemente haya leído a Marini 1969; otros textos salieron después, entre ellos Cueva 1973 y Bambirra 1974).

En su comentario a la traducción francesa de la obra de Galeano, Jorge Armijo filió el libro en la teoría de la dependencia, y lo caracterizó como "un trabajo para un público general de tipo estrictamente coyuntural, relacionado con la situación de América Latina a comienzos de los setenta" (Armijo 1982, 201, en Vara 2015, 93). Por su parte, Eduardo Ruiz definió a Galeano como "un periodista por oficio y un socialista por convicción", e hizo una valoración menos positiva de la obra. Ruiz criticaba a *Las venas abiertas...* por no ofrecer información novedosa y por presentar una visión sesgada de la historia latinoamericana. Al mismo tiempo, en su evaluación, consideraba que esa visión era representativa de un segmento significativo de los intelectuales comprometidos. Así, afirmaba que "pocos negarían que [Galeano] habla en nombre de la mayoría de los intelectuales y académicos de América Latina. En eso radica el valor de este libro" (Ruiz 1975, 582).

Marc Chernick, director del Centro de Estudios de América Latina de la Universidad de Georgetown, ofreció ciertas claves en la dirección que sospechamos podría dar cuenta de la extraordinaria recepción de la obra de Galeano: su seductora tesis conspirativa de la historia del continente mestizo para enfrentar a la codicia de las metrópolis desarrolladas. Afirma Chernick:

> La visión que salió de la pluma de Eduardo Galeano moldeó y transformó la opinión de una generación de jóvenes, estudiantes, intelectuales y políticos en toda América Latina. Después de Galeano, las regiones más marginalizadas del continente fueron vistas con otros ojos, con una mirada más desafiante. Potosí en Bolivia, Zacatecas en el norte de México y Ouro Preto en Brasil ya no eran ejemplos del "subdesarrollo" por falta de la modernización y la incapacidad de instituciones y capital

humano, como había planteado la teoría de la modernización, guía de las políticas de asistencia de los Estados Unidos en ese entonces. Desde América Latina surgió una nueva teoría, la teoría de la dependencia, que planteó una respuesta a los tecnócratas del norte con sus paquetes de asistencia, con sus medidas económicas y sociales, con su gran plan de desarrollo y seguridad contra al avance comunista […] (Chernick 2015).

Chernick explica el éxito de la recepción del libro no solo por estar inspirado en premisas de la teoría de la dependencia sino por su lenguaje literario y el frondoso imaginario que Galeano logró despertar en los lectores:

Las ideas muchas veces toman alas por la poesía, o por una prosa tan gráfica y poética, que se puede sentir el dolor. Mientras los teóricos de la dependencia, muchos reunidos en Santiago de Chile, producían sus tomos y artículos, Galeano escribió la versión literaria y más accesible de las primeras articulaciones de la teoría de la dependencia. *Las venas abiertas de América Latina*. Rápidamente se convirtió en la biblia, en una referencia obligatoria de una nueva generación. […] Pero fue Galeano quien hizo llegar estas ideas a toda una generación, a todo un continente, escribiendo un libro encontrado en los morrales y mochilas de casi todo universitario, en las casas de los obreros, en las bibliotecas de profesionales y políticos (Chernick 2015).

Ángel Rama destacó la eficacia de lo afectivo y su potente imaginación, caracterizando el libro como "un ensayo narrativo o una novela ensayística que definió su nuevo nivel de conocimiento dentro de un clima emocional" (Rama 1975, 24).

El libro de Galeano relata y desarrolla la narrativa de la dependencia, básicamente encapsulada en cinco proposiciones, que en su conjunto sugieren una lectura conspirativa de relaciones totalmente asimétricas en el curso de la historia de América Latina y su relacionamiento con el mundo externo, especialmente el mundo desarrollado europeo y luego norteamericano. Seguimos el orden de su exposición conforme Adrián Ravier (2015).

(i) Ha existido una continua política de saqueo desde la época de la Colonia hasta nuestros días. Las venas abiertas… parte de la dependencia directa durante la época colonial y la explotación del oro y la plata, fuertemente asociados en el imaginario occidental con la codicia desenfrenada y el pillaje. Luego cuenta la misma historia, pero en relación con regímenes políticos poscoloniales no tan claramente dependientes, y en relación con productos que, por sí mismos, tienen connotaciones menos materiales con la era del capitalismo industrial y financiero. La primera parte del libro se concentra en la explotación colonial y neocolonial de recursos naturales, en tres subsecciones: una dedicada a la explotación

y el saqueo de los metales preciosos ("Fiebre del oro, fiebre de la plata"); otra, narrando la explotación neocolonial de la agricultura ("El rey azúcar y otros monarcas agrícolas"); y una tercera que aborda la explotación del sustrato mineral ("Las fuentes subterráneas del poder"). La segunda parte narra las formas financieras de la dependencia, con discusión sobre las luchas de la imposición del "librecambio" y la historia de los créditos internacionales. En su generalización de políticas de saqueo, homologa el colonialismo mercantil con las etapas tardías del imperialismo industrial, financiero y transnacional; el azúcar y el cacao devienen productos tan valiosos y codiciables como el oro o la plata, y más tarde el carbón o el petróleo. De tal forma, el lector pierde de vista los antagonismos y enfrentamientos entre opresores y oprimidos, además de haber sustituido una descripción analítica de las luchas y las sublevaciones de los actores populares por una simplificada clasificación de ser meras víctimas en sociedades satélites, periféricas y pasivas, impotentes ante la rapiña y codicia de las metrópolis del mundo desarrollado.

(ii) Fue precisamente ese saqueo el que impulsó el mayor desarrollo relativo europeo respecto de América Latina. En lugar de explicar a nivel sistémico el mayor desarrollo de los países avanzados metropolitanos, la geopolítica sustituye a la historia de la expansión desigual de las etapas sucesivas de la modernidad mercantil, industrial y del capitalismo imperial nacional y transnacional europeo. Más grave aún, las contradicciones del capitalismo son resumidas en el quinto mito mediante un pensamiento único de silogismos que intenta deducir todo del par de factores opuestos en el cual el polo más desarrollado conspira permanentemente desde las metrópolis contra la periferia colonial. Galeano escribe: "Para quienes conciben la historia como una competencia, el atraso y la miseria de América Latina no son otra cosa que el resultado de su fracaso. Perdimos; otros ganaron. [...] *Nuestra derrota estuvo siempre implícita en la victoria ajena; nuestra riqueza ha generado siempre nuestra pobreza para alimentar la prosperidad de otros: los imperios y sus caporales nativos. En la alquimia colonial y neocolonial, el oro se transfigura en chatarra, y los alimentos se convierten en veneno*" (Galeano 2003, 16-17, publicado originalmente en 1973, énfasis original).

Ana María Vara incorpora el libro de Galeano al corpus de la llamada "novela social antiimperialista". Esta categoría incluye subconjuntos como las novelas de los ingenios, del petróleo, de la selva, etcétera, que circularon por decenas en las primeras cuatro décadas del siglo xx en América Latina. Pero su especificidad radicaría en el "contradiscurso neocolonial de los recursos naturales" (CNRN). El CNRN está conformado por una matriz narrativa que asocia cuatro elementos: un recurso natural presentado como un bien de gran valor, un grupo social explotado, un explotador extranjero y un cómplice local (Vara 2015).

(iii) El orden económico vigente no es sino la consecuencia de un orden generado a través de una planificación de la metrópolis, primero por medio de sus políticas gubernamentales, y luego con los tentáculos de las empresas multinacionales que saquean a todos los países en los que se introducen. Tal determinismo económico simplista reemplaza la causalidad de complejos procesos socioeconómicos, políticos y legales en el desarrollo desigual, por acción del imperialismo y la dependencia. Puesto que ya no interesa el porqué sino cómo se sucedieron los diferentes órdenes socioeconómicos en la historia, su mera descripción generativa satisface la demanda empiricista de una narrativa conspirativa de la dependencia. La exigencia de simplicidad en explicar el causalismo de las leyes de la historia de la dependencia anula la complejidad de las relaciones causales, las cuales no se limitan a una sola causa eficiente que se revela insuficiente sin una mirada conspirativa para explicar la variedad y contradicciones de los procesos sociales y económicos entre metrópolis y colonias.

(iv) La culpa de nuestros males (pobreza, indigencia, desocupación extendida) es del mundo desarrollado. Nuestra pobreza latinoamericana es la contrapartida de la riqueza de los países centrales. Tal acusación del pensamiento único sobre la dependencia atribuye todos los fracasos socioeconómicos a factores externos localizados en Europa y Estados Unidos, completamente ajenos a las tomas de decisiones de los actores sociales en los países latinoamericanos. Pero en un análisis más profundo a nivel psicosocial, pareciera que en el par de opuestos metrópolis-colonia que protagonizan el drama de la dependencia en el imaginario de Galeano serían ambos los actores de un sujeto doble: ambos necesitarían espiarse uno al otro en inquietantes espejos y laberintos insondables para recrear un tiempo circular de validaciones, culpas, exoneraciones e inversiones simétricas opuestas en la problemática de la doble conjura y su relación con la dependencia.

Al respecto, el politólogo uruguayo Carlos Real de Azúa publicó algunas agudas reflexiones en 1975. Según el autor de *El clivaje mundial eurocentro-periferia y las áreas exceptuadas (para una comparación con el caso latinoamericano)*, el carácter ideológico con pretensiones de universalidad de la "vida civilizada", que impone a los latinoamericanos la dependencia no solo económica del capitalismo de países desarrollados, genera en las elites dirigentes e intelectuales de América Latina "la culpa que arrastra a las sociedades a la inautenticidad y el desapego a lo propio, el afán por injertar lo que nos es congenialmente heterogéneo", como "culpas foráneas" que se agrupan en lo que categoriza como "teoría de la conjura" (Real de Azúa 1991 [1975], 27). Al principio, se acusa a los de afuera de "ignorarnos" o "no civilizarnos", pero pronto se pasa a un estado de ánimo de "complot" como clave de la marginalidad latinoamericana. En opinión de Real de Azúa, la dependencia y la conjura se presentan como una interpretación esotérica de las "fuerzas ocultas" que operan desde afuera y explicarían la situación de subdesarrollo latinoamericano. El autor critica así la concepción esencialmente "esotérica" de la historia y la vida colectiva, que ve la dirección de todos los acontecimientos el resultado de "fuerzas ocultas" que se suponen dotadas de una malignidad y continuidad organizativa, cuya meta sería explotar y mediatizar a sus víctimas saboteando cualquier tentativa de desarrollo autónomo de los pueblos dependientes (Real de Azúa 1991 [1975], 33; Mallo 2011, 164-165).

> *(v) La única forma de interrumpir este proceso y darles esperanza a los pueblos latinoamericanos, es a través de la violencia, expropiando la propiedad privada y de los medios de producción de quienes han abusado de ellos.* No sorprende que el pensamiento dependentista, alguna de cuyas variantes más simplificadoras creía haber sido emboscada por conspiraciones del mundo desarrollado contra la periferia subdesarrollada, finalmente aceptara la razón blindada de la violencia. Tampoco fue casual que el auge de algunas de esas versiones de la dependencia acompañara ideologías de acción guerrillera y que su declinación coincidiera con las dictaduras implantadas en el cono sur latinoamericano (Blomstrom & Hettne 1984, 105, 250-253).

En la década de 1980, junto con la derrota de los movimientos revolucionarios, la teoría de la dependencia sufrió un retroceso, cuando sus conceptos fueron eclipsados por el ascenso del neoliberalismo (López Hernández 2005). La teoría que dominó el escenario de los sesenta y mitad de los setenta quedó relegada, y perdió interés entre nuevas generaciones de estudiosos que se distanciaron de la radicalidad anticapitalista luego de la derrota electoral del sandinismo en 1989, y del gran repliegue que supuso la implosión de la Unión Soviética (Katz 2016). Una generación más tarde, la teoría de la dependencia encontró vasto eco entre los líderes y voceros de la Revolución Bolivariana en Venezuela, empezando por el mismo Hugo Chávez. No resulta mero azar que el libro de Galeano haya entusiasmado tanto a tal punto que el presidente venezolano lo eligió para obsequiarle una edición en español al presidente Barack Obama en ocasión de la V Cumbre de Presidentes Americanos en 2009.[45]

El libro de Galeano obviamente era la antítesis de las premisas neoliberales y de la globalización de la política norteamericana. Gracias a la publicidad de los medios, el provocativo obsequio del presidente venezolano consiguió un impacto imprevisto: la obra de Eduardo Galeano logró pasar del puesto 54.000 al 5 en cuestión de días en el portal Amazon (Book Sales en Amazon

---

[45] El 18 de abril 2009, la reunión de la Unión de Naciones Suramericanas (Unasur), en Puerto España (Trinidad y Tobago), reunió a los presidentes de Venezuela y Estados Unidos alrededor de una misma mesa, y Hugo Chávez le hizo entrega a Obama del libro de Galeano.

2009). Eduardo Galeano había defendido a la Revolución Bolivariana desde su inicio y en 2004 escribió con sorna contra los enemigos del referéndum democrático que volvió a consagrar por quinta vez a Hugo Chávez presidente de Venezuela:

> Extraño dictador este Hugo Chávez. Masoquista y suicida: creó una Constitución que permite que el pueblo lo eche, y se arriesgó a que eso ocurriera en un referéndum revocatorio que Venezuela ha realizado por primera vez en la historia universal. No hubo castigo. Y esta resultó ser la octava elección que Chávez ha ganado en cinco años, con una transparencia que ya hubiera querido Bush para un día de fiesta. Obediente a su propia Constitución, Chávez aceptó el referéndum, promovido por la oposición, y puso su cargo a disposición de la gente: "Decidan ustedes". Hasta ahora, los presidentes interrumpían su gestión solamente por defunción, cuartelazo, pueblada o decisión parlamentaria. El referéndum ha inaugurado una forma inédita de democracia directa. Un acontecimiento extraordinario: ¿cuántos presidentes, de cualquier país del mundo, se animarían a hacerlo? Y ¿cuántos seguirían siendo presidentes después de hacerlo? Este tirano inventado por los grandes medios de comunicación, este temible demonio, acaba de dar una tremenda inyección de vitaminas a la democracia que, en América Latina y no sólo en América Latina, anda enclenque y precisada de energía (Galeano 2015).

Pero muy significativamente en 2014, poco tiempo antes de morir y sin abjurar de su obra, Galeano dejó de reconocerse en *Las venas abiertas de América Latina*. "*Las venas abiertas* intentaba ser un libro de economía política, pero yo no contaba con suficiente entrenamiento o preparación", confesó Galeano en abril 2014 al responder algunas preguntas en la Bienal del Libro en Brasil, donde se celebraba el 43 aniversario de la publicación de su libro. Y agregó: "no sería capaz de leerme el libro de nuevo; me desmayaría. Para mí esa prosa de la izquierda tradicional es extremadamente pesada y mi mente no la tolera" (véase *El Espectador* de Lima, 7 de junio de 2014).

En conclusión: a pesar de su narrativa mítica e imaginario literario, *Las venas abiertas de América Latina* sedujo a millares de lectores a leer no un libro de economía política ideologizada sobre el continente mestizo, sino una trama fabulada con talento narrativo en clave conspirativa sobre el despojo de victimarios desarrollados y sus desangradas víctimas latinoamericanas. Y sospechamos que, a pesar de que Galeano confesó su alejamiento de las tesis centrales de *Las venas abiertas de América Latina*, la fascinación de su lógica dependentista hubo de sobrevivir aún muchas décadas entre lectores necesitados de seguir creyendo en fábulas conspirativas sobre el pasado y presente del continente mestizo.

2. Conjuras y teorías conspirativas durante la bipolaridad global

Otra obra fundamental de los setenta, ligada a miradas conspirativas sobre la penetración imperialista en América Latina, fue el libro de Ariel Dorfman y el belga Armand Mattelart, *Para leer al pato Donald. Comunicación de masas y colonialismo* (1972). Durante el gobierno de la Unidad Popular, Dorfman ayudó a crear la Editora Nacional Quimantú, y trabajó en ella. Luego del golpe de Augusto Pinochet, se vio forzado a exiliarse en Francia y finalmente se radicó en Estados Unidos, país donde se transforno en Marc Chernick, un intelectual *sojourner*, yendo y viniendo de Chile (ver Dorfman 2013).

Publicado durante el gobierno del gobierno de la Unidad Popular de Salvador Allende en Chile, el libro *Para leer al pato Donald* ha sido otra obra emblemática en la literatura política antiimperialista. De enorme éxito popular, reimpreso múltiples veces, el libro fue descrito por sus autores como un "manual de descolonización". Se trata de un análisis sobre la literatura de masas diseminada por las historietas y los cómics de Walt Disney en Latinoamérica (Roniger, Senkman, Sosnowski y Sznajder 2018, 15-29). El libro muestra de qué manera las historietas del Pato Donald inducen en los niños a desarrollar solo el pensamiento único de la clase dominante que les enseña que no se puede luchar contra el orden establecido. En las aventuras protagonizadas por el Tío Rico, Donald y sus sobrinitos, cualquier intercambio humano toma forma mercantil y la solidaridad entre iguales desaparece, desplazada por la competencia del mercado.

Aunque en el centro del análisis Dorfman y Mattelart denuncian cómo los valores capitalistas —el consumismo y el menosprecio de los otros— se difunden en forma encubierta en las fábulas aparentemente impolutas de inocencia infantil, el saqueo imperialista y la sumisión colonial no faltan, al igual que en el libro de Galeano, como contraparte de una persistente denuncia de la violencia simbólica: "En la incesante y codiciosa búsqueda de oro, a menudo los personajes del libro se encuentran con pueblos salvajes y primitivos, los cuales son manipulados por los patos para apropiarse de su tesoro, y todos tan felices" (Dorfman y Mattelart 2009 [1971], 95).

La tesis central de los autores de *Para leer al Pato Donald* es que Disney expulsa lo productivo y lo histórico de su mundo, tal como el imperialismo ha prohibido lo productivo y lo histórico en el mundo del subdesarrollo. Disney construye su fantasía imitando subconscientemente el modo en que el sistema capitalista mundial construyó la realidad y tal como desea seguir armándola (Dorfman y Mattelart 2009 [1971], 112-113).

Algunos de los argumentos ideológicos del libro están filiados en una visión marxista simplificadora de la dependencia. Por ejemplo, el capítulo II: "Del niño al buen salvaje", el III: "Del buen salvaje al subdesarrollado", y el 4: "El gran paracaidista". Este último reflexiona en torno al valor que el cómic asigna al oro, al dinero, a la necesidad incesante de consumo, a las formas de trabajo que aparecen siempre desvinculadas de la producción capitalista. Los autores repiten sin mediaciones un pensamiento único sobre la sociedad de consumo con el cual se educa a los niños:

> En el mundo de Disney, nadie trabaja para producir. Todos compran, todos venden, todos consumen, pero ninguno de estos productos ha costado, al parecer, esfuerzo alguno. De los polos del proceso capitalista producción-consumo, en el mundo de Disney sólo está presente el segundo. […] No podemos entender cómo esta obsesión por la compra puede hacerle bien a un niño, a quien subrepticiamente se le inyecta el decreto de consumir y seguir consumiendo y sin que los artefactos hagan falta. Este es el único código ético de Disney: comprar para que el sistema se mantenga, botar los objetos (porque nunca se los goza dentro de la historieta tampoco), y comprar el mismo objeto, levemente diferenciado, mañana (Dorfman y Mattelart 2009 [1971], 101).

En febrero de 1971, tres meses luego de asumir la presidencia, el presidente Allende firmó la nacionalización de una de las editoriales más grandes de Chile, Zigzag, para montar allí la Editora Nacional Quimantú. Invirtiendo un esfuerzo extraordinario, se logró en treinta y dos meses de existencia el récord de publicar 12 millones de libros. En Quimantú, Mattelart se desempeñó como jefe de la Sección de Investigación y Evaluación en Comunicaciones de Masas; por su parte, Dorfman fue miembro de la División de Publicaciones Infantiles Educativas. Durante los años de la experiencia socialista chilena y más tarde, Dorfman produjo relatos para niños y otros textos de análisis crítico sobre la literatura infantil (Dorfman 1973, 1974, 1979, 1980, 1985, 1986a, 1986b).

Dorfman caracterizó en 2009 del siguiente modo aquel momento histórico en que concibió *Para leer el Pato Donald*:

> Ese libro fue escrito en un momento de lucha social en Chile y dentro de una revolución que intentó cambiar todo. Se escribió en diez días, en el calor de la lucha por la supervivencia. Y yo diría que si uno mira la obra del Pato Donald, no como problema ideológico sino como forma de escritura, es una apropiación latinoamericana de un mito norteamericano […] En los setenta, yo veía a los Estados Unidos como intentando apropiarse de nuestra cultura (Boschi 2009).

Años antes Dorfman recordaba en su autobiografía que si el libro sobre el Pato Donald podía ser apreciado como "una respuesta por parte de dos intelectuales de izquierda a un dilema histórico concreto y colectivo creado por la revolución", también podría analizarse en clave subjetiva. En sus palabras, fue:

> como la culminación de mi propia trayectoria sumamente personal hacia América Latina, la purga ritual y pública de mis últimos lazos con Estados Unidos […] Disney había tratado de devorarme cuando yo era

un niño en Nueva York; ahora, siendo adulto, yo me lo estaba comiendo en Chile, enviándole su pato bien asado y sus ratones hechos picadillo (Dorfman 2013 [1998], 317-318).

Dorfman trabajaba a partir de historietas infantiles publicadas en la década de 1970 con una estrategia narrativa maniquea y mecanicista en el enfrentamiento de sus personajes (héroe justo y bueno derrota a villano) y desde el par de oposiciones filiados en teorías dependentistas que, de modo similar a Galeano, enfrentaban a la periferia con la metrópolis. Así, Dorfman escribía en *Supermán y sus amigos del alma*:

> Los lectores de los países periféricos definirán sus problemas y el modo de enfrentarlos a través de las soluciones que el capitalismo dependiente importa e impone en conexión con el imperialismo [...] estamos examinando estas características [...] para demostrar el efecto que esto pudiera tener en un lector del mundo subdesarrollado, donde la esperanza en la solución modernizante para garantizar la destrucción del "desarrollo desigual" se ve reforzada cotidianamente por medio de la solución tecnológica (y humanizada) de cada uno de los superhéroes. [...] la dirección de la transformación de nuestra realidad fuerza a importar concretamente las *mismas soluciones* para poder llegar a los mismos resultados, para convertirse en la metrópoli (Dorfman y Jofré 1974, 82).

Si bien luego del exilio Dorfman logró reconciliarse con Estados Unidos a partir de la decisión de irse a vivir con su esposa al país del norte y no regresar a Chile (Dorfman 2012), durante aquellos años de escritura del libro su vínculo fue totalmente de "purga ritual", además de lanzar discursos contrahegemónicos. En sus memorias de 1998, el escritor confiesa que su odio al Imperio le impedía reconocer los aspectos positivos de la cultura norteamericana. Recién en esas memorias, Dorfman acabó aceptando que en 1971 por desear "un Chile rebelde que me ayudara a expulsar en forma definitiva y total la parte norteamericana de mi ser [...] exageré la villanía de los Estados Unidos y la nobleza de Chile, no fui fiel a la complejidad del intercambio cultural" (2012, 319).

Desde su regreso a Estados Unidos en 1990, muy significativamente Dorfman dejó de lado el tema del imperialismo en su producción cultural, núcleo generativo del célebre libro *Para leer el Pato Donald*, aunque continuara escribiendo sobre Estados Unidos desde aquel país. En su agudo y lúcido estudio de los prejuicios dependentistas en el imaginario del análisis literario infantil del autor, compartimos con Delfina Moroni su juicio de que "desde la mirada de Dorfman, el lector latinoamericano es simplemente una esponja permeable a los mensajes transmitidos a través de la historieta, sin posibilidad alguna de reflexión crítica frente a ellos" (Moroni 2015, 259).

Ahora bien: es fácil descubrir que ese mensaje y "el mundo imaginario que digiere la niñez con ingenuidad cada día" (Dorfman y Jofré 1974, 15) están camuflados por historietas inventadas por un imaginario conspirativo mediante una cadena de transmisión ideológica vertical: desde el Imperio vía padres mentalmente colonizados de la periferia, hasta domesticar las fantasías infantiles de sus hijos. Precisamente, Delfina Moroni critica el modo de desenmascaramiento antiimperial de esos héroes y los mensajes que ocultaban, "a fin de *salvar al inocente* público latinoamericano de las garras de estos villanos disfrazados". Pero, curiosamente, para lograrlo, indica con perspicacia que los textos de Dorfman "parten de una concepción del lector idéntica a la que subyace en las historietas que Dorfman está denunciando" (Moroni 2015).

Este es el pozo ciego donde, sospechamos, acecha la mirada conspirativa de Dorfman a principios de los setenta, de la cual el Dorfman tardío se apartaría en un giro de reflexividad similar al del tardío Galeano. El pensamiento único, purgado de contradicciones en la denuncia de la colonización ideológica de "la tierna infancia para domesticar futuros súbditos", se lee más bien como una fábula conspirativa de la visión de pretendida pedagogía contrahegemónica durante aquellos años (véase una crítica a la pedagogía descolonizadora del libro *Para leer al Pato Donald*, en Vázquez 2010; y en el blog http://bit.ly/2ToA1n6).

3. El golpe contra Allende: intrigas e imperialismo

Tras décadas de investigación, miles de documentos desclasificados e innumerables estudios, existe consenso acerca de que, después de fracasar en los planes iniciales de derrocar a Castro, Richard Nixon y Henry Kissinger se vieron obligados a aceptar la existencia de la Cuba socialista. Pero eso no obvió que, a partir de 1970, ambos intentaran desmoronar y acabar con la experiencia socialista de Salvador Allende en Chile. Para ello, tal como habían operado en los sesenta, derivarían millones de dólares. La investigación del Senado norteamericano encabezada por el senador demócrata Frank Church acerca de las operaciones encubiertas de los servicios de inteligencia norteamericanos en Chile entre 1963 y 1973, había registrado que

> la Agencia Central de Inteligencia gastó tres millones de dólares en un esfuerzo por influir en el resultado de las elecciones presidenciales chilenas de 1964. Ocho millones de dólares se gastaron, de manera encubierta, en los tres años transcurridos entre 1970 y el golpe militar en septiembre de 1973, con más de tres millones de dólares gastados solo en el año fiscal 1972 (Church Report 1975, section IA; véase también FRUS 1969-1976, volume XXI, Chile; Sigmund 1974; 1993).

Para Estados Unidos, así como para los países comunistas, la vía chilena al socialismo había devenido en un caso ejemplar en la confrontación global entre ambos bloques geopolíticos. Tal como lo reconocería la Comisión Nacional de Verdad y Reconciliación en su informe oficial de 1991:

La Revolución Cubana y la "guerra fría" volvieron a contribuir, indirectamente, a acelerar nuestra crisis. En su contexto, la victoria de la Unidad Popular y del Presidente Allende el año 1970, fue mirada como triunfo de una de las superpotencias en pugna, la URSS, y como derrota para la otra, los Estados Unidos de Norteamérica. Ello explica que el gobierno de este último país planificara y ejecutase de inmediato una política de intervención en los asuntos internos de Chile, cuyo objeto fue doble: impedir el ascenso de Salvador Allende al poder en octubre de1970 (el llamado *track one*, "primer camino"); y después, ya fracasado este intento, la desestabilización económica del nuevo gobierno (*truck two*, "segundo camino"). Lo anterior se relaciona directamente con la devastadora crisis económica que se hizo sentir en Chile a partir de 1972, y que formó parte integral y trascendental de la crisis más amplia culminada en septiembre de 1973. Caracterizaron aquella la inflación en términos nunca antes conocidos; el quiebre productivo y el agudísimo desabastecimiento de artículos esenciales; el descalabro del comercio exterior, y una progresiva paralización de la economía entera (Informe 1996, tomo 1, 36-37).

Peter Kornbluh, estudioso del National Security Archive de la Universidad George Washington, reforzaba esa lectura citando uno entre los miles de documentos desclasificados del acervo del Departamento de Estado norteamericano:

Chile [...] se ha convertido en una especie de causa, tanto en el mundo occidental como en el comunista. Lo que sucede en Chile es, por lo tanto, un asunto de especial importancia para los Estados Unidos. Distante y pequeño como es, Chile ha sido visto universalmente como un área de demostración para la experimentación económica y social. Ahora está en cierto sentido en la primera línea del conflicto ideológico mundial (Kornbluh 2003, p. xiv).

En otro trabajo, Kornbluh destacaba los obstáculos que debió enfrentar Allende como consecuencia de las maniobras norteamericanas a lo largo de su truncado mandato:

Ante el Banco Mundial, los funcionarios de los Estados Unidos trabajaron entre bastidores para garantizar que Chile fuera descalificado para recibir un crédito pendiente de mejora de ganado por 21 millones de dólares, así como también futuros préstamos. Además, el presidente del Banco de Exportación e Importación acordó "cooperar plenamente" con el subsecretario de Estado para Asuntos Interamericanos, Charles Meyer, en la suspensión de nuevos créditos y garantías para Chile [...] La mezcla de sabotaje económico, propaganda política y empuje del ejército funcionó. Allende se vio confrontado por el creciente desorden y la creciente inflación. A cada paso, sus políticas encontraban adversarios bien financiados (Kornbluh 1998).

Las pruebas, a ese efecto, son irrefutables. Ya en 1975, el Informe de la Comisión Church del Senado norteamericano había reconocido la voluntad de Estados Unidos "de hacer fracasar el experimento de Allende en el hemisferio occidental y limitar su atractivo como modelo [de desarrollo]" (Church Report 1975, section III.E.1). A la par del interés norteamericano y su injerencia en Chile, existió asimismo un paralelo interés e injerencia de parte de Cuba, así como un ambivalente e intermitente apoyo de la Unión Soviética a la experiencia chilena de avanzar hacia el socialismo por la vía democrática.

Hasta aquí existe consenso entre los investigadores, sin que existan coincidencias en las narrativas y la atribución de responsabilidades sobre el desencadenamiento del golpe del 11 de septiembre de 1973. En efecto, quienes han estudiado en profundidad el caso chileno difieren en atribuir el golpe a la conjura norteamericana, o bien a un entramado más complejo de factores, en los que los chilenos también jugaron un importante protagonismo.

Por un lado, en el imaginario popular y en ciertos trabajos académicos, el sangriento golpe del 11 de septiembre 1973 que puso fin a la "revolución democrática" de la Unidad Popular chilena fue tipificado como paradigma de intervención norteamericana en América Latina. Algunos trabajos de investigación no dudaron en caracterizar la caída y muerte del presidente Salvador Allende de conjura imperialista. Por ejemplo, basado principalmente en hallazgos de la Comisión Church, Luis Corvalán Marquéz caracteriza la intervención norteamericana en Chile como caso típico del imperialismo yankee en América Latina durante la Guerra Fría (Corvalán Márquez 2012; Basso 2013). Otro ejemplo de investigación académica dentro de una similar línea analítica es Kristian Gustafson, quien discute detalladamente en *Hostile Intent* las acciones encubiertas de la política estadounidense hacia Chile entre 1964 y 1973 (Gustafson 2007; Fermandois 2003). Además, distintos trabajos indican que Henry Kissinger había aprobado y supervisado dramáticas conjuras en Chile entre 1970 y 1973, especialmente el asesinato en octubre de 1970 del comandante en jefe del Ejército de Chile René Schneider, culminando con el golpe de Estado de 1973. El libro de Seymour Hersh *The Price of Power* (1983) y el trabajo de Christopher Hitchens *The Trial of Henry Kissinger* (2001) denuncian intrigas tramadas entre la CIA y los conspiradores militares y civiles chilenos en el intento de secuestro que culminó con la muerte de Schneider, así como también la responsabilidad del secretario de Estado norteamericano en los designios de la Casa Blanca para impedir la consolidación del gobierno de Allende (Hersh 1983; Hitchens 2001).

El objetivo de la Casa Blanca era claro, desacreditar a Salvador Allende y sus políticas de orientación izquierdista. La periodista investigativa chilena Patricia Verdugo, autora de *Allende. Cómo la Casa Blanca provocó su muerte* (2003), sugiere que la persistente intención de terminar con la experiencia socialista de la Unidad Popular se elaboró ya en un encuentro clave entre Nixon, George Kendall, presidente de la compañía norteamericana Pepsico, y Edwards, jefe del opositor periódico chileno de largo tiraje *El Mercurio* y miembro de una de las familias más adineradas de Chile. Según Verdugo, en ese encuentro el 14 de septiembre de 1970 se había tramado el plan de operaciones. Nixon había sido empleado de Kendall y le debía el respaldo financiero que lo había llevado a la presidencia de Estados Unidos, por lo cual el presidente norteamericano habría recibido con interés la idea de conspirar contra Allende (Verdugo 2003, 59).

El Informe Hinchey, así conocido por derivar de una enmienda del congresista norteamericano Maurice Hinchey, que exigió a la CIA que declarara cuál fue su rol en la muerte de Allende, el ascenso de Pinochet al poder y las violaciones de los derechos humanos en Chile, reconoce claramente el designio golpista. El informe también reconoce que Estados Unidos había maquinado la idea de un golpe similar al de 1964 en Brasil, alentando a los golpistas chilenos a que derrocaran a Allende. El mismo informe destaca sin embargo que la CIA se enteró de la fecha exacta del golpe poco antes de que tuviera lugar (Hinchey Report 2000). En su respuesta, la CIA indicaba que

> Aunque la CIA no instigó el golpe que terminó con el gobierno de Allende el 11 de septiembre de 1973, fue consciente del golpe de Estado por parte de los militares, mantuvo una recopilación de información de relaciones con algunos conspiradores que —ya que la CIA no desalentó la toma de control y trató de instigar un golpe de Estado en 1970— probablemente supusieron que lo aprobaba. No había manera de que nadie, incluida la CIA, pudiera haber sabido que Allende rechazaría la oferta de pasaje de salida segura del país por parte de los golpistas y que, en cambio, con el Palacio de La Moneda bajo bombardeo de tanques y aviones y en llamas, se suicidaría (Leighton 2008).

De manera similar, la revista *Foreign Affairs* publicaba en 2014 el testimonio de Jack Devine, agente de la CIA estacionado en Chile en los años de la Unidad Popular, que luego de describir algunas de las operaciones llevadas a cabo durante el gobierno de Allende, afirma que la agencia de inteligencia norteamericana no tuvo participación directa en la planificación y ejecución del golpe de Estado el 11 de septiembre de 1973 (Devine 2014; una lista de las operaciones encubiertas ya había sido detallada en la respuesta de la CIA al pedido de informaciones del Congresista Hinchey, véase Hinchey Report 2000).

Investigaciones como las de Arturo Fontaine Talavera, Joaquín Fermandois y Tanya Harmer elaboran lecturas que reconocen tanto el escenario geopolítico en que debió moverse Allende, así como el protagonismo de los actores locales, incluyendo el peso de ciertas decisiones de Allende, determinantes del desenlace del 11 de septiembre de 1973 (Fermandois 1998; Fontaine Talavera 1998, prologue). Reconociendo el peso de Estados Unidos en apoyar, solventar a la oposición y no desalentar a los golpistas, sus estudios destacan asimismo el protagonismo de los actores chilenos. Ejemplar es la conclusión de Joaquin Fernandois en el trabajo citado:

> El comunismo era un actor chileno, al igual que los chilenos que soste-nían sus esfuerzos políticos con fondos canalizados a través de la CIA. Las decisiones que tomaron fueron básicamente un producto de la his-toria chilena, en la que era inherente un alto grado de identificación con las fuerzas globales. La responsabilidad, a través de la cual comienza toda posible emancipación, siempre equivale a elegir el modo deseado de orden social junto con sus contradicciones, deficiencias y expectati-vas. Solo así se puede esperar que el mundo se filtre de acuerdo con las posibilidades del país (Fernandois 1998, 22).

Los nuevos estudios subrayan las limitaciones del poder norteamericano, algo que se vería claramente después de que Pinochet tomara el poder y desa-tara una brutal y sangrienta política represiva, imponiéndose a las expectativas norteamericanas de que siguiera el modelo brasileño; años más tarde, Pinochet llegará a criticar a Estados Unidos por no liderar en forma más asertiva la lucha contra el comunismo global.

Trabajos similares, entre ellos el libro de Tanya Harmer, proveen evidencia documental de fuentes primarias norteamericanas y de otros países que ofre-cen sugerentes abordajes analíticos del golpe contra Salvador Allende; ellos viran el timón explicativo poniendo énfasis en el protagonismo de los actores locales, destacando por ejemplo el miedo y las incertidumbres alimentados por unos u otros sectores políticos y civiles chilenos. Por un lado, los fundados temores de una conjura de la derecha y sus aliados. Por el otro, la preocupa-ción de la oposición por el futuro de la democracia liberal chilena ante un giro radical de izquierda. Tales miedos sedimentarían después del golpe de los mili-tares en la conciencia colectiva de muchos chilenos mediante la revelación de documentos fabricados a los efectos de justificar *a posteriori* el golpe del 11 de setiembre de 1973 y su sangrienta y brutal secuela. En efecto, ante las críticas internacionales, el gobierno militar diseñó una maniobra de guerra psicológica, "revelando" un fabulado Plan Z y publicando luego un *Libro Blanco* (1973). La prensa se hizo eco del descubrimiento del "siniestro" plan supuestamente arti-culado desde el Palacio Presidencial para "decapitar a la cúpula militar", elimi-nar la oposición al gobierno y aun asesinar a centenas de familias de opositores en varios puntos del país. *El Mercurio* le dio al plan un halo de certidumbre al afirmar que "el descerrajamiento de la caja fuerte de la Subsecretaría del Inte-rior dejó al descubierto el minucioso plan elaborado para que se cumpliera el 17 de septiembre, a fin de asesinar simultáneamente a los jefes de las Fuerzas Armadas, políticos de oposición, periodistas y profesionales que discreparan con el gobierno depuesto". El fabulado plan, y su correlato, el Libro Blanco, fueron diseñados para convencer a chilenos y sobre todo a los extranjeros de que, con el golpe militar, los militares habían salvado a Chile. Se trató por tanto de un plan para autojustificar el golpe, cuya maniobra fue denunciada y cuestionada por muchos, incluso en la CIA, tal como es hoy ya de común conocimiento (véase por ejemplo Wikipedia 2019) y como la investigación académica lo ha registrado ya con detalle (v. g. Stern 2006). El Plan Z, un plan fabulado, pudo ser lanzado por la atmósfera de miedo y generalizada incertidumbre en el seno de la sociedad chilena ante el convulsionado período de gobierno de la Unidad Popular. Citemos como ejemplo la siguiente afirmación de Sebastián Hurtado Torres:

> Uno de los errores estratégicos más crasos de la parte más radicalizada de la izquierda chilena de los años 1960 y 1970 fue haber subestimado y caricaturizado estos temores como parte de un discurso hegemónico tendiente exclusivamente a sostener el *statu quo* en función de intereses particulares que nada tenían que ver con la verdadera realidad de la sociedad chilena. Lo cierto es que el temor genuino y muy concreto al establecimiento de un régimen revolucionario en el molde de los socialismos reales de la época fue un factor determinante en la actitud adoptada por quienes se opusieron al proyecto político de la izquierda marxista, fueran estos miembros de la Democracia Cristiana o agentes de la política exterior norteamericana (Hurtado Torres 2013, 2016).[46]

Otro abordaje fecundo que no ignora las operaciones encubiertas de la administración Nixon para desestabilizar al gobierno de la Unidad Popular, pero cuestiona la teoría simplista que se centra solo en la conjura norteamericana, es el de Tanya Harmer. Escrito desde la perspectiva analítica de las relaciones internacionales, Harmer sostiene que la Guerra Fría en América Latina tuvo una compleja dinámica propia, ya que en los años de la Unidad Popular, las relaciones Norte-Sur no correspondían exactamente con los patrones del conflicto ideológico a escala global (Occidente *versus* comunismo). Durante la presidencia de Allende, mientras la relación existente entre el gobierno norteamericano y la China (y subsecuentemente con la Unión Soviética) habrían de sufrir distensión, ello no fue aplicable al sistema interamericano en el cual, por el contrario, la confrontación ideológica arrojó a Chile en el ojo del huracán del conflicto ideológico global, volviéndose a refractar internamente. Sin embargo, la autora puntualiza que "los chilenos fueron el factor determinante de las relaciones internacionales y del futuro de su país más que espectadores pasivos que miran (y son afectados por) las acciones de afuera" (Harmer 2013, 22). Consecuentemente, al caracterizar la intervención militar del 11 de septiembre

---

[46] El trabajo de Hurtado Torres se basa en un exhaustivo relevamiento de documentos de la embajada de Estados Unidos en Santiago referidos a informes diplomáticos con dirigentes políticos y sociales liberales chilenos, especialmente de la Democracia Cristiana, antes, durante y después del gobierno de Eduardo Frei Montalvo.

de 1973, Harmer indica que "fueron los militares chilenos, no Washington, quienes en última instancia decidieron actuar y, a pesar de los preparativos de Cuba para enfrentar un golpe, fueron también Allende y la izquierda chilena quienes estuvieron incapacitados para defender el proceso revolucionario que ellos habían iniciado" (288).

Sin olvidar la desestabilización de Chile bajo Nixon, mediante campañas de sabotaje, propaganda psicológica y financiamiento de la oposición por parte de Richard Nixon, simultáneamente Harmer ayuda a comprender el protagonismo de los actores chilenos en la crisis política e ideológica del país y en el contexto de las relaciones interamericanas. Esta es una clave de lectura fundamental del drama chileno (Crenzel 2014, 192-193). Por una parte, la investigadora restituye a los actores internos de la política y la sociedad civil chilena su autonomía operativa, cuestionando la interpretación unívoca de quien los consideraba subordinados pasivamente a los dictados globales de la Guerra Fría, anzuelo fácil para pescar en las aguas revueltas de conjuras externas; pero, por otra parte, la investigadora toma en cuenta a otros actores externos con posiciones e intereses propios, como el Brasil del presidente militar Emílio Garrastazú Médici, quien comparaba la experiencia de la Unidad Popular con la del depuesto João Goulart. La colaboración brasileña con el esfuerzo norteamericano de desestabilización de Chile se tradujo en el intercambio de oficiales y en el apoyo de su servicio de inteligencia durante las semanas previas a la caída de Allende. El otro actor externo que es tomado muy en cuenta por Harmer es la Cuba castrista. Así como Allende comprendió la necesidad de morigerar la tensión y confrontación de Chile con Estados Unidos para lograr las metas económicas y geopolíticas de su proyecto de construir el socialismo por una vía pacífica, a su vez agradeció la comprensión de Fidel Castro sobre el camino democrático adoptado, ya que las experiencias y métodos de ambos líderes "estaban en polos opuestos", aunque hubiese cierta coincidencia puesto que "ambos compartían una serie de valores en común y una visión del mundo que los unió en un momento crítico de la historia de América Latina" (Harmer 2013, 176).

Básicamente, la autora analiza las razones geopolíticas de Castro en su acercamiento a Allende para romper su aislamiento en la escena continental. La lectura no solo ideológica sino desde las relaciones reales de fuerza que operaban en esos años decisivos, le permite a Harmer sortear cualquier lectura fatalista destacando complots imperialistas o maniobras comunistas. Por un lado, si la provisión de armas y el entrenamiento militar también caracterizó la relación entre Chile bajo la Unidad Popular y Cuba, por el otro, las diferencias tácticas entre los líderes de ambos países acerca del camino más apropiado para hacer la revolución los alejaba cada vez más. Harmer señala que "más allá del GAP, los cubanos también entrenaron y armaron por separado a sectores del MIR, el PS, el PCCh y el MAPU durante el tiempo en el que Allende estuvo en el cargo". Y que hacia septiembre de 1973 el aparato militar del Partido Socialista había recibido tres entregas de armas "de la isla" (Harmer 2013, 184, 303). Sin embargo, a la hora fatal del golpe de septiembre de 1973, los chilenos revolucionarios enfrentaron solos a los golpistas, sin asistencia de actores externos, y fueron derrotados.

Ahora bien, si una presentación más compleja del escenario político chileno y la escena interamericana ayuda a los lectores del libro de Harmer a eludir una interpretación en clave de conjura imperial externa en plena Guerra Fría, su escaso análisis del fracaso de las políticas económicas internas impulsadas por el mismo gobierno de la Unidad Popular (Castro 2015) ofrece espacio para la propalación de narrativas conspiracionistas de otra índole, a fin de explicar la debacle de la experiencia socialista democrática chilena.

4. Cuba – Estados Unidos: nuevos interrogantes en la era postsoviética

En abril de 1997, los cubanos acusaron expresamente a Estados Unidos de haber lanzado meses antes —en octubre de 1996— un ataque biológico con la expresa intención de afectar los cultivos cubanos. En una *note verbale* de protesta dirigida al secretario general de la ONU el 29 de abril de 1997 acusaban al Departamento de Estado de Estados Unidos de haber usado un avión SAR de registro N3093 empleado en la lucha contra el narcotráfico para fumigar en la costa oriental de Cuba, diseminando un insecto que no existía en la isla, el *Thrips Palmi caray*, típico de Asia. En su inciso N.º 23, la carta menciona que en el *Report of the Subgroup for Investigations of Claims of Use or Escape of Agents which Constitute Biological or Toxin Weapons*, preparado por la Federación de Científicos Norteamericanos (FAS), se incluye al *Thrips Palmi* entre los agentes invertebrados que caen bajo el mandato de la Convención Internacional sobre Armamentos Biológicos. Los otros incisos argumentan con distintos indicios acerca de la baja posibilidad de que se hubiera tratado de un accidente, especialmente después de la renuencia de Estados Unidos a reconocer su involucramiento en el caso (Warfare 2018).

Arguyendo que ese caso era solo el último en una larga serie de ataques de agentes biológicos nocivos contra la agricultura y los animales de granja cubanos, el sitio Afro Cuba Web publicó al mismo tiempo una larga lista de ataques biológicos a lo largo de 1962-1996, en base a un informe de una asociación británica solidaria con Cuba. En el informe se acusaba a Estados Unidos de haber estado detrás de la introducción en Cuba de agentes exógenos que causaron, entre otros, la plaga que perjudicó la caña de azúcar en 1965, la fiebre que determinó el exterminio de los cerdos en 1971 y nuevamente en 1979-1980 el dengue hemorrágico y el Enterovirus 70 en 1981, un virus bronquial de gallinas en 1985, el herpes bovino que produjo mamilitis ulcerosa en los ganados en 1989, la sigatoka negra que infectó los bananos en 1990, la enfermedad de acariasis que afectó a las abejas productoras de miel y el mal de fusorio que deterioró a los retoños de tabaco en 1991, además de enfermedades como la "tristeza" y el "sapper bright", dañando a los cítricos cubanos en 1992 y 1994 (Afro Cuba Web 2018).

Sobre el trasfondo de intrigas y mutuos planes de agresión entre Estados Unidos y Cuba, ya finalizada la Guerra Fría el turbio *affaire* sobre los treinta diplomáticos estadounidenses (y canadienses) que a fines de 2016 sufrieron migrañas, náuseas, pérdida de peso y desorientación espacial, daños a la memoria y aún pérdida definitiva de audición, todo lo cual generó una nueva ola de rumores que, a ojos de muchos, "evocaban los complots más extravagantes de la Guerra Fría". Según reportes en los medios, funcionarios norteamericanos no descartaban el uso de dispositivos acústicos de origen desconocido, para socavar la "integridad física" de los diplomáticos; Cuba negaba estar implicada y lanzaba una investigación, mientras autorizaba al FBI a que realizara sus propias investigaciones en La Habana. En septiembre de 2017, la Agencia Associated Press indicaba que

> las especulaciones abundan en ambos lados del Estrecho de Florida. Algunos apuntan a la iniciativa de agentes cubanos desertores, otros a un tercer país interesado en dañar las relaciones entre Cuba y Estados Unidos, como Rusia o Corea del Norte. Pero la hipótesis más recurrente señala la posible incidencia de un sistema de escucha defectuoso o mal controlado, una opción reforzada por la reputación de "grandes oídos" que tiene Cuba (Di Maggio 2017).

Sin embargo, la hipótesis de un ataque con armas supersónicas secretas siguió pululando. En Miami, Marcelo Sánchez mencionó que el analista Eladio José Armesto consideraba que se trataría de un intento del presidente norteamericano Donald Trump de "eliminar el legado del presidente Barack Obama, especialmente en términos de relaciones US-Cuba. De ahí, la hipótesis de una operación de 'bandera falsa' o de autoataque" (Armesto 2017). Según Sánchez, "por el nivel de secreto es difícil saber si dichos acontecimientos tuvieron lugar, y si estos realmente ocurrieron, qué tipo de dispositivos fueron utilizados para tales efectos. Sin embargo, lo que queda claro es que Miami es y seguirá siendo el nido de conspiraciones en la narrativa cubano-estadounidense" (Sánchez 2017).

CAPÍTULO 8

Argentina, caso extremo: un cuarto de siglo de intrigas y conspiraciones

Este capítulo, centrado en la historia argentina de las últimas décadas, analiza casos paradigmáticos de tramas conspirativas en la intersección entre sospechas de corrupción y los cambiantes escenarios políticos y geopolíticos del país. La sospechosa muerte del fiscal Alberto Nisman en enero de 2015, en vísperas de su denuncia ante el Congreso Nacional donde se disponía a acusar a la presidenta Cristina Fernández de Kirchner y su canciller por la intención de obstruir la investigación de la causa AMIA. La firma del memorándum de entendimiento con Argentina-Irán culminaba trágicamente una larga sucesión de turbios eventos que han contribuido a socavar la confianza en las instituciones republicanas y agravar la desconfianza de los ciudadanos. La causa judicial a cargo del fiscal Nisman se retrotrae al atentado terrorista contra la sede comunitaria judía de la AMIA-DAIA en Buenos Aires el 18 de julio de 1994. Esa devastadora masacre no fue la única que conmocionó al país en esos años, ya que fue seguido por otro atentado en noviembre 1995 contra una fábrica de armamentos en Río Tercero, provincia de Córdoba.

La incertidumbre que generó el fracaso de la investigación judicial en lograr identificar definitivamente y procesar a los responsables de ambos atentados, marcó un alto grado de impunidad y la plausible conexión con intereses aviesos, atribuyendo responsabilidades y la rendición de cuentas ante la justicia. Esos factores, unidos al descubrimiento de indicios inexcusables de corrupción institucional, han generado un caldo propicio para la fabricación de tramas conspirativas. En las secciones siguientes, intentamos analizar tales casos ominosos, hasta llegar al presente, donde han proliferado nuevamente tramas conspirativas en torno a la desaparición del submarino *ARA San Juan* a fines de 2017. En nuestro análisis, conectaremos la elaboración de tramas conspirativas.

Cómo citar este capítulo:
Roniger, L. y Senkman, L. 2019. *América tras bambalinas. Teorías conspirativas, usos y abusos.* Pp. 225-248. Pittsburgh, Estados Unidos: Latin American Research Commons. DOI: https://10.25154/book2. Licencia: CC BY-NC 4.0

1. Tramas conspirativas en la investigación del ataque terrorista contra la AMIA

El peor atentado terrorista de la historia argentina, perpetrado el 18 de julio de 1994 contra el edificio de la Asociación Mutual Israelita Argentina (AMIA), fue precedido dos años antes por otro atentado terrorista igualmente impune contra la sede diplomática del Estado de Israel en Argentina, el 17 de marzo 1992, que causó 22 muertos y 242 heridos. El atentado fue investigado por la Corte Suprema de Justicia, sin que hasta 2018 haya elevado la causa a juicio. De manera similar, la masacre de AMIA en 1994 ocasionó el colapso del edificio y causó 85 muertes, más de trescientos heridos y daños materiales de variada intensidad en diversas cuadras a la redonda. La investigación de la autoría de esa masacre llevó a sugerir dos pistas, que pronto se articularon en tramas conspirativas.

La primera trama conspirativa, que ocupó varios años a la causa judicial AMIA, fue la llamada "conexión local", siendo la segunda una "conexión internacional" que adjudicó responsabilidad a Irán y al movimiento libanés Hezbollah, patrocinado y financiado por aquel país. Desde el inicio de la causa AMIA, ambas tramas estuvieron en el centro de la decisión judicial de procesar el 9 de agosto 1994 a ex agentes de la Policía de la Provincia de Buenos Aires y el pedido de captura internacional de cuatro funcionarios de la República Islámica de Irán, responsabilizándolos por la acción terrorista.

El gobierno del presidente Carlos Saúl Menem (1989-1999), a pesar de que atribuyó la masacre de la AMIA, al igual que la previa voladura de la Embajada de Israel en marzo de 1992, al terrorismo internacional, apoyó la pista local ("pista brigadas") de la policía provincial, incluso por motivación política. Inculpando a las brigadas policiales de la provincia de Buenos Aires perjudicaba políticamente a su principal adversario, el entonces gobernador Eduardo Duhalde, única figura dentro del aparato del justicialismo capaz de competir contra Menem en las elecciones presidenciales de 1994 (López Echagüe 2002).

El juez a cargo de la causa, Juan José Galeano, procesó a Carlos Alberto Telleldín por considerarlo responsable del delito de encubrimiento, en su calidad de dueño de la camioneta Trafic con la cual se habría perpetrado el atentado. En julio de 1996, el juez ordenó la detención de varios policías bonaerenses en actividad, y el comisario Juan José Ribelli era el de mayor rango, a quien Telleldín lo implicaba al declarar que entregó la camioneta a un grupo de policías bajo su jefatura. A fin de julio, Galeano dictó el procesamiento de cuatro policías bonaerenses acusados de haber actuado de eslabón entre Telleldín y terceros a quienes presuntamente los terroristas les habrían entregado la Trafic.

Simultáneamente, el juez Galeano solicitó la captura nacional e internacional de cuatro ciudadanos iraníes por imputarlos responsables del atentado. De tal modo, se abría la pista internacional. A partir de 1999, tal conexión internacional del terrorismo meso-oriental desplazaría a la pista local, gravemente

viciada de irregularidades. En efecto, ya en septiembre de 1997 las instituciones afectadas, AMIA y DAIA, denunciaron veinte hechos ilícitos cometidos
por distintas personas, en su mayoría personal policial de la Policía Federal
Argentina y de la Policía Provincial Bonaerense, con el designio de obstaculizar la investigación o desviar la pesquisa (AMIA-DAIA 1997; Salinas 1997;
Sanz y Paolella 2007).

Hacia junio de 1999, la pista de la conexión local estuvo tan minada de hipótesis falsas y tramas conspirativas que AMIA, DAIA, los familiares de las víctimas y la fiscalía decidieron solicitar el cierre de la instrucción y la elevación
a juicio oral de Telleldín y de los ex policías. El juez Galeano, con el aval de la
Cámara Federal de Apelaciones, dividió entonces la causa, cerrando la instrucción respecto de Telleldín y el resto de los procesados locales (que pasaron a
juicio oral), pero manteniendo la investigación principal según la hipótesis de
la conexión internacional. La presunción era que

> […] el atentado cometido contra la sede de la AMIA/DAIA fue decidido
> y organizado por los más altos estamentos del entonces Gobierno de la
> República Islámica de Irán, quienes a su vez encomendaron su ejecu-
> ción a la agrupación terrorista libanesa Hezbollah (Partido de Dios),
> históricamente subordinada, tanto política como económicamente, a
> los intereses del régimen de Teherán (causa Amia 2015, 280).

Después de numerosas dilaciones y al cabo de veintiún fatigosos años de la
causa judicial, la AMIA publicaba un pormenorizado informe bajo el título de
Causa AMIA Informe de lo actuado, 1994-2015, que compendia el trabajo realizado por la justicia y sus insatisfactorios resultados. El informe aludía a la falta
de pruebas de la hipótesis de la conexión con Irán, a pesar de que la intención
de la publicación de ese libro con fehacientes fuentes primarias judiciales fue
apoyar esa pista, y rechazar una alternativa pista siria. En efecto, el redactor
principal, Miguel Bronfman, reconocía entre líneas el carácter efímero de los
resultados:

> *a partir de algunas pruebas, básicamente indicios y presunciones que han
> avalado esta hipótesis* [nuestro énfasis] se encuentran vigentes diez pedi-
> dos de captura nacionales e internacionales que abarcan a quienes eran
> los encargados de gobernar Irán al momento del atentado y a un miem-
> bro de la agrupación Hezbollah. De estos diez, siete han sido aproba-
> dos por la Interpol que emitió alertas rojas para su captura (documento
> de Unidad Fiscal AMIA, del 25 de octubre de 2006, causa AMIA 2015,
> 27-31, 280).[47]

---

[47] Sobre los hechos vinculados a la denominada "conexión local" en torno al atentado,
vinculada a Carlos Telleldín y a la Policía Bonaerense, ver cap. IV, "La República Islámica de Irán y Hezbollah" (causa AMIA 2015, 294-296).

En la causa iniciada por Galeano, la tipificación de la conexión internacional fue caracterizada de terrorismo internacional. Tres elementos habrían sido necesarios para configurar el delito de terrorismo internacional: los actos debían constituir un delito en la mayoría de los sistemas legales nacionales; debían estar dirigidos a provocar terror por medio de una acción violenta o de la amenaza de acción violenta dirigida contra un Estado, el público o ciertos grupos de personas; y estar política, religiosa o ideológicamente motivados, es decir, no motivados por la obtención de fines privados (causa AMIA 2015, 40-42).

La responsabilidad del régimen islámico de Irán en términos de terrorismo internacional se basaba en la conjetura —que se daba por comprobada— acerca de la existencia de una "matriz terrorista", para usar el concepto expresado por el exiliado iraní Reza Zakeri Kouchaksaraee. Esa matriz involucraba "el Ministerio de Información o Inteligencia, la Fuerza Quds, el Ministerio de Cultura y Guía Islámica, la Organización de Cultura y Relaciones Islámicas y el Ministerio de Relaciones Exteriores". La Unidad Fiscal de Investigación de la AMIA (UFI-AMIA) de 2006 tomaba como probada la muy dudosa presunción de Reza Zakeri Kouchaksaraee, quien entonces ocupaba el cargo de presidente de la Comisión de Seguridad e Inteligencia del Consejo Nacional de Resistencia contra el Régimen Iraní (NCRI). Según Kouchaksaraee, el 80% de las operaciones terroristas en el mundo al momento de su declaración estaba, directa o indirectamente, vinculado con Irán (causa AMIA 2015, 285, nota 237; Parsi 2008, 245, citado por Klich 2011, 212-214).[48]

Los principales componentes de la matriz que habrían sido identificados en el atentado contra AMIA abonarían terreno fértil para dibujar una trama conspirativa. No resultaba difícil armar un rompecabezas de conjura que incluyese desde la decisión centralizada de las autoridades del gobierno iraní, la utilización de sus embajadas y representaciones culturales como centros de inteligencia, además de sus funcionarios como agentes al servicio de dichas operaciones, el desarrollo del sistema de células y eslabones, la existencia de las llamadas "empresas de cobertura"; en segundo término, intervendrían también las mezquitas como fuente de reclutamiento de elementos fundamentalistas funcionales y de transmisión segura de información sensible, la utilización de una "casa segura" en la logística local y del coche bomba en la ejecución, la presencia de un grupo operativo y la participación de un inmolado en el ataque. Todos estos componentes son citados *taxativamente* por los sostenedores de la trama conspirativa de la conexión Irán-Hezbollah. Se daba por probado que desde sus inicios el régimen habría utilizado el terrorismo de Hezbollah al extremo de "convertirse en uno de los principales instrumentos de política exterior de la República Islámica de Irán, involucrando así a quienes ocupaban los cargos más altos del régimen" (causa AMIA 2015, 294-295).

---

[48] Los muyahidín sostuvieron que el NCRI es un ensamble de distintos elementos terroristas opositores, que desde 1997 han sido parte del registro de organizaciones terroristas listadas por el Departamento de Estado de Estados Unidos.

En marzo de 2003, el entonces juez Galeano emitió una extensa resolución, en la que adjudicaba responsabilidad por el atentado a "elementos radicalizados de la República Islámica de Irán", dictando la captura internacional de doce funcionarios iraníes, entre ellos el ex embajador en la Argentina Hadi Soleimanpour, el agregado cultural de la embajada de ese país Mohsen Rabbani, el ex ministro de Inteligencia e Informaciones Alí Fallahijan y el jefe operativo del Hezbollah Imad Moughnieh (causa AMIA 2015, 39). Pero en diciembre de 2003 Galeano fue separado de la causa por decisión de la Cámara Federal de Apelaciones, al entender que había perdido "imparcialidad". La causa AMIA, entonces, pasó al juzgado a cargo del juez federal Rodolfo Canicoba Corral, quien en 2005 delegó la instrucción de la causa en el fiscal Alberto Nisman.

En septiembre de 2004, el Tribunal Oral Federal N.º 3 emitió su veredicto sobre los imputados en la conexión local, anulando completamente la investigación de Galeano y, por consiguiente, absolviendo a todos los imputados. Alberto Nisman actuó como fiscal durante el juicio oral, y al final del mismo, pidió las máximas condenas para los imputados. Sin embargo, el tribunal absolvió a todos los imputados sin que el fiscal Nisman intentara apelar la decisión (causa AMIA 2015, 273-276). Al mismo tiempo, la Procuraduría General de la Nación, a instancias del presidente Néstor Kirchner, creó la Unidad Fiscal AMIA (UFI-AMIA) con la finalidad de determinar la responsabilidad criminal en la causa, para lo cual se designó como titular y fiscal general al citado Alberto Nisman, y como adjunto a Marcelo Martínez Burgos. Desde entonces, la única pista que desde la Presidencia de la Nación hasta la UFI-AMIA interesaba que fuese profundizada era la conexión Irán-Hezbollah. Esta pista fue legitimada geopolíticamente por los servicios de inteligencia de Estados Unidos, Israel y la Argentina, y además validada por el liderazgo de la comunidad judía local.

Nuestra hipótesis principal es que el cambiante posicionamiento geopolítico argentino en la escena internacional incidió profundamente en las relaciones de Argentina con Irán. Durante la década del gobierno de Menem, los altibajos en las relaciones Argentina-Irán alimentaron la presunción de la responsabilidad del régimen de Irán en el atentado contra la AMIA como si hubiese sido un "castigo a la traición" de la Argentina por haber violado el compromiso de un pacto de transferencia de tecnología nuclear. Durante la presidencia de Néstor Kirchner, el intento de recomponer las relaciones bilaterales con Estados Unidos, así como también con Israel, desde una posición de autonomía, condujo a la Argentina a un abierto enfrentamiento diplomático en sus relaciones bilaterales con Irán, incluso en los foros internacionales por la causa AMIA. Tales patrones de comportamiento en las relaciones exteriores bajo Néstor Kirchner fueron muy diferentes de los enfrentamientos con Estados Unidos de su sucesora, la presidenta Cristina Fernández de Kirchner (2007-2015), quien ensayó posicionarse en la esfera internacional no contra sino junto a Irán, dentro de un alineamiento global con Venezuela, Rusia, China, India, Japón y los países del Unisur (sobre la política exterior argentina en Medio Oriente bajo CFK, véase Paredes Rodríguez 2014, en Bologna 2014).

A ello se sumaba la trama conspirativa de "un castigo a la Argentina por la traición de Menem". Según la trama conspirativa, ¿era factible que la acción terrorista contra la AMIA hubiera sido resultado del deterioro de las relaciones de Argentina con Irán, hasta despeñarse en un "castigo ejemplar" a la Argentina? ¿Qué base fáctica se barajaba para apuntalar tal suposición?

En efecto, el presidente Menem habría violado un convenio de transferencia tecnológica nuclear suscrito con Irán a partir de un giro radical en la política exterior argentina en dirección a una alineación total con Estados Unidos (las así denominadas "relaciones carnales" ordenadas por Menem) y un acercamiento geopolítico a Israel (Cavallo 1997, 13-21; Carrancio 1994; De la Balze 1998; Escudé y Gurevich 2003). Desde 1985 comenzaron las tratativas que culminaron con la suscripción de tres contratos vinculados a distintos aspectos de la transferencia tecnológica argentina para la producción de energía nuclear iraní. El 4 de mayo de 1987 se firmó un primer contrato —identificado como PT— entre la Organización de Energía Atómica de Irán y la empresa argentina INVAP S. E., mediante el cual se le adjudicaba a esta firma la conversión del núcleo del reactor del Centro de Investigaciones Nucleares de Teherán, con la finalidad de que pudiera utilizar uranio enriquecido al 20% en el isótopo y además se contrataba la provisión de ese nuevo núcleo. En 1988 se firmaron dos nuevos contratos entre las mismas partes (PT 716 y PT 717) para la provisión de una planta piloto de conversión y purificación de uranio y para la provisión de una planta piloto para la fabricación de elementos combustibles, respectivamente, ambas destinadas al Centro de Tecnología Nuclear de Isfahan. A partir de 1991 la firma INVAP comenzó a fabricar los elementos necesarios para dar cumplimiento a los acuerdos; el primer embarque debía partir con destino a Irán a principios de diciembre de 1991. Al mismo tiempo, continuaron los períodos de entrenamiento y capacitación de técnicos iraníes en la materia y las visitas de delegaciones iraníes, los cuales habían empezado años atrás.

Sin embargo, debido a los cambios de política exterior de la Argentina bajo el gobierno de Menem, el 11 de diciembre de 1991 se dispuso la suspensión de los envíos de material nuclear a Irán, pese a lo cual se culminó la ejecución del primero de los contratos, ya que ello había sido expresamente autorizado por el Poder Ejecutivo Nacional el 18 de febrero de 1992. La cancelación definitiva de los contratos PT 716 y PT 717 fue informada al presidente de la CNEA por nota a fin de mayo de 1992 del ministro de Relaciones Exteriores de Argentina. Al mismo tiempo, la República Islámica de Irán entabló una demanda millonaria contra el INVAP, finalmente resuelta extrajudicialmente en enero de 1997 (causa AMIA 2015, 290-291, notas 254 y 255, basadas en legajos de UFI-AMIA, 25 de octubre de 2006; Castro Madero y Talacs 1991, 188-202, 237-38; CARI, 1999, 26-28).

Por otra parte, las relaciones entre la Argentina menemista e Israel se hicieron más estrechas y fueron iniciadas con la visita de Domingo Cavallo, la primera visita de un canciller argentino; y la siguió la visita del presidente Carlos Menem, también por primera vez en la historia un presidente de Argentina visitaba el Estado judío; pero, además, Menem ordenó en diciembre de 1991 apoyar el voto que anulaba la resolución 3379 de la Asamblea General de la ONU, aprobada el 10 de noviembre de 1975, que equiparó al sionismo con el racismo en general, y con el *apartheid* sudafricano en particular. Asimismo, Argentina alineaba su voto junto con Estados Unidos e Israel en todos los temas sensibles de la agenda internacional de la ONU. Otros hechos significativos que ilustraron los cambios en la política exterior fueron el retiro de Argentina del Movimiento de No Alineados, el envío de naves de la Marina a la Guerra del Golfo Pérsico, y el ofrecimiento del presidente Menem de postular a Buenos Aires como sede para una conferencia de paz árabe-israelí (Escudé y Gurevich 2003).

Ahora bien: no sorprende que en un campo tan minado de pistas falsas o truncadas como la causa judicial AMIA, las presunciones en vez de pruebas fehacientes hayan colaborado a plantar tramas conspirativas. Incluso el intento de las instituciones centrales comunitarias judías (la AMIA y la DAIA) de tratar de salir al cruce de las tramas de conjuras mediante el citado y voluminoso informe que recusa la acusación de que la pista iraní "está armada" como si fuese una trama conspirativa, ofrece flancos débiles (causa AMIA 2015, cap. IV, 279-496).

Así, no resulta convincente el argumento central de que el informe "servirá para, entre otras cosas, desterrar la idea —falsa— de que en la causa solo se trabajó en busca de una 'historia oficial'; o que el informe habría de servir también para mostrar que la acusación contra Irán y Hezbollah no fue una invención ni una conspiración de los dirigentes de las instituciones judías ni de terceros países". Por un lado, los redactores del Informe reconocen "que terceros países —Estados Unidos, Israel, Francia u otros— hayan tenido un interés en la investigación, sobre todo a partir de 2001", pero inmediatamente pasan a advertir al lector que "es otra cosa muy distinta" afirmar que "los dirigentes judíos argentinos hayan trabajado en conjunto con otros actores —la SIDE argentina, el ex juez Galeano, el fiscal Nisman— para fabricar una pista falsa" (causa AMIA 2015, 28). La conclusión del informe no despeja la sospecha de conjura cuando afirma:

> Por supuesto, será imposible convencer de lo contrario a quienes piensan que toda la causa "fue armada" a voluntad, y que la acusación contra Irán y Hezbollah fue directamente "inventada" primero y "fabricada" después, tal como se habría hecho antes, con los ex policías bonaerenses que terminaron absueltos. Al ver este informe simplemente dirán: "más de lo mismo" (causa AMIA 2015, 28-29).

Pero también a nivel político la adopción por la presidencia argentina de la trama interpretativa de seguir la pista Irán-Hezbollah ha provocado sospechas, algunas bien fundamentadas. Por ser aliado estratégico de Lula da Silva y Hugo Chávez, fue Néstor Kirchner quien suscribió la conexión internacional luego de firmar el decreto por el cual se aceptó la responsabilidad del Estado argentino por la falta de esclarecimiento de la causa AMIA. Ignacio Klich caracteriza acertadamente esta adscripción sin reservas del gobierno progresista de Kirchner a la pista Irán-Hezbollah en los siguientes términos:

> La Argentina de Menem pasó de la sospecha a la adscripción a Irán y Hezbollah del atentado a la AMIA, autoría que a priori puede parecer incongruente con la admisión ante la Comisión Interamericana de Derechos Humanos que el caso nunca fue debidamente investigado. Desde entonces, Israel ha podido referirse a la acusación "especifica, valiente, e inteligente" de la justicia argentina, que conecta a Irán y Hezbollah con los ataques. [...] Lejos del cinismo, la evidencia sin escrutar por tribunal alguno parece haberle permitido a Argentina cumplir con Estados Unidos e Israel sin cortar con Irán; le ha permitido a Israel instalar la inspiración iraní del ataque, sin tener que probarla en corte alguna, y ha permitido a Irán proteger a funcionarios y otros de jueces extranjeros, cualquiera la solidez de la evidencia acumulada en su contra [...] (Klich 2011, 242; CARI 1999).

Klich demuestra que la posición antiiraní del presidente Kirchner también impulsó a Washington a reconocer a Argentina como su socio más fuerte en la región para la lucha antiterrorista y no proliferación nuclear. Argentina fue el primer país latinoamericano invitado a la Iniciativa Global para Combatir el Terrorismo Nuclear; además, políticamente, la posición sin ambages del presidente Kirchner de responsabilizar a Teherán por el ataque terrorista contra AMIA contribuyó a asociar el programa nuclear de Irán con el terrorismo de Estado (Klich 2011, 242, nota 126).

El giro en el posicionamiento en la política internacional bajo la presidencia de Cristina Fernández de Kirchner y de su canciller Héctor Timerman los llevó a aproximarse a Irán dentro de una reconfiguración general de la Argentina en busca de aliados alternativos y nuevos mercados, lo cual influirá en el tramo más conspirativo de la pista Irán-Hezbollah (Simonoff 2014; Bussom 2016). Es precisamente en ese marco de reposicionamiento internacional argentino donde hay que inscribir el análisis del Memorándum de Entendimiento Argentina-Irán suscripto en 2013 y la ofensiva del fiscal Alberto Nisman para denunciar la presunta complicidad de la presidenta y de su canciller de negociar y no criminalizar a los jerarcas iraníes. Resulta a todas luces evidente que la trama conspirativa Irán-Hezbollah no hubiera cobrado su vertiginoso protagonismo sin dramáticos cambios en la política internacional del kirchnerismo con respecto a la dirección adoptada durante el gobierno menemista. Recordemos que el memorándum fue aprobado por el Congreso pero nunca entró en vigor. El 21 de diciembre de 2015 la Cámara Federal de Casación Penal dejó firme en forma definitiva la inconstitucionalidad del memorándum. Sin embargo, los ecos mediáticos de las declaraciones acusatorias de Nisman y su muerte en enero de 2015 llevaron la trama conspirativa a su cénit.

En una línea subsidiaria, existía otra pista, la pista siria, que también generó sus tramas conspirativas. En efecto, algunos periodistas de investigación y testimonios de funcionarios de Menem sostuvieron la necesidad de abordar la pista siria y se anticiparon a trabajos más académicos publicando diferentes interpretaciones, especialmente en medios de difusión general y en textos de cientistas sociales. Esa pista de investigación surgió al cabo de que la investigación judicial de los servicios de seguridad fracasara completamente. Su punto de partida para desovillar la trama de la pista siria fue la sospecha de que el poder político argentino fue cómplice del encubrimiento de la causa AMIA porque algunos jerarcas habrían estado vinculados al atentado; además, esa trama postula que la dirigencia de la colectividad judía también es responsable del encubrimiento por su presunto silencio cuando el curso de la causa judicial abierta había sido obstruido por "cortinas de humo" para ocultar lo que realmente pasó. La bibliografía sobre este tema es inmensa, especialmente preparada por periodistas de investigación, además de unos pocos aportes académicos (v. g. véase entre otros Morstein 1989; Cerruti 1993; Cavallo 1997; Cherashny 1997; Sanz y Caviglia 1998; Sanz 1999; Lifschitz 2000; Bermúdez y Torrengo 2000; Salinas 2005).

La primera denuncia que originó el armado de la conspiración siria fue el testimonio de Oscar Spinosa Melo, un ex diplomático menemista que durante 1988, previamente a la campaña presidencial, viajó con Menem como parte de su comitiva a Siria, país de donde eran oriundos los ancestros del futuro presidente. En Damasco, según Spinosa Melo, Menem se encontró con el entonces presidente Hafez Al Assad, y con el traficante de armas y drogas sirio, Monzer Al Kassar. Según su testimonio, Menem fue a buscar dinero para su campaña presidencial, se declaró antisionista, aseguró que desde su juventud reivindicaba la causa árabe, e hizo promesas de transferencia de tecnología nuclear y misilística (Spinosa Melo 1993, 2006; Cavallo 1997).

Cuando la situación geopolítica cambió, y Argentina se alineó irrestrictamente con Estados Unidos, Menem fue acusado de haber traicionado al presidente de Siria, no solo a Irán y Libia. Según el periodista de investigación Juan Salinas, el incumplimiento de los pactos que Carlos Menem, candidato a presidente, le prometió al presidente Hafez Al Assad en materia de cooperación nuclear (un reactor), armas (el misil Cóndor II de origen argentino) y lavado de dinero proveniente del narcotráfico habrían sido decisivos (Salinas 1997; Pista siria 1999; Santoro 2006). En la segunda visita de Menem, poco tiempo después del atentado de la AMIA, tampoco el presidente sirio respondió asertivamente al presidente argentino sobre su preocupación de evitar un tercer atentado. Pero, además, el 2 de febrero 1998 Menem arribó de incógnito a Beirut y fue recibido en el Parlamento libanés, en un viaje del cual no estuvo enterado ni su propio ministro de Relaciones Exteriores, ni tampoco se supo bien los motivos de la visita (Pista siria 2015). Salinas provee información sobre los vínculos entre dirigentes de Hezbollah y partidarios menemistas de origen libanés. Un caso notorio fue Víctor A. Monjo, quien fue acusado de vender la Trafic para el atentado contra la AMIA y sobre quien los fiscales de la causa AMIA, José Barbaccia y Eamon Mullen, no tenían dudas de que era el jefe de Telleldín (Hauser 2018). Otro personaje notorio es Nassib Haddad, dueño de la empresa a la que pertenecía uno de los camiones que habrían dejado el volquete junto a la puerta principal de AMIA y uno de los principales sospechosos de haber provisto el amonal que sirvió de explosivo para el atentado. Haddad y su hijo fueron detenidos, pero el juez Galeano ordenó su liberación luego de la intervención del ministro de Interior Carlos Ruckauff y del entonces jefe de Policía Federal, Juan A. Pellacci. Alberto Jacinto Kanoore Edul, uno de los principales implicados en el atentado contra la AMIA, era hijo de Alberto Kanoore Edul padre, amigo por espacio de más de tres décadas del presidente Carlos Menem (sobre Alberto Jacinto Kanoore Edul y Nassib Haddad e hijos, ver causa AMIA 2015, 520-523). Por otra parte, los hermanos Ahmed —de origen sirio libanés, uno católico, otro musulmán— formaban parte de la así llamada Banda de los Comisarios, secuestradores de empresarios judíos, como Osvaldo Sivak (Salinas 2002; Sivak 2015). Según Salinas, los Ahmed habrían estado vinculados con Hezbollah y tenían conexiones con la familia Edul, Telleldín y Monzer al Kassar, el traficante de armas y narcotráfico protegido por Menem, a quien le facilitó un pasaporte argentino, a pesar de que el documento fue declarado inválido ni bien la embajada británica en Buenos Aires denunció la protección del gobierno argentino al delincuente.

Juan Salinas denuncia la red de sospechosos vinculados a la pista siria que el presidente Menem procuró neutralizar inmediatamente después del atentado terrorista:

> Resulta obvio que la investigación del atentado fue frenada desde el mismo 18 de julio de 1994, con toda probabilidad a causa de que los primeros allanamientos practicados por la Policía Federal se hicieron en domicilios de ciudadanos sirios e hijos de sirios que argumentaron su amistad o relación con las familias de los presidentes Hafez El Assad y Carlos Menem, Yoma y Tfeli. Aun así, añadí, gran parte de los terroristas fueron detenidos durante las dos semanas siguientes al atentado por una Policía Federal que se encontraba acéfala. Sin embargo, fueron enseguida liberados en medio de negociaciones secretas entre funcionarios del gobierno nacional y la nueva plana mayor de la Policía Federal, encabezada por el comisario Juan Adrián Pelacchi (Salinas 2011a).

Además, Salinas denuncia la impunidad de la red Edul y al Kassar:

> En la causa que tramitaba el juez federal Juan José Galeano está acreditado que Edul hijo llamó desde un teléfono celular a Telleldín el domingo 10 de julio de 1994 pasado el mediodía, cuando —según este— la camioneta Trafic que iba a servir de vehículo-bomba para atentar contra la AMIA le acababa de ser arrebatada por una "patota" de la policía bonaerense.

Pero su hermano mayor, el comisario general retirado Ismael Ahmed, quedó en libertad. Ismael Ahmed fue uno de los miembros fundadores de la Triple A y luego, durante la dictadura, nada menos que superintendente de Comunicaciones de la Policía Federal, es decir, el máximo experto en intercepciones de teléfonos y el tendido de "áreas libres" (Salinas 2011b).

La hipótesis de la traición y el castigo de Assad a Menem también fue elaborada por analistas académicos. Carlos Escudé y Beatriz Gurevich escriben que Siria y Libia habrían entregado ayuda financiera para la campaña presidencial de Menem en 1989. Tras la invasión iraquí a Kuwait, Menem habría prometido al presidente sirio Hafez Al Assad que Damasco heredaría la participación iraquí en el proyecto del misil balístico Cóndor II y que sería un receptor de tecnología nuclear argentina. Sin embargo, estas promesas no se cumplieron ya que, debido a la presión de Estados Unidos, Argentina tuvo que cancelar el proyecto Cóndor II y firmar el Tratado de No Proliferación Nuclear. En consecuencia, Assad se habría sentido traicionado al eliminar a Argentina del listado de objetivos prohibidos de atacar por parte de Hezbollah (Escudé y Gurevich 2003). Una reciente investigación de Daniel Blinder desde la disciplina de las comunicaciones permite detectar a los actores sociales que respaldan la pista siria a través del análisis de la prensa local hasta 2007 (Blinder 2017).

La pista siria también fue urdida por legisladores antimenemistas del Congreso de la Nación. Tal pista fue exigida, en particular por la senadora Cristina Fernández de Kirchner, en la Comisión Bicameral Especial de Seguimiento de la Investigación de los Atentados a la Embajada de Israel y al edificio de la AMIA (1995-1996), además de aquellos legisladores que impulsaron el "pedido de informe del bloque de Acción por la República" (año 2000). En 2000, en la Cámara de Diputados de la Nación, el Bloque de Acción por la República presentó un proyecto de ley en el cual se solicitaba a los diferentes organismos competentes del Estado información de los vínculos de Menem con Libia y Siria. En dicho documento, se solicita la entrega de datos acerca del financiamiento y los contactos del presidente con los libios en 1989, y si en los organismos de contralor y en el Partido Justicialista constaba dicha operación financiera; además, inquiría varias cuestiones: si inteligencia tenía datos de la presencia de sospechosos agentes de Medio Oriente en Argentina y sus vínculos con el terrorismo libio; si existía documentación de tratativas realizadas entre el gobierno argentino y el sirio en materia de energía nuclear; si existieron negociaciones entre Argentina, Arabia Saudita, Siria, Iraq y Libia para la adquisición del misil Cóndor II antes de su desmantelamiento en 1991; si Monzer al Kassar, a través del Ministerio de Defensa, realizó alguna propuesta o intermedió de alguna forma con el objetivo del adquirir el misil Cóndor II; si fueron advertidos por organismos internacionales, de inteligencia, diplomáticos o de otra índole sobre la posibilidad de que agentes de inteligencia sirios se hubieran radicado en la Argentina entre 1986 y 1992; si existen informes o documentos en el área del

Ministerio del Interior, memorandos o comunicaciones internas entre ministerios, que adviertan sobre las actividades de Al Kassar en Argentina; si entre mediados de 1991 y el 17 de marzo de 1992 existieron embarques procedentes de Siria a la Argentina; que se informe sobre la situación legal del ingreso a nuestro país de los ciudadanos sirio-libaneses Mohamed Alen, Narman El Hannawi, Ghassam Al Zein, Hassan Iasín Santín, Alí Chedade Al Hassan, todos interrogados por la Policía Federal y de la Provincia de Buenos Aires el mismo día del atentado contra la AMIA y posteriores (Honorable Cámara de Diputados de la Nación, Expediente N.º 1656-D-00, 2000).

A partir de 2003 empezaron a surgir algunas denuncias que vinculaban al entonces presidente Menem con la desaparición de importante evidencia sobre la causa AMIA, incluyendo material del sitio de la explosión, grabaciones telefónicas y direcciones de presuntos sospechosos. En concreto, un ex oficial de inteligencia iraní, Abdolghassem Mesbahi, señaló que Irán había depositado 10 millones de dólares en una cuenta de un banco suizo, perteneciente a Menem, para garantizar que no se daría a conocer la participación de Irán en el atentado (*The New York Times*, 13 de julio de 2003). Pero académicos como Ignacio Klich desestiman a Mesbahi como fuente fidedigna del caso AMIA y ponen en duda que Menem haya sido "comprado" con dólares para silenciar la responsabilidad criminal de Irán en el atentado (Klich 2011, 209ff).

En 2004, un fallo del Tribunal Oral de la Corte Suprema de Justicia de la nación, concentrado en la "conexión local", estableció el procesamiento de las siguientes personas, entre otras: el juez que llevaba la causa, Juan José Galeano; personeros del gobierno argentino, empezando por el ex presidente Menem y su ex ministro del Interior, Carlos Corach; funcionarios de la Secretaría de Inteligencia de Estado (SIDE), encabezados por Hugo Anzorreguy; representantes de la comunidad judía, como el ex presidente de la DAIA, Rubén Beraja. Algunos de los cargos imputados se refieren a ocultar información, negligencia, irresponsabilidad, falta de interés en la investigación, y otros obstáculos que fueron señalados en forma explícita por este tribunal.[49] Finalmente, Menem fue absuelto por el Tribunal Oral Federal en la causa de encubrimiento del atentado contra la AMIA en febrero de 2019, y el juez Galeano fue condenado a seis años de prisión.

En 2006, el procesamiento contra quien fue director de la DAIA entre 1991 y 1998, Rubén Beraja, reabrió la polémica en el seno de las comunidades judías argentinas. Por una parte, la DAIA rechazó esta medida judicial indicando que esta alcanzaba a toda la comunidad judía. Por el contrario, la organización Memoria Activa, formada por familiares y amigos de las víctimas, respaldó la medida, en tanto que la AMIA afirmó que el caso iba dirigido exclusivamente contra Beraja y no contra la comunidad, enfatizando las estrechas relaciones

---

[49] República Argentina, Corte Suprema de Justicia de la Nación, 29 de octubre de 2004; Tribunal Oral Federal N.º 3, Sentencia, capítulo 5, 6 y 7, 24/10/2004; también, Sanz y Paolella 2007.

mantenidas por el ex dirigente de la DAIA con el gobierno menemista (*Clarín*, 22 de septiembre de 2006).

La trama conspirativa sobre probables encubrimientos llegó a su más alto punto de ebullición con la sospechosa muerte del fiscal Alberto Nisman. Se trataba de un funcionario judicial que había denunciado a la presidenta, a su canciller y a otras figuras de la política nacional y local, acusándolos de tratar de encubrir e impedir el avance en la investigación. Según el fiscal, la firma del memorándum con Irán habría facilitado que los responsables iraníes del atentado contra la sede de la comunidad judía pudieran testificar en su país sin presentarse ante la justicia argentina, a cambio de levantar los "alertas rojos" acordados con la Interpol. En vísperas de su muerte, Nisman se disponía a presentar la denuncia ante el Congreso Nacional, donde planeaba declarar que el memorándum con Irán fue concebido por presuntos beneficios económicos, entre ellos la importación de petróleo a cambio de la exportación de granos argentinos. Al enfrentarse Nisman a la tormenta mediática de su propia creación dada la gravedad de las acusaciones, se encontró vulnerable y sin respaldo político y huérfano de la protección de agentes de inteligencia de la SIDE, aquellos que, como Jaime Stiuso, hasta entonces lo habían acompañado. La hipótesis de las posibles ventajas económicas fue puesta en duda por distintos observadores. Se adujo que la industria petroquímica argentina no podía procesar el tipo de petróleo iraní. Además, Argentina no podría evadir las restricciones y sanciones impuestas sobre el mantenimiento de relaciones comerciales con Irán, tanto por vía marítima como a través de transacciones bancarias. Todo ello hacía altamente improbable que el gobierno argentino pudiera haber obrado con intencionalidad comercial al firmar el memorándum con Irán (Rodríguez y Smallman 2016, 28-30). Destacados juristas como Luis Moreno Ocampo también se sumaron a las anticipadas acusaciones de Nisman; según Moreno Ocampo, el fiscal "no tenía probada" su hipótesis, a pesar de que la muerte del fiscal era sospechosa:

> Él presentó una hipótesis, pero sin pruebas. Mostró que [Luis] D'Elía y [Fernando] Esteche conspiraban, pero no presentó nada que incriminaba a la presidenta. No sé qué pasó con Nisman, pero si se comprueba que el revólver desde el que salió la bala que lo mató debía dejar marcas de pólvora en su mano que no aparecieron, podemos estar ante un asesinato (Moreno Ocampo 2016).[50]

El anuncio de que Nisman había sido encontrado sin vida en su departamento, con un tiro en la cabeza, causó amplia conmoción en la opinión pública y generó múltiples hipótesis conspirativas para explicar su fallecimiento. Entre

---

[50] Vea el relato en clave de *thriller* sobre el rol del fiscal Nisman, rotulado "títere de Jaime Stiuso, hombre fuerte de la SIDE y un franquiciado de la CIA y el Mossad con patente de corso para todo tipo de operaciones", en Salinas 2015.

ellas, la temprana afirmación de la presidenta CFK de que se trató de un suicidio, afirmación de la cual tuvo que retractarse muy pronto, una vez que el peritaje forense encontró evidencias de asesinato. En efecto, a partir de subsecuentes investigaciones la hipótesis del asesinato se vio reforzada, aunque no se ha avanzado en la identificación de los responsables (*Infobae* 2017). La impunidad y la inoperancia de la justicia estimularon aún más la especulación sobre hipótesis conspirativas, tanto de una confabulación contra la presidenta, acordada entre el fiscal y la Secretaría de Inteligencia, como de aquellos que aseveraron que se trataría de un asesinato ordenado por altos personeros del gobierno para impedir que Nisman presentara su alegato ante el Congreso Nacional.

A los efectos de contextualizar el caso Nisman en el laberinto de tramas conspirativas argentinas, se deben tomar en cuenta los enfrentamientos y choques del gobierno de Cristina Fernández de Kirchner con sectores del Poder Judicial, especialmente durante su segunda presidencia. Mientras que el control casi absoluto del Poder Legislativo condujo a la oposición a denominar al Parlamento con el mote de "escribanía", por su parte, la presidenta acusaba al Poder Judicial de complotar contra su gobierno, democráticamente electo. Según la presidenta, la prevista denuncia de Nisman formaba parte del complot de la oposición. Como era de esperar, las acusaciones cruzadas se agudizaron tras la muerte de Nisman. La enorme manifestación a favor del esclarecimiento de la muerte del fiscal, y en contra del gobierno, llevó a Fernández de Kirchner a acusar a la justicia de hacer política a través de lo que llamó el "Partido Judicial" (Smink 2015). Meses después, el kirchnerismo también tuvo un fuerte enfrentamiento con la Corte Suprema, a la que acusó de no querer resolver el atentado contra la Embajada de Israel de 1992. En su estrategia de reformar el Poder Judicial, la primera mandataria buscó la remoción del magistrado supremo más longevo, el juez Carlos Fayt, de noventa y siete años, quien desde 1983 formaba parte de la Suprema Corte.[51]

En la mencionada entrevista, Moreno Ocampo reflexionaba sobre tales relaciones conflictivas del presidente Néstor Kirchner y la justicia, quien habría jugado "un papel importante" al reformar la Corte Suprema de la "mayoría automática" diseñada por Carlos Menem pero cuestionó los manejos del santacruceño en la Justicia Federal: "Kirchner operó sobre la justicia federal y eso es algo que hoy lo paga Cristina [Fernández de Kirchner]. Los gobernantes de turno ponen jueces amigos que luego los terminan investigando. Le pasó a Menem, que fue puesto preso por los magistrados que nombró" (Moreno Ocampo 2016).

---

[51] A principio de 2015, el gobierno intentó deslegitimar a Fayt, con el propósito de removerlo de la Suprema Corte de Justicia. Aníbal Fernández insistió en que se le realizaran pericias a Fayt para determinar si "a sus 97 años, conserva su idoneidad" para desempeñarse como ministro del máximo tribunal. Jorge Capitanich consideró "muy atinado" el reclamo de Fernández, y enfatizó que "la edad de un juez impide el ejercicio efectivo pleno de sus cualidades". Véase *La Nación*, 10 de diciembre de 2015.

La muerte misteriosa de Nisman condujo al renombrado jurista internacional y ex fiscal argentino a posar la mirada sobre "el estado de las instituciones en Argentina". Moreno Ocampo puso el acento en los servicios de inteligencia, y lamentó que se "utilicen para pagarles a periodistas y políticos", recordando el cruce que había protagonizado con Jaime Stiuso, el ex agente de la SIDE, en un programa de televisión:

> Stiuso se cree tan malo que considera que todos le deben tener miedo. Debe entender que es radioactivo porque si uno se reúne con él, algo que no hice, termina contaminado. Ese cruce en televisión sirvió para terminar con el rol de testigo estrella que quiso jugar en el caso Nisman. Es [Stiuso] quien bloqueó la investigación sobre el atentado a la AMIA (Moreno Ocampo 2016).

Ahora bien: la acusación del ex fiscal adjunto en el juicio a las Juntas Militares sobre el rol del ex agente de la SIDE en la causa AMIA cobra una dramática vigencia para validar la hipótesis de poder tramar las turbias circunstancias de la muerte del ex fiscal Nisman en zonas claroscuras de convivencia entre los servicios de inteligencia y la justicia federal. En el informe de investigación elaborado para la revista *Anfibia*, los periodistas a cargo de la pesquisa sobre la muerte de Nisman osan demostrar una hipótesis que, de ser verosímil, parecería estar basada en la confabulación:

> La mayoría de las 24 fuentes judiciales consultadas por el equipo de *Anfibia* dan por real y por conocida la relación estrecha entre el fiscal y la Secretaría de Inteligencia. Ese fue el pacto desde el inicio, cuando en 2004 el entonces presidente Néstor Kirchner impulsó la investigación poniendo a la Secretaría de Inteligencia al servicio de la flamante UFI-AMIA, a través del espía que luego se convertiría en enemigo del kirchnerismo, Antonio "Jaime" Stiuso. Siempre en estricto *off the record*, las fuentes admiten que el caso Nisman deja al descubierto una zona de convivencia admitida, normalizada e histórica: la de los servicios de inteligencia con la justicia federal. Once personas que trabajan en altos puestos de la justicia federal, cuatro que trabajaron en la fiscalía con Nisman, tres querellantes, seis ex funcionarios importantes de justicia o seguridad lo admiten y describen. En este punto crucial, veinte de ellos —casi todos— están de acuerdo: esa relación es carnal. Los únicos que no lo confirman, tampoco lo niegan: prefieren —aclaran ante las preguntas— no hablar del tema (Budassi y Fidanza 2016).

En efecto, parecería que las incestuosas relaciones carnales entre política y servicios de inteligencia, en vísperas de las elecciones presidenciales de 2015, habrían contribuido a convencer a la opinión pública sobre la verosimilitud de operativos mediáticos mejor orquestados en la batalla orientada a persuadir a una ciudadanía completamente descreída en las instituciones. Pero aun después de ser designados nuevos fiscales al frente de la Unidad AMIA, los informes que estos produjeron no devolvieron la confianza de la gente. Muy significativamente, el informe titulado "El proceso de desclasificación de información reservada o secreta sobre el atentado de 1994 y su encubrimiento" describe las medidas impulsadas por la fiscalía especializada durante el año 2016 y la primera mitad de 2017, para desclasificar dicha documentación, consignando que tales medidas estaban afectadas por "la desaparición de pruebas, el mal estado de conservación de los materiales y *la participación de agentes de inteligencia y de las fuerzas de seguridad en una trama ilícita durante la pesquisa* [nuestro énfasis] (Radio Jai 2017).

2. Otro sospechoso encubrimiento: la explosión de Río Tercero

El saldo luctuoso de la explosión en la fábrica militar de Río Tercero, el 3 noviembre de 1995, fue de siete muertos, trescientos heridos y decenas de casas destruidas. La justicia determinó que el atentado, un hecho intencional, fue perpetrado para encubrir el contrabando de armas a Ecuador y Croacia. La venta ilegal de 6.500 toneladas de armas y municiones a Ecuador y Croacia fue descubierta en marzo de 1995 por el periodista Daniel Santoro, del diario *Clarín*, y denunciada un mes más tarde ante la justicia por el abogado Ricardo Monner Sans, ante el juez federal Jorge Urso.

La venta de armas a Croacia durante el primer mandato de Menem fue autorizada a pesar de que las Naciones Unidas aplicaban un embargo a la ex Yugoeslavia. Por otro lado, la venta de armas a Ecuador tuvo lugar en medio de su conflicto armado con Perú. El escándalo estuvo agravado por el hecho de que Argentina, desde 1942, era uno de los cuatro garantes oficiales de la paz del Protocolo de Río de Janeiro —que aseguraba relaciones pacíficas entre Perú y Ecuador— violando su compromiso internacional y sus obligaciones de acuerdo con el Derecho Internacional.

Los envíos de pertrechos bélicos a Croacia comenzaron en 1991y prosiguieron entre 1993 hasta 1995, año en que Menem firmó un tercer decreto secreto para ese fin. Conforme a dos decretos de 1991, las armas tenían como destino Panamá y, según un tercer decreto, de 1995, estaban destinadas a Venezuela. Sin embargo, ninguno de esos dos países había encargado armamento a la Argentina, además Panamá para esa época carecía de ejército luego de la invasión de Estados Unidos en 1989. La mayor parte de las armas fueron desviadas a Croacia, y el resto a Ecuador en 1995. Siete embarques vía marítima llegaron a Croacia, el primero de ellos en 1991, con material bélico producido por Fabricaciones Militares. Los seis posteriores contenían armas enviadas desde unidades del Ejército. En el caso de Ecuador, se hicieron tres envíos vía aérea y consistieron en piezas obsoletas. El ministro Oscar Camilión, implicado en el contrabando de armamentos a Croacia y a Ecuador, fue obligado a comparecer en el Senado ante una comisión investigadora, donde su presidenta, la senadora Cristina Fernández de Kirchner, exigió que el ministro dimitiera de su cargo (Santoro 1998; Di Santis 2018).

Omar Gaviglio, jefe de cargas y operaciones de la fábrica, alertó con su perito que militares habían agregado aluminio para que ardiera y se simulara un accidente. Sin embargo, se pudo lograr aplazar la prueba. Entre los condenados por el Tribunal Federal Oral N.º 2 de Córdoba no estaban los responsables políticos, solo los mandos medios. Para algunos referentes, la causa de la explosión podría equipararse a la de la Embajada de Israel y a la de la AMIA. El fallo de la justicia afirmaba el "pleno convencimiento de que se trató de un atentado provocado de modo intencional, organizado y direccionado para lograr el ocultamiento de pruebas sobre el contrabando de material bélico y la consiguiente impunidad de sus autores y cómplices". Los directivos de Fabricaciones Militares, Edberto González de la Vega y Carlos Franke, fueron condenados a trece años de prisión, igual que Jorge Antonio Cornejo Torino, director de la fábrica, y Marcelo Gatto, quien recibió una condena de diez años. El delito fue tipificado de "estrago doloso agravado por la muerte de personas". Los tres primeros ya tenían condena en la causa "Armas".

Recién en 2003 treinta peritajes demostraron que la voladura había sido intencional. Sin embargo, las penas fueron casadas. En febrero de 2014, por mayoría, la Sala A de la Cámara Federal de Córdoba sobreseyó al ex presidente Menem y al ex jefe del Ejército, Martín Balza, que defendieron la hipótesis de un accidente. A Gaviglio, cuya participación en la causa fue decisiva, esa resolución le deja "pesimismo, porque si bien hubo condenas y sabemos de qué manera se produjeron las explosiones, nos quedamos sin conocer quiénes más intervinieron". Apunta que hay un "oscurantismo diluido en cuatro militares sin llegar a la responsabilidad final. Es similar a la AMIA y a la Embajada de Israel". Lamenta que las explosiones hoy sean una "suerte de anécdota dolorosa que creó una sociedad más ensimismada". Para el juez José Pérez Villalobo, integrante del tribunal que condenó a los militares, "hay que buscar las responsabilidades más arriba, en el Poder Ejecutivo". Sostiene que de la causa "Río Tercero" surge que los decretos de venta de armas están "vinculados en un *contexto mentiroso*, todo enmarcando una maniobra de estafa al Estado", a la vez que "queda claro que hubo un guiño implícito de Estados Unidos para que se pudiera hacer la operación; si no, no se explicaría cómo los barcos llegaron a Croacia atravesando la flota estadounidense" (Origlia 2015; Sanz 2011).

En 2014, los jueces Raúl Madueño, Luis María Cabral y Juan Carlos Gemignani condenaron a Carlos Menem y a Oscar Camillión como coautores del delito de "contrabando agravado de armas a Ecuador y Croacia". Finalmente, en agosto 2017, la Cámara Federal de Casación Penal anuló el sobreseimiento del senador y ex presidente Carlos Menem en la causa por la explosión de la Fábrica Militar de Río Tercero.[52]

---

[52] La Cámara Federal de Casación Penal confirmó la sentencia de siete años de prisión, además de otros catorce de inhabilitación para desempeñar cargos públicos, al ex

Vale decir, aquello que por años fue una infundada hipótesis pergeñada a través de miradas conspirativas, fue eventualmente confirmado por la justicia argentina: se trató de un caso de encubrimiento de corrupción, que los implicados trataron de caracterizar como si hubiera sido un accidente para encubrir el acto doloso, sin importar la pérdida de vidas inocentes. En otras palabras, bajo el sustrato criminal se trató de un caso de corrupción institucional que implicaba a los altos mandos de la política nacional (Montero y Lucas-Torres 2018).

3. Descabelladas conjeturas para explicar el hundimiento del submarino *ARA San Juan*

El 15 de noviembre de 2017 a las 7:30 horas, el submarino argentino *ARA San Juan* emitió su última comunicación con la base a 240 millas (432 km) de la costa del golfo San Jorge. Con 44 tripulantes a bordo, desapareció entonces en las profundidades del Atlántico Sur. Equipos sismográficos reportaron registros de dos posibles explosiones en la zona. A los dos días, la Armada Argentina comunicó a la ciudadanía que había iniciado la búsqueda y el rescate, en el cual colaboraron dieciocho países. Quince días más tarde, se ordenó dar por terminada la búsqueda de sobrevivientes, y se continuaron las operaciones destinadas a encontrar el submarino, sin resultados por el momento.

De inmediato, la desaparición del submarino, que había reportado problemas técnicos, dio lugar en Argentina a una serie de conjeturas, en su mayoría conspirativas. Los medios abrieron sus programas, blogs y foros de debate a la especulación conspiracionista. En el programa radiofónico *El Arranque*, el periodista Enrique Romero insinuó implícitamente que el drama del submarino *San Juan* tendría que ver con planes de largo plazo de dominio del Atlántico Sur desde las Islas Malvinas, donde se había establecido una base del Reino Unido y la OTAN. Romero recordaba que exactamente dos meses antes el Senado argentino había aprobado el ingreso de tropas estadounidenses a la plataforma marítima argentina para realizar maniobras conjuntas con los argentinos, en un operativo denominado Cormorán, decisión que requería también la aprobación de la Cámara de Diputados, la cual rechazó la idea y abortó así la participación argentina en las maniobras marítimas internacionales. Romero se hacía eco de una hipótesis lanzada por el periodista Juan Salinas, en el sentido de que la operación planeada (que incluiría un posible rescate del submarino, un evento de "falsa bandera") podría haber posibilitado la entrada de norteamericanos e ingleses a la plataforma marítima, con lo cual

---

presidente Carlos Menem, por la venta ilegal de armas a Croacia y Ecuador durante los años noventa. La Sala I del máximo tribunal penal rechazó los recursos que esgrimió la defensa del senador y ratificó las condenas que recaían sobre los demás procesados involucrados durante su gobierno (Radio Mitre 2017).

se permitiría también avanzar luego sobre la Patagonia (Teorías 2018). En el blog Pájaro Rojo, el periodista Juan Salinas había expresado que la desaparición del San Juan validaba "la fundada hipótesis de las dos explosiones, ya fueran de torpedos o de misiles" (Suárez 2017). Según Romero, la Guerra de las Islas Malvinas había concluido con la firma del tratado de paz que firmaron en Madrid el presidente Menem y su ministro Cavallo en 1991, según el cual todo movimiento de tropas argentinas al sur del paralelo 40 debería ser informado y autorizado por la Foreign Office británica. Ello lo llevaba a especular que la misión del *San Juan* habría sido conocida por los británicos (atribuyéndoles el designio maléfico de que habrían hundido el submarino a fin de poder entrar bajo el operativo de búsqueda y rescate), o bien que, alternativamente, se habría tratado de una misión secreta decidida por la Armada Argentina, por lo cual el submarino, al haberse desviado de la ruta reportada, habría sido atacado por torpedos o misiles. En ambos casos, se sugería una agresión de armadas extranjeras (Teorías 2018).

Según algunos rumores de que los medios se hicieron eco de inmediato, la misión del *ARA San Juan* habría sido una labor de inteligencia, vale decir, supervisar la plataforma marítima de Argentina y vigilar a la armada inglesa, pero al momento de su hundimiento el submarino se encontraba fuera de las aguas jurisdiccionales. Hubo incluso quienes en círculos de la izquierda expresamente sugerían que se debía investigar la hipótesis de un ataque, ya que el submarino "era una amenaza" para la OTAN (Urien 2017). Las hipótesis conspirativas pronto cruzarían el Atlántico. En un blog consultado por casi medio millón de lectores, TheCross1984 mencionaba la explosión o implosión del submarino y sugería que probablemente se habría tratado de un ataque por parte de una potencia extranjera. El periodista se preguntaba retóricamente: "¿Habrá visto algo verdaderamente importante que no debería haber visto, tal vez, una base secreta de un país extranjero o una base OVNI en el suelo marino?" (Cross 1984 2018).

Un informe ruso, difundido por los venezolanos y reproducido numerosas veces en internet, especialmente por quienes apoyaban una mirada conspirativa, indicaba que, según el Kremlin, la Armada Británica y la Armada Chilena habrían hundido el submarino (Sierra Mendoza 2017; Instituto de Estrategia 2018). Los mensajes electrónicos de uno de los tripulantes del submarino, enviados a su hermana días antes de la desaparición, confirmarían que el submarino se habría acercado a las Islas Malvinas y que helicópteros extranjeros estaban sobrevolando sobre el *ARA San Juan* (Canal QQ 2017).

En las redes, aun se barajó la idea descabellada de que un barco de pesca japonés habría sido el responsable del ataque. Otros lo relacionaban incluso con una supuesta base militar secreta supertecnológica china en la provincia del Neuquén, con franquicia de operar durante cincuenta años sin pagar impuestos, producto de un acuerdo entre Cristina Fernández de Kirchner y Xi Jinping (ZDI 2017). Quienes reprodujeron las anteriores hipótesis de un ataque extranjero, sugerían asimismo que las autoridades argentinas guardaban silencio sobre ello, pues el gobierno no estaría interesado en revelarlo o en crear un incidente internacional.

La interpretación conspirativa del ataque no fue descartada por muchos, pues aducían que el submarino *TR-1700* era de calidad, habiendo sido construido en los astilleros Thyssen de Alemania Occidental en 1983 y adjudicado a la Armada Argentina en noviembre de 1985. Sin embargo, el submarino debió ser sometido a reparaciones de media vida en 2007 que se prolongaron hasta 2014, en las instalaciones del Complejo Industrial y Naval Argentino (CINAR). Las reparaciones de media vida consisten en el corte del casco, el cambio de la planta propulsora y sus baterías y su reensamble y soldadura a altas temperaturas. A diferencia del submarino *ARA Santa Cruz*, que había sido sometido a las reparaciones de media vida en Brasil, la decisión de la presidenta Cristina Fernández de Kirchner de reabrir la industria naval argentina, después de que est fuera desmantelada en la década de 1990, habría permitido reparar el submarino en la empresa CINAR (Ara San Juan 2017).

A medida que se iban revelando detalles sobre el carácter de las reparaciones de media vida del submarino, las teorías conspirativas sin fundamento dieron lugar a tramas conspirativas ligadas a un escenario de ineficiencia, negligencia criminal y obstrucción de información, lo cual dio lugar a denuncias públicas y a la presentación de causas judiciales. Cuatro meses antes del hundimiento, el capitán del submarino ya había registrado siete fallas en pleno control de mar (ARA San Juan 2018). En diciembre de 2017 se llegó a conocer que el *ARA San Juan* había sido sometido a reparaciones que fueron mal hechas, con instrumental inadecuado y/o materiales defectuosos, lo cual se verificó cuando fue botando situaciones de averías imprevistas y situaciones de emergencia. Según información publicada, un supuesto informe secreto de la Armada Argentina de diciembre de 2016 reconocía que los arreglos al submarino de acero de seis pulgadas fueron mal hechos por una inoperante CINAR (Bojanic 2018).

Según el ingeniero naval Jorge Bojanic, un indicador del manejo no profesional y aun corrupto fue que el submarino fue cortado con soplete y no con los instrumentos necesarios de soldado a altas temperaturas; por ello, el acero resultó inservible ya que no podría soportar sumergirse a una profundidad mayor a los 40 metros, y en cambio le había sido encomendado descender a 50 o 60 metros de profundidad. El hecho de que la Armada tenía conocimiento de ello —según consta en el informe de diciembre de 2016— según la opinión experta de Bojanic reflejaba un claro acto de "negligencia criminal" (Bojanic 2018).

En declaraciones en el programa *Liberman, en línea* por Canal 26, Bojanic fue terminante:

> Todo el astillero se había quedado sin personal, y empezaron a contratar personal a partir de catorce tipos como lo dijo el ex ministro de Defensa Rossi, que no había ningún ingeniero, y ese personal lo manejaban entre el sindicato del "Caballo" Suárez, La Cámpora y el ingeniero Horacio Tettamanti. Este último, Tettamanti, es otro de los expertos que

deambularon en un raid mediático, casi como cubriéndose de lo que pudiera llegar a venir si se descubren irregularidades.

Sin embargo, esos empleados no habrían tenido suficiente jerarquía para trabajar con la precisión y sin el margen de error que requiere una reparación para el futuro funcionamiento de una nave bajo el agua. "Le puedo contar el caso del jefe de los soldadores, el ingeniero Diego Cavanak, un tipo formado en Alemania, preparado a su vez para preparar a otras personas. Se llevó a Alemania tres hombres para formarlos y los trajo acá, a su vez esos tres enseñaron a otros a soldar submarinos, a más de cien. En 1999 a Diego le dieron la baja y terminó trabajando como decorador de Susana Giménez. El Estado invirtió miles de dólares en ese señor. […] no querían tomar a los mejores para reparar el *ARA San Juan*, el negocio no era repararlo sino tenerlo ahí y facturar."

La supuesta deficiente soldadura y las filtraciones de agua que dieron lugar a una implosión de una magnitud de dos torpedos son de las hipótesis más fuertes y razonables que se manejan, quiera o no reconocerse oficialmente. El mensaje del buque podría confirmar esta línea de investigación. Además, los familiares señalaron que hubo problemas en el pasado, cuándo existían dificultades para emerger a la superficie.

Lo atamo' con alambre. "Llevaban guata, ¿saben para qué se usa la guata? Para reforzar camperas. Pero la guata se la ponen arriba de las baterías para que frenen la explosión del hidrógeno, porque el hidrógeno busca formar con el oxígeno del aire, agua. Eso forma una explosión y para disminuirla ponen guata, pero la guata se llena de agua, la tienen que retirar y poner otra guata seca. Eso es atado con alambre o pegado con moco", insiste indignado Bojanic.

El *ARA* tiene origen y fabricación en una empresa de Alemania. Algunos elementos clave, sostiene el experto, debían traerse del país europeo y no fabricarse en nuestro país, por carecer de estructura para hacerlo. "Lo que se hizo acá fueron los electrodos, que son las varillas con que se hace la soldadura eléctrica, se hicieron en la calle Warnes y lo hacía un tal Fontana. La Universidad Tecnológica Nacional [UTN] controlaba, eso tiene que saber la jueza, esos electrodos se tendrían que haber traído desde Alemania" (Liberman 2017).

La jueza Marta Yáñez, magistrada federal de Caleta Olivia, a cuyo cargo se puso la causa para investigar lo sucedido, había declarado a pocos días de la desaparición del submarino que en la causa abierta habría "información muy sensible" que ella no podía divulgar (La jueza 2017). Por su parte, en diciembre de 2017, la diputada Elisa Carrió de la Alianza Cambiemos presentó una denuncia pidiendo a la justicia que investigue a los ex ministros de Defensa del kirchnerismo Agustín Rossi, Nilda Garré, a Arturo Puricelli y al ex jefe de Gabinete de Asesores del Ministerio, Raúl Garré, a las autoridades de la Armada Argentina y a las cabezas del CINAR; el pedido exigía que informasen dónde se realizaron los arreglos de media vida del submarino por la posible conformación de una asociación ilícita ante supuestas irregularidades que se habrían cometido en las reparaciones de la flota de mar y fuerza de submarinos durante el período 2005-2015:

> Creemos indispensable que la justicia inicie una pronta investigación respecto de diversos hechos irregulares que aquí venimos a poner en conocimiento, los que podrían configurar distintos delitos en contra de la administración pública. Incluso entendemos que podrían ser parte de una maniobra generalizada o "matriz de corrupción" desarrollada durante el período comprendido entre los años 2005/2015, dentro de la Armada Argentina (de León 2017; Devanna 2017).

La denuncia mencionaba una evaluación realizada por la Sindicatura General de la Nación, que investigó la ejecución física y financiera del Proyecto de Reparación Media Vida Submarino *S-42 ARA San Juan*. "A partir del trabajo realizado por el referido órgano de control, se identificaron hechos susceptibles de ser encuadrados en tipos penales, y que por ende deben ser investigados y sancionados por la Justicia." A fines de enero de 2018, la jueza Marta Yáñez informó públicamente que los auditores le habrían informado que el desparecido submarino "ya presentaba errores antes de zarpar"; es más, denunció que habría estado navegando 39 meses bajo conocimiento de la existencia de esos "errores". Ello nuevamente reforzaba la hipótesis alternativa de un encubrimiento del manejo "chueco" de las reparaciones, que sería la causa de la búsqueda fallida (Europapress 2018). En los medios se dejaba insinuar que la causa debería investigar si el objetivo habría sido que el submarino desapareciera y que por tanto la ineficacia o negligencia criminal no fuera verificada por la justicia. Mientras tanto, los acongojados familiares siguieron buscando pistas sobre la ubicación del submarino, aun con ayuda de videntes, hasta su hallazgo por la Armada Argentina en noviembre de 2018 (Participa búsqueda 2018).

4. Geopolítica, desconfianza civil y encubrimiento negligente: interrogantes y sospechas

Los dos atentados terroristas que pulverizaron a la Embajada de Israel en 1992 y la sede de AMIA-DAIA en 1994, además de la explosión de la fábrica militar de Río Tercero en 1995, adquieren toda su luctuosa proyección durante la década menemista en un escenario al acecho permanente de escándalos de actos ilícitos gravísimos. Época de corrupción institucional, complicidad de políticos y servicios de inteligencia, impunidad de la justicia y flagrantes acciones de encubrimiento, venta dolosa de armamentos, aquellos años turbios estuvieron agravados por cambios radicales en el posicionamiento geopolítico de Argentina en la escena internacional. Además, a fin de no perder de vista a actores de la sociedad civil, es menester recordar que amplios sectores de la ciudadanía perdieron confianza en las instituciones republicanas, especialmente percibían a la justicia desahuciada por ciertos fallos de los tribunales y la inacción de la policía.

Últimamente, recientes tramas conspirativas intentaron interpretar la muerte misteriosa del fiscal Nisman en 2015 y la aún más misteriosa desaparición del submarino *ARA San Juan* en 2017. A pesar del tiempo transcurrido respecto de la Argentina de Menem, entonces y ahora, y no obstante al tratarse de hechos tan diferentes, todos ellos comparten una subterránea sospecha de conjura. Si las prácticas corruptas, el dolo en la función pública, el lavado de dinero y narcotráfico, el contrabando y el soborno encabezaban los titulares de los medios durante la década menemista, su mácula sigue retroalimentando el *habitus* social de la gente durante las últimas décadas. Pareciera que el sentido común razona conforme a lógicas conspirativas. Como si a pesar de las profundas mutaciones políticas ocurridas entre los noventa y la actualidad, la sociedad civil argentina siguiera reproduciendo y retransmitiendo una disposición y esquema de acción de sujetos que incorporan inconscientemente el *habitus*, en el sentido adjudicado por Pierre Bourdieu; vale decir, un sistema abierto proyectando disposiciones heredadas, aunque en confrontación permanente con nuevas experiencias y desafíos (Martínez García 2017).

Porque dada la persistencia de las argucias de esa lógica conspirativa, tanto en sujetos de la sociedad civil como del Estado que complotan para degradar aún más el nivel del debate político durante las últimas décadas y no obstante los cambiantes gobiernos, ¿no sería apropiado concluir que un mismo *habitus*, mediante aquello que Bourdieu llamaba "cultura in-corporada", podría dar cuenta de esa predisposición colectiva a pensar la realidad en términos de conjuras dentro y fuera del país? En consecuencia, ¿no sería sensato tal vez asumir tal escenario como el trasfondo que ayuda a tramar proyectos conspirativos? Acaso, así se explicaría la serie de hipótesis, conjuras y confabulaciones tan inverosímiles que fueron lanzadas para explicar el hundimiento del *ARA San Juan* en vez de registrar evidencias sobre la ineficiencia técnica, la negligencia criminal y la obstrucción de la información. La trama conspirativa despistó la pesquisa de la desaparición del submarino de la Armada Argentina.

La falta de transparencia en la toma de decisiones, tanto de las agencias estatales como el poder creciente de entes y corporaciones privadas, han colaborado para conferir veracidad a la lógica conspirativa que se arraiga cada vez más con recurrentes crisis políticas y económicas que caracterizaron la historia argentina moderna. Sin demasiado esfuerzo, ante nuevos problemas y crisis, las explicaciones en clave de fuerzas ocultas y subterráneas encuentran eco en la altamente dividida clase política y la consternada opinión pública argentina. En tales circunstancias, los intelectuales mediáticos y redes sociales retroalimentan toda clase de rumores y narrativas sobre probables complots que, en muchos casos, la desprestigiada clase política infructuosamente intentó dejar fuera de la mirada pública. El llamado a estar alerta frente a posibles maquinaciones conspirativas de la política y la economía no implica dejar de tomar seriamente en cuenta la posibilidad de que, en realidad pudo haber habido encubrimiento de parte de factores de poder. Pero tal alerta debería ser examinada para cada caso concreto en base a verificaciones de los hechos mismos, y no por la tentación de pensar la realidad conforme a lógicas conspiracionistas. En la Argentina, el recurrente fracaso de muchas políticas públicas e instituciones a fines del siglo XX y comienzo del XXI, ha generado empero tendencias al desaliento cívico y a una paralela predisposición a creer en el trabajo de zapa de fuerzas ocultas lanzadas, de tiempo en tiempo, a lograr sus designios de dominación y control social. No pretendemos sugerir que la sucesión de tramas conspirativas examinadas en la Argentina durante el último cuarto de siglo sea exclusiva solo de su sociedad. Antes bien, se trataría de un caso extremo de la tendencia a creer en intrigas que también se han verificado igualmente en muchas otras sociedades del continente americano donde la política estuvo en entredicho, tal como fue analizado en capítulos anteriores.

Conclusiones y miradas prospectivas

Você está achando que o Plano de Integração da América Latina e Caribe num único bloco comunista mundial é uma piada? Você acha que a organização internacional Foro de São Paulo (composta por inúmeros criminosos, terroristas e narcotraficantes) não tem o objetivo de acabar com a propriedade privada e implantar o comunismo no Brasil e em toda a América Latina? Você está rindo do Plano URSAL e da chamada "Pátria Grande"? Quero ver você rir quando tomarem a sua casa, seus bens, e você virar escravo de um governo comunista totalitarista do qual você tentará fugir, mesmo que seja a pé para outro país, largando tudo pra trás tal como estão fazendo os venezuelanos hoje, que nunca acreditaram que, um dia, isso aconteceria com eles.

Dossier URSAL 2018

En este libro hemos intentado comprender por qué ciertas narrativas conspirativas han impactado en forma profunda la interpretación de los procesos de cambio en América Latina. Las teorías conspirativas constituyen una episteme que condiciona e interpreta el mundo como objeto de siniestras maquinaciones. Vale decir, un modo de análisis, una lógica de interpretar y pensar la realidad en términos de amenazas de sociedades secretas y complots imaginarios, supuestamente pugnando por imponer su dominación sobre la nación o la humanidad.

Hemos diferenciado entre conspiraciones e intrigas —con múltiples desenlaces— de aquella otra tendencia de pensar la realidad conforme a teorías conspirativas. A lo largo de la historia ha habido innumerables conspiraciones, complots, conjuras y golpes de Estado, cuyo desarrollo y consumación han dependido muchas veces de la índole secreta en que fueron planeados. Pero lo que intentamos dilucidar en este libro son el fenómeno paralelo de teorías que sugieren una visión de mundo conspirativa, al tiempo que elaboran una teoría de poderes ocultos. En efecto, en base a la existencia de intrigas, complots y conspiraciones reales, ciertas teorías conspirativas van más allá. Proponen mirar

Cómo citar este capítulo:
Roniger, L. y Senkman, L. 2019. *América tras bambalinas. Teorías conspirativas, usos y abusos*. Pp. 249-256. Pittsburgh, Estados Unidos: Latin American Research Commons. DOI: https://10.25154/book2. Licencia: CC BY-NC 4.0

al mundo en términos de la voluntad de dominación de fuerzas malévolas que intentan dominar la sociedad, y sugieren desenmascararlas y combatirlas.

La elucidación y análisis de las teorías conspirativas requieren contextualizarlas en la realidad política, los cambios sociales y los distintos campos culturales que dan sentido o resignifican la cambiante realidad. Hemos considerado muy seriamente los enunciados y la proliferación de teorías que a veces fueron descartadas o vistas como absurdas, irracionales o carentes de lógica. Desde nuestra perspectiva analítica, hemos tomado precisamente muy en cuenta esas teorías —aun sus narrativas más descabelladas— pues han logrado ser aceptadas por amplios sectores sociales movilizados para supuestamente defender a una nación, una clase social, una etnia o una religión específica.

Quienes adoptan una mentalidad conspirativa asumen la existencia de una causalidad histórica unívoca y encubierta, operada por fuerzas sociales ocultas y poderes políticos de infausta memoria, cuyas motivaciones están divorciadas de los verdaderos intereses del pueblo. Desde tal concepción, quienes difunden esas teorías consideran que mientras los ingenuos confían en insensatas instituciones existentes, enemigos internos y externos traman en forma encubierta sus proyectos de dominación o destrucción. Bajo tales circunstancias, quienes creen conocer a las fuerzas ilegítimas que operan en forma encubierta, se arrogan el supremo deber de poner en aviso a la ciudadanía, a fin de salvar su identidad nacional. Al mismo tiempo, mientras proclaman salvaguardar los intereses populares, pueden promover la intolerancia al disenso y censurar o bien penalizar opiniones discordantes, haciendo retroceder al pluralismo democrático.

En la introducción y en el primer capítulo hemos explorado destacadas contribuciones analíticas que intentan explicar la tendencia de muchos seres humanos normativos a conferir credibilidad a teorías conspirativas. Nos detuvimos en la casi imposibilidad de convencer y discutir los argumentos de quienes sustentan miradas conspiracionistas. Mencionamos, entre otros, la obra pionera de Karl Popper, quien indicó cuán difícil es desestimar la veracidad de las teorías conspirativas. En primer lugar, ante la incertidumbre y miedo al cambio que generó la modernidad y su profundización en nuestra era, muchos encuentran reconfortante aquella certitud que ofrecen esas teorías. Destacamos, asimismo, el juicio de Michael Barkun, según el cual "la mera estigmatización [por parte de los descreídos] es tomada como evidencia de verdad — ya que, si no fuera por ello, ¿por qué otra razón se estigmatizaría una creencia si no fuere para ocultar la verdad?". Barkun usaba el concepto amplio de "conocimiento estigmatizado" a los efectos de explicar la imposibilidad de desarticular tramas conspirativas en base a hechos demostrables que contradigan el argumento conspiracionista. Existiría, pues, una tendencia a mantener la convicción conspiracionista, dado que todo intento de desmentirla puede ser interpretado como un llamado a desvirtuar "la verdad". Según este autor, dos características sobresalen en el saber estigmatizado: el destacado rol del conocimiento suprimido y la base empírica en que se basan sus defensores. Tal conocimiento tiende a fagocitar a todos los otros. Eso es así ya que cuando el

conspiracionista percibe que su interpretación y el saber normativo se contradicen, aducirá que las fuerzas institucionales u otras han hecho todo lo posible por enmascarar "la verdad" motivados por un mezquino beneficio, o por
un nefasto designio. Se atribuye, entonces, a la trama conspirativa el poder de
suprimir, ignorar, olvidar o marginalizar a la verdad.

En el libro, hemos identificado cuatro escenarios propicios para el surgimiento de las narrativas conspirativas. Uno, el escenario bélico, con sus dramáticas pérdidas en vidas humanas y mermas territoriales, ha sido históricamente un escenario que alimentó teorías conspirativas, especialmente por
parte de los derrotados. Dos, situaciones de extrema polarización política,
que como expusimos en los distintos capítulos han generado persistentes sospechas sobre enemigos internos y externos en América Latina. Tres, la inserción geopolítica de los distintos países que, como en el caso de la Guerra Fría
y aun en la era postsoviética, anida sospechas, incertidumbres y prejuicios.
Cuatro, la corrupción y pérdida de confianza en la ecuanimidad y eficacia de
las instituciones democráticas, que conduce asimismo a hacer verosímiles las
teorías conspirativas.

Podemos afirmar que las teorías conspirativas prosperan en una cultura política donde prominentes figuras y formadores de opinión pública potencian
mitos movilizadores y fomentan la confrontación política, procurando demonizar a sus adversarios. A menudo, otros actores como activistas y consultores,
intelectuales mediáticos, analistas de mercado, expertos profesionales, líderes
religiosos y *lobbies* empresariales sirven de redes de difusión, legitimación y
apoyo a teorías conspirativas y *fake news*. Al cercenarse la confianza en las instituciones republicanas y en situaciones de degradación del espacio público, la
recepción de esas narrativas es aún mayor. El discurso conspiracionista crece
entonces en campo fértil entre sectores populares, tanto rurales como urbanos,
que fueron marginados y para quienes tal narrativa ofrece claves simples de
interpretación capaces de ayudarles a imaginar a odiados enemigos, usufruc-
tuarios de un sistema injusto que los perjudica.

Bajo tales circunstancias, a su vez, no faltan nuevos actores políticos que se
invisten a sí mismos de un poder ocular, capaces de persuadir con un repertorio
de ideas "salvacionistas" a grupos que procuran desafiar a las fuerzas "perver-
sas". Vale decir, se da a menudo una conjunción entre el sustrato político y de
disparidades socioeconómicas con la actividad de actores políticos emergentes
que hacen uso de mitemas conspirativos con el designio de primar por sobre las
instituciones. Todo este contexto transforma a las teorías conspirativas en un
poderoso mecanismo movilizador de masas que a veces han sido manipuladas
con aviesas promesas demagógicas.

Nuestro libro intentó hacer un recorrido de casos emblemáticos de narrativas conspirativas en el pasado y presente de América Latina. Analizamos, en
particular, ciertos relatos, miradas y teorías conspirativas que, basándose en
hiperbólicas descripciones de hechos parciales y sospechas no verificadas, operaron en la cultura política de América Latina, orientando la visión de muchos

ciudadanos hacia miradas conspirativas. Exploramos contextos institucionales, políticos, socioeconómicos y culturales que han otorgado funcionalidad a quienes buscaron explicar en términos conspirativos la ineficacia del ordenamiento institucional democrático para proteger a la sociedad, promover el bienestar y asegurar una perspectiva de vida solvente.

Quienes sustentan teorías conspiracionistas suelen postular que los especialistas ocultan evidencias; que los medios propagan mentiras y noticias falsas; que las instituciones fueron minadas por dentro; y que las autoridades han sido copadas o engañadas por quienes urden planes malévolos. No sorprende que quienes promueven "verdades alternativas" puedan proclamar la imperiosa necesidad de recobrar protagonismo y librar batalla contra un enemigo oculto, recuperando sin dilación el control sobre el destino colectivo de la sociedad. A menudo, el debilitamiento del poder movilizador de las ideologías tradicionales contribuye a generar tal dinámica. No por ello disminuye la búsqueda de una explicación macrohistórica y el impulso de un mito movilizador nutrido por la indignación moral de quienes presentan como alternativa la verosimilitud y autenticidad de su teoría conspirativa.

Hemos analizado numerosas instancias donde detectamos núcleos generadores de teorías conspirativas. En algunos casos, las teorías conspirativas procuraban conjurar la protesta social de sectores sociales marginados y fuerzas contestatarias, encausando la ira popular de manera xenófoba a minorías étnicas. Hemos registrado tal tendencia, por ejemplo, en el caso del antisemitismo capaz de movilizar a fuerzas del orden y capas de sectores medios para reprimir el presunto "maximalismo judeo-comunista" durante la Semana Trágica de 1919 en la Argentina. La aceptación del Plan Andinia entre sectores populares y medios argentinos y chilenos muestra que ciertas percepciones conspiracionistas de amenazas internas y externas circulan ampliamente por los medios hasta épocas recientes. Además, analizamos los modos en que esas amenazas conspiracionistas pueden ser construidas desde arriba, concebidas por elites y clases dominantes. Tales fue el caso del Plan Cohen urdido en Brasil desde los círculos de poder militar en 1937; el genocidio de "haitianos" en la República Dominicana bajo Trujillo; y la reciente destitución de la presidenta Dilma Rousseff.

La propalación de visiones conspirativas como mecanismo de movilización popular ha sido una frecuente estratagema de dominio y control de ciertas elites y clases dominantes. Es por eso que vemos en las teorías conspirativas una estrategia de poder. Una variante en el uso de este mecanismo es el desvío de tensiones hacia un supuesto enemigo externo o interno. La teoría de que la Guerra del Chaco fue lanzada por la Standard Oil, o el mito del IV Reich usado en Argentina para descalificar al naciente peronismo, son ejemplos manifiestos de la dinámica de construcción narrativa del enemigo en clave conspiracionista.

Hemos también explorado creencias según las cuales la modernidad y sus correlatos de secularización y educación laica habrían sido supuestamente el producto de conspiraciones urdidas por fuerzas masónicas anticlericales. Tal tipo de prejuicios permitían a quienes intentaban mantener la vieja hegemonía cultural hispano-católica atacar las transformaciones en curso, arguyendo que tal asociación era una prueba irrefutable de la finalidad conspirativa de la modernidad. A su vez, hemos analizado cómo un número importante de masones en el siglo XIX pasaron a la defensiva y prefirieron desligarse de las logias secretas durante la época de la independencia para evitar ser acusados por los sectores ultramontanos de la Iglesia Católica.

La mentalidad conspirativa se basa en la confrontación entre dos universos antagónicos, donde solamente uno debería primar. El primer paso que proponen quienes creen en la existencia de un plan conspirativo sería desenmascarar el plan diabólico, cuya evidencia se trataba de ocultar de la mirada pública. Ya fuese en el caso del magnicidio de Colosio en México en 1994, o bien en la muerte de Alberto Nisman, el fiscal de la causa AMIA en 2015, o la desaparición del submarino *ARA San Juan* en el Atlántico Sur en 2017, se intenta echar luz a la verdad oculta y denunciar conjuras que intentan negar la existencia de la intriga y el complot. Aun cuando falte evidencia para probar o rechazar la hipótesis conspirativa, la mera enunciación de la teoría logra amplia recepción cuando los factores que identificamos en los distintos escenarios prevalecen. Entre ellos, situaciones bélicas y conflictos de clase, corrupción institucional y desconfianza en las instituciones, la impunidad e inoperancia de la justicia, y/o elites manipuladoras en situaciones de fuerte radicalización y polarización política.

La recurrente presencia de teorías conspirativas a lo largo del tiempo en América Latina merece unas reflexiones finales a modo de mirada prospectiva. En la era de la globalización y las redes transnacionales, cuando América Latina está conectada a todas las regiones del planeta en una escala inédita, mucho tememos que el pensamiento conspirativo ha de expandirse, proyectando su lógica a lo largo y ancho de la geografía planetaria. A diferencia de la causalidad diabólica en la época de las persecuciones, el proceso global y transnacional le ha quitado el carácter unívoco a la causalidad del conspiracionismo de viejo cuño. Ahora, la apertura de Internet, la multiplicidad y rapidez de los mensajes que distintos agentes mediáticos diseminan y anegan en instantes, da lugar a teorías conspirativas de una causalidad multifocal y mimética, reproducible y que se sedimenta al ser repetida y enviada nuevamente. Las teorías conspirativas se tornan en la actualidad mucho más peligrosas, al adoptar esa dimensión de simultaneidad y ubicuidad global, aprovechando los clivajes sociales y culturales al interior de cada sociedad y las divergencias entre sociedades. La reacción natural de miedo y estado de alerta ante peligros y catástrofes, que desde épocas remotas sirvió para hacer frente a las amenazas en cierne, en la actualidad deviene un peligroso caldo de cultivo de teorías conspirativas. La incertidumbre frente a erráticos actos terroristas, cambios climáticos, desplazamiento migratorio masivo, crisis de mercados de valores, guerras territoriales y de religión, crean una tensión colectiva sin tregua, tal como lo ha trazado la macro-sociología del miedo (Tudor 2003). Bombardeándonos con información real o ficticia, múltiples agentes y actores sociales y políticos echan miedo en forma constante a través de los medios, sugiriendo estar alerta ante peligros inminentes, ya sean reales o imaginarios. Existen políticos que infunden el temor de enemigos internos al buscar apoyo popular a cambio de prometer defender a la ciudadanía; empresas farmacéuticas y cosméticas, que promueven miedo ante el deterioro físico y sugieren obtener productos que obvien la amenaza; analistas de mercados que promueven el miedo de los inversores y sugieren que solo ellos podrían evitar caídas en las cotizaciones; organizaciones de caridad que intentan sumar contribuciones al sugerir que los donantes podrían caer ellos también en el desamparo; y, por sobre todo, agentes mediáticos que colaboran en crear un estado de alerta y aun un pánico masivo ante todo tipo de planes conspirativos que el público negligente no debería ignorar.

Si la globalización ha sido caracterizada como la era de las transacciones transversales, y no solo un epifenómeno de internacionalización de los estados, también el conspiracionismo actual se "transversaliza", propagándose más peligrosamente. Recordemos que algunos serios teóricos desconfiados de los procesos de cambio utilizan un lenguaje significativamente maniqueo y aun conspirativo al caracterizarlos como "la encarnación del mal". Así, Klaus Bodemer opina que la globalización sería la constatación de las profecías de Marx y de Hilferding acerca del predominio del capital financiero, el imperialismo y el poder de una minoría mundial sobre las mayorías (Bodemer 1998, 54-55). Sin compartir totalmente el tremendismo de tales opiniones, la necesidad de recurrir a la semántica de teorías conspirativas para conjurar los desajustes y perjuicios de la era global constituye, en nuestra opinión, un síntoma preocupante de que esa lógica nos acompañará a escala planetaria durante muchos años más. Su lenguaje nos viene acompañando "en línea" (*online*) gracias a la capacidad viral de las plataformas sociales, cuya mera difusión astronómica crea una impresión de verosimilitud entre la gente. Como ha indicado Deb Roy, quien dirigió el análisis mediático de Twitter hasta noviembre de 2017, "las informaciones falsas se difunden significativamente más lejos, más rápido, más profunda y ampliamente que las verdaderas… y los efectos [son] más pronunciados para noticias políticas falsas" (Salas 2018).

Un dramático ejemplo de la rapidez con que se propalan las teorías conspirativas en América Latina durante la era de YouTube, Twitter y otras redes sociales, es la atención que recibió la supuesta red de URSAL en vísperas de las elecciones brasileñas de 2018. URSAL, acrónimo de la União das Repúblicas Socialistas da América Latina, fue lanzado irónicamente por la socióloga brasileña Maria Lucia Victor Barbosa. En un artículo de 2001, parodiaba los objetivos del Foro Social y el proyecto de integración latinoamericana de Unasur (la Unión de Naciones Sudamericanas), orientados a combatir la globalización capitalista, donde Chávez y Lula ejercían protagonismo. Olavo de Carvalho, el pope del conservadorismo brasileño y un convencido divulgador de teorías conspirativas, confirió veracidad a la existencia del URSAL. Mediante su sitio de Internet llegó a sugerir que se trata de una red que planeaba unificar a toda Sudamérica bajo un súper Estado comunista. Dicho Estado en gestación incluiría a las FARC de Colombia, al PT brasileño y a Cuba junto con Irán y el Hezbollah. Al denunciar el siniestro plan URSAL, Carvalho intentaba deslegitimizar políticamente al PT y a Lula, su popular líder.

En agosto de 2018, en el fragor de la campaña presidencial, durante un debate con Ciro Gomes, candidato del Partido Democrático Trabalhista, el líder del Partido Patriota de extrema derecha Cabo Daciolo asombró a su contrincante al preguntarle acerca de su posición respecto del URSAL, algo hasta entonces desconocido por Ciro Gomes y millones de ciudadanos brasileños. El intercambio televisivo entre ambos candidatos suscitó amplio revuelo en Brasil (Cordeiro 2018). Decenas de miles y pronto centenares de miles de brasileños se lanzaron a chequear información sobre ese supuesto plan conspirativo, consultando digitalmente el sitio artificial creado bajo el nombre de URSAL y reciclándolo al enviarlo a sus redes sociales (Dossier URSAL 2018; #ElectionWatch 2018).

En el radicalizado clima de polarización política que culminó con el triunfo electoral de Jair Bolsonaro, la incitación de Cabo Daciolo encontró campo fértil para que la ciudadanía brasileña creyera que URSAL era una entidad real. La invención del URSAL continúa reproduciendo sus tramas conspirativas hasta el presente. El sitio consagrado a URSAL sigue alertando aún en 2019 acerca de la gravedad del siniestro plan, advirtiendo dramáticamente a quienes todavía dudan de su existencia que, en caso de que el siniestro plan de URSAL triunfara, Brasil sufriría el mismo destino que la Venezuela chavista.

Mensajes de esta naturaleza amplían su audiencia en nuestra era, dado el carácter multiplicador y mimético de las redes sociales digitales, destacándose entre ellas YouYube:

> YouTube ha sido esencial para el éxito de esta teoría conspirativa. En 2016, Brasil fue el segundo mercado más grande para YouTube, siendo la red social más popular del país ("#ElectionWatch", 2018). El dossier [de URSAL] se basa en gran medida en los videos YouTube. Uno de estos videos mezcla clips de Olavo de Carvalho y un discurso pronunciado por el entonces vicepresidente Michael Temer en una conferencia de Unasur (Artigo 2016). Al momento de escribir [en abril de 2019], el video tiene más de 76.000 vistas. El youtuber Nando Moura, cuyo canal tiene más de tres millones de suscriptores, publicó un video en el que recomienda a sus seguidores ver el "trasfondo real" detrás de las afirmaciones de Daciolo. Ese video ahora tiene alrededor de 750.000 consultas (Moura 2018). Otro video colgado por el canal evangélico Christian Alert dos semanas antes del debate (2018) afirmaba que URSAL es la segunda parte de un plan de tres etapas para crear una nación comunista anticristiana en América Latina (Verrill 2019).

Dado que YouTube opera con algoritmos que sugieren a los usuarios sitios afines a aquellos que ya visitaron, se crea una comunidad de sentido donde quienes ingresan por primera vez se verán remitidos incesantemente a videos semejantes. De tal modo, los usuarios se expondrán una y otra vez a fantasmas conspirativos como aquellos propulsados por el ya citado Olavo de Carvalho, quien en un claro designio político intentó deslegitimar a la izquierda brasileña y a sus aliados. Recordemos, sin embargo, tal como lo hemos analizado en el libro, que la dinámica conspiracionista no es privativa de la derecha y se registra a menudo también en la izquierda, al otro extremo del espectro político.

Interpelar y diferenciar conspiraciones de teorías conspirativas tras bambalinas, con sus usos y abusos, sea su orientación ideológica la que fuere, sigue siendo pues uno de los mayores desafíos que las democracias y el ejercicio de los derechos humanos deben enfrentar.

Sobre los autores

Luis Roniger es sociólogo político comparativo. Ocupa el cargo de profesor Reynolds de Estudios Latinoamericanos en Wake Forest University, Estados Unidos. Es autor de numerosos libros y unos doscientos artículos académicos. Es miembro de comités editoriales de revistas académicas publicadas en Argentina, Colombia, España, Estados Unidos, Reino Unido, Israel y México. Entre sus libros se cuentan *Patrons, Clients and Friends* (Cambridge University Press, 1984, con S. N. Eisenstadt); *O legado das violações dos direitos humanos no Cone Sul* (São Paulo, Perspectiva, 2005, con M. Sznajder); *Transnational Politics in Central America* (University Press of Florida, 2011); *La política del destierro y el exilio en América Latina* (Fondo de Cultura Económica, 2013, con M. Sznajder); *Destierro y exilio en América Latina. Nuevos estudios y avances teóricos* (Eudeba, 2014); *Exile, Diaspora and Return* (Oxford University Press, 2018, junto con L. Senkman, S. Sosnowski y M. Sznajder); y la *Historia mínima de los derechos humanos en América Latina* (Colegio de México, 2018).

Leonardo Senkman fue docente en la Facultad de Filosofía y Letras de la Universidad Nacional de Buenos Aires y desde 1985 es profesor de Historia Moderna en el Departamento de Estudios Españoles y Latinoamericanos de la Universidad Hebrea de Jerusalén e investigador asociado del Instituto Harry S. Truman para el Avance de la Paz. Se ha especializado en historia social e historia de las ideas, con un foco en estudios de refugiados y exiliados, especialmente en Argentina y el Cono Sur. Es autor de numerosos artículos y publicaciones sobre discriminación, antisemitismo, historia intelectual y dilemas de identidad. Entre sus libros se cuentan *La identidad judía en la literatura argentina* (Editorial Pardés, 1983); *El antisemitismo en Argentina* (Centro Editor de América Latina, 1989); *Argentina, la Segunda Guerra Mundial y los refugiados indeseables, 1933-1945* (Grupo Editor Latinoamericano, 1991); *Fascismo y nazismo en las letras argentinas* (Editorial Lumière, 2009, junto con S. Sosnowski); *Exile, Return, and Diaspora: Changing Cultural Landscapes in Argentina, Chile, Uruguay and Paraguay* (Oxford University Press, 2018, con L. Roniger, S. Sosnowski y M. Sznajder).

Sobre Latin America Research Commons

Latin America Research Commons (LARC) es el sello editorial de Latin American Studies Association (LASA), fundado con el fin de contribuir a la difusión del conocimiento a través de la publicación de libros académicos relacionados con los estudios latinoamericanos.

Sus principales lenguas de publicación son el español y el portugués, y su objetivo es garantizar que los investigadores alrededor del mundo puedan encontrar y acceder a la información que necesiten, sin barreras económicas ni geográficas.

Directora ejecutiva de LASA
Milagros Pereyra Rojas

Editores Principales
Florencia Garramuño
Philip Oxhorn

Comité Editorial
Natalia Majluf
João José Reis
Francisco Valdés Ugalde
Alejo Vargas V.

Comité Editorial Honorario – Premiados Kalman Silvert
Lars Schoultz
Carmen Diana Deere
Julio Cotler †
Richard Fagen
Manuel Antonio Garretón
June Nash
Marysa Navarro
Peter Smith

Productora editorial
Julieta Mortati

Bibliografía

#ElectionWatch. 2018. URSAL, Illuminati, and Brazil's YouTube Subculture. *Medium website*, 30 de agosto, http://bit.ly/2MhGqzJ.

Abastoflor Frey, E. Jorge. 2013. "Mitos de la guerra del Pacifico", http://bit.ly/33pg3gK.

Afro Cuba Web. 2018. "Biological Warfare against Cuba. Allegations of Bio War as compiled by the UK solidarity organization Cuba Si", http://bit.ly/33oUop3.

Aguirre Cámara, José. 1945. "Demagogia, Inflación y Armamentismo". *Voz Argentina*, cuarta semana de febrero.

Al-Azm, Sadik Jalal. 2011. "Orientalism and Conspiracy". *Orientalism and Conspiracy*, editado por Arndt Graf, Schirin Fathi y Ludwig Paul. Londres: Taurus.

Alexander, Robert. 1962. *Prophets of the Revolution*. New York: Macmillan.

Almaraz, Sergio. 2007. *Petróleo en Bolivia*. La Paz: Juventud, 1958.

Almeida Gomes Viannam, Marly de. 2015. "A Rebelião de maio de 1938", en XXVIII Simposio Nacional de História, Florianopolis, 27-31 de julho, http://bit.ly/2Ma79hW.

Amadeo, Mario. 1956. *Ayer, hoy y mañana*. Buenos Aires: Gure.

Amayo, Enrique. 1988. *La política británica en la Guerra del Pacífico*. Lima: Editorial Horizonte, 1988.

AMIA-DAIA. 1997. *La denuncia. El documento completo presentado al juez Galeano con los hechos y los nombres de quienes obstaculizaron la investigación*, Buenos Aires: Planeta.

Andacht, Fernando. 1992. *Signos reales del Uruguay imaginario*. Trilce.

Angotti, Thomas. 1981. "The political implications of Dependency Theory". *Latin American Perspectives*, 8 (3-4): 30-61.

Anónimo. 1963. "Argentina, ¿Colonia de Israel? La República de Andinia, o un Nuevo Estado judío en la Argentina", *Rebelión* (Buenos Aires), 2, 10, noviembre-diciembre.

Aponte Moreno, Marco. 2008. *Metaphors in Hugo Chávez's Political Discourse: Conceptualizing Nation, Revolution and Opposition*. PhD. Dissertation, City University of New York.

Ara San Juan. 2017. Sin título, 17 de diciembre, https://youtu.be/i1PiyjA3nOs.

Ara San Juan. 2018. "ARA San Juan: Las siete fallas que había denunciado el comandante 4 meses antes", 5 de febrero, http://bit.ly/308Scja.

Argentinos mataré. 2013. "Argentinos mataré, bolivianos fusilaré, peruanos degollaré", https://youtu.be/NsVVXJwDxWk, 6 de febrero.

Arlt, Roberto. 1968 (c. 1930). *Los siete locos*. Buenos Aires: Fabril Editora.

Armada. 2017. "Armada Boliviana celebra 191 años con una demostración militar en el Titicaca", http://bit.ly/2TnpVD7.

Armesto. 2017. "Armesto es de la opinión de juzgar, interpretar fuentes por el criterio de qué intereses defiende [la fuente] y a qué intereses ataca", 30 de marzo de 2017.

Armijo, Jorge. 1982. "Les veines ouvertes de l'Amerique latine: Une contrehistoire". *Études Internacionales*, 13 (1): 201.

Artaza, F. y E. Montesinos. 2017. "Perú recuerda la Guerra del Pacífico como antecedente en su demanda", 3 de diciembre de 2012.

Artigo, José Marcio. 2016, "URSAL, Pátria grande, BRICS, Foro de São Paulo e PMDB, tudo a ver". *Youtube*, 31 de marzo, https://youtu.be/RE_Fk66AGDI.

Arze Cuadros, Eduardo. 2002. *Bolivia, el programa del MNR y la Revolución Nacional. Del movimiento de Reforma Universitaria al ocaso del modelo neoliberal (1928-2002)*. La Paz: Plural.

Avni, Haim. 1982. "¿Antisemitismo estatal en la Argentina? (A propósito de los sucesos de la Semana Trágica de enero de 1919)". *Coloquio*, año IV, N.º 8 (1982).

Avritzer, Leonardo. 2016. *Impasses da democracia no Brasil*. São Paulo: Civilização Brasileira.

Azzolini, Nicolás. 2013. "Juego de reglas o reglas en juego. Consideraciones sobre la democracia, el pueblo y los partidos políticos nacionales durante el primer peronismo (1945-1955)". *Anuario del Centro de Estudios Históricos Prof. Carlos S. A. Segreti* (Córdoba, Argentina), 13: 191-206.

Balaguer, Joaquín. 1949. *Dominican Reality. Biographical Sketch of a Country and a Regime*. México: Joaquín Balaguer, trans. M. Gilland.

Balaguer, Joaquín. 1983. *La isla al revés: Haití y el destino dominicano*. Santo Domingo: Fundación José Antonio Caro.

Balaguer, Joaquín. 1988. *Memorias de un cortesano de la era de Trujillo*. Santo Domingo: Editora Corripio.

Bambirra, Vania. 1974. *El capitalismo dependiente latinoamericano*. México: Siglo XXI.

Bandeira de Melo, Patricia e João Feres Júnior. 2017. "A Grande Mídia e o impedimento presidencial: Dilma vs. Temer". Laboratório de Estudos de Mídia e Esfera Pública (LEMEP), serie M, 24 de agosto.

Bandeira de Melo, Patricia e João Feres Júnior. 2017. "A Grande Mídia e o impedimento presidencial: Dilma vs. Temer". Laboratório de Estudos de Mídia e Esfera Pública (LEMEP), serie M, 24 de agosto.

Barbosa, Maria Luisa Victor. 2001. "Os companheiros", del sitio de Olavo de Carvalho, http://bit.ly/2yTIfKF.

Barcia Zequeira, María del Carmen y Manuel Barcia Paz. 2001. "La conspiración de la escalera: el precio de una traición". *Catauro* (revista de la Fundación Fernando Ortiz), año 2, N.º 3 (2001).

Barkun, Michael. 2003. *A Culture of Conspiracy. Apocalyptic Visions in Contemporary America.* Berkeley: University of California Press.

Barrero, Francisco. 1979. *Conducción político-diplomática de la guerra con Paraguay.* La Paz: Edición del autor.

Barros, Alonso. 2015. "Revolución chilena, Litoral boliviano: La Patria, La Compañía de Salitres y los prolegómenos de la Guerra del Pacífico en el Desierto de Atacama". *Revista de Antropología Experimental,* 15: 483-520.

Barroso, Gustavo. 1934. *Brasil: Colônia de Banqueiros. História dos empréstimos de 1824 a 1934.* Rio de Janeiro: Civilização Brasileira.

Barroso, Gustavo. 1935. *O que o integralista deve saber.* Rio de Janeiro: Civilização Brasileira.

Barroso, Gustavo. 1936a. *Os Protocolos dos Sábios de Sião* (1936) Tradução de Gustavo Barroso.

Barroso, Gustavo. 1936b. *História Secreta do Brasil,* 6 vols. (publicados a partir de 1936).

Barroso, Gustavo. 1937a. *Judaismo, Maçonaria e Comunismo.* Rio de Janeiro: Civilização Brasileira.

Barroso, Gustavo. 1937b. *A Sinagoga Paulista.* Rio de Janeiro: ABC.

Barroso, Gustavo. 1938. *Comunismo, Cristianismo e corporativismo.* Rio de Janeiro, ABC.

Basadre, Jorge. 1983. *Historia de la República del Perú, 1822-1933,* 11 vol., 7.ª edición. Lima: Editorial Universitaria.

Basso, Carlos. 2013. *La CIA en Chile, 1970-1973.* Santiago: Aguilar.

Basterra, Francisco G. 1986. "Larouche, excéntrico líder de una extraña secta derechista". *El País,* 26 de junio de 1986, http://bit.ly/2OSpmTl.

Baud, Michiel. 1999. "Manuel Antonio Peña Batlle y Joaquín Balaguer y la identidad nacional dominicana", en *Política, Identidad y Pensamiento Social en la República Dominicana,* 153-179, editado por Raymundo González, Michiel Baud, Pedro L. San Miguel y Roberto Cassá. Santo Domingo: Docre Calles y Academia de Ciencias Dominicana.

Bayly, Jaime. 2015. "Peruano Jaime Bayly se ríe de Evo Morales y le recuerda que fue Bolivia la que declaró la Guerra a Chile en 1879", http://bit.ly/2TnNfR8.

BBC Mundo, https://youtu.be/IgT8_k3YHd8, 7 de febrero de 2013.

Beck, Ulrich. 1992. *Risk Society.* London: Sage.

Benedetti, Mario. 1966. *El país de la cola de paja.* Montevideo: Asir.

Beraza, Luis. 2009. Fernando *Grandes conspiraciones de la historia argentina.* Buenos Aires: Vergara Grupo Zeta.

Bermúdez, Roberto y Carlos Torrengo. 2000. "Lo que no se investigó sobre los atentados". Río Negro, 11 de enero, www.rionegro.com.ar.

Bernard, David. 1829. *Light on Masonry*. Utica, 1829, pp. iii-x, - en Hofstadter, *The Paranoid Style in American Politics and Other Essays*. Cambridge: Harvard University Press, p. 17.

Bertrand, L. 1937. A Maçonaria: Seita Judaica. Suas origens, sagacidade e finalidades anticris*tias*. Tradução, prefacio e apêndicer de Barroso, Gustavo.

Besoky, Juan Luis. 2010. "La revista *El Caudillo* de la Tercera Posición", *Conflicto Social*, 3 (3): 7-28.

Beveraggi Allende, Walter M. 1953. "El impacto de las inversiones en América Latina". *Trimestre Económico*, 20 (77): 122-140.

Beveraggi Allende, Walter M. 1954a. *El servicio del capital extranjero y el control de cambios: la experiencia argentina de 1900 a 1943*. México: Fondo de Cultura Económica.

Beveraggi Allende, Walter M. 1954b. El *Partido Laborista, el fracaso de Perón y el problema argentino*. Montevideo: Editorial Acción.

Beveraggi Allende, Walter M. 1956 (c. 1954). *El fracaso de Perón y el problema argentino*. Buenos Aires: Rosso.

Beveraggi Allende, Walter M. 1969a. *El dogma nacionalista*. Buenos Aires: Manuel Belgrano, 1969)

Beveraggi Allende, Walter M. 1969b. *El ocaso del patrón oro*. Buenos Aires: Eudeba.

Beveraggi Allende, Walter M. 1975. *La inflación argentina, 1946-1975*. Buenos Aires: Manuel Belgrano.

Beveraggi Allende, Walter M. 1985. *El Plan Andinia o El Nuevo estado judío*. Buenos Aires: Nuevo Orden.

Bielchowsky, Ricardo. 1998. "Evolución de las ideas de la CEPAL". *Revista de la CEPAL*, número extraordinario, octubre, 21-45.

Bilsky, Edgardo. 1984. *La Semana Trágica*. Buenos Aires: CEAL, 1984.

Bisso, Andrés. 2002. "De Acción Argentina a la Unión Democrática. El civismo antifascista como prédica política y estrategia partidaria del socialismo argentino (1940-46)", *Prismas. Revista de Historia Intelectual*, 6.

Bisso, Andrés. 2005. *Acción Argentina. Un antifascismo nacional en tiempos de guerra mundial*. Buenos Aires: Prometeo.

Bisso, Andrés. 2007. *El antifascismo argentino. Selección documental y estudio preliminar*. Buenos Aires: CeDInCI Editores y Buenos Libros.

Bisso, Andrés. 2017. "El uso del concepto 'totalitarismo' en la ensayística antiperonista. El caso de *Frente al totalitarismo peronista*, de Reynaldo Pastor", *Quinto sol* (Santa Rosa), 21 (1): 1-21.

Blancarte, Roberto. 2001. "Laicidad y secularización en México". *Estudios Sociológicos*, 19: 843-855.

Blancarte, Roberto. 2006. "La laicidad: la construcción de un concepto de validez universal", en Néstor Da Costa (ed.). *Laicidad en América Latina y Europa*. Montevideo: CLAEH.

Blasco, Maribel y Hans Krause Hansen. 2006. "Cosmopolitan Aspirations: New Media, Citizenship Education and Youth in Latin America", *Citizenship Studies*, 10 (4): 469-488.

Blinder, Daniel. 2017. "El atentado a la Asociación Mutual Israelita Argentina y la 'pista siria': construcción de un imaginario del terrorismo (1994-2007)". *Question*, 1 (53): 3-19.

Blomstrom, Magnus and Bjorn Hettne. 1984. *Development Theory in Transition: The Dependency Debate and Beyond*. Londres: Zed, 105, 250-253.

Blue Book. 1946. *The Blue Book, US Government official Indictment of the Fascist Regime in Argentina, Memorandum of the United States Government*. New York: Greemberg, 1946.

Bodemer, Klaus. 1998. "La globalización. Un concepto y sus problemas". *Nueva Sociedad*, julio-agosto, 54-55.

Bohoslavsky, Ernesto. 2008. "Contra la Patagonia Judía, La familia Eichmann y los nacionalistas argentinos y chilenos frente al Plan Andinia (de 1960 a nuestros días)". *Cuadernos Judaicos* (Santiago), 8: 224-247.

Bohoslavsky, Ernesto. 2009. *El complot patagónico. Nación, conspiracionismo y violencia en el sur de Argentina y Chile (siglos xix y xx)*. Buenos Aires: Prometeo.

Bojanic, Jorge. 2018. "Jorge Bojanic, ingeniero naval: destruyeron al ARA San Juan (en los arreglos de media vida): no se podía sumergir más de 40 metros", https://youtu.be/rKmDd71ZbQ8.

Bologna, Alfredo Bruno. 2014. *La política exterior de Cristina Fernández al finalizar su mandato*. Rosario: Editorial de la Universidad Nacional de Rosario.

Bondanella, Peter. 1997. "Interpretation, Overinterpretation, Paranoid Interpretation and *Foucualt's Pendulum*". *Reading Eco. An Anthology*, editado por Rocco Capozzi, 287-299. Bloomington: Indiana University Press.

Bonilla, Heraclio. 1980. "La dimensión internacional de la Guerra del Pacífico", en *Un siglo a la deriva. Ensayos sobre el Perú, Bolivia y la guerra*. Lima: Instituto de Estudios Peruanos.

Book Sales Amazon. 2009. "Amazon.com Bestsellers: The most popular items in Book". Amazon.com, 19 de abril.

Borón, Atilio. 2008. "Teorías de la dependencia", *Realidad Económica* (Buenos Aires), 238 (agosto-septiembre).

Borón, Atilio. 2017. "Venezuela y la guerra civil", en blog sobre distintos aspectos de la realidad económica, política y social del mundo actual.

Boschi, Silvana. 2009. Entrevista de Silvana Boschi con Ariel Dorfman ("El autor de un clásico de los años 70 vino al país para presentar su nueva novela en la Feria del Libro de Buenos Aires"), *Clarín*, 5 de mayo de 2009.

Bowman, Glenn. 2001. "The Violence in Identity", en *Anthropology of Violence and Conflict*, editado por Bettina E. Schmidt and Ingo W. Schröder, 25-46. Londres: Routledge.

Braden, Spruille. 1971. *Diplomats and Demagogues: The Memoirs of Spruille Braden*. New Rochelle: Arlington House.

Breda, Tadeu. 2016. "Brasil: crónica de un impeachment anunciado. Los colores de un país escindido". *Nueva Sociedad*, 263 (2016): 16-18.

Brennan, James. 1996. *El Cordobazo. Las guerras obreras en Córdoba, 1955-76.* Buenos Aires: Sudamericana.

Bresser Pereira, Luiz Carlos. 2010. *Globalización y competencia*, Buenos Aires: Siglo XXI.

Brienen, Martin. 2007. "Interminable Revolution: Populism and Frustration in 20th Century Bolivia," *SAIS Review of International Affairs*, 27 (1): 21-33.

Brotherton, Rob. 2015. *Suspicious Minds. Why We Believe Conspiracy Theories.* Nueva York: Bloomsbury.

Bruschtein, Luis. 2003. "Teoría de la conspiración". *Página/12,* 16 de agosto, en http://bit.ly/2OH62Im.

Budassi, Sonia y Andrés Fidanza. 2016. "La Justicia Federal y los servicios de inteligencia. El rompecabezas Nisman", *Revista Anfibia* (Universidad Nacional San Martín), http://bit.ly/2ZVe5CN.

Buela, Alberto. 1974. *La Sinarquía y lo nacional.* Buenos Aires: Marcos, 1974.

Buela, Alberto. 1993. *Pensadores nacionales iberoamericanos.* II volúmenes. Buenos Aires: Biblioteca del Congreso de la Nación.

Buela, Alberto. 1996. *Hispanoamérica contra Occidente.* Madrid: Barbaroja.

Buela, Alberto. 1999. *Ensayos de disenso.* Barcelona: Nueva República.

Buela, Alberto. 2009. "El imperialismo internacional del dinero". Centro de Estudios Internacionales para el Desarrollo, 28 de marzo de 2009.

Bunge, Augusto. 1933. *La guerra del petróleo en la Argentina.* Buenos Aires: La Gráfica.

Buruma, Ian and Avishai Margalit. 2005 (c. 2004). *Occidentalismo: Breve historia del sentimiento antioccidental.* Madrid: Ediciones Península.

Bussom, Anabella. 2016. "Los ejes de la acción externa de Cristina Fernández: ¿cambios hacia un nuevo horizonte o cambios para consolidar el rumbo?". *Relaciones Internacionales*, 50: 143-170.

Buxton, Julia. 2005. "Venezuela's Contemporary Political Crisis in Historical Perspective". *Bulletin of Latin American Research*, 24 (3): 328-347.

Caballero Aquino, Ricardo. 2013. *Las causas de la guerra.* Asunción, El Lector, http://bit.ly/2MXiwco.

Caetano Gerardo y Roger Geymonat. 1997. *La secularización uruguaya (1859-1919).* Montevideo: Taurus.

Caetano, Gerardo. 2011. *La República Batllista.* Montevideo: EBO.

Calil, Gilberto. 2011. "Os integralistas frente ao Estado Novo: euphoria, decepção e subordinação". *Locus, Revista de Historia* (Juiz de Fora), 30 (1): 65-86.

Canal QQ. 2017. "La hipótesis de que lo hundieron los ingleses!", *El Canal de QQ*, 16 de diciembre, https://youtu.be/pJZMmE9Qelk.

Cardoso, Fernando H. y Enzo Faletto. 1969. *Dependencia y desarrollo en América Latina.* México: Siglo XXI.

Cardozo, Efraím. 1965. *Breve historia del Paraguay.* Buenos Aires: Eudeba.

Cardozo, José Eduardo. 2016. Entrevista de Bernardo Rebello con José Eduardo Cardozo. *ABC Internacional*, 25 de agosto de 2016, http://bit.ly/2H1u8rk.

CARI. 1999. *La Argentina exportadora de tecnología nuclear*. Buenos Aires: CARI, 1999.

Carrancio, Magdalena. 1994. "La política exterior argentina y Medio Oriente", en *La política exterior del gobierno de Menem*. Rosario: CERIR.

Carulla, Juan. 1964. *Al filo del medio siglo*. Buenos Aires: Huemul.

Carvalho, Ferdinando de. 1981. *Lembrai-vos de 35*. Rio de Janeiro: Biblioteca do Exército.

Castro Madero, Carlos y Esteban A. Talacs. 1991. *Política nuclear argentina*. Buenos Aires: El Ateneo.

Castro, José Manuel. 2015. "Tanya Harmer, El gobierno de Allende y la Guerra Fría Interamericana (2015)", http://bit.ly/2ZXzNGb.

Causa AMIA. 2015. *Causa Amia. Informe de lo actuado, 1994-2015*. Buenos Aires: Comunidad Judía AMIA.

Cavallo, Domingo. 1997. *El peso de la verdad: un impulso a la transparencia en la Argentina de los 90*. Buenos Aires: Planeta.

Cavieres, Eduardo y Cristóbal Aljovín de Losada. 2005. *Chile-Perú Perú-Chile: 1820-1920. Reflexiones para un análisis histórico de Chile-Perú en el siglo XIX y la Guerra del Pacífico*. Valparaíso: Pontificia Universidad Católica de Valparaíso.

Ceresole, Norberto. 2000. *Caudillo, Ejército, Pueblo; la Venezuela del comandante Chávez*. Madrid: Editorial Al-Ándalus. Caracas: Biblioteca electrónica, http://bit.ly/2OS834z.

Cerruti, Gabriela. 1993. *El Jefe. Vida y obra de Carlos Saúl Menem*, Buenos Aires, Planeta.

Chaitkin, Anton. 2008. "Why the British Kill American Presidents". *EIR, Executive Intelligence Review* (citado erróneamente como *Executive Intelligence Report*), 12 de diciembre de 2008.

Charaudeau, Patrick. 2009. "Reflexiones para el análisis del discurso populista", en el sitio de Patrick Charaudeau, http://bit.ly/2YUz5bq.

Cherashny, Guillermo. 1997. *Menem, Yabrán, Cavallo. Final abierto*, Buenos Aires, Solaris.

Chernick, Marc. 2015. "Las venas abiertas de América Latina, el libro que transformó a una generación". *El Espectador*, 19 de abril, http://bit.ly/2YYbOcJ.

Chesterton, Bridget María. 2013. *The Grandchildren of Solano López: Frontier and Nation in Paraguay, 1904-1936*. University of New Mexico Press.

Chiavenato, Julio José. 1979. *A Guerra do Chaco (Leia-se Petroleo)*. São Paulo: Brasiliense.

Chiavenato, Julio José. 2005. *La guerra del petróleo*. Buenos Aires: Punto de Encuentro.

Chilcote, Ronald. 1983. "Teorías reformistas e revolucionarias de desenvolvimento e subdesenvolvimento", *Revista de Economía Política*, 3 (3): 103-123.

Chile advierte. 2017. "Chile advierte a Bolivia que no lo involucre en su campaña por la demanda marítima", 17 de marzo de 2017, http://bit.ly/2MYfpB4.

Chor, Maio Marcos. 1992. *Nem Rothschild Nem Trotsky. O pensamento antise-mita de Gustavo Barroso.* Rio de Janeiro: Imago.

Christian Alert. 2018. "Bastidores do Comunismo na América Latina - UNASUL e URSAL", 21 de julio de 2018.

Church Report. 1975. Washington: United States Senate, 1975, section I.A. Véase también Foreign Relations of the United States, 1969-1976, volume XXI, Chile, 1969-1973.

CIDH. 2016. "Comunicado de Prensa: CIDH expresa preocupación por destitución de la presidenta de Brasil", 2 de septiembre de 2016.

CIDH. 2016. "Situación de derechos humanos en República Dominicana", en http://bit.ly/2MQE1vl.

CIDH. 2017. "Solicitud de Opinión Consultiva a la Corte Interamericana de Derechos Humanos", octubre de 2017, http://bit.ly/2H2JqvN.

CIDH. 2018. "Resolución de la Corte Interamericana de Derechos Humanos de 29 de mayo de 2018, Solicitud de opinión consultiva presentada por la Comisión Interamericana de Derechos Humanos", http://bit.ly/2ZWNVPT.

Clash. 2009. "Chavez, Venezuela's Catholic Leaders Clash". *The Huffington Post,* 7 de abril de 2009, http://bit.ly/2Z4yXGw.

Clayton, Lawrence A. 1993. *Merchant Adventurer: The Story of W.R. Grace.* Wilmington: Scholarly Resources.

Clayton, Lawrence A. 1999. *Peru and the United States. The Condor and the Eagle.* Athens: University of Georgia Press.

Cohen, Stanley. 1972. *Folk Devils and Moral Panics. The Creation of the Mods and Rockers.* Londres: MacGibbon and Kee.

Cohn, Norman. 1983. *El mito de la conspiración judía internacional: los Protocolos de los sabios de Sion.* Madrid: Alianza.

Cohn, Norman. 1983. *El mito de la conspiración judía mundial.* Buenos Aires: Mila.

Coleman, John. 1992. *Conspirators' Hierarchy: The Story of the Committee of 300.* Bozeman: America West.

Collier, R.B. 2015/2002. "Populism". *International Encyclopedia of the Behavioral and Social* Sciences, 11813-11816.

Comisario Romariz, José. 1952. *La Semana Trágica. Relato de los hechos sangrientos de 1919.* Buenos Aires: Hemisferio.

Comunicado 2018. "Corte IDH decidió no continuar con el trámite de opinión consultiva sobre juicios políticos", http://bit.ly/31Adve8.

Congreso de la Nación. 1951. *Diario de Sesiones.* Cámara de Diputados de la Nación, sesión 28 de junio de 1951, 829 y sgs.

Constitución 1918. Constitución de Uruguay (1918), plebiscitada el 25 de noviembre de 1917, http://bit.ly/2Kjhp50.

Contreras Carranza, Carlos. 2012. *La economía pública en el Perú después del guano y del salitre.* Lima: Instituto de Estudios Peruanos.

Contreras Ríos, Jorge. 2015. "Argentina, Perú, Venezuela y Chile y las teo-rías conspirativas". *Seguridad ciudadana*, 20 de febrero de 2015, http://bit.ly/2MG8agY.

Cordeiro, Ezequiel. 2018. "Ciro Gomes não soube responder ao Daciolo! Saiba o que é URSAL e Foro de São Paulo", 14 de agosto, https://youtu.be/19Cx161iMJo.

Córdoba. 1996. *Córdoba en los '60. La experiencia del sindicalismo combativo*. Córdoba: Universidad Nacional de Córdoba.

Corvalán Márquez, Luis. 2012. *La secreta obscenidad de la historia de Chile con-temporáneo: Lo que dicen los documentos norteamericanos y otras fuentes documentales. 1962-1976*. Santiago: Ceibo.

Coston, Henry. 1957 (c. 1955). *Con dinero rueda el mundo*. Madrid: Borni.

Coston, Henry. 1962. *Les technocrates et la synarchie*. París: Lectures Françaises, 1962.

Cote, Stephen. 2013. "A War for Oil in the Chaco, 1932-35", *Environmental History* 18 (4): 738-758.

Cote, Stephen. 2016. *Oil and Nation: A History of Bolivia's Petroleum Sector*. Morgantown: West Virginia University Press.

Crassweller, Robert D. 1966. *Trujillo. The Life and Times of a Caribbean Dicta-dor*. New York: Macmillan.

Crassweller, Robert. 1988. *Perón y los enigmas de la Argentina*. Buenos Aires: Emecé.

Crenzel, Emilio. 2014. "Tanya Harmer. El gobierno de Allende y la guerra fría interamericana". *Contemporánea* (Montevideo), 5: 192-93.o 5, volumen 5, 2014.

Crisis. 2017. "Brasil está confrontado a la peor crisis económica de su historia". *Gestión*, 8 de marzo de 2017, http://bit.ly/2H2LCmU.

Cronología del juicio 2018. Cronología del juicio a la presidenta Dilma Rousseff, http://bit.ly/2yPQs2z.

Cross 1984. 2018. "Submarino ARA San Juan. ¿Impactó un misil de origen des-conocido?", en *The Cross1984*, https://youtu.be/DZOGZWgr_9w.

Crozier, Ronald D. 1997. "El salitre hasta la Guerra del Pacífico: Una revisión", *Historia* (Santiago de Chile), 30: 53-126.

Cuarta Internacional. 2017. Unidad Internacional de los Trabajadores, "Las petroleras provocaron un enfrentamiento fraticida".

Cubitt, Geoffrey. 1993. *The Jesuit Myth. Conspiracy Theory and Politics in Nine-teenth Century France*. Oxford: Clarendon Press y Oxford University Press.

Cueva, Agustín. 1973. *El desarrollo del capitalismo en América Latina*, México: Siglo XXI.

Cueva, Agustín. 1976. "A Summary of Problems and Perspectives of Depen-dency Theory", *Latin American Perspectives*, 3 (4): 12-16.

Cueva, Agustín. 1977. *Clases sociales y crisis política en América Latina*. México: Siglo XXI.

Cueva, Agustín. 1979. *Teoría social y procesos políticos en América Latina*, Línea Crítica, México: Edicol.

Cueva, Agustín. 2007. *Problemas y perspectivas de la teoría de la dependencia, Entre la ira y la esperanza*. Buenos Aires: CLACSO-Prometeo.

Cunha. 2015. "Acuado, Cunha acolhe pedido de impeachment contra Dilma Rousseff". *El país* (Madrid), 3 de diciembre de 2015.

Cunha. 2016. "Cunha é preso em Brasília por decisão de Sérgio Moro". G1. Globo.com. 19 de octubre de 2016.

Cunha. 2017. "Cunha recebeu R$1mi para 'comprar' votos do impeachment de Dilma, diz Funaro". *Folha de São Paulo*, 14 de octubre de 2017.

Da Costa, Néstor. 2009. "La laicidad uruguaya". *Archives de sciences sociales des religions*, 54 (146): 137-155.

Da Costa, Néstor. 2011. "El fenómeno de la laicidad como elemento identitario". *Civitas* (Porto Alegre), 11 (2): 207-220.

DAIA. 1999. *Informe sobre la situación de los detenidos-desaparecidos judíos durante el genocidio perpetrado en Argentina*, cap. 1, Centro Estudios Sociales de DAIA, abril de 1999, en http://bit.ly/2KmLhNT.

DAIA. 2003. *Informe sobre Antisemitismo en Argentina-2003*. Buenos Aires: Centro de Estudios Sociales de la DAIA.

Daóiz Velarde, Aingeru. 2014. "El hundimiento del Maine, un caso de bandera falsa". *Recuerdos de la Historia*, 13 de junio, http://bit.ly/2z4LSxD.

Daugherty, William J., and William J. J. Daugherty. *Executive Secrets: Covert Action and the Presidency*. Lexington: University Press of Kentucky, 2004.

De Bruyn, Frans. 2001. "Anti-Semitism, Millenarianism, and Radical Dissent in Edmund Burke"s Reflections on the Revolution in France". *Eighteenth-Century Studies*, 34 (4): 577-600.

De la Balze, Felipe A. M. 1998. "La política exterior de 'reincorporación' al primer mundo", en *Política exterior argentina, 1989-1999*, compilado por Andrés Cisneros. Buenos Aires: Grupo Editor Latinoamericano.

De La Pedraja Tomán, René. 2006. *Wars of Latin America, 1899-1941*. Ciudad de México: McFarland.

De la Torre, Carlos. (comp.). 2015. *The Promise and Perils of Populism. Global Perspectives*. Lexington: University Press of Kentucky.

De la Torre, Carlos. 2007. "The Resurgence of Radical Populism in Latin America". *Constellations*, 14 (3): 384-397.

De la Torre, Carlos. 2018. *Routledge Handbook of Global Populism*. Nueva York: Routledge.

De León, Pablo. 2017. "Submarino ARA San Juan: Elisa Carrió denuncia una asociación ilícita de los ministros K Agustín Rossi y Nilda Garré", *Clarín*, 15 de diciembre, http://bit.ly/2YUkXDb.

Deas, Malcolm. 1991. "Venezuela, Colombia y Ecuador", en *Historia de América Latina*, editado por Leslie Bethell, tomo 6: *América Latina Independiente, 1820-1870*, 195-201. Barcelona: Crítica.

Decapitan. 2017. "Decapitan bustos de héroes chilenos en la Guerra del Pací-fico", 12 de julio de 2017, http://bit.ly/2GZ8Avq.

Del Solar, Felipe Santiago. 2006. "La Francmasonería y la Independencia de América: un balance Historiográfico", en *Primeras Jornadas de Estudios Históricos de la Francmasonería Chilena*, 229-240. Santiago de Chile.

Del Solar, Felipe Santiago. 2010. "Masones y sociedades secretas: redes militares durante las guerras de independencia en América del Sur", *Amérique Latine Histoire et Mémoire,* 19: s/p, en: http://bit.ly/2Kxa9la.

Demasi, Carlos. 1995. "La dictadura militar: Un tema pendiente", en *Uruguay: Cuentas pendientes. Dictadura, memorias y desmemorias*, compilado por Álvaro Rico, 29-50. Montevideo: Trilce.

Demasi, Carlos. 2017. "Sobre la masonería". *Mañana del Espectador.*

Demasi, Carlos. 2019. Comunicación personal, 14 de agosto de 2019.

Derby, Lauren. 1994. "Haitians, Magic, and Money: Raza and Society in the Haitian-Dominican Borderlands, 1900 to 1937". *Comparative Studies in Society and History*, 36 (3): 488-526.

Derby, Lauren. 2009. *The Dictator's Seduction*. Durham: Duke University Press.

Derrida, Jacques. 1976. *Of Grammatology*. Baltimore: Johns Hopkins University, 1976.

Devanna, Cecilia. 2017. "Carrió denunció a tres ex ministros K por asociación ilícita", en *Perfil*, 17 de diciembre, http://bit.ly/2yTTN0i.

Devine, Jack. 2014. "What Really Happened in Chile: The CIA, the Coup against Allende, and the Rise of Pinochet", *Foreign Affairs*, 93 (4): 26-35.

Di Maggio, M. 2017. "Investigan 'ataque acústico' a diplomáticos de Estados Unidos en Cuba", *El Observador* (Uruguay), 28 de septiembre de 2017, http://bit.ly/33sNVJD.

Di Santis, Matías. 2018. "El contrabando de armas a Ecuador y Croacia", http://bit.ly/2YH4fI1.

Di Stefano, Roberto. 2011. "Por una historia de la secularización y de la laicidad en la Argentina", *Quinto sol* (Santa Rosa), 15 (1): 1-30, en: http://bit.ly/2YQzgEG.

Díaz Machicao, Porfirio. 1955. *Historia de Bolivia. Salamanca, La Guerra del Chaco, Tejada Sorzano, 1931-1936*. La Paz: Gisbert y Cía.

Dinamarca, Hernán. 2010. "Bolivia, Chile y Perú: conflicto de emociones", en *El Mostrador*, 31 de octubre de 2010, http://bit.ly/2YZVg46.

Disandro, Carlos. 1971. *Gobierno Mundial y las tensiones de la Sinarquía*. Mar del Plata: Ed. Montoneros.

Domenech, Antoni. 2004. *El eclipse de la fraternidad. Una revisión republicana de la tradición socialista*. Madrid: Crítica.

Domínguez Ortiz, Antonio. 2005 (c. 1988). *Carlos III y la España de la Ilustración*. Madrid: Alianza.

Dorfman, Ariel. 1973 [1974]. *Supermán y sus amigos del alma*. Buenos Aires: Galerna.

Dorfman, Ariel. 1972. *Ensayos quemados en Chile: inocencia y neocolonialismo (1970-1973)*. Buenos Aires: De la Flor.

Dorfman, Ariel. 1979. *La última aventura del Llanero Solitario.* San José de Costa Rica: Editorial Universitaria Centroamericana.

Dorfman, Ariel. 1980. *Reader's nuestro que estás en la tierra: ensayos sobre el imperialismo cultural.* México: Editorial Nueva Imagen.

Dorfman, Ariel. 1985. *Patos, elefantes y héroes. La infancia como subdesarrollo.* Buenos Aires: Ediciones de la Flor.

Dorfman, Ariel. 1986a. *De elefantes, literatura y miedo: ensayos sobre la comunicación americana.* La Habana.

Dorfman, Ariel. 1986b. *La rebelión de los conejos mágicos.* Buenos Aires: Ediciones de la Flor.

Dorfman, Ariel. 2012. *Entre sueños y traidores. Un striptease del exilio*, Buenos Aires: Seix Barral.

Dorfman, Ariel. 2013 (1998). *Rumbo al Sur deseando el Norte.* Buenos Aires: La Página.

Dorfman, Ariel y Armand Mattelart. 2009 (1971). *Para leer al pato Donald. Comunicación de masas y colonialismo.* Valparaíso: Ediciones Universitarias.

Dorfman, Ariel y Manuel Jofré. 1974. *Supermán y sus amigos del alma.* Buenos Aires: Galerna.

Dos Santos, Theotônio. 1970. *Dependencia y cambio social.* Santiago: Universidad de Chile, Cuadernos de Estudios Socioeconómicos.

Dos Santos, Theotônio. 1972. *Socialismo o Fascismo: el nuevo carácter de la dependencia y el dilema latinoamericano.* Santiago: Pla.

Dossier URSAL. 2018. www.dossieursal.com.

Dotta, Mario. 2017. Programa Gente de palabra sobre La masonería, en VTV Uruguay, https://youtu.be/GEmRWnV6YKg.

Dreier, Katherine S. 2016. *Cinco meses en Argentina desde el punto de vista de una mujer (1918 a 1919)*, edición de María Gabriela Mizraje. Santiago de Chile: Cuarto Propio.

Drinot, Paulo. 2011. "Website of Memory: The War of the Pacific (1879-84) in the Global Age of YouTube", *Memory Studies*, 4 (4): 370-85.

Eco, Umberto. 1990. *Interpretation and Overinterpretation.* Cambridge: Cambridge University Press.

Eco, Umberto. 1991 (c. 1988). *El péndulo de Foucault.* Barcelona: Círculo de Lectores.

Eco, Umberto. 2014. "Apuntes para una teoría de las conspiraciones", *El Espectador*, 11 de octubre, en http://bit.ly/31mxGvW.

Eco, Umberto. 2016. *De la estupidez a la locura, Crónicas para el futuro que nos espera.* Madrid: Lumen.

Eduardo, Carlos. 2009. "André Gunder Frank: el intelectual insurgente". *C y E*, I, N.º 2 Biblioteca Virtual.

Eisenstadt, Shmuel N. 1997. *Les antinomies de la modernité. Les composants jacobines de la modernité et du fondamentalisme.* Paris: L'Arche.

Ellner, Steve. 2005. "Revolutionary and Non-Revolutionary Paths of Radical Populism: Directions of the Chavista Movement in Venezuela". *Science and Society*, 69 (2): 160-190.

Escudé, Carlos. 1978. "Braden, Perón y la diplomacia británica". *Todo es Historia*, 138: 8-9.

Escudé, Carlos. 1983. *Gran Bretaña, Estados Unidos y la declinación argentina 1942-1949*, Buenos Aires: Universidad de Belgrano.

Escudé, Carlos. 1992. *Realismo periférico: Bases teóricas para una nueva política exterior argentina*. Buenos Aires: Planeta.

Escudé, Carlos y Andrés Cisneros. 2000. "La campaña del embajador Braden y la consolidación del poder de Perón", *Historia de las Relaciones Exteriores Argentinas* (CARI), http://bit.ly/2KGsJHx.

Escudé, Carlos y Beatriz Gurevich. 2003. "Limits to Governability, Corruption and Transnational Terrorism: The Case of the 1992 and 1994 Attacks in Buenos Aires". *Estudios interdisciplinarios de América Latina y el Caribe*, 14, http://bit.ly/2Mf51VT.

Europapress. 2018. "El submarino argentino desaparecido ARA San Juan presentaba 'errores' antes de zarpar", 27 de enero de 2018, http://bit.ly/2ZYnYiX.

Exhumación 2015. "Exhumación de los restos de Bolívar: ¿una maldición adelantada?". *Diario Las Américas*, 22 de julio de 2015, http://bit.ly/2Mdr8Mw.

Factores 2016. "5 factores para entender cómo se dio el golpe contra Dilma Rousseff". RT. 12 de mayo de 2016, http://bit.ly/2KKgbyH.

Falcón, Ricardo y Alejandra Montserrat. 1998. "Una vez más la Semana Trágica: estado de la cuestión y propuestas de discusión". *Cuadernos del CIESAL*, 3 (4): 35-50

Fallo CIJ. 2017. "El fallo de la Corte Internacional de Justicia". Ministerio de Relaciones Exteriores del Perú, http://bit.ly/2OSsgax.

Farago, Ladislas. 1974. *Aftermath. Martin Bormann and the Fourth Reich*. Nueva York: Simon & Schuster, 1974.

Farris, Nancy M. 1995. *La corona y el credo en el México colonial, 1579-1821*. México: Fondo de Cultura Económica, 1995.

Fennema, Meindert. 1999. "Hispanidad y la identidad nacional de Santo Domingo", en *Política, Identidad y Pensamiento Social en la República Dominicana*, editado por Raymundo González, Michiel Baud, Pedro L. San Miguel y Roberto Cassá, 213-237. Santo Domingo: Doce Calles y Academia de Ciencias Dominicana.

Fenster, Mark. 1999. *Conspiracy Theories. Secrecy and Power in American Culture*. Minneapolis: University of Minnesota Press.

Fermandois, Joaquín. 1998. "Pawn or player? Chile in the Cold War (1962-1973)", *Estudios Públicos*, 72 (1998), de acceso a través del sitio del Centro de Estudios Públicos de Chile, http://bit.ly/2Mbm8rL.

Fermandois, Joaquín. 2003. "La persistencia del mito: Chile en el ojo del huracán de la Guerra Fría". *Estudios Públicos*, 92: 287-312.

Fernández Abara, Joaquín. 2015. "Orígenes de un desencuentro: El Partido Comunista de Chile ante el Movimiento Nacionalista Revolucionario y la dictadura de Villarroel en Bolivia (1943-1946)". *Revista de Historia Social y de las Mentalidades* (Universidad de Santiago de Chile), 19 (1): 9-39.

Fernández Brieba, Txomin. 2014-2015. "Populismos Latinoamericanos Siglo xx: Perón y Chávez". Universidad del País Vasco, Euskal Herriko University, Facultad de Letras, en http://bit.ly/2ZRbFVD.

Fernández Cabrelli, Alfonso. 1990a. "Iglesia y masonería en la reforma de la escuela uruguaya". *Historia de la Educación*, 9: 109-129.

Fernández Cabrelli, Alfonso. 1990b. *Iglesia ultramontana y masonería en la transformación de la sociedad oriental*. Montevideo: Ediciones América Una.

Fernández Pardo, Carlos y Leopoldo Frenkel. 2004. *Perón. La unidad nacional entre el conflicto y la reconstrucción (1971-1974)*. Córdoba: El Copista.

Fernández, Raúl A. and José F. Ocampo. 1974. "The Latin American Revolution: A theory of imperialism, not dependence". *Latin American Perspectives*, 1 (1): 30-61.

Ferreira Aldunate, Wilson. 1984. *Discursos, conferencias y entrevistas*, 89, recopilación y prólogo de Juan Raúl Ferreira. Montevideo: Talleres Sarandí.

Ferreira Perazzo, Priscila. 1999. *O perigo alemão. A repressão policial no Estado Novo*. São Paulo: Divisão de Archivo do Estado.

Ferrer Benimeli, José Antonio. 1980. *Masonería española contemporánea*. Madrid: Siglo XXI.

Ferrer Benimeli, José Antonio. 1988. "Cádiz y las Llamadas Logias Lautaro o Caballeros Racionales", en *De la Ilustración al Romanticismo, Cádiz, América y Europa ante la Modernidad 1750-1850*, 149-176. Cádiz: Universidad de Cádiz.

Ferrer Benimeli, José Antonio. 2012. "Aproximaciones a la historiografía de la masonería latinoamericana", *Revista de Estudios Históricos de la Masonería*, REHLAC, San José de Costa Rica, 4: 4-121.

Figueroa Fajardo, Genaro. 2014. comentario a la nota de Estefanía Araya, "El dossier boliviano a La Haya y el futuro de la agenda", *La Segunda*, 5 abril de 2014, http://bit.ly/2Tng9Rk.

Fihman, Pablo R. 1999. "A 80 años de la Semana Trágica. Pogrom en Buenos Aires", Instituto Socialista de Estudios Económicos y Políticos, página web "José Ingenieros".

Flórez de Andrade, Ángelo. 2016. "The Most Bizarre Conspiracy Theories of the Latin American Left", http://bit.ly/2Z1e4zY, 28 de diciembre de 2016.

Fontaine Talavera, Arturo. 1998. "The United States and the Soviet Union in Chile". *Estudios Públicos*, 72 (1998), http://bit.ly/2H3zMZR.

Foucault, Michel. 1965. *Madness and Civlization*. New York: Pantheon Books.

Foucault, Michel. 1975. *Surveiller et Punir. Naissance de la prison*. Paris: Gallimard.

Foucault, Michel. 2002 (c. 1975). *Vigilar y castigar. Nacimiento de la prisión.* Buenos Aires: Siglo XXI.

Franceschi, Gustavo. 1919. "La Revolución reciente." *El Pueblo*, 26 de enero de 1919, 2.

Franco Picardo, Franklin J. 2009. *Historia del Pueblo Dominicano, octava edición.* Santo Domingo: Ediciones Taller.

Freidenberg, Flavia. 2007. *La tentación populista.* Barcelona: Editorial Síntesis.

Frondizi, Arturo. 1954. *Petróleo y política.* Buenos Aires: Raigal.

Frontaura Argandoña, Manuel. 2012 [c. 1974]. *La Revolución Boliviana.* La Paz: Rolando Diez de Medina.

FRUS. 1969-1976. *Foreign Relations of the United States*, editado por Edward C. Keefer, editore general.

Galasso, Norberto. 2005. *Perón: Formación, ascenso y caída, 1893-1955.* Buenos Aires: Colihue.

Galeano, Eduardo. 1986. *Memoria del fuego 3.* México: Siglo XXI.

Galeano, Eduardo. 2003 [1971]. *Las venas abiertas de América Latina.* México: Siglo XXI.

Galeano, Eduardo. 2015. "Extraño 'dictador' este Hugo Chávez", 13 de abril, http://bit.ly/2TBq2eB.

Galíndez, Jesús de. 1973. *The era of Trujillo, Dominican dictator.* Edited by Russell H. Fitzgibbon. Tucson: University of Arizona Press.

Gallegos, Gerardo. 1968. *Trujillo, cara y cruz de su dictadura.* Madrid: Ediciones Iberoamericanas.

García Canclini, Néstor. 1995. *Hybrid Cultures.* Minneapolis: University of Minneapolis Press.

García Holgado, Benjamín. 2014. "Apuntes sobre el exilio antiperonista en Montevideo entre 1943 y 1945". *Colección*, 24: 11-35.

García Sebastiani, Marcela. 2005. *Los antiperonistas en la Argentina peronista. Radicales y socialistas en la política argentina entre 1943 y 1951.* Buenos Aires: Prometeo.

García Sebastiani, Marcela. 2006. "La otra cara de la Argentina peronista: radicales y socialistas en la oposición política a Perón (1946-1955)", en *Fascismo y antifascismo. Peronismo y antiperonismo. Conflictos políticos e ideológicos en la Argentina (1930-1955)*, 195-234. Madrid y Frankfurt: Iberoamericana-Vervuert.

Gasparini, Juan. 1997. "La trama nazi en España, Portugal y Argentina", en *El oro nazi*, de Jean Ziegler. Buenos Aires: Planeta.

Gertz, René. 1987. *O fascismo no sul do Brasil. Germanismo, nazismo, integralismo.* Porto Alegre: Mercado Aberto.

Giddens, Anthony. 1990. *The Consequences of Modernity.* Oxford: Polity.

Gildner, Matthew. 2012. "La historia como liberación nacional: creando un pasado útil para la Bolivia posrevolucionaria", *Revista de Ciencia y Cultura* (La Paz), 29: 103-122, http://bit.ly/2P0ZNQ6.

Giménez López, Enrique. 2010. "Los jesuitas y la teoría de la conspiración", en *Aspectos de la política religiosa en el siglo XVIII. Estudios en homenaje a Isidoro Pinedo Iparraguirre S. J.*, editado por Enrique Giménez López, 251-280. San Vicente: Universidad de Alicante.

Godio, Julio. 1972. *La Semana Trágica de enero de 1919*. Buenos Aires: Galerna.

Golinger, Eva. 2017. "Chavez Assassination Attempts 'Documented, Very Real'". *TeleSur*, 13 de abril de 2016, http://bit.ly/2H1MqbH.

Gonçalves Dantas, Elynaldo . 2014. "Palimpsesto Antissemita: Deconstuindo o Plano Cohen", *Escritas* 6, (1): 136-37.

González Bernaldo, Pilar. 1990. "Masonería y Revolución de independencia en el Río de la Plata: 130 años de historiografía", en *Masonería, Revolución y Reacción, IV Symposium Internacional de Historia de la Masonería Española*, coordinado por José Antonio Ferrer Benimeli, tomo II, 1035-1054. Alicante: Instituto Alicantino Juan Gil-Albert.

González, Elpidio. 1919. Informe del Jefe de Policía Elpidio González al Sub-secretario del Interior Alfredo Espeche respecto las denuncias del Comité Israelita. Archivo General de la Nación, Ministerio del Interior, L 5, E 858.

González, Horacio. 2004. *Filosofía de la conspiración. Marxistas, peronistas y carbonarios*. Buenos Aires: Ediciones Colihue.

González, Juan Natalicio. 1938."El drama del Chaco: petróleo, la guerra y la oligarquía liberal", reproducido en *Política británica en el Río de la Plata*, de Scalabrini Ortiz, pp. 155-156. Barcelona: Plus Ultra.

González, Mario Alexis. 2016. "Asamblea ecuatoriana condena la destitución de Rousseff y la califica cómo 'golpe de Estado'", *El Comercio* (Ecuador), 1.º de septiembre de 2016, http://bit.ly/2KwkZsV.

Goñi, Uki. 1998. *Perón y los alemanes. La verdad sobre el espionaje nazi y los fugitivos del Reich,* Buenos Aires: Sudamericana.

Goñi, Uki. 2002. *La auténtica Odessa. La fuga nazi a la Argentina de Perón*. Buenos Aires: Paidós.

Goode, Erich y Nachman Ben-Yehuda. 1996. *Moral Panics. The Social Construction of Deviance*. Oxford: Blackwell.

Gordillo, Mónica. 1999. "Movimiento sociales e identidades colectivas, repensando el ciclo de protesta obrera". *Desarrollo Económico*, 39 (155): 277-305.

Gravil, Roger. 1995. "El Foreign Office vs. el Departamento de Estado: reacciones británicas frente al *Libro Azul*". *Ciclos*, V (9): 77-88.

Guerra 2013. "La Guerra del Pacifico, 1879-1883", en *Perú Cultural*, 16 de mayo de 2013, http://bit.ly/2ZWwBL0.

Guerrero, Jaime y Tere Vale. 2012. *De conspiraciones, ambiciones y elecciones. Los grandes mitos de la política mexicana*. México: Planeta.

Guigou, Nicolás. 2010. "Etnicidad y laicismo en el Uruguay", en *Un paese che cambia. Saggi antropologici sull'Uruguay tra memoria e attualitá*, editado por Carla Maria Rita, 163-181. Roma: CISU.

Gunder Frank, André. 1970. *Capitalismo y subdesarrollo en América Latina*. Buenos Aires: Siglo XXI.

Gustafson, Kristian. 2007. *Hostile Intent: U.S. Covert Operations in Chile, 1964-1974*. Washington: Potomac Books.

Halperin Donghi, Tulio. 2002. "Party and State in the Construction of Collective Identities: Uruguay in the Nineteenth Century", en *The Collective and the Public in Latin America*, editado por Luis Roniger and Tamar Herzog, 158-173. Brighton: Sussex Academic Press.

Harmer, Tanya. 2013. *El gobierno de Allende y la Guerra Fría Interamericana*. Santiago: Universidad Diego Portales (traducción del libro en inglés de 2011).

Hauser, Irina. 2018. "Telleldín denunció al ministro de Justicia por encubrimiento del atentado a la AMIA. Por proteger a los fiscales", *Página/12*, 25 de febrero de 2018.

Hermet, Guy, Soledad Loaeza y Jean François Prud'homme. 2001. Eds. *Del populismo de los antiguos al populismo de los modernos*. México: Colegio de México.

Hernández, Juan Luis. 2012. "Una guerra fratricida: el conflicto por el Chaco Boreal (1932-1935)". *Pacarina del Sur*, 3 (10), http://bit.ly/2TtW3oD.

Hersh, Seymour. 1983. *The Price of Power: Kissinger in the Nixon White House*. New York: Summit Books.

Hilton, Stanley E. 1981. *Hitler's Secret War in South America, 1939-1945: German Military Espionage and Allied Counterespionage in Brazil*. Baton Rouge: Louisiana State University Press.

Hinchey Report, CIA Activities in Chile. Washington: US State Department, 2000, http://bit.ly/2ZZ5pLE.

Hitchens, Chistopher. 2001. *The Trial of Henry Kissinger*. New York: Verso.

Hofstadter, Richard. 1963. *The Paranoid Style in American Politics and Other Essays*. Cambridge, Mass: Harvard University Press.

Holloway, Diane. 2003. "Bay of Pigs Invasion", en Peter Knight ed., *Conspiracy Theories in American History*. Santa Barbara, CA: ABC-CLIO, 2003.

Hsu, Francis LK. 1983. *Rugged Individualism Reconsidered*. Knoxville: University of Tennessee Press.

Huchim, Eduardo. 1994. *México 1994: La rebelión y el magnicidio*. México: Nueva Imagen.

Hurtado Torres, Sebastián. 2016. "Chile y Estados Unidos, 1964-1973. Una nueva mirada". *Nuevo Mundo Mundos Nuevos*, 10 octubre 2016, http://bit.ly/2yWU0Qo; ídem, "El golpe que no fue: Eduardo Frei, la Democracia Cristiana y la elección presidencial de 1970", *Estudios Públicos*, 129 (2013).

Husain, Aiyaz. 2005."Covert Action and US Cold War Strategy in Cuba, 1961-62", *Cold War History* 5 (1): 23-53.

Icke, David. 2001. *Children of the Matrix: How an Interdimensional Race Has Controlled the World for Thousands of Years, and Still Does.* Wildwood: Bridge of Love.

Infobae. 2017. "Los videos que reconstruyen la muerte de Alberto Nisman", 17 de septiembre, http://bit.ly/2KVicZl.

Informe. 1996. Informe de la Comisión Nacional de Verdad y Reconciliación. Santiago: Corporación Nacional de Reparación y Reconciliación, tomo 1, 36-37, http://bit.ly/33rj402.

Instituto de Estrategia. 2018. "Según un informe ruso: La Armada Real Británica y la de Chile hundieron el submarino ARA San Juan", 16 de febrero, http://bit.ly/2qDiBc6.

Irisarri, María Jimena. 2013. "Las actividades del nacionalsocialismo en la Argentina. El diputado Raúl Damonte Taborda y el diario Crítica (1938-1943)". *Anuario del Centro de Estudios Históricos Prof. Carlos S. A. Segreti* (Córdoba, Argentina), 13 (13): 175-190.

Jacobs, Andrew. 2016. "El último intento de Dilma Rousseff por volver a la presidencia", *The New York Times* (en español), 17 de agosto, https://nyti.ms/2MaQavL.

Jakubowicz, Jonathan. 2005. *Secuestro Express,* director: Jonathan Jakubowicz, producida por la Escuela de Cine Documental de Caracas (ECDC), 2005.

Jansen, Robert S. 2015. "Populist Mobilization: A New Theoretical Approach to Populism", en *The Promise and Perils of Populism,* editado por Carlos de la Torre, 159-188. Lexington: University Press of Kentucky.

Jastreblansky, Maia. 2018. "El Gobierno pidió a la Corte Interamericana que aparte a Zaffaroni". *La Nación,* 14 de febrero.

Jauretche, Arturo. 1957. *Los profetas del odio.* Buenos Aires: Ed. Trafac.

Johnson, Dale L. 1981. "Economism and determinism in Dependency Theory". *Latin American Perspectives,* 8 (3-4): 108-117.

Kasten Nelson, Anna. 2001. "Operation Northwoods and the Covert War against Cuba, 1961-1963". *Cuban Studies,* 32: 145-154.

Katz, Claudio. 2016. "Críticas y convergencias con la Teoría de la Dependencia". *Rebelión,* 7 de setiembre.

Kedar, Benjamin Z. 1996. "Expulsion as an Issue of World History". *Journal of World History,* 7 (2): 165-180.

Kelman, David. 2012. *Countefait Politics. Secret Plots and Conspiracy Narratives in the Americas.* Lewsiburg: Bucknell University Press.

Kiernan, V. G. 1955. "Foreign Interest in the War of the Pacific". *Hispanic American Historical Review,* 35: 14-36.

Kierszenbaum, Leandro. 2012. "Between the Accepted and the Legal: Violence in Honor Disputes in Uruguay (1945-1970)". *International Journal of Politics, Culture, and Society,* 25 (2012): 35-48.

King, Dennis. 1989. *Lyndon Larouche and the New American Fascism.* New York: Doubleday.

Klein, Herbert. 1969. *Parties and Political Change in Bolivia, 1880-1952*. Cambridge: Cambridge University Press.

Klein, Herbert. 1993. *Orígenes de la revolución nacional boliviana*. México: Grijalbo.

Klich, Ignacio F. 2011. "Argentina-Irán. Ayer y hoy. Constantes de la política exterior argentina en Oriente Medio", en *Irán y los retos de la República islámica*, compilado por Zidane Zeraoui e Ignacio Klich. Buenos Aires: Siglo XXI.

Klich, Ignacio y Cristian Buchrucker (comps.). 2009. *Argentina y la Europa del Nazismo. Sus secuelas*. Buenos Aires: Siglo XXI.

Klich, Ignacio. 1992. "Perón, Braden y el antisemitismo: opinión pública e imagen internacional", *Ciclos*, II (2): 5-38.

Klich, Ignacio. 1995. "Los nazis en la Argentina, revisando algunos mitos". *Ciclos*, V (9): 193-220.

Knight, Alan. 1998. "Populism and Neo-Populism in Latin America, especially Mexico". *Journal of Latin American Studies*, 30: 223-248.

Knudson, W. 1968. "The Bolivian Immigration Bill of 1942: A Case Study in Latin American Antisemitism", *American Jewish Archives* (Cincinnati), N.º 22, 138-159.

Korn, Guillermo. 1945. *La Resistencia Civil*. Montevideo, Ceibo.

Kornbluh, Peter. 1998. "The Chile Coup - the U.S. Hand". *If Magazine*, 25 de octubre de 1998, reproducido en Centre for Research on Globalisation, http://bit.ly/2ZYTLjI.

Kornbluh, Peter. 2003. *The Pinochet File. A Declassified Dossier on Atrocity and Accountability*. New York: National Security Archive y New Press.

Kozloff, Nikolas. 2005. "Venezuela's War of Religion". *Venezuela Analysis*, 24 de octubre de 2005, http://bit.ly/2Z0m0kT.

Krauze, Enrique. 2012. "ABC del populismo". *Letras Libres* (México DF), 160, 15.

Kubovy, León. 1958. *Serás siempre Israel*. Buenos Aires: Losada.

L'historia. 2017. "Día del Mar (23 de marzo de 1879)", http://bit.ly/2YZBzoP.

La jueza. 2017. "Habló la jueza que investiga la desaparición del submarino". *La Nación Más*, 23 de noviembre de 2017, https://youtu.be/Eamr1PzCIEo.

Laclau, Ernesto. 2005. *The Populist Reason*. London: Verso.

Lacy, Norris J. 2004. "'The Da Vinci Code': Dan Brown and The Grail That Never Was". *Arthuriana*, 14 (3): 81-93.

Ladeuix, Juan Iván. 2007. "El General frente a la Sinarquía. El discurso de Carlos Disandro en la formación de la Concentración Nacionalista Universitaria y su impacto en el peronismo". XI Jornadas Interescuelas de Historia, Universidad de Tucumán, 2007, http://bit.ly/2yNp6df.

Larraquy, Marcelo. 2007. *López Rega. El peronismo y la Triple A*. Buenos Aires: Punto de Lectura.

Larrea, Mauricio. 2005. "La conspiración de EE. UU. contra Cuba es un nuevo capítulo de bandidaje colonial", carta del escritor Marcelo Larrea al Presidente ecuatoriano Lucio Gutiérrez, Red Voltaire, 2 de abril de 2005, http://bit.ly/2McEQ2f.

Latell, Brian. 2012. *Castro's Secrets. The CIA and Cuba's Intelligence Machine*. New York: Palgrave Macmillan.

Latinobarómetro. 2016. *La confianza en América Latina 1995-2015, 20 años de opinión pública latinoamericana*. Santiago de Chile: Latinobarómetro.

Leighton, Pablo. 2008. "Archives and Narratives for the Recent Coup-History of Chile". "Archives and Narratives for the Recent Coup-History of Chile". *Neo Journal* (Macquarie University), available in academia.edu.

Liberman. 2017. "Liberman: lo que nadie dice sobre el submarino, intereses rusos, servicios de inteligencia ingleses", 4 de diciembre de 2017, https://youtu.be/35P-iUHot_c.

Libro Blanco. 1973. *Libro Blanco del cambio de gobierno en Chile. 11 de septiembre de 1973*. Santiago: Ministerio Secretaría General de Gobierno de Chile: Editorial Lord Cochrane.

Lifschitz, Claudio. 2000. ¿Por qué falló la investigación del atentado?, Buenos Aires: DPG.

Lomnitz, Claudio y Rafael Sánchez. 2009. "The uses of anti-Semitism in Chávez's Venezuela". *Boston Review*, julio-agosto de 2009.

López Echagüe, H. 2002. *El Otro. Eduardo Duhalde: una biografía política*. Buenos Aires: Norma.

López Hernández, Roberto. 2005. "La dependencia a debate". *Latinoamérica* (México), 40: 11-54.

López Rega, José. 1973. "La Sinarquía contra el Justicialismo". *Las Bases*, 19 de abril de 1973, 9.

López Rico, Natalia. 2016. "El largo camino de la ciudadanía en Brasil: entrevista a José Murilo de Carvalho". *Meridional. Revista Chilena de Estudios Latinoamericanos*, 6 (abril de 2016): 163-178.

Luna, Félix. 1986. *El 45, un año decisivo*. Buenos Aires: Sudamericana.

Lvovich, Daniel. 2003. *Nacionalismo y antisemitismo en la Argentina*. Buenos Aires: Javier Vergara.

Lynch, John. 1991a. "La formación de los Estados nuevos", en Manuel Lucena Salmoral, coord., *Historia de Iberoamérica*, tomo III: *Historia contemporánea*. Madrid: Cátedra, 1998, pp. 131-247.

Lynch, John. 1991b. "La Iglesia Católica, 1830-1930", en *Historia de América Latina*, tomo 8: *América Latina, cultura y sociedad, 1830-1930*, editado por Leslie Bethell, 67-117. Barcelona: Universidad de Cambridge.

Macedonian News. 2016. "CIA directed coup underway in Brazil". *Macedonian International News Agency*, 17 de marzo, http://bit.ly/2H1rEJm.

Maduro. 2015. "Maduro: la oposición negocia la Patria con el FMI frotándose las manos". *Noticias 24*, http://bit.ly/33skuaB.

Maldición 2013. "Chávez, ¿una víctima más de la maldición de Simón Bolívar?". *El Espectador*, 6 de marzo de 2013, http://bit.ly/2OUMqRg.

Mallo, Susana. 2011. *Carlos Real de Azúa: un intelectual inasible. El papel de los intelectuales, la política y los vaivenes del Uruguay y la región en la segunda mitad del siglo xx*. Montevideo: Banda Oriental.

Marcuse, Herbert. 1964. *El hombre undimensional*. Madrid: Ariel.

Mariaca Bilbao, Enrique. 1966. *Mito y realidad del petróleo boliviano*. La Paz y Cochabamba: Editorial Los Amigos del Pueblo.

Marín, Carlos. 1994. "Diego Valadés 'prestó' a Mario Aburto, durante dos horas, para que fuera interrogado por el gobernador Beltrones y su gente". *Proceso*, 28 de noviembre.

Marini, Ruy Mauro. 1969. *Subdesarrollo y revolución*. México: Siglo XXI.

Marini, Ruy Mauro. 1973. *Dialéctica de la dependencia*. México: Era.

Marof, Tristán. 1934. *La tragedia del altiplano*. Buenos Aires: Claridad.

Marra, A. 2015. "¿Quiénes están detrás de las protestas en Brasil contra Dilma Rousseff?", en *Publico.es*, 17 de marzo de 2015, http://bit.ly/2Mcnqmv.

Marrs, Texe. 1995. *Circle of Intrigue: The Hidden Circle of the Global Illuminati Conspiracy*. Austin: Living Truth, 1995.

Martínez García, José Saturnino. 2017. "El habitus. Una revisión analítica". *Revista Internacional de Sociología*, 75 (3): 1-14, http://bit.ly/2ZT7kkK.

Martins, Carlos Eduardo. 2009. "André Gunder Frank: el intelectual insurgente", *C y E*, I, 2.

Mattelart, Armand. 2009. *Un mundo vigilado*. Barcelona: Paidós.

Mazzei, Daniel. 2007. "La rebelión de Azul y Olavarría (octubre de 1971): ¿levantamiento antidictatorial o putsch fascista?". XI Jornadas Interescuelas / Departamentos de Historia. Facultad de Filosofía y Letras. Universidad de Tucumán.

McCaffrey, Paul. 2012. *Conspiracy Theories*. Ipswich: EBSCO Publishing.

McCann, Frank. 2007. *Soldados da Patria. Historia do Exército Brasileiro, 1889-1937*. São Paulo: Companhia das Letras.

McGee Deutsch, Sandra. 1984. "The Argentine Right and the Jews, 1919-1933". *Journal of Latin American Studies, 18*: 113-134.

McGee Deutsch, Sandra. 1999. *Las derechas. The Extreme Right in Argentina, Brazil and Chile, 1890-1939*. Stanford: Stanford University Press.

McGee Deutsch, Sandra. 2003. *Contrarrevolución en la Argentina 1900-1932. La Liga Patriótica Argentina*. Quilmes: Editorial Universidad Nacional de Quilmes.

Meding, Holger M. 1999 *La ruta de los nazis en tiempo de Perón*. Buenos Aires: Emecé.

Meinvielle, Julio. 1937. *Los tres pueblos bíblicos en su lucha por la dominación del mundo*. Buenos Aires: Adsum, reeditado en *Concepción católica de la política* (1974).

Meinvielle, Julio. 1940 (c. 1937). *El judío*. Buenos Aires: Ed. Gladium.

Meinvielle, Julio. 1974. *Concepción católica de la política. Los tres pueblos bíblicos en su lucha por la dominación del mundo. El comunismo en Argentina*, estudio preliminar de Carlos A. Sacheri. Buenos Aires: Ediciones Dictio.

Mello, João. 2017. "PT afirma que a Força tarefa da Lava Jato persegue o partido dentro e fora dos autos". *GGN o Jornal de Todos os Brasis*, 7 de enero de 2017, http://bit.ly/2KILJVM.

Mendelevich, Pablo. 2003. "Patagonia: de mitos e invasores", *La Nación*, 21 de septiembre de 2003, http://bit.ly/2OMoTSA.

Méndez, Pedro. 2009. "Judíos, intrigantes y asesinos". *Aporrea*, 7 de enero de 2009, http://bit.ly/2MaQDyl.

Mestre, Antonio y Pablo Pérez García. 2004. "La cultura en el siglo XVIII español", en *La cultura española en la Edad Moderna*, obra colectiva de Luis Gil Fernández y otros, 397-407. Madrid: Historia de España XV.

Michelis, César de. 2004. *The Non-Existent Manuscript: A Study of the Protocols of the Sages of Zion*. Lincoln: University of Nebraska Press.

Miethe, Tereance D. and Lu Hong. 2005. *Punishment. A Comparative Historical Perspective*. Cambridge: Cambridge University Press.

Miles. 2017. "Miles de bolivianos forman una 'Marea azul' por demanda marítima a Chile", 21 de marzo de 2017, http://bit.ly/2ZWwKhw.

Miozzo, Júlia. 2018. "Para 82% dos Brasileiros, Moro 'acertou' em aceitar Convite para ser Ministro da Justiça", *InfoMoney*, 6 de noviembre de 2018, http://bit.ly/2H2g54v.

Miranda, Lula. 2016. "Perseguição ao PT é violação da Democracia". *Brasil 247*, 4 de octubre de 2016.

Mirelman, Víctor. 1988. *En búsqueda de una identidad. Los inmigrantes judíos en Buenos Aires, 1890-1930*. Buenos Aires: Milá.

Mizraje, María Gabriela. 2018. "Katherine Dreier y un nuevo viejo testimonio sobre enero de 1919", *Nueva Sion*, Buenos Aires, 18 de julio.

Moniz Bandeira, L. A. 1988. "A Guerra do Chaco". *Revista Brasilera de Política Internacional*, (Brasilia), 41 (1), http://bit.ly/2YEz9AE.

Monteiro Junior, Luiz Otavio. 2016. "Contra a foice e o martelo: a invenção do anticomunismo no Exército Brasileiro". *Aedos* (Porto Alegre), 8 (19): 265-266.

Montero, Ana Soledad. 2008. "Héroes, ortodoxos, disidentes y traidores. Los avatares de la Juventud Peronista Lealtad (1973-1976)". Red Interdisciplinaria de Estudios sobre Historia Reciente, http://bit.ly/2OQh8Le.

Montero, Daniel y Carmen Lucas-Torres. 2018. "España detiene 16 años después al traficante que vinculó al presidente argentino Carlos Menem con la venta de armas", *El Español*, 11 de mayo de 2018, http://bit.ly/2YLBSbK.

Mora, Frank O. y Jerry Cooney. 2007. *Paraguay and the United States: Distant Allies*. Athens: University of Georgia Press.

Moreno Ocampo, Luis. 2016. "Los gobernantes terminan invesdtigadois por los jeuces amigos que designan", entrevistado por Leonardo Castillo. *La Capital* (Mar del Plata), 4 de diciembre.

Moreno Velador, Octavio H. y Carlos A. Figueroa Ibarra. 2016. "El miedo al populista latinoamericano del siglo XXI". Benemérita Universidad Autónoma de Puebla: *Papeles de Trabajo N.º 31*, julio de 2016.

Moro. 2018. "Moro Aceitar Ministério Escancarou a Fraude: é Preciso Por Bolsonaro Para Fora". *Diário Causa Operária*, 3 Nov. 2018, http://bit.ly/31yzX78.

Moroni, Delfina. 2015. "Una cruzada contra el imperialismo dibujado. Ariel Dorfman versus Supermán y sus amigos del alma", en Andrés Kozel, Florencia Grossi y Delfina Moroni, coords., *El imaginario antiimperialista en América Latina*, 251-265. Buenos Aires: CLACSO.

Morstein, Manfred. 1989. *Al Kassar. El padrino del terror. La conexión internacional del narcoterrorismo de Marbella a la Argentina*. Madrid: Ediciones Temas de Hoy.

Moura, Nando. 2018. "CIRÃO x URSAL". 13 de agosto, https://youtu.be/Ndqss1Wwi-o.

Mudde, Cas. 2004. "The Populist Zeitgeist", *Government and Opposition*, 39, 4 (2004): 541-563.

Munck, Ronaldo. 1981. "Imperialism and dependency: recent debates and old dead ends". *Latin American Perspectives*, 8 (3-4): 162-179.

Muñoz Reyes, Jorge. 1937. *La caducidad de las concesiones otorgadas a The Standard Oil Company of Bolivia*. La Paz: Departamento Nacional de Propaganda Socialista, Cuartillas informativas N.º 5, 23 de marzo.

Murilo de Carvalho, José. 1978. "As Forças Armadas na Primeira República: o poder desestabilizador", en *Historia Geral da Civilização Brasileira*, org. Boris Fausto, t. III, vol. 2, São Paulo: DIFEL.

Murilo de Carvalho, José. 2016. Entrevista con José Murilo de Carvalho, *El País*, 16 de abril de 2016.

Nahon, Cecilia, Corina Rodríguez Enríquez y Martín Schorr. 2006. "El pensamiento latinoamericano en el campo del desarrollo del subdesarrollo: trayectorias, rupturas y continuidades".

Neuman, William. 2013. "In Venezuela, surrounded by dark plots (real or not)". *The New York Times*, 11 de septiembre.

Newton, Ronald C. 1984. "The United States, the German-Argentines, and the Myth of the Fourth Reich, 1943-47". *Hispanic American Historical Review*, 64 (1): 81-103.

Newton, Ronald C. 1995. *El cuarto lado del triángulo. La "amenaza" nazi en la Argentina*. Buenos Aires: Sudamericana.

Nobrega de Jesús, Carlos Gustavo. 2011. "O anticomunismo de Gustavo Barroso: a crítica política como instrumento para um discurso antisemita", São Paulo: Anais do XXVI Simposio Nacional de Historia ANPUH.

Novak, Matt. 2016. "13 ideas bizarras de Estados Unidos para invadir Cuba y derrocar a Fidel Castro", 27 de noviembre de 2016, http://bit.ly/2KJ6K2R.

Nudelman, Santiago. 1944. "Psicología del dictador mitómano". *Voz Argentina*, 2.ª semana de noviembre.

Núñez, Manuel. 1990. *El ocaso de la nación dominicana*. Santo Domingo: Alfa y Omega.

Ocampo, José. 1998. "Cincuenta años de la CEPAL". *Revista de la CEPAL*, número extraordinario, octubre.

Onsari, Fabián. 1951. *San Martín. La Logia Lautaro y la Francmasonería*. Buenos Aires: Editorial Avellaneda, 1951.

Origlia, Gabriela. 2015. "Río Tercero: dos décadas después del atentado, no hay aún responsables políticos". *La Nación*, 3 de noviembre.

Ortega Noriega, Sergio. 1999. *Breve Historia de Sinaloa*. México: Fondo de Cultura Económica. 1999.

Ortega, Francisco. 2016. *Andinia. La Catedral Antártica*. Santiago: Planeta.

Ortiz Mesa, Luis Javier. 2013. "La Iglesia católica y la formación del Estado-nación en América Latina en el siglo xix. El caso colombiano", *Almanack* (Guarulhos), 6 (2013): 5-25.

Ossorio, Manuel. 1974. *Diccionario de Ciencias Jurídicas, Políticas y Sociales*. Buenos Aires: Heliasta.

Ostria Gutiérrez, Alberto. 1958. *The Tragedy of Bolivia. A People Crucified*. New York: Devin-Adair (traducción de *Un pueblo en la cruz. El drama de Bolivia*).

Padilla, Norberto. 2015. "Religion and the Secular State in Argentina", en *Religion and the Secilar State: National Reports*, editado por Javier Martínez-Torrón y W. Cole Durham Jr., 75-92. Madrid: Universidad Complutense.

Paredes Rodríguez, Rubén. 2014. "Medio Oriente en la Política Exterior Argentina: del equilibrismo a los giros en las acciones externas", en *La política exterior de Cristina Fernández al finalizar su mandato*, editado por Alfredo Bruno Bologna, 351-382. Rosario: Editorial de la Universidad Nacional de Rosario.

Parish, Jane. 2001. The Age of Anxiety", in *The Age of Anxiety. Conspiracy Theory and the Human Sciences*, editado por Jane Parish and Martin Parker, 1-16. Oxford: Blackwell/Sociological Review.

Parsi, Trita. 2008. *Treacherous Alliance. The Secret Dealings of Israel, Iran, and the United States*. New Haven: Yale University Press.

Participa búsqueda. 2018. "Submarino ARA San Juan: quién es la vidente que participa de la búsqueda". *Clarín*, 27 de enero de 2018, http://bit.ly/2YJMMyO.

Pasolini, Ricardo. 2013. *Los marxistas liberales. Antifascismo y cultura comunista en la Argentina del siglo xx*. Buenos Aires: Sudamericana.

Patterson, Thomas Carl. 1997. *Inventing Western Civilization*. New York: Monthly Review Press.

Patto Sá Motta, Rodrigo. 1998. "O mito da conspiração judaico-comunista". *Revista de História*, 138: 93-105.

Pauwels, Louis y Jacques Bergier. 1972. *La rebelión de los brujos*. Barcelona: Plaza y Janés.

Pauwels, Louis y Jacques Bergier. 1968. *El retorno de los brujos*. Barcelona: Plaza y Janés.

Peguero, Valentina. 2004. *The Militarization of Culture in the Dominican Republic, from the Captains General to General Trujillo*. Lincoln: University of Nebraska Press.

Pelúas de la Fuente, Daniel Alejandro. 2012. *El Ojo que todo lo ve. Para entender a las logias uruguayas*. Montevideo: Editorial Fin de Siglo.

Peña Batlle, Manuel Antonio. 1989. *Ensayos históricos*. Santo Domingo: Editorial Taller.

Pereira, Enrique. 2012. *Diccionario Biográfico Nacional de la Unión Cívica Radical*. Panamá: Casa del Pueblo, 2012.

Pérez Castañeda, Tiburcio. 1925. *La explosión del Maine y la guerra de los Estados Unidos con España*. La Habana: Moderna poesía.

Pérez-Contreras, Diego A. 2017. "Medios de comunicación y complot: Lo antiguo y lo nuevo de la judeofobia en el Cono Sur", trabajo presentado en el Noveno Congreso Latinoamericano de Ciencia Política, ALACIP. Montevideo, 26 al 28 de julio de 2017, http://bit.ly/2GXTt5n.

Pérez, Alberto Julián. 2014. *Perón ensayista. La hora de los pueblos*, http://bit.ly/2ZIXz8x.

Pérez, Joseph. 2009. *Los judíos en España*. Madrid: Marcial Pons.

Pérez Hernáiz, Hugo Antonio. 2008. "The Uses of Conspiracy Theories in the Construction of a Political Religion in Venezuela". *International Journal of Social, Behavioral, Economic, Business and Industrial Engineering*, 2 (8): 970-981.

Perón, Juan Domingo. 1968. *La hora de los pueblos*. Madrid: Editorial Norte.

Perón, Juan Domingo. 1973. *Libro azul y blanco. Contestación del Gral. Perón al Libro "Azul" de Braden del Departamento de Estado de los EEUU*. Buenos Aires: Freeland.

Pessoa, Fernando. 1935. "A Maçonaria". *Diário de Lisboa*, 4 de febrero.

Pettinà, Vanni. 2014. "La Antillas hispanas después de la Segunda Guerra Mundial: la transición eterna", *Historia comparada de las Antillas*, editado por José Antonio Piqueras Arenas, 445-473. Madrid: Ediciones Doce Calles y Universidad SUNY.

Piglia, Ricardo. 2018. "Teoría del complot", en http://bit.ly/2T82LR8 y http://bit.ly/2YpaOyK.

Pista siria. 1999. "Menem le prometió un reactor a los sirios". Página/12, 3 de octubre de 1999, http://bit.ly/2ZXjUj3.

Pista siria. 2015. "Acerca de la falsa 'pista siria' en el caso AMIA", *Urgente 24*, 19 de enero de 2015.

Poliakov, Léon. 1977. *Histoire de l'antisémitisme*, tome IV: *L'Europe suicidaire (1870-1933)*, Paris, Calmann-Lévy.

Poliakov, Léon. 2015 (1980). *La causalidad diabólica. Ensayo sobre el origen de las persecuciones*. Madrid: Planeta.

Poliakov, Léon. 2015 (c. 1980). *La causalidad diabólica, Ensayo sobre el origen de las persecuciones*. Buenos Aires: Planeta, 2015 (*La causalité diabolique. Essai sur l'origine des persecutions*, Paris: Calmann-Lévy, 1980).

Pope. 2006. "Pope to Hugo Chavez: Preserve Catholic Identity", 10 de mayo de 2006.

Popper, Karl R. 1963. *Conjectures and Refutations*. London: Routledge and Kegan Paul.

Popper, Karl R. 1992 (c. 1950). *La sociedad abierta y sus enemigos*. Barcelona: Planeta-Agostini.

Porcelli, Luis. 1991. *Argentina y la Guerra del Chaco Boreal*. Buenos Aires: Centro Editor de América Latina.

Potash, Robert A. 1994. *El ejército y la política en Argentina, 1962-1973; Segunda Parte*. Buenos Aires: Sudamericana.

PT ataca. 2015. "PT ataca Cunha por pedido de impeachment: 'chantagem barata'". *Terra*, 2 de diciembre de 2015, http://bit.ly/2YEifSO.

Quarleri, Lia. 2009. *Rebelión y guerra en las fronteras del Plata. Guaraníes, jesuitas e imperios coloniales*. México: Fondo de Cultura Económica.

Querejazu Calvo, Roberto. 1979. *Guano, Salitre y Sangre*. La Paz-Cochabamba: Los Amigos del Libro.

Radio Jai. 2017. "La UFI AMIA presentó un informe sobre la investigación del atentado", 25 de julio de 2017.

Radio Mitre. 2017. "Condenaron a Carlos Menem a 7 años de prisión por la venta ilegal de armas a Croacia y Ecuador", 21 de junio, http://bit.ly/2ZWNpBy.

Rama, Ángel. 1975. "Galeano en busca del hombre nuevo". *Camp del'Arpa* (Barcelona), 25: 23-27.

Ramírez Gronda, Juan D. 2003 (c. 1976). *Diccionario Jurídico*. Buenos Aires: Editorial Claridad.

Ramonet, Ignacio, Jean Foyer, Jean-Pierre Thiollet *et al.* 1998. *La Pensée unique (El Pensamiento único)*, Le Monde diplomatique Ed. Económica.

Ramonet, Ignacio. 1997. *Géopolitique du chaos*. París: Galilée.

Ramonet, Ignacio. 1998. *Pensamiento Crítico vs Pensamiento Único*. Madrid: Le Monde diplomatique y Editorial Debate.

Ranson García, John. 2014. "El fallo de la corte internacional de justicia sobre el límite marítimo entre Chile y Perú. Sus efectos". *Revista Enfoques: Ciencia Política y Administración Pública* (Universidad Central de Chile), 12 (21): 45-68.

Rapoport, Mario. 1981. *Gran Bretaña, Estados Unidos y las clases dirigentes argentinas: 1940-1945*. Buenos Aires: Belgrano.

Rapoport, Mario. 1988. *¿Aliados o Neutrales? La Argentina frente a la Segunda Guerra Mundial*. Buenos Aires: Eudeba.

Rapoport, Mario. 2002. "Orígenes y actualidad del "pensamiento único"". Buenos Aires CLACSO, Bibliotecas virtuales.

Ravier, Adrián. 2015. "Cinco mitos de *Las venas abiertas de América Latina*". *Panamapost*, 15 de abril, http://bit.ly/2YYLMWQ.

Real de Azúa, Carlos. 1991 [1975]. *Los orígenes de la nacionalidad uruguaya*. Montevideo: Arca, Instituto Nacional del Libro y Nuevo Mundo.

Reato, Ceferino. 2008. *Operación Traviata: ¿Quién mató a Rucci? La verdadera historia*, Buenos Aires: Sudamericana.

Reid, Anthony. 1988. *Asia in the Age of Commerce I: The Lands below the Winds*. New Haven: Yale University Press.

Rein, Raanan. 2013. "From Juan Perón to Hugo Chávez and Back: Populism Reconsidered", en *Shifting Frontiers of Citizenship: The Latin American Experience*, editado por Luis Roniger, Mario Sznajder and Carlos Forment, 289-309. Leiden and Boston: Brill.

Remesal, A. 1998. *El enigma del Maine: 1898*. Barcelona: Plaza y Janés.

Repetto, Nicolás. 1944. "Mandar o gobernar". *Voz Argentina*, 2.ª semana de noviembre de 1944.

Repetto, Nicolás. 1949. *Labor en el exilio (Trece meses en Montevideo)*. Buenos Aires: La Vanguardia.

Ribeiro, Darcy. 1969. *Las Américas y la civilización*, 3 vols. Buenos Aires: Centro Editor Latinoamericano.

Rivanera Carlés, Federico. 1986. *El judaísmo y la Semana Trágica. La verdadera historia de los sucesos de enero de 1919*. Instituto de Investigaciones sobre la Cuestión Judía.

Rivera Olguín, Patricio. 2016. *La enseñanza de la guerra de 1879 en la región de Tarapacá*. Tesis doctoral, Universitat Autònoma de Barcelona, junio de 2016.

Roberts, Kenneth M. 2007. "Latin America's Populist Revival". *SAIS Review of International Affairs*, 27 (1): 3-15.

Robertson, Pat. 1991. *The New World Order*. Dallas: Word.

Rock, David. "La Semana Trágica y los usos de la Historia". *Desarrollo Económico*, 12 (45): 185-191.

Rock, David. 1971-1972. "Lucha civil en la Argentina. La Semana Trágica de enero de 1919". *Desarrollo Económico*, 12 (42-44): 162-215.

Rodríguez, Leopoldo and Shawn Smallman. 2016. "Political Polarization and Nisman's Death: Competing Conspiracy Theories in Argentina". *Journal of International and Global* Studies, 8 (1): 20-39.

Rodríguez, Octavio. 2007. "La agenda del desarrollo", en *Repensar la teoría del desarrollo en un contexto de globalización*. Buenos Aires: CLACSO.

Rojas Mix, Miguel. 2001. *El fin del Milenio y el sentido de la historia. Manuel Lacunza y Juan Ignacio Molina*. Santiago: LOM.

Romero Carranza, Ambrosio. 1957. *Itinerario de Monseñor de Andrea*. Buenos Aires: Emecé.

Roniger, Luis y Leonardo Senkman. 2018. "Conspirationism, Synarchism and the Long Shadow of Perón in Argentina". *Journal of Modern Jewish Studies*, 17 (4): 434-454.

Roniger, Luis y Leonardo Senkman. 2019. "Fuel for Oil. Conspirationism and the War of Chaco in the Americas". *Journal of Politics in Latin America*, 11 (1): 1-20.

Roniger, Luis, Leonardo Senkman, Saúl Sosnowski and Mario Sznajder. 2018. *Exile, Diaspora and Return. Changing Cultural Landscapes in Argentina, Chile, Paraguay and Uruguay*. New York: Oxford University Press.

Roniger, Luis, Mario Sznajder and Carlos Forment. 2013. Eds. *Shifting Frontiers of Citizenship: The Latin American Experience*. Leiden and Boston: Brill.

Roniger, Luis. 2002. "Global Immersion: Latin America and its Multiple Modernities", en *Globality and Multiple Modernities. Comparative North American and Latin American Perspectives*, edited by Luis Roniger and Carlos H Waisman, 79-105. Brighton: Sussex Academic Press.

Roniger, Luis. 2005. "Global Times Once Again: Representative Democracy and Countervailing Trends in Iberoamerica". *Iberoamericana* (Berlin), 17 (2005): 66-85.

Roniger, Luis. 2006a. "Citizenship in Latin America: New Works and Debates". *Citizenship Studies*, 10 (4): 489-502.

Roniger, Luis. 2006b. "Incertidumbres colectivas. Identidades personales. Una visión desde las ciencias sociales", en *El conflicto en el Medio Oriente. Entre la guerra y la paz*, compilado por Judit Bokser Liwerant and Felipe Pozo, 102-111. México DF: Universidad Hebraica.

Roniger, Luis. 2008. "Uruguay", en *Nations and Nationalism. A Global Historical Overview*, editado por Guntram H. Herb and David H. Kaplan, vol. 1, 393-403. Santa Barbara: ABC-CLIO.

Roniger, Luis. 2009. "Antisemitism. Real or Imagined? Chavez, Iran, Israel and the Jews", ACTA Paper N.º 33, Jerusalem: Vidal Sassoon International Center for the Study of Antisemitism.

Roniger, Luis. 2014a. "Metamorfosis del exilio: Cambios en la estructura del castigo en la modernidad", en *Tres estudios sobre el exilio: Condición humana, experiencia histórica y significación política*, coescrito por Arturo Aguirre, Antolín Sánchez Cuervo and Luis Roniger, 195-274. Universidad Autónoma de Puebla y Madrid: EDAF.

Roniger, Luis. 2014b. *Destierro y exilio en América Latina. Nuevos estudios y avances teóricos*. Buenos Aires: Eudeba.

Roth, Kenneth. 2008. "Head of Human Rights Watch Responds to Scholars' Criticism of Venezuela Report". 29 de diciembre de 2008, http://bit.ly/31yAvKe.

Roth, Philip. 2004. *The Plot against America*. Boston: Houghton Mifflin.

Rousseff, Dilma. 2016. Entrevista de Simón Romero con Dilma Rousseff, "Dilma Rousseff se prepara para el juicio político en un ambiente de impotencia y resignación", *The New York Times* (en español), 7 de junio.

Rout Jr., Leslie B. 1970. *Politics of the Chaco Peace Conference 1935-1939*. Austin y Londres: University of Texas Press.

Rout Jr., Leslie B. y John F. Bratzel. 1986. *The Shadow War. German Espionage and US Counterespionage in Latin America during World War II*. Maryland: University Publications of America.

Rovira Kaltwasser, Cristóbal. 2015. "Explaining the Emergence of Populism in Europe and the Americas", en *The Promise and Perils of Populism*, editado por Carlos de la Torre, 189-227. Lexington: University Press of Kentucky.

Ruiz, Ramón Eduardo. 1975. "Review of *Open Veins of Latin America*". *Pacific Historical Review*, 44 (4): 581-582.

Ryer, Paul. 2015. "The *Maine*, the *Romney* and the Threads of Conspiracy in Cuba". *International Journal of Cuban Studies*, 7, 2 (2015): 200-201.

Sabato, Ernesto. 1998 (c. 1961). *Sobre héroes y tumbas*. Buenos Aires: Seix Barral, pdf en: http://bit.ly/2MEmRB4, p. 3.

Saccone, Valeria. 2016. "Petróleo y empresarios: las razones detrás del 'impeachment' contra Dilma Rousseff", *El Confidencial* (Río de Janeiro), 18 de abril de 2016.

Sáenz Carrete, Erasmo. 2014. *El exilio brasileño en Chile, Francia y México: La teoría de la dependencia*, II Jornadas de Trabajo Exilios políticos en el Cono Sur siglo xx, SEDICI, repositorio documental de la Universidad de La Plata.

Safford, Frank. 1991. "Política, ideología y sociedad", en *Historia de América Latina*, editado por Leslie Bethell, tomo 6: *América Latina Independiente, 1820-1870*, 72-83. Barcelona: Crítica.

Said, Edward W. 2007 (c. 1978). *Orientalismo*. Barcelona: De Bolsillo.

Salas, Javier. 2018. "La información falsa llega más lejos, más rápido y a más gente que la verdadera", *El País* (Madrid), 8 de marzo.

Salas. 2016. "Luis Salas cree que la inflación no existe en Venezuela". *El Informador*, http://bit.ly/2yWdnck.

Salazar Naudón, Cristián. 2006. "El Salitre Negro: La historia de una conspiración contra Chile", http://bit.ly/31uAcjG.

Sales. 2009. "Sales Soar of Book Chavez Gave Obama". *ABC News*, 18 de abril de 2009.

Salinas, Juan. 1997. *AMIA, el atentado. Quiénes son los autores y por qué no están presos*, Buenos Aires: Planeta.

Salinas, Juan. 2002. "Osvaldo Sivak fue secuestrado en 1979 por la que luego sería llamada Banda de los Comisarios". *Télam*, 16 de julio de 2002.

Salinas, Juan. 2005. *Narcos, banqueros y criminales. Armas, drogas y política a partir del Irángate*. Buenos Aires: Punto de Encuentro.

Salinas, Juan. 2006. "Una investigación que siguió los pasos de un fallido acuerdo nuclear". *Clarín*, 29 de octubre, http://bit.ly/2YXLDyz.

Salinas, Juan. 2011a. *Atentado a la AMIA. La investigación del periodista Juan José Salinas*, http://bit.ly/33wMTfy.

Salinas, Juan. 2011b. "Las relaciones entre Menem y el régimen sirio y los atentados antijudíos". *Nueva Sion*, N.º 847-849 (2011).

Salinas, Juan. 2015. *Caso Nisman: secretos inconfesables*. Buenos Aires: Punto de Encuentro.

Sallairai, Aurelio. 1972. *Los Protocolos de los Sabios de Sion y la subversión mundial*. Buenos Aires: sin pie de imprenta.

Salman, Michael. 1995. "'Nothing without Labor': Penology, Disicipline and Independence in the Philippines under United States Rule", in *Discrepant Histories. Translocal Essays on Filipino Cultures*, editado por Vicente L. Rafael, 113-129. Philadelphia: Temple University Press.

Samper, José María. 1881. *Historia de un alma. Medellín*: Editorial Bediut.

Samuels, Peggy y Harold Samuels. 1995. *Remembering the Maine*. Washington DC: Smithsonian Institution.

Sánchez, Marcelo. 2017. "¿Cuál es la verdad tras ataque a diplomáticos de Estados Unidos en Cuba?". HispanTV, Nexo Latino, 22 de septiembre de 2017, http://bit.ly/33wzyE0.

Sanson Corbo, Tomás. 2011. "La Iglesia y el proceso de secularización en el Uruguay moderno (1859-1919)". *Historia Sacra*, LXIII (127): 283-303.

Sant'Anna, Sergio. 1991. *Historia palinódica. Significações de uma regionalidade teuto-brasileira*. Universidade de São Paulo, FFLCH: Tese de Doutorado.

Santander, Silvano. 1945. *Nazismo en Argentina. La conquista del Ejército*. Montevideo: Pueblos Unidos.

Santander, Silvano. 1953. *Técnica de una traición. Juan D. Perón y Eva Duarte, agentes del nazismo en la Argentina*. Montevideo: Ed. Tricomía.

Santiago Jiménez, Mario Virgilio. 2017. "Las revoluciones rusa y mexicana en la conspiración de grupos secreto-reservados mexicanos, Tecos y El Yunque (1934-1964)". *Claves, Revista de Historia*, 3 (5): 101-127.

Santoro, Daniel. 1998. *Venta de Armas, hombres de Menem*. Buenos Aires: Planeta.

Santos Molano, Enrique. 2011. *Grandes conspiraciones de la historia de Colombia*. Bogotá: Debate.

Santos, Carlos R. 1932. *Conflicto paraguayo-boliviano*. Asunción: segunda edición a beneficio de la Cruz Roja Paraguaya.

Sanz, Christian E. 1999. *Maten al Hijo del presidente. La historia no oficial de la muerte de Carlos Menem Jr*. Buenos Aires: Sudamericana.

Sanz, Christian. 2011. "Los vínculos del menemismo con el tráfico de armas que 'olvidaron' los jueces a la hora de fallar". *Tribuna*, 13 de septiembre, http://bit.ly/2Mf6pI5.

Sanz, Christian E. y Franco Caviglia. 1998. *La larga sombra de Yabrán. Vida y obra del cartero/empresario más polémico de la historia*, Buenos Aires, Sudamericana.

Sanz, Christian E. y Fernando Paolella. 2007. *AMIA. La gran mentira oficial*. Buenos Aires: El Cid Editor.

Scalabrini Ortiz, Raúl. 1938. "El petróleo argentino", *Cuadernos de FORJA*, II, 4 (1938): 8.

Scalabrini Ortiz, Raúl. 2001 (c. 1940). *Política británica en el Río de la Plata*. Barcelona: Plus Ultra.

Schneppen, Heinz. 2009. "De todas las Odessas, Aquella de Perón", en *Argentina y la Europa del Nazismo. Sus secuelas*, 183-245, compilado por Ignacio Klich y Cristian Buchrecker. Buenos Aires: Siglo XXI.

Schwarz, Roberto. 2000. "As idéias fora do lugar", prólogo al libro: *Ao vencedor as batatas. Forma literária e processo social nos inicios do romance brasileiro*. São Paulo: Livraria Duas Cidades. Originalmente publicado en *Estudos Cebrap* 3 (1973).

Seiferheld, Alfredo. 1983. *Economía y petróleo durante la Guerra del Chaco: Apuntes para una historia económica del conflicto paraguayo-boliviano.* Asunción: El Lector.

Selser, Gregorio. 2001 (c. 1994). *Cronología de las intervenciones extranjeras en América Latina 1899-1945.* México: UNAM, Centro de Investigaciones Interdisciplinarias.

Senkman, Leonardo y Saúl Sosnowski. 2009. *Fascismo y nazismo en las letras argentinas.* Buenos Aires: Lumière.

Senkman, Leonardo. 1983. "La Revolución de 1943 y los judíos", *Todo es Historia*, 69: 34-48.

Senkman, Leonardo. 1989. *El antisemitismo en la Argentina.* Buenos Aires: Centro Editor de América Latina.

Senkman, Leonardo. 1997. "The Response of the First Peronist Government to Anti-Semitic Discourse, 1946-1954: A Necessary Reassessment". *Judaica Latinoamericana*, III: 175-206.

Senkman, Leonardo. 2003-2004. "La revolución de junio 1943 en Entre Ríos y los colonos judíos: un capítulo de historia étnica y regional", en *Boletín de la Academia Nacional de la Historia*, 76-77: 109-129.

Senkman, Leonardo. 2016. "El antisionismo, ¿retórica difamatoria en el discurso populista argentino?", en *Israel-Palestina: una pasión argentina. Estudios sobre la recepción del conflicto Árabe Israelí en Argentina*, compilado por Emmanuel N. Kahan, 259-281. Buenos Aires: Prometeo.

Senkman, Leonardo. "Judíos argentinos en riesgo y esfera pública internacional: intercesiones por el antisemitismo populista (1974-1975) y los reclamos al neopopulismo (1989-1999)". *Judaica Latinoamericana* VI (2009): 269-304.

Serra. "Brazil oil reserves for sale", SLKRR Community, 14 de diciembre de 2010.

Shifter, Michael. 2006. "In Search of Hugo Chavez". *Foreign Affairs,* mayo-junio de 2006.

Sierra Mendoza, Enrique. 2017. "El Ara San Juan fue hundido por la armada chilena en colaboración con un helicóptero inglés", 17 de diciembre de 2017, https://youtu.be/l4jwcUUEGFU.

Sigmund, Paul E. 1974. "The 'Invisible Blockade' and the Overthrow of Allende", *Foreign Affairs*, 52, n.º 2 (1974): 322-40.

Sigmund, Paul E. 1993. *The United States and Democracy in Chile.* Baltimore: Johns Hopkins University Press.

Siles Suazo, Hernán. 1942. *La Calle,* 22 de septiembre, & *La Calle,* 2 de octubre de 1942.

Silva, Helio. 1980. *A Ameaça Vermelha: O Plano Cohen.* Porto Alegre: LAPM.

Silva, Horacio Ricardo. 2011. *Días rojos, verano negro. La semana trágica de enero 1919 de Buenos Aires.* Buenos Aires: Libros de Anarres.

Simonoff, Alejandro. 2014. "Analizando a Cristina Fernández: interpretaciones sobre la política exterior desde el segundo gobierno kirchnerista (2007-2013)", en *La política exterior de Cristina Fernández al finalizar su mandato,* editado por Alfredo Bruno Bologna, 431-452. Rosario: Editorial de la Universidad Nacional de Rosario.

Sivak, Miguel. 2015. *El salto de papá*. Buenos Aires: Seix Barral, 2015.

Smink, Verónica. 2015. "Qué ganó y qué perdió Argentina durante el kirchnerismo". *BBC Mundo Argentina*, 27 de octubre, www.bbc.com.

Solonimsky, Naúm. 1971. *La Semana Trágica*. Buenos Aires: Biblioteca Popular Judía.

Souza Moraes, Luís Edmundo de. 2005. *Konflikt und Anerkennung: Die Ortsgruppen der NSDAP in Blumenau und Rio de Janeiro*. Berlin: Metropol.

Souza Moraes, Luís Edmundo de. 2009. "O Partido Nazista no Brasil (Entrevista). Entrevista concedida a Bruno Leal Pastor de Carvalho", *Café História - história feita com cliques*, en http://bit.ly/33oER8r, publicado el 12 de enero de 2009.

Spierenburg, Pieter. 1984. *The Spectacle of Suffering*. Cambridge: Cambridge University Press, 1984.

Spinosa Melo, Oscar. 1993. *Sobre el Volcán. Memorias de un Diplomático*, Buenos Aires: Ediciones de la Urraca.

Spinosa Melo, Oscar. 2006. "Drogas, AMIA, y Menem Jr. Las promesas incumplidas del menemismo". *Tribuna de Periodistas*, 13 de febrero y 19 de febrero.

Stefanich, Juan. 1934. *La guerra del Chaco y la misión de la Sociedad de las Naciones*. Asunción: publicación propia.

Stern, Steve J. 2006. *Battling for Hearts and Minds: Memory Struggles in Pinochet's Chile, 1973-1988*. Durham: Duke University Press.

Stimson, Frederick Jesup. 1931. *My United States*. Nueva York: C. Scribner's Sons.

Suárez, Juan Manuel. 2017. "ARA San Juan: La fundada hipótesis de las dos explosiones, ya fueran de torpedos o de misiles (con videos)", *Pájaro Rojo*, 29 de noviembre, http://bit.ly/33ul33A.

Submarino. 2018. "Sumarino argentino desaparecido ARA San Juan presentaba errores antes de zarpar". *Europapress*, 27 de enero de 2018, http://bit.ly/31BmU5a.

Sucarrat, María. 2010. *El inocente. Vida, pasión y muerte de Carlos Mugica*. Bogotá: Grupo Editorial Norma.

Sznajder, Mario y Luis Roniger. 2013. *La política del destierro y el exilio en América Latina*. México: Fondo de Cultura Económica.

Sznajder, Mario. 2004. "Il populismo in America Latina", *Ricerche di Storia Politica*, 7 (3): 347-366.

Sznajder, Mario. 2008. "Globalization and Populism in Latin America", in *Collective Identities, States and Globalization*, editado por Gad Yair and Orit Gazit, eds. Leiden: Brill.

Teorías. 2018. "Las teorías detrás del ARA San Juan", *El Arranque*, Radiozonica.com.ar.

Toner, Deborah. 2012-2013. "Liberalismo y Religión: Secularización y Esfera Pública en las Américas". *Revista de Estudios Históricos de la Masonería* (REHMLAC), 4, 2 (diciembre de 2012-abril de 2013).

Trachtenberg, Joshua. 1965. *El Diablo y los judíos. La concepción medieval del judío y su relación con el antisemitismo moderno*. Buenos Aires: Paidós (traducción del original inglés *The Devil and the Jews* de 1943).

Trevor-Roper, Hugh. 1974. "Bormann's Last Gasp". *New York Times Review of Books*, 14 de noviembre de 1974.

Trindade, Helgio. 1974. *Integralismo, o Fascismo brasileiro na década de 30*. São Paulo: DIFEL.

Trujillo, Rafael L. 1938. *Discursos, mensajes y proclamas, volumen II 1934-1938*. Ciudad Trujillo.

Tudor, Andrew. 2003. "A (macro) sociology of fear?". *The Sociological Review*, 521 (2): 239-256.

Tulchin, Joseph A. 1990. *La Argentina y los Estados Unidos. Historia de una desconfianza*, Buenos Aires: Planeta.

Turits, Richard. 2002. *Foundations of Despotism: Peasants, the Trujillo Regime, and Modernity in Dominican History*. Stanford: Stanford University Press.

Urien, Julio César. 2017. "Para la OTAN, nuestro submarino era una amenaza", Radio Rebelde, 24 de noviembre.

Vara, Ana María. 2015. "Las venas abiertas de América Latina: emblema del discurso antiimperialista", en *El imaginario antiimperialista en América Latina*, coordinado por Andrés Kozel, Florencia Grossi y Delfina Moroni, 89-106. Buenos Aires: CLACSO.

Vásquez Medina, Luis E. 2012. *La verdad detrás de la Guerra del Pacífico: El Imperio británico contra el Sistema americano de economía en Sudamérica*. Lima: Arquitas.

Vázquez, Laura. 2010. *El oficio de las viñetas. La industria de la historieta argentina*. Buenos Aires: Paidós.

Velazco, Agustín. 2015. Sin título, *La silla rota*, 23 de marzo de 2015.

Venezuelan Blogspot. 2013-2019. Venzuelan Conspiracy Theories Monitor, run by Hugo Antonio Pérez Hernáiz, in http://bit.ly/31zXJ2Q.

Verdesio, Gustavo. 2001. *Forgotten Conquests: Rereading New World History from the Margins*. Temple University Press.

Verdugo, Patricia. 2003. *Allende. Cómo la Casa Blanca provocó su muerte*. Santiago: Catalonia.

Verrill, Chris. 2019. "The URSAL Conspiracy", unpublished paper, Wake Forest University, March 13.

Vicuña Mackenna, Benjamín. 1880. *Historia de la campana de Tarapacá: desde la ocupación de Antofagasta hasta la proclamación de la dictadura en el Perú*. Santiago: Rafael Jover.

Vila, Rodrigo H. 2009. *Proyekt Huemul: El Cuarto Reich en Argentina*. Documental, escrito y dirigido por Rodrigo H. Vila.

Villalba, Laura. 2016. "Sobre Umberto Eco: el genio de las conspiraciones". Águilas y Moscas, 6 de abril.

Vitale, Luis. 1981. "Los períodos de transición en la historia económica y social de América Latina", *Seminario de Historia de Latinoamérica*.

Volpi Escalante, Jorge. 1998. *La imaginación y el poder: una historia intelectual de 1968*, México: Editorial Era.

Volpi, Jorge. 1999. "La segunda conspiración". *Letras libres* (Mexico DF), marzo.

Von der Becke, Carlos. 1956. *Destrucción de una infamia: Falsos "documentos oficiales"*. Buenos Aires: Der.

Wagner, Peter. 1994. *A Sociology of Modernity, Liberty and Discipline*. London: Routledge.

Wald, Pinjas. 1987 (c. 1929). *Pesadillas*. Buenos Aires: Editorial Milá & AMIA [véase nota 7 para otras ediciones].

Warfare. 2018. "Biological Warfare against Cuba".

Weber, Max. 1974. *El político y el científico*. Madrid: Alianza.

Weissheimer, Marco. 2017. Entrevista de Marco Weissheimer con Boaventura de Sousa Santos, *Sul 21*, 5 de junio de 2017, http://bit.ly/2YZG7zB.

Wells, Allen. 2009. *Tropical Zion: General Trujillo, FDR and the Jews of Sosúa*. Durham and London, Duke University Press.

Wellton, Máximo. 2016. "Ações da Petrobras caem mesmo com fim da participação obrigatória no pré-sal". *Agência Brasil*, 2016; "CIA directed Coup underway in Brazil". *Macedonian International News Agency* (2016).

Wiarda, Howard J. 1970 (c. 1968). *Dictatorship and Development. The Methods of Control in Trujillo's Dominican Republic*. Gainesville: University of Florida Center for Latin American Studies.

Wikipedia. 2019. "Plan Z (Chile)", http://bit.ly/2KvW0G7.

Wolff, Kurt H. 1950 (ed.). *The Sociology of Georg Simmel*. New York: The Free Press.

Wright, Thomas C. 2017. *Latin America since Independence*. Lanham: Rowman and Littlefield.

Zanatta, Loris. 2006. "The rise and fall of the Third position: Bolivia, Perón and the Cold War, 1943-1954". *Desarrollo Económico*, 1: 1-27.

Zavaleta Mercado, René. 1967. *Bolivia el desarrollo de la conciencia nacional*. Montevideo: Editorial Diálogo.

ZDI. 2017, "El terrible secreto que esconde la base china en Argentina", https://youtu.be/I9ofc6MaopM.

Zibechi, Raúl. 2016. "Crisis en Brasil y la nueva derecha". *Contrahegemonia Web*, 6 de mayo.

Zuccarino, Maximiliano y Gerardo Ariel Vilar. 2013. "La rivalidad argentino-norteamericana y la Guerra del Chaco: Una historia de confrontación y desconfianza. Un análisis de sus relaciones bilaterales en el marco de las negociaciones de paz de la mayor contienda armada sudamericana del siglo xx". *Estudios Avanzados*, 19: 67-89.

Índice de contenidos

www.ingramcontent.com/pod-product-compliance
Lightning Source LLC
Chambersburg PA
CBHW020459270326
41926CB00008B/674